La llamada

Leila Guerriero

La llamada

Un retrato

EDITORIAL ANAGRAMA
BARCELONA

Ilustración: Retrato de Silvia Labayru, Madrid, 1979, © Dani Yako

Primera edición: enero 2024
Segunda edición: enero 2024
Tercera edición: febrero 2024
Cuarta edición (primera en México): marzo 2024
Quinta edición: marzo 2024
Sexta edición: marzo 2024
Séptima edición: abril 2024
Octava edición: abril 2024
Novena edición: mayo 2024

Diseño de la colección: Julio Vivas y Estudio A

© Leila Guerriero, 2024
   C/O INDENT LITERARY AGENCY
   www.indentagency.com

© EDITORIAL ANAGRAMA, S. A., 2024
   Pau Claris,172
   08037 Barcelona

ISBN: 978-84-339-2206-9
Depósito legal: B. 17612-2023

Printed in Spain

Romanyà Valls, S. A.
Verdaguer, 1, 08786 Capellades (Barcelona)

Para Diego, que sabe encontrarme aunque esté lejos

*Para mi padre, que fabrica realidad
(incluso con sus promesas; sobre todo con sus promesas)*

*Para Dani Yako, que en abril de 2021 hizo la primera
pregunta: «¿Leíste esto de mi amiga Silvia?»*

¿Quién puede ser tan insensato como para morir sin haber dado, por lo menos, una vuelta a su cárcel?

MARGUERITE YOURCENAR
(frase posteada en el Facebook de
Silvia Labayru en junio de 2022)

[...] el sabio no se enferma: sufre la enfermedad, no es un enfermo.
Tao Te Ching

AGRADECIMIENTOS

A la Casa Estudio Cien Años de Soledad y a Juan Villoro, su director de proyectos, por invitarme en septiembre de 2022 a una residencia literaria en Ciudad de México que me permitió transcribir parte de las entrevistas que realicé para este libro, entre otras (muchas) cosas.

A Matías Rivas. Por la larga risa de todos estos años. Por el rescate.

A Maco Somigliana. Él sabe.

A Facundo Fernández Barrio.

A Gabriel Plaza.

A José Luis Juresa, por *Helgoland*.

Empieza con un cántico en latín, en una terraza.

Hay viento la noche del 27 de noviembre de 2022 en Buenos Aires. La terraza corona un edificio de dos plantas que retiene una firme autoconciencia de su belleza con esa altanería refinada de las construcciones antiguas. Se llega a ella después de atravesar un corredor extenso cubierto de paneles de vidrio ensombrecidos por el hollín –un detalle que aporta humanidad, un defecto necesario– y subir una escalera, una ascensión virtuosa de mármol blanco. Inserta en el centro de la manzana, la terraza parece una balsa rústica rodeada por olas de edificios más altos. Todo luce atacado por una sequedad armónica, un ascetismo de diseño (lo que no es extraño puesto que dos de las personas que viven aquí son arquitectas): cañas indias, enredaderas, bancos largos, sillas plegables de lona, una banqueta con almohadones blancos. La mesa, de madera cruda, está debajo de una tela de media sombra que se agita con lo que fue primero brisa y ahora es un viento fresco que despeja el calor ingobernable del fin de la primavera austral. En la parrilla se cocinan a fuego lento morcillas, pollo, lomo. Cada tanto, uno de los dueños de casa, el fotógrafo Dani Yako, se acerca hasta allí para controlar la cocción. Está, como siempre, vestido de negro: chomba Lacoste, jeans. Hace algunos años tenía un bigote aparatoso. Ahora lleva barba corta, los mismos anteojos de marcos gruesos. Al volver a la mesa le basta con escuchar dos o tres palabras para reinsertarse en la conversación. Es normal: conoce a casi todas las personas que están allí desde 1969, cuando tenía trece años.

—Me dijeron que en la presentación del libro estuvo la Royo —dice Yako.

—¡Cómo no nos avisaste! —dice Débora.

—Yo no la vi —dice Silvia Luz.

Alba dice, algo indiferente:

—Yo tampoco.

No dicen nada ni Laura ni Julia, la mujer y la hija de Yako —las arquitectas, que ya deben haber escuchado hablar de la Royo en otras cenas como esta—, ni Silvia ni Hugo.

—Bueno, me dijeron que estaba, yo no la vi —dice Yako, fingiendo ofuscación infantil, encogiéndose de hombros.

La presentación a la que alude es la de su último libro de fotos, *Exilio*, que reúne imágenes tomadas desde 1976 y hasta 1983, la mayor parte de ellas en España, en las que se ve a casi todas las personas que están en la terraza (y a otras que no están aquí). La presentación se hizo en una librería del barrio de Palermo llamada Los Libros del Pasaje el jueves 3 de noviembre de 2022, pocas semanas atrás. Royo es la profesora de latín del colegio secundario al que fueron todos ellos, que rondan la misma edad: sesenta y cinco años.

—Me hubiera gustado verla —dice Débora.

Entonces, como si el apellido Royo hubiera sido una clave, alguien —quizás Débora— entona la frase en latín: «Ut queant laxis / resonare fibris». Y Silvia Luz se suma: «Mira gestorum / famuli tuorum». Y Silvia: «Solve polluti / labii reatum». Y todos llegan al final —«Sancte Ioannes»— mientras golpean la superficie de la mesa con suavidad civilizada para que las botellas y los platos y las copas no terminen en el piso, siguiendo el compás de ese himno que cantaban en años en los que nada había sucedido, en los que todo estaba empezando, una bacteria larvada dentro de una matriz que iba a romperse en pedazos.

UT queant laxis
REsonare fibris
MIra gestorum
FAmuli tuorum
SOLve polluti,
LAbii reatum
Sancte Ioannes.

La traducción sería: «Para que puedan / exaltar a pleno pulmón / las maravillas / estos siervos tuyos / perdona la falta / de nuestros labios impuros / san Juan». Es el «Himno a san Juan Bautista», escrito por Pablo el Diácono en el siglo VIII. Sus versos comienzan con las notas musicales: re, mi, fa, sol. «Ut» es la forma antigua utilizada para la nota do.

—¡«Ut» –grita Débora– es do!

La primera vez que la vi fue en la foto de un periódico. Aunque estaba sentada sobre lo que parecía una tapa de cemento en mitad de un jardín frondoso, se notaba que era alta. El pelo rubio, por debajo de los hombros, enmarcaba un rostro sofisticado, esa clase de belleza felina que da, a algunas personas, el aspecto de una pieza delicada un poco salvaje. Usaba el flequillo insolente que solían usar muchachas de otra época. Le calzaba ese sustantivo: *muchacha*. Aparentaba muchos años menos de los que se deducían del artículo: sesenta y cuatro. Vestía una prenda de mangas largas color azul, jeans ajustados, sandalias de taco chino con suela de yute. Era delgada, con una voluptuosidad natural. Estaba allí ostentando el desparpajo de quien se ha sentado en el piso muchas veces sin perder el tipo. Miraba hacia arriba. La foto trasuntaba un clima a la vez fértil y amenazador, sumergida en una luz acuática que le daba la cualidad de un sueño (ella se arrepintió de haberse fotografiado allí, en ese jardín demasiado identificable, porque alguno de «estos tipos» podía ubicarla y hacerle pasar «un susto, un mal rato»). Llamaban la atención las manos grandes, compactas, rudas, una música muy fuerte para el resto del conjunto, más sutil. No se le veían los ojos, pero son azules. El título de la nota, firmada por Mariana Carbajal y publicada el 27 de marzo de 2021 en el diario argentino *Página/12*, decía: «El secuestro de Silvia Labayrú. La llegada a la ESMA y el parto en cautiverio». Tenía un error, y era el acento: su apellido es Labayru, no Labayrú. Pero el día en que leí la nota –edición en papel, era domingo– yo no sabía quién era esa mujer, ni estaba interesada en la ortografía de un texto en el que ella empezaba diciendo: «El 29 de diciembre de 1976, con 20 años, embarazada de cinco meses, me llevaron [...] a la ESMA [...] al sótano, donde torturaban en una salita [...], en un lugar famoso que llamaban "La avenida de la felicidad". Ahí fui interrogada, torturada durante un tiempo. [...] me tuvieron catorce días [escuchando] día y noche sin parar los alaridos de los compañeros que pasaban por las otras salas de tortura». La periodista aclaraba que la evocación pertenecía a «Silvia Labayrú, ex integrante de Montoneros, sobreviviente de ese centro clandestino de detención», la ESMA, donde había permanecido secuestrada un año y medio.

La ESMA es la Escuela de Mecánica de la Armada, un sitio de instrucción militar donde, desde el golpe de Estado que se produjo el 24 de marzo de 1976 en la Argentina, funcionó un centro clandestino de detención, el más grande de los casi setecientos que hubo en el país. Entre 1976 y 1983, cuando la dictadura terminó, fueron secuestradas, torturadas y asesinadas allí, por los llamados Grupos de Tareas, unas cinco mil personas. Sobrevivieron menos de doscientas. El número total de desaparecidos durante la dictadura es de treinta mil.

Montoneros fue un grupo de extracción peronista, surgido en los setenta que, a mediados de esa década, se militarizó, formando el Ejército Montonero, y pasó a la clandestinidad.

Silvia Labayru militaba allí, y desde los dieciocho años integró el sector de Inteligencia de la capital cuyo responsable máximo era el escritor argentino Rodolfo Walsh, autor de *Operación Masacre*, abatido en la calle por un Grupo de Tareas de la ESMA el 25 de marzo de 1977, que continúa desaparecido.

El artículo de *Página/12* estaba enfocado en el hecho de que ella, junto con Mabel Lucrecia Luisa Zanta y María Rosa Paredes, había sido denunciante en el primer juicio por crímenes de violencia sexual cometidos en ese centro clandestino. La denuncia se había hecho en 2014. El juicio había comenzado en octubre de 2020 y se esperaba sentencia para agosto de 2021, cinco meses después de publicada la nota. Aunque Labayru había dado su testimonio acerca de lo acontecido ante la ACNUR (Alto Comisionado de las Naciones Unidas para los Refugiados) en 1979, ante la CONADEP (Comisión Nacional sobre la Desaparición de Personas) en 1984, y en diversos juicios contra represores de la ESMA, y de esos testimonios podía desprenderse que había pasado por algún tipo de abuso, nunca había dado detalles ni se los habían pedido porque, hasta 2010, la violencia sexual formaba parte del rubro «torturas y tormentos», un combo inespecífico en el que se incluían la picana eléctrica, el submarino seco, el simulacro de fusilamiento, los golpes. Recién ese año la violación se transformó en un delito autónomo: algo que podía juzgarse *per se*. Una década más tarde, Labayru y las otras dos mujeres —a quienes no conoce— testimoniaron en ese juicio. Ella acusaba a dos miembros de la Armada: Alberto Eduardo «Gato» González, como su violador, y Jorge Eduardo «el Tigre» Acosta, al frente del centro clandestino en aquellos años, como el instigador de esas violaciones. Ambos tenían ya varias condenas a prisión perpetua por delitos de lesa humanidad.

Cuando se publicó el artículo, Silvia Labayru llevaba cuatro décadas sin hablar con periodistas —su hija Vera y su hijo David estaban entrenados para negarla cuando llamaban por teléfono pidiendo entrevistarla— y, aunque yo no lo sabía, no estaba dispuesta a hacer más excepciones que la que había hecho con *Página/12*.

Dos o tres días después de esa publicación, el fotógrafo Dani Yako, a quien conozco desde hace años, me envió dos mensajes por WhatsApp. El primero tenía un link a esa nota de *Página/12*, que yo ya había leído. El segundo era una pregunta: «¿Leíste esto de mi amiga Silvia?».

El 18 de noviembre de 2013, en el Juicio ESMA, Causa Unificada, Silvia Labayru declaró: «Las mujeres éramos su botín de guerra. Nuestros cuerpos fueron considerados como botín de guerra. Eso es algo bastante habitual, por no decir muy habitual, en la violencia sexual. Y utilizar o considerar a las mujeres como parte del botín es un clásico en todas las historias represivas de las guerras [...]. En esto no fue una excepción».

Canta Bob Dylan: «¿Cuántas veces puede un hombre volver la cabeza / y fingir no ver lo que ve?». Estaba todo dicho. Solo había que saber –o querer– escuchar.

En la terraza, Dani Yako dice en voz baja, un ceceo dulce que contrasta con el tono asertivo en el que habla (aunque el contenido de sus frases es siempre el de una duda amable: «A vos no te gusta el jazz, ¿no?»), que en el Colegio leían los clásicos en latín, que cursaban seis años de esa lengua, dos de griego, seis de francés.

–Y ahora no me acuerdo de nada, apenas puedo hablar en español.

Alguien menciona la frase latina:

–*Ego puto in orto meo.*

Silvia Luz Fernández dice:

–Con el tiempo, eso va a ser todo lo que nos vamos a acordar del latín.

Dejó de fumar el día anterior (ha dejado de fumar decenas de veces) y mastica chicles de nicotina a cada rato. Tiene una carcajada ronca, rulos cortos, blancos o platinados, una dicción precisa en la que engarza frases irónicas con las que, generalmente, se ataca a sí misma. Está sentada junto a Dani Yako. Al otro lado, Débora Kantor, el pelo corto, un estilo sencillo que contrasta con la cabellera trabajada en grandes ondas de Alba Corral. Siguen Laura Marino, la mujer de Yako, y Julia, la hija de ambos, que escuchan mucho, hablan poco y permanecen en el extremo de la mesa como si fueran plantas frescas, algo profundamente silvestre. Luego, Hugo Dvoskin, la pareja de Silvia Labayru, y, junto a Hugo Dvoskin, ella. Silvia Labayru. Lalabayru. Silvia. Silvina. Y el nombre de su peligro: Mora.

Un día de diciembre de 2022, corriendo por el campo, recuerdo que yo, de niña, tenía una yegua alazana, mansa pero altiva. Se llamaba Mora, Morita. Le pongo un mensaje de WhatsApp mencionando el hecho. Responde escueta: «Ja. Morita». La verdad, pienso después, es una sincronía bastante idiota.

El predio de la ESMA ocupa diecisiete hectáreas. Desde el 24 de marzo de 2004, y por decreto del entonces presidente Néstor Kirchner, ya no lleva el nombre de Escuela de Mecánica de la Armada y es el Espacio Memoria y Derechos Humanos. Muchos le dicen «la ex-ESMA». Todas las personas entrevistadas para este libro la siguen llamando como entonces: «Vamos a la ESMA», «Nos encontramos en la ESMA», «Me llamaron desde la ESMA». Funcionan allí, en diversos edificios, el Museo Sitio de Memoria ESMA, el Archivo Nacional de la Memoria, la Casa por la Identidad, el Centro Cultural de la Memoria Haroldo Conti, el Espacio Cultural Nuestros Hijos, el Museo Malvinas, la Secretaría de Derechos Humanos de la Nación y el Equipo Argentino de Antropología Forense, entre otras cosas. Está casi al final de la avenida del Libertador –una vía amplia con construcciones elegantes en las que vive parte de cierta aristocracia criolla tradicional–, a pocas cuadras del límite entre la ciudad y la zona norte del conurbano bonaerense.

Desde 1976, el centro clandestino de detención instalado allí operó en el Casino de Oficiales, el edificio del predio que se encuentra más cercano a la línea que separa la capital del conurbano. Su función era la de hospedar a oficiales y profesores visitantes, y no la perdió durante la dictadura: el primer y segundo pisos continuaron como albergue mientras en el sótano se llevaba a cabo la tortura, se obligaba a los prisioneros a falsificar documentos y procesar información, y en el tercer piso, conocido como Capucha (los detenidos permanecían la mayor parte del tiempo con capuchas y grilletes), estaban los cubículos –camarotes– donde se encerraba a los secuestrados, sobre todo militantes de Montoneros aunque no solo: también se secuestró, en menor medida, a miembros del Ejército Revolucionario del Pueblo (ERP) y otros grupos de izquierda, y se torturó y asesinó a jubilados, adolescentes, monjas o gente cuyo nombre figuraba en una agenda equivocada. El proceso podía tener variantes, pero era más o menos así: se producía el secuestro –en la calle, en las casas–, se procedía a trasladar al secuestrado al sótano, se lo torturaba de inmediato para obtener información (de manera tal que, por ejemplo, se lograra capturar a quienes tuvieran una cita próxima con esa persona). Los secuestrados recibían un número del 1 al 999. Hubo muchos números 1 y muchos 999. El plantel se renovaba: cada miércoles se seleccionaba a un grupo de personas, se las anestesiaba con pentotal y se las arrojaba al Río de la Plata o al mar desde un avión (el dispositivo se conoce como «vuelos de la muerte»). Había otros métodos: un balazo. Entonces se realizaba un «asadito»: se quemaba el cuerpo en el parque que hay detrás.

Si bien fue uno de los cientos de centros clandestinos por los que pasaron miles de personas, en su inmensa mayoría desaparecidas, no era similar a ninguno.

«Como todos los centros clandestinos de detención de la dictadura», escribe Claudia Feld en el libro *ESMA*, firmado por ella y por Marina Franco, publicado por el Fondo de Cultura Económica en 2022, «la Escuela de Mecánica de la Armada implementó un sistema de destrucción física y psíquica [...]. Para la mayor parte de las personas secuestradas allí, este circuito fue corto y terminante: sufrieron feroces torturas, fueron inmovilizadas y aisladas en "Capucha" o "Capuchita", hasta que poco después se las asesinó mediante los "vuelos de la muerte" o con otros métodos. Sin embargo, un grupo minoritario pero significativo de secuestrados y secuestradas fue mantenido con vida, y su cautiverio se prolongó durante meses, incluso años. En ese tiempo, fueron obligados a realizar diversos trabajos bajo amenaza de muerte, en un régimen que se conoció como "proceso de recuperación" [...]. La etapa más activa de este "proceso de recuperación" se produjo cuando el centro clandestino fue conducido por Jorge Acosta, entre fines de 1976 y los primeros meses de 1979.»

Cada persona incorporada a ese proceso estaba a cargo de un militar responsable que, en ocasiones, era el mismo que había procedido a la tortura. Si se consideraba que el proceso de recuperación estaba dando resultados, el prisionero empezaba a realizar algunas salidas. Por ejemplo, podía permanecer unos días en casa de sus familiares. A las mujeres secuestradas se las obligaba a vestir «de manera femenina» como demostración de que estaban dispuestas a dejar atrás la vida unisex de la militancia —todas esas camisas y pantalones de jean tan poco sexis—, y se las sacaba a cenar o a la *boîte* de moda, Mau Mau, propiedad de un hombre del *jet set* llamado José Lata Liste.

De todas maneras, nada garantizaba nada.

Una persona podía entrar en proceso de recuperación, ser puesta en libertad y enviada a otro país.

Una persona podía entrar en proceso de recuperación, ser obligada a trabajar en dependencias del Estado como la Cancillería o el Ministerio de Bienestar Social y permanecer en un régimen de libertad vigilada hasta, incluso, el comienzo de la democracia.

Una persona podía entrar en proceso de recuperación y ser ejecutada.

Los motivos por los cuales el destino era uno u otro son oscuros, y terminan en el mismo callejón: no se sabe. La arbitrariedad garantiza un pavor perfecto: infinito.

El libro de Claudia Feld y Marina Franco consigna algunas particularidades de este centro clandestino: se encontraba en el corazón de Buenos Aires, a metros de la cancha de River, en un barrio residencial de mucho movimiento; estaba bajo el poder directo del almirante Massera, uno de los tres miembros de la Junta Militar que había tomado el poder; se mantuvo activo, a diferencia de los demás, durante toda la dictadura; se realizaba allí una producción permanente de documentos falsos, informes políticos o notas de prensa que se obligaba a confeccionar a los secuestrados; fue el epicentro de casos que tuvieron repercusión internacional, como el secuestro de dos monjas francesas, de tres Madres de Plaza de Mayo y –por equivocación en el operativo: buscaban a una persona parecida– el asesinato de la adolescente sueca Dagmar Hagelin; no hubo otro centro clandestino donde se implementara el proceso de recuperación (concebido por Acosta); nacieron más de treinta bebés que, en su mayoría, fueron separados de sus madres y entregados a represores que los criaron como hijos propios.

En el tercer piso de ese lugar, sobre una mesa, Silvia Labayru parió un bebé, uno de los pocos que fue entregado a su familia de origen.

«No entiendo por qué te interesa Silvia Labayru. ¿Qué tiene de singular?», dice una persona que me da información y me recomienda lecturas relacionadas con el tema: «No sé qué le ves».

Hay una pregunta que hacen siempre: «¿Por qué elige las historias, con qué criterio?». Quizás con el peor de todos. Una abstrusa y soberbia necesidad de complicarse la vida y, al final, vencer. O no.

La primera en llegar a casa de Dani Yako esa noche fue Silvia Luz Fernández, que tomó el colectivo de la línea 12 demasiado temprano, previendo que iba a demorar, pero el colectivo hizo el trayecto muy rápido. Luego llegaron Débora Kantor, Silvia Labayru y Hugo Dvoskin. Los tres permanecieron un rato tocando timbre sin que nadie les abriera (Yako olvidó decirles que lo llamaran por teléfono en vez de tocar el timbre, que no se escucha desde la terraza: a buena parte de los que forman este grupo parece unirlos una tendencia al despiste). Silvia Labayru portaba un cuenco con ensalada de papas preparada en su casa. Había llegado pocos días antes desde Recife, Brasil, donde Hugo Dvoskin, su pareja, psicoanalista, había participado en un congreso de lacanianos. Él usaba una chomba celeste fuerte y tenía el aspecto de siempre: recién salido de la ducha, fresco y dispuesto a subir un volcán. Ella llevaba un vestido azul oscuro, corto y vaporoso, de tela evanescente. La última en llegar fue Alba Corral. Alba Corral y Silvia Luz Fernández no viven en la Argentina sino en Madrid y París, respectivamente. Todos los demás, en Buenos Aires. Aunque decir exactamente dónde vive ahora Silvia Labayru podría costar un poco más de trabajo.

Dani Yako, fotógrafo, argentino, exiliado en España desde 1976, retornado a la Argentina en 1983.
Silvia Luz Fernández, psiquiatra, argentina, exiliada en Francia desde 1979. Continúa allí.
Alba Corral, empresaria, argentina, exiliada en España desde 1977. Continúa allí.
Débora Kantor, licenciada en Ciencias de la Educación, argentina.
Hugo Dvoskin, psicoanalista, argentino.
Silvia Labayru, estudiante de Medicina, Historia, Psicología, brevemente de Sociología, argentina, exiliada en España desde junio de 1978, actualmente fluctuando entre Madrid y Buenos Aires. Si se le pregunta dónde vive, a veces responde: «En el limbo».

Esa noche se habla de todo. De si es mejor la carne de la carnicería Don Julio –no vale la pena el precio exorbitante, dice alguien–, la del supermercado Jumbo o la del supermercado COTO. De fotografía. De vacunas. De un médico que le diagnosticó a Dani Yako una leucemia que no tenía. De un flebólogo al que Débora Kantor consultó por unas venas y le dijo que, si su preocupación era estética, mejor se operara las ojeras. De licencias de conducir. De películas y series. Nadie menciona la palabra *secuestro*. Nadie menciona la palabra *desaparecido*. Nadie menciona la palabra *exilio*.

Dani, Débora, Alba, Silvia Luz, Hugo y Silvia fueron al mismo colegio secundario, el Nacional Buenos Aires, un establecimiento público de exigencia salvaje con un examen de ingreso para el cual los aspirantes se preparan con un año de antelación. Han egresado de él personas que fueron, después, presidentes, diputados, senadores, jueces, premio Nobel. Su prestigio es tal que lo llaman, simplemente, el Colegio. Como si no hubiera otro.

Todas las cosas empezaron ahí.

Cada 14 de marzo, durante años, Silvia Labayru festejó con su padre, Jorge Labayru, mayor de la Fuerza Aérea y piloto civil de Aerolíneas Argentinas, el día en que se produjo la llamada que le salvó la vida. El 14 de marzo de 1977 él levantó el auricular del teléfono de su casa, un piso 12 sobre la avenida del Libertador desde el que se ven el hipódromo de Buenos Aires y la costa uruguaya, escuchó la voz de un hombre que dijo: «Llamo para hablarle de su hija», y respondió con un grito: «¡Montoneros hijos de puta! ¡Ustedes son los responsables morales de la muerte de mi hija! ¡Los voy a cagar a tiros!». O algo así. Para entonces, Jorge Labayru llevaba tres meses creyendo que su hija estaba muerta.

Para que puedan / exaltar a pleno pulmón / las maravillas / estos siervos tuyos / perdona la falta / de nuestros labios impuros / san Juan.

El himno viajó en el tiempo, como viajaron todos ellos, hasta hoy.

Cuando la cena en la terraza termina, Silvia Labayru y yo bajamos y buscamos un taxi para regresar a casa. Nos conocemos desde hace un año y seis meses. Vivimos cerca, así que es usual que, al terminar lo que estemos haciendo, regresemos juntas. La calle está desierta, es domingo, casi no pasan autos. A lo lejos, se ve la luz roja de un taxi libre. Hago señas. Dice: «¿Eso no es un semáforo?». Le digo: «Un semáforo que se mueve». El taxi se acerca, se detiene. Hugo se ha ido antes –atiende el consultorio desde temprano–, y le dejó dinero para pagar el transporte. Ella no reconoció los billetes –hay reales brasileños mezclados con pesos argentinos, un dinero que todavía no entiende; la economía local la confunde y en ocasiones dice: «No me hables en pesos, dime en euros»–, y como no tenía el bolso a mano se los guardó en el soutien. Subo primero al auto, porque bajo después, y damos indicaciones: vamos a tal y tal sitio, nos detenemos primero en tal. Ella lleva el cuenco de la ensalada de papas, ya vacío, dentro de una bolsa, sobre la falda. Le pregunto por Toitoy, su perro de nueve años y medio que está muriendo en Madrid, en casa de su sobrina. «Usualmente, esos perros viven ocho años, pero Toitoy estaba como una rosa. Las fotos que me mandan, los ojitos…», dice, con una pena que no le he oído casi nunca desde mayo de 2021, cuando hablé por primera vez con ella en el balcón de un departamento de la calle Gurruchaga en el que ya no vive. Toitoy tiene una falla renal irreparable, no puede hacerse a la idea de que no lo verá más. El taxi se detiene a dos cuadras de su casa, que está en la calle Costa Rica. Nos despedimos hasta el día siguiente, cuando volveremos a encontrarnos. El taxista, un tipo joven con la cara tatuada, arranca de nuevo y me pregunta: «¿Tu amiga de dónde es?». Le respondo: «Es argentina, pero vive en España desde hace muchos años». No voy a explicarle a un desconocido que ella está desde 2019 en Buenos Aires, con intermitencias, porque se reencontró con el hombre que fue su primer novio importante. «Ah, como hablaba raro no sabía. A esta hora anda todo el mundo copeteado, en pedo». Tomo nota de que no sabe qué relación me une a la mujer que viajaba conmigo y, aun así, me dice que creyó que ella –por su forma de hablar, mezclando el «tú» con el «vos», marcando en ocasiones las ces y las zetas como una española pero en ocasiones no– estaba borracha. Le respondo con más información que la que he entregado a nadie en estos meses: «Es argentina pero tuvo que exiliarse en España en los años setenta». Me dice: «Ah, ¿en los setenta?». Pausa. «Seguro que el marido era peronista o estaba metido en algo.» Siento una hostilidad retorcida. Le digo: «¿Por qué el marido?». Y aunque sé que tengo que frenar, sigo: «Era ella. Era montonera». Me arrepiento del comienzo de la frase, que parece acusatoria: «Era ella». Me mira por el espejo y me dice: «Ah. ¿Montonera?». Y se queda callado. Entonces, después de unos segundos de silencio, me pregunta si vivo por ahí, si estoy casada, si no me da miedo andar sola de noche, subirme a cualquier taxi. Busco en el bolso las llaves de casa, las empuño como me indicó mi padre: una asomando entre los dedos, directo al ojo en caso de agresión. Me digo que soy idiota. Jamás podría hacer eso y, si lo hiciera, me rompería la mano. Pienso en ella ahora, caminando hacia su casa, el dinero metido en el soutien, flotante y rápida en su vestido azul volado, llevando el cuenco de la ensalada de papas. Me doy cuenta de que dije la palabra *montonera* con altanería, como si quisiera golpear al tipo con un secreto del que soy poseedora. «¿Cómo te llamás?», pregunta. Lo miro por el espejo. No le contesto. Pienso en lo que me ha dicho ella tantas veces: cuando cuenta su historia –apenas el bosquejo: secuestrada un año y medio en un centro clandestino, parto sobre una mesa–, la persona a quien se la cuenta empieza a narrar su propia experiencia de peligro menor: el día en que, por una infracción, terminó en una comisaría; el día en que, durante una marcha por reclamos salariales, resultó perseguida un par de cuadras por las fuerzas del orden («Cuento mi historia y dicen: "Ah, qué difícil debe haber sido, porque a mí también me pasó, bla, bla", y yo me quedo escuchando su traumática experiencia del día en que los persiguió un policía con una cachiporra»). La necesidad de inventarse un poco de heroísmo para competir. O el regodeo en el dramita propio para no escuchar el drama ajeno. Que fue alto. Que fue mucho.

(El taxista, por supuesto, me deja en la puerta de mi casa y se va.)

—Yo de política argentina no quiero opinar porque a la política argentina no la entiendo.

Es lo primero que dice el 4 de mayo de 2021 a las dos y media de la tarde en el balcón de un departamento del piso 15 sobre la calle Gurruchaga, barrio de Palermo. El sitio es alquilado y vive allí desde 2019 con Hugo Dvoskin, que tiene su consultorio cinco pisos más arriba. Llegó a Buenos Aires el 7 de junio de ese año, siguiendo la invitación que él le hizo —quedarse ocho días juntos, sin atenuantes, en esta casa—, y ya no se fue (aunque regresa a España de manera regular). Estoy allí porque Dani Yako la llamó, le dijo que yo estaba interesada en su historia, y ella respondió de inmediato: «Que me llame». Convinimos este encuentro solo para conocernos, pero en esa primera conversación informal se establecen las condiciones de trabajo. Ella: «¿Puedo leer lo que escribas antes de que se publique?». Yo: «No». Ella: «¿Entonces puedo grabar las conversaciones que tengamos?». Yo: «Sí».

Usa un pantalón negro chupín, las mismas sandalias de taco chino con suela de yute que le vi en la foto del diario, un suéter liviano, gris, cruzado por delante, y una estrella de David de oro pendiendo de una cadena corta y fina (que no se quitará nunca). Como es plena pandemia de covid-19, y por disposición del gobierno solo se puede circular hasta las ocho de la noche, nos encontramos temprano. Aunque estamos al aire libre usamos barbijo. Lo usaremos por mucho tiempo. Ella ha entrado al programa experimental de un laboratorio alemán que prueba la vacuna Curevac (que no funcionará), pero yo aún (como la mayor parte de los habitantes del planeta) no estoy vacunada. A lo largo de dos horas, contará el bosquejo (adolescencia en el Colegio, militancia en Montoneros, secuestro, tortura, parto, entrega de la hija a los abuelos, exilio en España, repudio por parte de otros sobrevivientes y organismos de derechos humanos), con el mismo tono sereno y racional que utilizará después, a lo largo de un año y siete meses, cuando dé detalles. Solo en dos ocasiones, una en el otoño de 2022 durante un encuentro en mi casa, y otra en el verano de ese año, en un audio de WhatsApp, tendrá la voz estrangulada: por la angustia, primero; por la pena, después. La primera vez que eso ocurre es cuando habla de la posibilidad de que su pareja con Hugo Dvoskin no funcione. La segunda, cuando anuncia la enfermedad de su perro Toitoy. Ese tono imperturbable –del que es consciente– hará que a menudo exprese su preocupación por parecer demasiado fría: «A veces me da temor no poder expresarte lo que pasó, porque tengo esta manera tan fría de contarlo». Nunca grabará las conversaciones. Pedirá algunos resguardos en relación a la intimidad de sus hijos –Vera, David–, de sus nietos –Duncan, de nueve, Ewan, de doce–, o de terceros, esto último en casos de afectos antiguos a los que no quiere incomodar. Por todo lo demás, dirá: «Lo que digas de mí me la suda». Quizás porque ya dijeron de ella tantas cosas.

Y así empieza la historia.

Un pasado incendiario. Un presente que pendula entre paseos en bicicleta, administración de propiedades en España, viajes –a ciudades como Tandil, a pueblos de Córdoba, a la costa argentina, a Boston, Madrid, Nueva York, a países como Polonia, Brasil, Francia y Austria–, cenas con amigos, cafés con amigos, almuerzos con amigos, visitas al geriátrico en el que vive su padre, despertares al alba tan temprano, el trabajo gestionando publicidad para revistas de ingeniería, el trabajo para Panoplia –la distribuidora de libros que era propiedad de su marido, fallecido en 2018– y el vínculo con un hombre, con este hombre, con Hugo Dvoskin, a quien le hizo enorme daño allá en la adolescencia, a quien envió un telegrama clamando socorro recién salida de la ESMA, a quien escribió cartas de amor rendido sin recibir jamás una respuesta.

Le pregunto por la tortura con mucha más facilidad con la que le pregunto por las violaciones, porque preguntar por las violaciones puede confundirse con morbo pero la escena de la tortura es sagrada: en ella hay puro sufrimiento.

Varias veces, a lo largo de meses, y aunque indagué sobre el asunto, me dirá que nadie, nunca, le preguntó por la tortura excepto una persona: Hugo. Un día le digo: «¿Ni siquiera yo?». Me dice: «Ni siquiera tú». Entonces entiendo: ella quiere decir que nadie a quien ella haya temido o tema perder, que nadie a quien considere incondicional, le ha preguntado. Excepto Hugo.

El 6 de mayo de 2021, a las cuatro y media de la tarde, prepara un café de cápsula en el departamento del piso 15 de la calle Gurruchaga. La sala es chica, con la cocina unificada al ambiente y un ventanal que da al balcón. La vista de la ciudad es amplia y agotadora: un exceso de paisaje. Hay una mesa redonda, sillas Thonet, dos sillones negros de cuero –parecidos a los que se anuncian como sillones masajeadores en los canales de venta telefónica, que serán motivo de negociación cuando se muden en unos meses a otro sitio: a ella no le gustan nada y Hugo los aprecia–, un televisor, retratos –los dos hijos de Hugo–, una bicicleta fija. Lleva un suéter color piel, liviano, escote en V, la estrella de David, pantalones negros de jean. Jamás usa tonos estridentes, siempre parece vestida con telas cosechadas de la tierra o de los árboles. El porte erguido, cuerpo fibroso, pura genética porque no hace deporte ni gimnasia aunque anda mucho en bicicleta. Los ojos, de un azul mineral, sostienen la mirada de manera firme (como alguien que quiere asegurarse de que lo escuchen) y serán, por muchos meses, lo único que vea de su rostro, con brevísimos momentos en los que se quite el barbijo para tomar café y, después de varios encuentros, una copa de vino que apenas toca. Ese instante durante el cual su rostro aparece es, la primera vez, desconcertante. Rasgos que se escabullen sin dejar una imagen completa. Veo pómulos alzados, una boca amplia. Se ríe con una risa chica, nunca a carcajadas, con modales de señorita modosa, contenida, educada en el protocolo.

El día es frío, pero las ventanas permanecen abiertas por la recomendación de mantener los ambientes aireados. Dispone el café en la mesa mientras habla de manera aluvional acerca de los preparativos de un viaje que emprenderá en breve para visitar a su hija Vera, que vive en Aberdeen, Escocia, donde trabaja como cardióloga en un hospital. Volará desde Buenos Aires a Madrid y, en Aberdeen, tendrá que hacer una cuarentena de diez días estrictamente vigilada. Su monólogo es abigarrado, como si acumular toda la peripecia produjera, de alguna forma, alivio: como si, al repasarla, la peripecia se hiciera más liviana, se desactivara cualquier peligro oculto en ella. Por momentos, para acentuar la dificultad –declaraciones juradas, pruebas de PCR, traslados, cuarentenas–, abre mucho los ojos y exhala una especie de bufido de hartazgo con el que resta importancia al asunto. Esos resúmenes de dificultades prácticas con foco en los viajes, los abogados, sus casas y locales en España, las vacunas, se repetirán al comienzo de cada encuentro (y de muchos audios de WhatsApp).

Hay un gato pequeño que adoptaron hace poco. Ahora se llama Monkey pero meses después mutará a Vlado, por Vladimir (yo no voy a acostumbrarme y seguiré llamándolo Monkey). Es cachorro, juguetón: se trepa a la palmera de interior que hay en una esquina, a los sillones negros, a la bicicleta fija, salta de allí a las sillas, de allí a las faldas, se acurruca: un mono.

Hugo Dvoskin alquila este lugar desde hace mucho, pero no pueden quedarse más allá de fin de año (los propietarios necesitan el departamento) y, aunque ella subraya el incordio que supone mudarse —«Hugo tiene la consulta en este mismo edificio, en el piso 20, y entonces puede bajar, comer algo, dormir una pequeña siesta»—, en cierto punto la ilusiona conseguir lo que nunca tuvo: una casa con jardín propio. Siente una devoción campesina por las plantas y un cariño compasivo por los animales. Cuando contempla a los suyos lo hace en silencio, la cabeza ladeada y expresión de ternura, como si quisiera evitarles todo mal. Es dueña de un departamento en el distrito de Hortaleza, Madrid, de algunos pisos y locales —que mantiene alquilados— en diversas ciudades de España, de una pequeña finca en Toledo y de otra en Valsaín, a setenta y cuatro kilómetros de la capital española. Pasa el mes de agosto con amigos, con su hijo, con amigos de su hijo, en una casa que alquila desde hace décadas en Vilasindre, pedanía de Cangas de Foz, Lugo, Galicia. En Valsaín —«El paisaje del alma»— y Vilasindre, caminando por el campo o a la vera del mar, plantando árboles o leyendo tumbada sobre el césped, alcanza un estado que se parece a la plenitud.

Esta primera conversación dura dos horas. Es corta, comparada con otras de cuatro o cinco que se producirán más adelante, funciona como un repaso general y ya refleja un método: da nombres precisos, genealogías completas, contexto, asumiendo que quien la escucha no sabe nada —corrección: no tiene por qué saber— de los años setenta, de agrupaciones de izquierda, de jefes montoneros, del funcionamiento de las estructuras clandestinas, del modo de operar de los militares. No lo hace por condescendencia. Se unen, en esa forma de transmisión, varias cosas: el registro lúcido de que han pasado muchos años; el hecho de que es una retornada intermitente a un país en el que no vivió durante más de cuatro décadas y sabe que hay un puente temporal interrumpido, conversaciones truncas que no pueden retomarse así como así; pero, sobre todo, una resistencia cerril a que su relato quede cercado por conceptos y términos que muchos de quienes pasaron por cosas parecidas utilizan de modo natural, una suerte de manifiesto que reivindica un lugar de pertenencia construido por palabras como *caer, engrillado, la Orga* (ser secuestrado, llevar grilletes, la forma en que se designa al Partido Montonero). Todavía no conozco a las personas que intervienen en su historia, de manera que se refiere a ellas con expresiones de carácter informativo: «Mi marido en ese momento, el padre de Vera», o «Vera tuvo otra hermana, por parte de padre, que es una actriz muy conocida en España», o «Tuve una relación con un argentino bastante mayor que yo, que me protegió y me prohijó ante el exilio argentino en España, que era muy hostil», o «El papá de David». Todos ellos pronto tendrán nombre: Alberto Lennie, Bárbara Lennie, Osvaldo «el Negro» Natucci, Jesús Miranda.

Ese día terminamos a las siete y cuarto. No se puede estar en la calle después de las ocho, por disposición del gobierno. Cuando le digo que me voy, no parece cansada.

Está dispuesta a responder cualquier pregunta y hablar de cualquier tema –«El tipo me compró un diafragma, y me lo hacía poner para no tener que ponerse condón»–, pero en algunas zonas el relato es un silogismo armado con las mismas piezas que llevan a las mismas otras. Series, agrupaciones temáticas que se repiten en muchos encuentros.

La serie «torturas», por ejemplo, está hilada sobre estos ejes: la tortura se resiste hablando, el cuerpo se te arquea por completo, no puedo escuchar «Si Adelita se fuera con otro» cantada por Nat King Cole porque la ponían para tapar los alaridos.

La serie «mis padres», por ejemplo, está hilada sobre estos ejes: mi padre era muy infiel, mi madre se quiso suicidar y mi padre la dejó, fueron muy cariñosos, cuando salí de la ESMA se ocuparon mucho de mí.

La serie Montoneros, por ejemplo, está hilada sobre estos ejes: por qué no me fui, menos mal que no ganamos, la dirigencia de Montoneros no se ocupó de los militantes, yo llevaba un arma pero nunca me enseñaron cómo usarla.

La serie «amamantamiento», por ejemplo, está hilada sobre estos ejes: me dañaron los pezones en la tortura, cuando nació Vera tuve mastitis porque no me dejaron amamantarla, dieciocho años después no pude amamantar a David.

Al leer sus testimonios ante la justicia –articulados, altivos, irónicos, inteligentes, seguros, enfocados, construidos con un léxico que proviene de una vida entera de lecturas que incluyen la ficción, la poesía, el psicoanálisis, el ensayo–, compruebo –con resquemor– que me dice lo mismo, y de la misma forma, que ha dicho antes a fiscales, abogados y jueces. Casi siempre opto –esa es la palabra– por ver el relato idéntico y las reiteraciones como una desmemoria –son muchas entrevistas, no puede recordar lo que ya contó, aunque a menudo nos vemos dos o más veces a la semana y vuelve a decirme lo que ya me dijo el día anterior– y un reaseguro. Suyo –«quiero estar segura de que lo entendiste»–, y mío: si me lo cuenta reiteradamente de la misma manera es que, al menos para ella, ha sido así. A lo largo del año y siete meses en que golpeo a su puerta, sé que en ocasiones voy a escucharla decir lo mismo. Pero sé también que, en medio de ese aluvión un poco rígido, en algún momento una espiral genuina asciende, una columna de luz, y entonces ella entra en torrente y me habla de aquel mastín napolitano que pudo matarla, de aquellas mañanas en que llevaba a Vera al colegio con la ventanilla baja y «Angie» a todo volumen en el estéreo de un BMW color verde manzana, de su terror a que todo esto acabe demasiado rápido ahora que, al fin, empezó. «Todo lo que pido es tiempo. Tiempo.»

Esta parte quizás puede saltearse. O a lo mejor es fundamental.

La norteamericana Elizabeth Strout es autora de *Ay, William*, *Me llamo Lucy Barton*, *Olive Kitteridge*, *Todo es posible*, *Luz de febrero*. En esos libros, quienes llevan adelante la trama son, muchas veces, los mismos personajes: Olive Kitteridge, Lucy Barton, los hermanos Burgess, William, Amy e Isabelle.

Strout utiliza un sistema que podría pensarse como una forma de evadir responsabilidades aunque es, más bien, una puntada que une parte de su obra: cuando alguno de estos personajes hace alusión a algo que sucedió en su pasado, Strout escribe: «Eso ya lo conté en otro libro».

Hay muchos libros sobre la violencia de los grupos armados de izquierda que actuaron en los setenta en la Argentina, y muchos sobre la violencia de Estado que reprimió aquella violencia. Libros que repasan los atentados y secuestros de la guerrilla, que cuentan cómo se gestó el golpe de 1976, que detallan las atrocidades de la represión militar, la complicidad civil, empresarial y mediática.

En este, un resumen sin espesor diría: años setenta, el presidente Juan Domingo Perón ha muerto el 1 de julio de 1974 y su esposa, María Estela Martínez de Perón (Isabel), hasta entonces vicepresidenta, gobierna el país. Hay una banda parapolicial de extrema derecha, la Alianza Anticomunista Argentina —la Triple A—, que secuestra y mata a decenas de personas. Hay varios grupos de guerrilla armada, principalmente Montoneros y el ERP, en plena actividad. Desde 1975, Montoneros implementa el uso obligatorio de una cápsula de cianuro para los oficiales superiores con el fin de impedir que sean capturados vivos y, así, evitar delaciones durante la tortura. Después se dispone la utilización de las cápsulas para todos los miembros de la organización. Se distribuyen en dos modalidades: cianuro en polvo y ampolletas de vidrio con cianuro líquido, más eficaces puesto que el vidrio, al ser mordido, lastima la boca y facilita el ingreso del veneno al organismo.

El 24 de marzo de 1976 se produce el golpe de Estado que instaura una dictadura militar hasta 1983. La Junta en el poder, durante los primeros años, está integrada por el general Jorge Rafael Videla (Ejército), el almirante Emilio Eduardo Massera (Marina) y el brigadier Orlando Ramón Agosti (Aeronáutica).

Entre otros hechos: el 18 de junio de 1976 los montoneros colocan una bomba debajo de la cama del jefe de la Policía Federal, Cesáreo Ángel Cardozo, y lo matan; el 2 de julio de 1976, una bomba mata a veintitrés personas en el comedor de la ex-Superintendencia de Seguridad Federal; el 12 de septiembre, un coche bomba destruye un ómnibus policial en la ciudad de Rosario y mueren once personas; el 16 de octubre otra bomba hiere a sesenta en el Círculo Militar.

La represión por parte del Estado es monstruosa: toda su maquinaria puesta al servicio de la aniquilación. En centenares de centros clandestinos, los militares mantienen secuestrados y torturan a miles de militantes de izquierda. Matan y hacen desaparecer a la mayoría.

En torno a diciembre de 1976, la conducción de Montoneros deja el país. Hay disidencias entre sus miembros, una reorganización en el extranjero, una contraofensiva en 1979: otra historia.

La novela *El rey pálido*, del estadounidense David Foster Wallace, comienza con un capítulo muy corto que termina con la frase «Lean estas páginas». Puede entenderse como una orden arrogante o un ruego modesto: «Lean solo lo que dice aquí».

En ese último sentido: este libro es el retrato de una mujer. Un intento.

Beatriz Brignoles y Jorge Labayru se conocieron en el barrio de Palermo. Eran vecinos: ella vivía en Fitz Roy y El Salvador, y él en El Salvador y Bonpland, a una cuadra de distancia. A Beatriz le decían Betty. Hay una foto de 1965 tomada en Texas, donde la familia vivió casi dos años. Betty asoma desde la ventanilla de un auto, el rostro enmarcado por una vincha blanca y anteojos de aire gatuno. Pómulos altos, frente combada y suave, se ofrece al sol como una pieza de arte. Es una belleza mayor, de gran calado, de templo griego. En otra foto de 1966, tomada en la ciudad cordobesa de Carlos Paz, se la ve en el piso con las piernas recogidas junto a su hija y su marido, que están en un sofá. La hija parece incómoda, un poco tiesa, cubierta por un atuendo monacal –blusa blanca, falda larga gris–, pero Betty, vestido blanco, un collar de perlas de dos vueltas, pelo rubísimo ajustado en la nuca, la piel lustrosa envolviéndola como la vaina de un fruto, es un rayo dorado: mira a su hija con vitalidad estruendosa, como si la estuviera inyectando con una sustancia descomunal o como si quisiera arrancarle algo con sus ojos azules de fiera exquisita. Hay otra foto tomada muchos años más tarde en la que abraza a un gato siamés. Lleva el pelo inflamado por el espray y no ha perdido nada de gracia. Aunque de grande dejó de fumar y aumentó mucho de peso, en aquella juventud y en la primera vida adulta no era una mujer: era un acontecimiento.

–Mi madre era bellísima. De pequeña era horrible ir con ella por la calle, porque en otros tiempos, en Buenos Aires, si eras una chica guapa y pasabas por las obras en construcción, te gritaban unos epítetos: «Te voy a cogeeer». Era brutal. Y mi madre era una mujer extraordinariamente llamativa.

–¿Te daba vergüenza?

–Sí –dice con media sonrisa, como si le diera vergüenza hoy, ahora.

Coloca las piernas flexionadas sobre una silla, las baja, las vuelve a subir. Son gestos suaves, no de inquietud o impaciencia. Puede hablar durante horas sin tomar ni comer nada, con una mano sobre la mesa, la otra arrebujada entre las piernas.

–¿Y a tu madre?

–Le gustaba. Era una mujer muy despampanante. Ella y mi padre tuvieron una relación muy conflictiva. Mi padre era superinfiel.

Jorge Labayru había hecho la carrera de piloto en la Fuerza Aérea pero –dice ella que porque era ateo, como su esposa, y le exigían hacer retiros espirituales para ascender, cosa a la que se negaba– se dedicó a la aviación civil en Aerolíneas Argentinas (y, poco antes de jubilarse, en Philippine Airlines), lo que lo mantenía mucho tiempo lejos de Buenos Aires, volando hacia destinos como Hawái, Madrid, Nueva York, Los Ángeles. Era alto, apuesto, con ojos celestes menos imponentes que los de su esposa (y que los de su hija, una sofisticada gama de azules contorneada por un anillo más oscuro que recuerda a esos accidentes geográficos que acontecen en mitad del Caribe, donde un trozo de mar se recorta del resto imponiendo un agua de otra especie) y enorme éxito con las mujeres. Ya mayor, le hicieron un trasplante de córnea y el cirujano le encomendó que se quedara quieto y pensara en algo entretenido. Él decidió llevar la contabilidad de todas las mujeres con las que se había acostado. Al terminar, había llegado a doscientas.

–Fue un hombre con un exitazo con las mujeres. El *leitmotiv* de su vida han sido las mujeres.

Esa lubricidad en desborde enloquecía a Betty, que empezó a ejercer maniobras de control y venganza: contrató a un detective para espiarlo y también ella empezó a acumular amantes.

–El detective Margallón. Para mí era como un tipo de la familia. Venía a casa, iba a las estafetas de correo a investigar la correspondencia. Mi madre empezó a competir con mi padre, a ver quién tenía más amantes. Y yo, en medio.

Ella, en medio. Escuchando las discusiones de los adultos y, sobre todo, las confidencias de su madre, que le narraba relaciones paralelas –qué tal eran este tipo y aquel otro– con gran detalle. Betty tuvo un affaire con el padre de quien era novio de su hija en la adolescencia (novio es decir mucho). Poco después lo dejó porque «ese hombre era demasiado para mí». Como daba información en exceso, Silvia Labayru –que, al igual que su novio, estaba ofuscada con eso de tener un suegro/padrastro– prefirió no preguntar qué significaba «era demasiado» para eludir una descripción de contenido sexual.

–Era una mujer muy inteligente, pero tenía su inteligencia puesta en perseguir a mi padre. Me hacía revisarle la billetera para ver si encontraba pistas de que hubiera estado con otras mujeres. Tenía por norma comprar varios anillos de casamiento, porque cuando se enojaba con mi padre tiraba el anillo por el váter. Se volvían a arreglar, y entonces tenía otro. Se llevaban muy bien cuando estaban bien. Eran una pareja muy bonita, se reían, bailaban, eran muy divertidos y buena gente. Y conmigo fueron muy buenos. Pero estaban en su mambo, y mi madre estaba bastante loca y mi padre estaba bastante ausente.

Betty había atravesado una infancia y una adolescencia reprimidas. Sus padres le habían impedido estudiar Medicina (las mujeres debían casarse y parir), una contrariedad que resolvió recetándose remedios a sí misma y a su entorno con gran talento. Quizás excesivo: tomaba anfetaminas como quien engulle caramelos y se las daba a su hija –que en la preadolescencia tenía algunos kilos de más– para que adelgazara y se mantuviera despierta durante las jornadas de estudio.

El nacimiento de esa hija fue una concesión (Jorge Labayru hubiera querido tener más) por parte de alguien que detestaba a los niños. El parto resultó tan extremo que no quiso otro, y la crianza resultó terrible. Vivían en Ciudad Jardín, El Palomar, afueras de la capital. Hasta allí no llegaban abuelos o tíos que pudieran dar una mano. Jorge Labayru viajaba mucho. La bebé era alérgica a la leche materna (le producía un eccema espantoso). Así que allí estaba Betty, la desmesurada, criando sola a una niña chillona, alérgica al alimento que manaba de su cuerpo. Tiempo después se mudaron al edificio Alas, que pertenece a la Fuerza Aérea, en el centro de la ciudad de Buenos Aires. No queda claro si fue a esa vivienda donde su padre llevó un pingüino recogido en la Antártida –vivió un tiempo en la bañera y lo donaron al zoológico–, pero sí que el león que planeaba trasladar desde Centroamérica –ya por entonces su hija era devota de los animales y, al parecer, intentaba saciarla con especies extremas– tenía como destino la casa en la que vivieron en Carlos Paz, una ciudad mediana de la provincia de Córdoba.

–Finalmente no lo trajo. Una locura.

Desde 1964 pasaron dos años en San Antonio, Texas, donde habían destinado a Jorge Labayru a la base militar de Lackland para desempeñarse como jefe de estudios de cadetes que aprendían inglés y manejo de los primeros ordenadores. Ese pasaje de una ciudad a otra, de un país a otro, hizo que ella cambiara de colegio unas diez veces.

–Cambié dos colegios primarios aquí, en Buenos Aires. En

San Antonio cambié otros dos, porque fuimos a vivir a un barrio bastante complicado. Me hacían un vacío tremendo, bullying. Yo era una niña muy tímida. Mis padres no se daban cuenta. Me tiraron en ese colegio, después en otro. Yo no hablaba una palabra de inglés y me tuve que buscar la vida. Nunca se dieron cuenta del daño que me hicieron. Pero tampoco tuve ni tengo la sensación de decir: «Qué hijos de puta». Me jorobaron mucho. También fueron buenas personas. Eran muy cariñosos y estaban muy pendientes de mí. Y cuando salí de la ESMA fueron muy protectores y generosos.

Ese tic –decir algo no tan bueno de sus padres, de una expareja o de un amigo, y balancearlo con frases como «Hay que entender, ella también pasó por muchas cosas»– se reitera. El intento de lograr equilibrio adquiere formas más comprometidas: cuando la confronto con una versión distinta a la que ella me ha dado sobre un hecho grave, insiste en su versión pero, a la vez, se muestra comprensiva: «Es su versión, está en su derecho».

Cuando terminó la estadía de un año y medio en San Antonio, Texas, y fueron a vivir a Carlos Paz en 1966, ingresó a un colegio donde, nuevamente, se sintió «un perro verde, porque venía de Estados Unidos con unas ropas así y asá, y este era un colegio de pueblo». Las ropas «así y asá» eran pantalones de jean modernos o tapaditos monos que, en aquella ciudad del interior, lucían poco menos que como un disfraz. En el colegio secundario, esa indumentaria construida en el extranjero –compraba ropa en los viajes que la familia hacía con pasajes gratis que le correspondían al padre, que ya era piloto de Aerolíneas Argentinas– se transformó en una de sus potencias. Excompañeros suyos recuerdan, hasta hoy, los atuendos que llevaba.

La vida en Carlos Paz no era mala. Leía mucho –la colección del *Tesoro de la Juventud*, las *Selecciones del Rider's Digest*, Louisa May Alcott–, escuchaba partidos de fútbol –es fanática de ese deporte: era del Barça hasta que un gol glorioso de Zinedine Zidane, en el Real Madrid, la hizo conversa–, mantenía en un pozo una colección de sapos vivos –«Montañas de sapos, que ahora me lo pienso y me estremece»— y una huerta. Pero no solo hubo lecturas, sapos, el proyecto fallido de criar al león. Carlos Paz fue el lugar del accidente.

—Mi madre, supuestamente, iba a buscar a mi padre, que llegaba en un vuelo a la ciudad de Córdoba. Y tuvo un accidente en la carretera. Conducía ella. El coche volcó. Mi padre iba por esa misma carretera en autobús, desde Córdoba hacia Carlos Paz, y el autobús se detuvo porque había un accidente. Y vio el coche. Lo reconoció. Cuando bajó, los policías le dijeron: «Es que murió una niña». Pensó que era yo. Pero era mi madre. No murió pero estuvo a punto de morir. Se rompió tropecientos mil huesos, estuvo un mes en terapia intensiva. Después de eso, la pareja empezó a ir muy mal porque mi padre sospechaba que ella en realidad iba a tener sexo con un amigo de él, en Córdoba. Estaba con ese tipo en el coche y el tipo murió en el accidente.

Ese no fue el final del matrimonio, pero marcó un punto de inflexión. A tal punto que hoy, a los noventa y dos años y con problemas de memoria, Jorge Labayru habla con insistencia del accidente sin el menor registro de que Betty está muerta, de que se separaron, de que se llevaban mal.

—Me hubiera encantado tener un hermano, a mi padre le hubiera gustado tener más hijos, pero mi madre no quiso. Se hizo muchos abortos. Y me contaba, me comunicaba que iba a abortar.

—¿Cuántos años tenías cuando pasaba eso?

—No sé. Unos ocho, nueve.

Con el correr de los meses, cuando hablemos de su experiencia dentro de una jaula alimentando a un perro asesino, de la forma en que usaba puntería fina para arrojar bombas molotov dentro de las concesionarias de autos, de la intrepidez con que escalaba a los monumentos de las plazas para colgarles un cartel en el que se leía «Viva Perón», de su supervivencia dentro del centro clandestino, me voy a preguntar si no existe una conexión entre todo eso y aquella supervivencia mayúscula: que su madre decidiera no abortar, que dijera: «A vos te elijo». Que Betty obedeciera a la supremacía del embrión.

Después del accidente se mudaron a Buenos Aires, a un departamento sobre la calle Jorge Newbery en su intersección con Soldado de la Independencia. La zona, conocida como Las Cañitas, fue un polo gastronómico en auge durante los años noventa y sigue siendo un sitio elegante, de propiedades con precios elevados. El Hospital Militar está a pocas cuadras y el edificio donde vivían, construido por militares, estaba habitado por coroneles, tenientes, brigadieres. El departamento daba a un contrafrente y Betty, en un alarde de modernidad, llenó el balcón de césped artificial. Lo había comprado en Estados Unidos y en Buenos Aires era una rareza. Rígido y punzante, hizo furor entre los amigos de su hija que jamás habían visto una cosa así (a decir verdad, tampoco habían visto a una madre como Betty, que lograba que las adolescentes peregrinaran hasta ella fascinadas por sus historias de *drama queen* sin filtro en las que había sexo, amantes y traición; y que los adolescentes chorreados de testosterona se le pegaran como a una Mrs. Robinson del Cono Sur).

Por esos años, Betty empezó a tomar cantidades dramáticas de whisky –una botella al día– y a ingerir pastillas. Su hija regresaba del colegio aprensiva, sin saber qué iba a encontrar.

–Abría la puerta y decía: «¿Con qué me voy a encontrar hoy?». ¿Mi madre borracha, mi madre durmiendo, mi madre fumando como loca sentada en el office esperando que yo llegara para hablarme del tipo con el que había estado? Alguna vez se tomó no sé cuántas pastillas para dormir, para suicidarse, y mi padre lo sabía. Y la dejó.

–¿Cómo que la dejó?

–Yo llegué, ella estaba durmiendo y no se despertaba, no se despertaba. Yo no sabía que era por eso, pero él la había visto tomar las pastillas. Y no hizo nada.

En 2014, las periodistas argentinas Miriam Lewin y Olga Wornat publicaron el libro *Putas y guerrilleras. Crímenes sexua-*

les en los centros clandestinos de detención (Planeta). Allí dan cuenta de los casos de mujeres secuestradas en centros clandestinos que fueron sometidas a abusos y violaciones, dejando en claro que no se trataba de hechos excepcionales sino de un plan sistemático. En la introducción, Lewin –que estuvo secuestrada y cuya historia se incluye– recuerda un episodio que tuvo lugar en el ciclo televisivo *Almorzando con Mirtha Legrand*, al que la habían invitado. Se emitió el 24 de marzo de 2004, el aniversario del golpe de 1976. Legrand –una mujer que lleva más de medio siglo conduciendo ese programa– le preguntó: «¿Es verdad que vos salías con el Tigre Acosta?». Lewin se quedó muda. Preguntó: «¿Cómo que "salía"?». Legrand se enmendó apenas: «Si es verdad que salían a cenar, eso es lo que dice la gente».

En los noventa, Miriam Lewin formaba parte de un equipo de investigación periodística en el que trabajé por un tiempo. Yo sabía que había estado secuestrada durante la dictadura y, no sé por qué, lo comenté con uno de los colegas. Me dijo que mejor no hablara de eso. «¿Por qué?», pregunté. Era 1994 o 1995, llevábamos más de una década de democracia, no había motivos para no hablar de ciertas cosas, o eso creía yo. «Todo ese episodio es muy oscuro. Parece que ella hizo cosas para poder salir.» Cosas. Me sentí ignorante y desconcertada: ¿había, en un país que había sometido a los militares de la dictadura a un juicio civil en 1985 –el Juicio a las Juntas–, en el que se había escuchado a cientos de sobrevivientes contar las aberraciones padecidas en los centros clandestinos, cuestionamientos acerca de lo que alguien había hecho o dejado de hacer para seguir vivo? La respuesta era un enorme, sorprendente, inesperado «sí».

«¿Por qué elige las historias, con qué criterio?» A lo mejor por preguntas de hace dos décadas que quedaron flotando en el viento.

En el artículo de *Página/12* publicado en 2021, Silvia Labayru hablaba de algunas militantes montoneras que habían denunciado violaciones en los centros clandestinos. Decía que esas denuncias no habían caído bien porque se interpretó que mancillaban el honor de sus maridos guerrilleros. Aseguraba que lo que la había motivado a ser denunciante en el juicio por violaciones era «alentar a que otras mujeres que pasaron por lo mismo se animen a denunciarlo, ahora estamos en otro tiempo político, jurídico y social [...]. Porque yo he declarado muchas veces y los jueces que tenías adelante te trataban como si la acusada fueras tú [...]. Estas violaciones en su mayoría no ocurrían "al uso clásico", con violencia física, ni te apuntaban con una pistola en la cabeza [...]. El hecho de que no te torturaran en la violación no quita que fueran violaciones, porque te están obligando a hacer algo bajo secuestro y bajo amenaza de muerte. Eso no tiene otro nombre que violación, pero ha sido difícil de entender incluso para las propias secuestradas». La periodista le preguntó por su opinión sobre la lucha armada. «Soy muy crítica de la conducción montonera, de cómo se nos expuso, cómo no se nos cuidó. [...] Todo lo que se ha hecho en relación a Memoria, Verdad y Justicia es fundamental [...] pero eso no me impide tener una visión crítica de lo que fue esa organización, y de lo poco que esas muertes consiguieron en relación al extraordinario coste.» «¿Cómo fue su exilio en España?» «Cuando llegué a España había mucha gente que no me quería escuchar, que me condenaba. Porque habíamos sobrevivido, teníamos que ser traidores. ¿Qué habíamos hecho para sobrevivir? [...] me cerraban las puertas de bares, me impedían la entrada a reuniones de exiliados.»

Hay muchos comentarios al pie de esa nota. Estos son algunos: «Indignante leer cómo sus mismos compañeros de movimiento la juzgaron y cargaron con el estigma de "la traidora"» (cocadcv). «Difícil digerir ciertos comportamientos de algunos de los secuestrados. Recuerdo a los asesinados en la calle o secuestrados porque alguien desde un auto los reconocía [...]. No sé, queda un gusto rancio» (pampasdeazul). «¿Y qué otra cosa podía haber hecho? [...] ¿Aceptar que la mataran? Qué fácil es juzgar desde afuera [...]. No tenía muchas opciones. Los que pudieron zafar y se dieron el lujo de hacerle el vacío y juzgarla pertenecen a esa clase de porquería» (santaclara). «El instinto por vivir dignamente es una cosa pero vivir sin dignidad es otra. Muchos compañeros dieron la vida y hasta ingirieron cianuro cuando se vieron acosados. Muchos, la mayoría, nunca colaboraron. Una cosa es "quebrarse" por la tortura y otra es colaborar. Las compañeras en el exilio que "la rechazaron" se enfrentaron al enemigo y combatieron. Como decía el Che, mejor morir de pie a vivir de rodillas» (pampasdeazul).

Su nuevo colegio primario, Granaderos de San Martín, quedaba a pocas cuadras del departamento de la calle Jorge Newbery. Estaba más adaptada al entorno, pero no tenía buen rendimiento en matemáticas y sus padres la enviaron a tomar clases particulares. La profesora también preparaba alumnos para el ingreso al temible Colegio Nacional, y ella compartía el horario con dos chicos que estudiaban para ese examen.

–Uno era Martín Caparrós, Mopi, y el otro Diego Bigongiari. Mopi era un año menor que Diego y que yo, y ellos rivalizaban como locos por ver quién resolvía primero tal ecuación o tal problema.

Cuando faltaban diez días para la fecha del examen, la maestra le preguntó: «¿A qué colegio secundario vas a ir?».

–Yo siempre había ido a colegios públicos. Y mis padres me habían ofrecido que el secundario lo hiciera donde quisiera: colegios privados, el Washington no sé qué, el Lincoln no sé qué. Yo iba a verlos y no me hallaba. Así que le dije: «No sé».

La maestra sugirió: «¿Por qué no intentás dar el examen en el Colegio?».

Ella dijo: «Bueno».

La suerte quedó sellada.

Estaba por producirse el cortocircuito, la alteración.

Viajaba a menudo a Europa, compraba Levi's de moda y los últimos discos de los Rolling Stones en Estados Unidos. Era hija de un militar, nieta de militares, prima de militares. Los generales Cecilio y Bernardino Labayru, primos de su padre, estaban en el Ejército; el primo de su padre, Alberto Manfrino, en la Marina; su abuelo y su tío abuelo, Antonio Labayru y Saturnino Labayru, eran suboficiales mayores de esa fuerza. Era sionista –en su casa había gran admiración por la cultura judía, «aunque los sionistas eran medio de derechas»–, y admiraba a John Fitzgerald Kennedy. Con esas características, se dispuso a ingresar en un colegio atravesado por ideas de izquierda, con organizaciones estudiantiles aguerridas para las cuales el imperio, y todas sus estrellas, eran el anatema.

Desde 1966, cuando se produjo un golpe de Estado –hubo muchos– que derrocó al presidente democrático Arturo Illia, y hasta 1970, la Argentina estuvo bajo el mando de una dictadura encabezada por el teniente general Juan Carlos Onganía. Silvia Labayru ingresó al Colegio Nacional Buenos Aires en 1969.

–Fui a dar el examen de ingreso y me acojoné un montón. Todo el mundo superasustado, ese colegio inmenso. Increíblemente, aprobé. Y con bastante buena nota.

Menciona las cosas que le dan orgullo –diversas: que su hijo David cante como tenor en una puesta de *Carmina Burana* el 29 de diciembre de 2022 en el Auditorio Nacional de Madrid, pero, también, haber sacado el más alto puntaje en un test con el que un psiquiatra evaluó el estado de «recuperación» de prisioneros en la ESMA (su amiga Lydia Vieyra, que también estaba detenida y tenía su misma edad –eran las dos secuestrada más jóvenes–, sacó el puntaje más bajo por reivindicar tozudamente su militancia montonera; todavía se ríen de eso)– con una coquetería modesta que, lejos de quitarle méritos, se los agrega: «Qué raro, no sé cómo pasó esto tan genial».

El 30 de marzo de 1969, apenas comenzadas las clases, los

sindicatos de la ciudad de Córdoba iniciaron una huelga de treinta y seis horas en protesta contra el régimen de Juan Carlos Onganía. A los obreros —que fueron brutalmente reprimidos— se sumaron estudiantes de todo el país que reclamaban por las intervenciones del gobierno *de facto* a las universidades. Los del Colegio Nacional Buenos Aires, altamente politizados, se unieron. Excepto Silvia Labayru y cuatro o cinco de sus amigos sionistas que insistieron en ir a clases.

—Para qué. Entré en una situación muy delicada, porque la mayoría de los demás hicieron huelga. Al poco tiempo, me agarró una amiga de la división, que sigue siendo amiga mía. Irene Scheimberg. Íbamos juntas al Colegio en el colectivo, y me empezó a hablar y a hablar. Se decía «melonear», convencerte. Me convenció y me metí en el PC, en la FEDE, la Federación Juvenil Comunista. Me empecé a relacionar con la militancia y toda esa vida que fue superapasionante. Me alegro increíblemente de haber tomado la decisión de ir al Colegio porque...

Monkey salta sobre las sillas, sobre los sillones, sobre la bicicleta. La ciudad destella como una joya infectada bajo el sol del otoño, ralentizada por la pandemia. Ella cuenta con brillo eléctrico —quizás por única vez con entusiasmo— aquellos años: la militancia, los hijos de Woodstock, del Che, del Mayo francés, la utopía, el hombre nuevo. Entonces se abre la puerta y aparece, por primera vez, Hugo Dvoskin, que ha bajado desde su consultorio. Usa un barbijo N95. No dice nada. Ni buenas tardes, ni hola, ni soy Hugo. Saludo:

—Hola, qué tal, encantada.
—Hola —dice.
Se dirige a la heladera, saca algo y se va.
—Chau —dice ella.
Él no saluda.

El fondo de pantalla de Irene Scheimberg está blureado, lo que hace que su pelo corto, entrecano, cobre un aspecto paranormal: por momentos se funde con el blureado, por momentos adquiere una cualidad hiperrealista. Es argentina, médica patóloga. Se exilió en 1976, después de que a Carlos Ocampo, que había sido su pareja y con quien aún eran cercanos, fuera secuestrado por los militares, torturado y arrojado al río. Su cadáver apareció flotando. Ella fue al entierro y decidió que no podía seguir en el país. Viajó primero a España y luego a Londres, donde vive desde 1986. Se jubiló hace unos años. Está casada desde hace veintisiete con un inglés. Comparte la casa con él, con su hijo Pablo –que estudió Relaciones Internacionales– y, desde mayo de 2022, con una refugiada ucraniana de veintiséis que, en su país ahora en guerra con Rusia, era psicóloga infantil.

–Ya le dije que si este año no encuentra trabajo, se despreocupe. Se puede quedar acá. Ahora que estoy jubilada hago triaje para refugiados y también les enseño a tejer, a hacer crochet. Con mi hijo estamos militando con los laboristas, para ver si podemos sacar a este gobierno de mierda.

Habla parapetada en el desparpajo, el humor, la incorrección: «Yo siempre me caso con indígenas», dice, para contar que en España se casó con un español y en Inglaterra con un inglés. «Me quedo con él porque no quiero vender la casa, pero cada uno está en un piso diferente. Solamente me tengo que juntar a la hora de comer.» Esa frontalidad ácida es algo que sus amigos –la señalan como una inteligencia superior– aprecian y padecen. Viene de una familia de izquierda, «muy PC», aunque después, en la universidad, militó en la Juventud Peronista.

–Pero nunca quise ser soldado montonero. Con Silvia hemos hablado bastante de los setenta, somos muy críticas. Yo creo que nosotros en gran parte contribuimos a que viniera la represión. Pero hacer una autocrítica es muy difícil. No querés que la derecha te use como arma. A mí me mataron a ciento cinco amigos y conocidos. Pero estábamos equivocados. Las intenciones eran fantásticas, pero cometimos más errores que aciertos. Los milicos fueron peores. Porque tenían el Estado y tenían la obligación de reaccionar de otra manera. Pero nosotros no fuimos ningunos santitos. A mí lo que me hizo darme cuenta fue el ataque al cuartel de Formosa, donde murieron los colimbas.

El ataque al Regimiento de Infantería de Monte 29, en Formosa, por parte de Montoneros, sucedió el 5 de octubre de 1975, durante el gobierno constitucional de María Estela Martínez de Perón. Murieron doce integrantes del Ejército, la mayoría de ellos «colimbas», soldados que estaban haciendo el servicio militar obligatorio, y nueve integrantes del Ejército Montonero.

–Eso estuvo mal. Eso no se debió hacer.

Irene conocía a Alba Corral, una chica imponente, una vestal cárnica, desde la escuela primaria. Alba, a su vez, se había hecho muy amiga de Silvia Labayru en el Colegio. Y así se armó ese trío. Cada día, Irene tomaba el colectivo 29 que la llevaba hasta plaza Italia, desde donde seguía en subterráneo. Como Silvia Labayru vivía muy cerca, empezaron a hacer el viaje juntas.

–Y ahí, en el colectivo, decidí melonearla, convencerla. Así fue que Silvia se metió a militar en la FEDE, la Federación Juvenil Comunista, donde yo nunca entré porque tenía mis dudas. Ella había vivido en Estados Unidos, era proyanqui, no tenía un concepto de lo que podía ser el imperialismo, pero cambió de idea bastante rápido porque entramos al Colegio en 1969 y en 1970 ya estaba militando.

Irene iba con el uniforme oficial –jumper con tablas, corbata–, aspecto más nerd, y Alba y Silvia eran las más hermosas del Colegio. Silvia, según Scheimberg, llevaba una falda ajustada, gris, y a veces un saco azul que le había comprado el padre en El Corte Inglés.

–Se ataba en la cadera. Era el colmo de la elegancia. Silvia y Alba tenían mucho éxito, yo no tenía ningún éxito. Tenía anteojos, rulos, iba hecha un desastre. Y aparte tenía fama de intelectual y eso no es atractivo para los chicos.

La pulsión sexual era una inseminación briosa, pero el puritanismo obligaba a guardar las apariencias: se podía tener sexo con la pareja, si era larga y establecida, pero las que pretendían hacer un ejercicio más libre eran «chicas ligeras».

—Silvia siempre fue inteligente y era más astuta a nivel de cómo comportarse con los varones. Nunca mostró mucha debilidad. Siempre me pregunté de dónde sacó toda esa fuerza para sobrevivir, no solo a la Escuela de Mecánica de la Armada, sino a lo que vino después. Todo lo que hizo después de salir siempre me produjo mucha admiración.

—¿Y qué hizo? —le pregunto, aunque sé.

—Hacerle frente al rechazo de la comunidad, tener que aguantarse las pelotudeces que escribían y que decían sobre ella.

—¿Qué decían? —insisto, aunque ahora es evidente que entiende que solo le pido que sea explícita.

—Decían: «Mirá lo que hizo, es cómplice de la desaparición de las Madres de Plaza de Mayo y de las monjas». Y yo decía: «Vos nunca estuviste en una situación como la de ella, no podés juzgar lo que hizo o dejó de hacer». Más aún teniendo una hija como rehén.

Irene ya estaba en Madrid cuando Silvia Labayru fue secuestrada. Se enteró de su desaparición —esa es la palabra— por una tía, y durante mucho tiempo pensó que estaba muerta. Después, por amigos comunes, supo que llegaría a España con una hija.

—Cuando ella volvió a aparecer, en muchos sitios la empezaron a atacar, pero ni Alba ni yo la atacamos nunca. Al contrario, la defendíamos. En el 78 vino a verme al hospital donde yo trabajaba en Madrid porque tenía sangre en la orina, por las cosas que le habían hecho en la ESMA. Le hice la historia clínica. Creo que le hicieron un estudio de contraste. Ella se debe acordar. Me peleé con mucha gente defendiendo a Silvia.

—¿Nunca te dejaste influir por lo que se decía de ella?

—No, no. Ella hizo lo que hizo porque tenía que sobrevivir. Pero nunca dejó de entender lo que hacía, por qué lo hacía, y las repercusiones que podía tener. Era una víctima. No tenía libertad de elección. Y yo creo que Silvia valora el hecho de que yo nunca la abandoné. Las dudas que tuve en algún momento fueron antes de que ella viniera a España: ¿cómo es posible que la dejen salir? Hasta que hablamos con ella y nos dimos cuenta de todo lo que tuvo que pasar.

Aunque son amigas cercanas, la versión que da Irene Scheimberg del recibimiento que le hizo a Silvia Labayru en España es una versión inversa a la que cuenta Silvia Labayru.

La entrevista con Irene Scheimberg es del 20 de julio de 2022, cuando ha transcurrido más de un año desde la primera vez que vi a Silvia Labayru, que, al pasarme el contacto de Scheimberg, dijo: «Irene fue una de las que no me quiso ver apenas llegué a España. Después me pidió perdón, fue de las pocas personas que me pidieron disculpas».

El momento de cotejar versiones es incómodo. Se parece a esas instancias en las que una pareja discute –«Vos me dijiste tal cosa», «No, yo no te dije eso, pero vos me dijiste tal otra»–, o al correveidile adolescente: «Fulanito dijo tal cosa de vos». Pero con ella resulta sencillo: nunca reacciona ofuscada sino con aplomo.

–Irene Scheimberg me amaba –dijo cuando la consulté acerca de lo que me había dicho Scheimberg–. Éramos intimísimas amigas. En Madrid se enteró de que yo había sobrevivido y tuvo dudas. Cuando yo llegué no me quiso ver. Fue del grupo de los que me ponían en cuestión, que si yo era una traidora, una colaboracionista. Pero me quería mucho. Habrán pasado uno o dos años y un día me llamó y me dijo: «Te pido disculpas, dudé». Fue una de las pocas que se comportó mal pero que relativamente rápido vino y dijo: «Lo siento».

–Me contó que fuiste al hospital con una infección urinaria.

–Sí, tenía infecciones urinarias y renales recurrentes por lo que me habían hecho en la ESMA y fui a verla al hospital. Me hicieron una prueba con yodo y acabé en la UCI con un shock anafiláctico. Irene se llevó un susto de muerte.

Un día después de nuestra conversación, Irene Scheimberg envía una serie de mensajes por WhatsApp: «Estuve pensando en lo que hablamos. Creo que naturalmente la gente tiende a ser más comprensiva hacia las personas que conoce y por eso los amigos de Silvia no la abandonamos. También creo que la necesidad de pertenecer al grupo hizo que muchos exmontos o ex-Juventud Peronista la condenaran porque esa era la línea oficial y es más fácil seguir al grupo que pensar. El Vietcong esperaba de sus militantes que aguantaran la tortura veinticuatro horas porque sabían que nadie o muy poca gente soporta más. Los montoneros esperaban mártires cristianos. Me quedé pensando sobre cuál fue mi reacción inicial cuando Silvia apareció. Fue un shock. Y muy pronto encontré razones para apoyarla. ¿Hubiera hecho lo mismo si no la hubiera conocido? Hoy probablemente sí. A los veintidós años no sé. La inmadurez te hace cometer muchos errores». Aprovecho sus mensajes para insistir: «¿Pero evitaste verla al principio?». Ella: «No. Nunca evité verla. Y cuando la vi, si tenía alguna duda se fue volando. Y estuve muy contenta de poder ayudarla».

A las siete y cuarto de la tarde del día de la primera entrevista me ha contado todo a grandes rasgos, pero no hemos avanzado mucho y solo se puede estar en la calle hasta las ocho. El covid-19 arrecia. Aunque entre su casa y la mía no hay más de media hora caminando, debo irme.
—Me tengo que ir. Son más de las siete.
—Sí, sí, yo también quiero bajar —dice, pero no parece dispuesta a levantarse—. Ocurrió algo con la nota de *Página/12*, y es que me escribió la editora diciendo que la habían leído, al tercer día, ciento veinticinco mil personas.

Hace un gesto que indica incredulidad pero, sin conocerla demasiado, sospecho que es un comentario en el que subyace cierto engreimiento.

Me despido y quedamos en vernos cinco días después. El edificio tiene vigilancia propia, de modo que no hace falta que me acompañe (aunque ha dicho que quería bajar, no baja). La ciudad está quieta, amortajada. En vez de caminar, tomo un taxi en la esquina. Así inauguro mi peregrinación a esa mujer.

Al llegar a casa, abro el archivo de la computadora donde comencé a reunir material y escribo: «Parece interesada en consignar que conoce gente "importante". Menciona, a raíz de un comentario que hago sobre el Instituto Cervantes, que tiene trato con algunas personas de allí (da nombres, no los recuerdo), que su hijo David fue compañero de colegio del hijo de Zinedine Zidane, que en dos clics de amigos en Facebook llegó a la infanta Elena y a la infanta Cristina, que el hijo de Santiago Carrillo es amigo de ella y que David es muy amigo de los nietos de Santiago Carrillo».

El fútbol, la cultura, un dirigente comunista. ¿Qué hace ahí la realeza?

Las Disposiciones sobre la Justicia Penal Revolucionaria, de 1972, forman parte de los cuerpos normativos de Montoneros. En el artículo 3 se enumeran los delitos de «traición, deserción, delación, confesión, faltas leves reiteradas e incumplimiento de las penas aplicadas en Juicio Revolucionario». El artículo 7 define la figura del delator: «El prisionero de guerra que aporte datos relevantes al enemigo será sancionado en los siguientes casos: a) cuando aporte dichos datos antes de las veinticuatro horas de su detención; b) cuando proporcione en cualquier momento de la confesión datos innecesarios, calificándose como tales los que exceden al interrogatorio al que se lo somete».

Silvia Labayru estaba orgullosa de no haber cometido falta a los incisos a) y b) del artículo 7, ni durante la tortura ni después.

—No, Monkey, morder no.

El 11 de mayo de 2021 nos encontramos a las dos de la tarde. Ella viste el mismo suéter liviano de la primera vez. Monkey me muerde un poco las manos.

—Morder no, Monkey.

—Dejalo, no hace nada.

Las puertas que dan al balcón están abiertas y llega pleno, desde la calle, el ruido de una máquina atronadora.

—Hemos pensado con Hugo que habría que proteger el balcón, porque no sabes cómo salta. ¿Quieres café?

—No, agua está bien.

Prepara un café que deja enfriarse antes de tomarlo (muchos meses más tarde, cuando nos encontremos en bares o restaurantes, pedirá un café y, aparte, un vaso con hielo; sea invierno o verano, vaciará el café dentro del vaso). Evito, como en el primer encuentro, comenzar haciendo preguntas relacionadas con el secuestro e indago sobre otras cosas —en qué trabaja (vendiendo publicidad para revistas del sector de la ingeniería, administrando las propiedades que tiene en alquiler en Madrid, en Reus); qué hace los fines de semana (pasean con Hugo en bicicleta, van al cine, reciben amigos a cenar)–, pero ella lleva la conversación a otro territorio, al mismo. La primera vez lo hizo en la cuarta pregunta, cuando después de hablar de Jesús Miranda, su pareja desde 1987 y hasta 2018, el año en que falleció, dijo: «Con Jesús fue un encuentro difícil. Yo le contaba toda mi historia sin filtro y él no entendía nada, le parecía que todo era muy extraño. Me decía: "Bueno, eso de que tú estuviste en un campo de concentración habría que verlo"». Como si la ESMA hubiera sido Hollywood. Siguió a eso una secuencia que duró mucho rato: el secuestro, la pastilla de cianuro que llevaba en la cartera, el parto, el cadáver de su cuñada, el secuestro de sus suegros. Ahora, a poco de comenzar, estamos hablando de otra cosa, pero tuerce el rumbo y dice que su responsable dentro de la ESMA, el marino Antonio Pernías, la trataba de «usted» y de «señora».

—Me decía: «Señora, si fuera por mí usted no estaría acá». Pero ese mismo tipo fue el que entró una noche al camarote de una de las chicas que estaba secuestrada y le dijo: «Chupame la pija».
Me digo: «Okey, esto es sin miramientos».

Muy pronto, todavía en el Colegio, abandonó el Partido Comunista porque era «la cosa más stalinista del mundo», y empezó un deslizamiento rápido a lo que llama «la experiencia guerrillera». En paralelo, estudiaba marxismo los miércoles de siete de la tarde a once de la noche con un profesor del Partido Socialista. Lo hizo durante cuatro años. No es humilde cuando habla de su formación política: sabe que sabe y es despiadada al referirse a la de otros compañeros.

—Muchos no brillaban precisamente por su formación. No tenían idea de quién era Marx, qué era la Revolución de Octubre. Nada. Me fui acercando a la experiencia guerrillera, al Che, al grupo secundario del FAL. De ahí también me fui al peronismo de base, la FAP.

Las divisiones y subdivisiones de las ramas políticas de aquellos años son una selva. Las FAL son las Fuerzas Argentinas de Liberación, o Frente Argentino de Liberación; la FAP son las Fuerzas Armadas Peronistas. Sin entrar en detalles: tienen en común algo más que dos letras de la sigla.

—Era una izquierda que reivindicaba la violencia, las operaciones armadas. Hacíamos cosas menores. Pero era la defensa de la lucha armada como modo de hacer política. Me di cuenta de que si uno quería hacer política de masas, y no estar en grupúsculos con los que las clases populares no tenían ninguna identificación, tenías que ser peronista. Y dentro del peronismo, Montoneros era la vía. Así, con una especie de broche puesto en la nariz, me metí en la Juventud Peronista y empecé a militar en el barrio de Colegiales.

Dentro de un año y medio, durante una charla en casa de Dani Yako, dirá: «Yo no era peronista ni cuando era montonera. Si cuando me muero me cubren el ataúd con una bandera de los Montos, resucito y los mato a todos».

¿En qué momento se produjo la transformación? De chica tímida, de testigo en sombras de las peleas de sus padres, de temprana adolescente que admiraba las glorias del capitalismo estadounidense, a la estudiante de Marx, a la que arrojaba bombas molotov, a la que compraba clorato de potasio para accionar las panfleteras que, al estallar, desparramaban volantes de contenido político? «Yo, desde niña, era muy sensible», dice para explicar la torsión. «Cuando íbamos con mis padres a comer a algún restaurante en Brasil, y veía a los niños pidiendo comida, lloraba desconsolada.»
Eso no alcanza. No explica nada.
«A veces tengo un pensamiento un poco retorcido en relación a mi padre, que era militar, y pienso que, como era mujer y no me pude hacer militar, me hice guerrillera.»
Eso tampoco.
Cuando entró al Colegio no se creía linda (asegura que era un poco gorda hasta que se fue de viaje a España, vivió un mes a melón y gazpacho y volvió hecha un fulgor). Para el verano de 1970 era rubia, celeste, valiente y combativa. ¿Qué más se podía pedir? Una casa, quizás. Un hogar desmembrado que fuera el núcleo desde el que se insuflaba más fuego.

El departamento de la calle Jorge Newbery era el epicentro. Sus compañeros del Colegio se quedaban a dormir (el piso estaba cubierto de alfombras, lo que facilitaba el reposo), estudiaban, hablaban de política. La imagen puede parecer muy *peace and love*, pero las ideas de las que hablaban no estaban relacionadas con el amor libre ni con el consumo embelesado de psicotrópicos, sino con la revolución. A Betty todo el asunto la tenía encantada: les preparaba comida, los hacía partícipes de la novela de su vida. Cuando algún novio de su hija se quedaba a dormir (en una habitación donde había un póster del Che Guevara y otro de Alain Delon: «Siempre fue un facho, pero qué hombre hermoso»), hacía el desayuno y se lo llevaba a la pareja a la cama. Por un lado, su hija se muestra orgullosa de esa madre llegada desde el futuro pero, por otro, parece convencida de que la frontera que Betty traspasaba (contándole intimidades y metiéndose en las suyas: cuando supo que había comenzado a tener relaciones sexuales –por infidencia de una compañera del Colegio–, la llevó a la farmacia y le compró un diafragma) era una frontera que no debía traspasarse.

–Mi madre era muy liberal. Muy moderna. Después, con el tiempo, supe que muchos de mis compañeros venían a mi casa no para verme a mí sino para verla a ella. Pero nunca tuvo claro el límite de que yo era su hija, no su amiga.

Betty, tan hermosa, tan loca, reina de los lastimados.

Los campamentos del Colegio eran una tradición: dirigidos por la FEDE, organizados por los mismos alumnos, se realizaban dos veces al año: en el mes de enero, pleno verano del Cono Sur, se hacían en los lagos de la Patagonia; en invierno, en sitios como Tandil, Sierra de la Ventana, Córdoba. Los de invierno no eran tan masivos, pero a los de verano iban doscientos, de primero a quinto año, solos, sin adultos, en tren. Uno de los vagones se destinaba a transportar víveres. En las fotos que tomó Dani Yako de un campamento organizado en lago Escondido, *circa* 1973, se ve a gente joven que parece más grande –tienen trece, quince, diecisiete, parecen de veinticinco–, con gorros de lana, boinas, ponchos, suéters con guardas rústicas. Tocan la guitarra, se lavan el pelo en un lago, hacen asados. Uno de los campamentos a los que fue Silvia Labayru se hizo en una ciudad de la provincia de Buenos Aires, Sierra de la Ventana, en la Semana Santa o el invierno de 1970 (ella no recuerda). Allí conoció a Hugo Dvoskin. O, mejor, allí fue donde él la vio.

—Yo iba al Colegio a la tarde, entraba a las doce y media, salía a las cinco. Estudiaba en la cama, porque era muy friolenta. Mi madre me traía el desayuno. Después me levantaba, me ponía el uniforme. Un jumper gris con tablas, una camisa celeste, una corbata azul, un blazer azul y zapatos marrones. Pero las más coquetas nos poníamos una corbata de seda, la falda más corta, lo que era un jumper empezó a ser una minifalda. Yo era una de ellas.

Como alumna, no le iba mal. Solo suspendió dos veces: la primera, porque tenía que tomar un vuelo a París —su madre la estaba esperando afuera— y entregó el examen sin terminar; la segunda, porque una amiga le arrojó un papel con la traducción de un texto en latín, la profesora la vio y le dijo: «Labayru, ¿quién le tiró ese papel?»; ella respondió: «No se lo puedo decir»; «Usted sabe que se va a ir a examen»; «Sí, lo sé».

—Para mí el Colegio fue algo extraordinario. Fue un culto a la amistad, con la política mediante. Enseguida empecé a participar de los campamentos. Una vez se perdió uno, otra vez nos agarramos una especie de tifus. Otro año descarriló el tren y murieron unas personas, pero no del Colegio.

Sus padres se separaron definitivamente cuando ella tenía dieciséis años. Jorge Labayru se fue a vivir a pocas cuadras —avenida del Libertador 4776, piso 12, desde allí se ven el hipódromo de Buenos Aires y la costa uruguaya—, y poco después Betty se mudó por un tiempo con un novio, a cien metros del departamento de Jorge Newbery.

—Yo tenía la casa para mí. Imagínate. Con servicio doméstico. Venía todo el mundo. Y mi madre venía a la mañana, se ocupaba de preparar la comida. Cuando la cosa se empezó a poner pesada, llevé a vivir ahí a Claudio Slemenson y a Alberto Schprejer, que eran muy buscados, muy buscados.

Claudio Slemenson fue uno de los fundadores de la Unión de Estudiantes Secundarios (UES). Militante de Montoneros, desapareció el 4 de octubre de 1975, todavía durante el gobierno democrático de Isabel Martínez de Perón. Alberto Schprejer fue detenido en 1976 y permaneció como preso político hasta 1981.

—Mi madre no era de izquierdas, tampoco de derechas. Pero estaba ahí, tomando un riesgo, y no sé hasta qué punto ella era consciente de que había dos montoneros metidos en un edificio de militares.

Además de preparar la comida, Betty tomó la responsabilidad de mover el coche de ambos refugiados por el barrio y estacionarlo en distintos sitios para que quienes los buscaban no pudieran ubicarlos.

—Mis padres eran muy pacientes, aceptaban que vinieran los chicos, que hubiera libros marxistas, pero no eran de esa cuerda. Era como: «Bueno, Silvina es montonera, son sus ideas». Creo que muchos padres no se llegaron a creer que nos pudiera pasar lo que nos pasó. Y otros se sentían impotentes para frenarnos. A ver quién frenaba a esta fiera. Porque éramos fieras. Yo le llegué a pedir a mi padre que me trajera en sus vuelos repuestos de armas desde Estados Unidos para la organización. Y me decía: «Silvina, ¿pero qué me estás pidiendo? Es mi trabajo». Estábamos locos.

—¿Qué pensabas de esa respuesta de tu padre?

—Pensaba: «Uf, qué conservador es mi padre». Sentíamos que íbamos a cambiar el mundo. Que nuestra vida era superapasionante. Creíamos que venía el hombre nuevo, todo parecía una coreografía de película. Nos vestíamos con los vaqueros, el pelo largo. Queríamos formar parte de esa mística revolucionaria, de los hermanos latinoamericanos.

Por la forma en que lo dice, queda claro que ya no cree en nada de todo eso.

Hugo Dvoskin la llama Silvina. Alberto Lennie, su primer marido y padre de Vera, Silvina o Silvia, con predominio de Silvina. Un grupo de amigos que la conoció en España la llama Silvia. Los amigos que la conocieron en la Argentina, Silvia o Silvina, depende del sitio en que haya comenzado la amistad, si en el Colegio, si en la militancia. «Mis padres me llamaban Silvina, como diminutivo de Silvia, como quien dice

Silvita. Alberto me llamaba Silvina porque tiene una hermana que se llama Silvia. Hugo me llama Silvina porque su madre se llama Silvia y él no quiere mucho a su madre. Los amigos de España, Silvia. Y así podría hacerse un mapa y establecerse de qué rama proviene la gente que me conoce, tan solo viendo si me llaman Silvia o Silvina.»

Su madre escuchaba a Louis Armstrong, Charles Aznavour, Leonardo Favio, leía a Borges, Cortázar, Manuel Puig. La biblioteca que Silvia Labayru tiene ahora en su casa de Madrid es la de una lectora fuerte que se mueve cómoda de Albert Camus a Marguerite Yourcenar, de Natalia Ginzburg a Jorge Semprún, de Jean-Paul Sartre a George Steiner y Jonathan Franzen. En los dos departamentos en los que la entrevisto siempre hay un libro sobre la mesa con los anteojos encima, como si hubiera estado leyendo hasta minutos antes de recibirme. Tiene conocimientos sobre cosas muy diversas: psicoanálisis, historia, arte plástico, música brasileña (cuando acompañe a Hugo al congreso de lacanianos en Brasil, contará que una noche dejó a todos «bastante asombrados» –aquí, mohín de modestia impostada– con sus conocimientos sobre el asunto), fútbol: durante un viaje que hará en enero de 2023 a un centro de esquí en Austria, conversará con un grupo de eslavos acerca de Ferenc Puskás y de Alfredo Di Stefano (yo tuve que googlear para saber quiénes eran, aunque Di Stefano me sonaba).

–En 1970 lo conociste a Hugo.
–Sí. Él iba a la mañana, un año más adelante, yo a la tarde.
–¿Empezaron a salir en el campamento?
–No, en el campamento me vio por primera vez. En realidad fue al tiempo, en discusiones políticas. Él estaba en el FLS, el Frente de Lucha de los Secundarios, un grupo de las FAL, las Fuerzas Armadas de Liberación. Militaba ahí y era un chico muy combativo en las discusiones, con una capacidad argu-

mentativa y una lengua muy potentes. Ahí nos conocimos. Empezamos a salir y fue mi primer novio importante.

–¿Cuánto tiempo estuvieron juntos?

–Un año y pico con interrupciones, porque yo lo dejaba a él. La verdad es que le hice bastantes putadas.

Entonces entra Hugo y, otra vez sin decir nada, va hacia la heladera. Son las cuatro y media de la tarde. Ella parece un poco incómoda, así que le propongo seguir otro día. Convenimos encontrarnos el martes 18 de mayo a las dos. No me doy cuenta, hasta un año y medio después, mientras reviso el material reunido, de que la fecha que elegimos para encontrarnos es altamente significativa.

Sé que Hugo Dvoskin no está de acuerdo con que escriba sobre ella: ella me lo dijo. Por eso, aunque sostiene que estará dispuesto a hablar conmigo –«Hugo va a querer, por supuesto. Te va a poder decir qué clase de chica era yo en esos tiempos. Cuánto podía hacer sufrir a un chico. Y me parece bien que lo haga. Porque esa era yo»–, sospecho que no va a aceptar. Pero un día de enero de 2022 Hugo acepta.

El jueves 13 de enero de 2022, Buenos Aires lleva días sumergida en una ola de calor imperial. El martes la temperatura llegó a 43 grados. El viernes y el sábado llegará a 45 y 47,9. Pero hoy, jueves, está fresquito: apenas 36 y algo de brisa. El calor monstruoso que se avecina se anuncia a toda hora por televisión con el tono catastrófico en que se anuncia el avance de la peste que nos rodea. Para entonces ya tengo dos dosis de vacunas, pero se mantiene la ceremonia del alcohol en gel consumido en cantidades exorbitantes, del barbijo en transportes públicos y espacios cerrados. Camino hasta el departamento de la calle Gurruchaga. Son las cuatro y media de la tarde. El aire es una materia pastosa, un aglomerado de luz enferma, derretida.

Hugo Dvoskin respondió de inmediato a la solicitud de encontrarnos, con un audio breve y afable. Hace nueve meses que hablo con Silvia Labayru y, en todo este tiempo, ella ha viajado sola y con él a diversos sitios de la Argentina y Europa; Monkey ha crecido; todavía buscan un departamento para mudarse. Ahora, ella está en Madrid, donde fue a pasar la fiesta de Reyes con su hijo («Para David, la fiesta de Reyes es más importante que cualquier otra»), y las dos creímos que era más prudente que me encontrara con Hugo mientras ella estuviera ausente (no puedo precisar por qué).

Al llegar al edificio, me anuncio en la garita de seguridad y me dejan pasar. Hugo avisó de mi visita, algo que ella nunca hace. En el ascensor, veo que el piso está mojado. Subo hasta el piso 15, toco timbre.

–Hola. Pasá.

–Esperá que me seco los pies. Había agua en el ascensor.

–Era yo. Recién volví de la pileta.

Las ventanas están abiertas –a pesar de que funciona el aire acondicionado– pero no usamos barbijo. Él tiene varias dosis de la vacuna Pfizer, porque ingresó en el programa de voluntarios de ese laboratorio en 2021 («Hugo es el hombre Pfizer; habla de Pfizer todo el tiempo, Pfizer, Pfizer, Pfizer»). No hay ni una nube a la vista, lo cual, en medio de una ola de calor satánica, es deprimente.

–Sentate.

Es delgado, compacto, el rostro de líneas fuertes, el pelo todavía húmedo. Tiene una voz grave, áspera, y habla con frases cortas bajando el volumen en la parte final, que queda prácticamente cercenada («A este hombre no le entiendo nada. ¡Farfulla!», dice ella un día, entre risas). No deja de mirar a los ojos y, ante algunas preguntas, agacha la cabeza como si midiera la distancia para embestir aunque solo está escuchando mejor. Tiene una sonrisa inquietante, que desaparece precipitadamente sin dejar huella. No hay reticencia en él, ni siquiera una elección cuidadosa de las palabras. Hay más bien arrojo, una forma intrépida de explicar la vulnerabilidad: «Ella siempre me dejó, y yo seguí enamorado de ella. Siempre».

Mucho antes de ese encuentro con Hugo, el 18 de mayo de 2021, llego al departamento de la calle Gurruchaga a las dos y cuarto de la tarde. Ella está esperando, suéter azul de lana fina, calzas negras y zapatos chatos de charol. Se mueve con porte desencarnado y laxo: su cuerpo la sigue donde vaya y, aunque nunca usa tacos, camina con la prestancia de alguien que se desliza sobre stilettos pero como si, en vez de ser una persona, fuera un ciervo. Hoy, como antes y como después, sostiene que nunca recibió un entrenamiento adecuado para manejar un arma mientras estuvo en Montoneros.

–Tenía una pistola, pero nadie me enseñó ni a usarla, ni a desarmarla, ni a limpiarla. A mí me encantan las armas, pero no para disparar. Me gusta el objeto. Yo tengo una finca en España, a una hora de Madrid, que está aislada. Muchas veces fui sola y pensé que sería bueno tener una escopeta de doble caño recortado. Jesús, mi marido, me decía: «Yo no te la voy a regalar porque tú la puedes usar, tú eres capaz de usarla». Y yo: «Que no, que no, que es para efecto disuasorio». Tú estás sola allí y disparas al aire, y tiene que ser un asesino en serie para que siga avanzando. Bueno, esto lo digo medio en broma, pero nunca nadie me quiso regalar la escopeta de caño recortado. Una pena.

–¿Cazaste alguna vez?

–¡No! No, no, soy totalmente contraria a eso. Absolutamente. ¿Cómo voy a matar a un animal? Por favor. No. Con todas estas contradicciones, ¿no? Pero no mato animales. Matar un conejo, por favor, me da un patatús.

–Ni de chica.

–¡Nooo! Todo lo contrario. Mis padres amaban a los animales y eso hubiera sido inimaginable. Tuve toda clase de bichos. Incluso un cuervo que andaba suelto por el departamento.

Y entonces me cuenta la historia del león, la historia del pingüino, la historia de su gato Demonio, y después hablamos de su viaje a España y Escocia para visitar a Vera –por la pandemia, no se ven desde 2020–, de la infancia de Vera, del padre de Vera, de los hijos de Vera, del marido de Vera, de la profesión de Vera, de la adolescencia de Vera. De Vera, de Vera, de Vera. Y lo hacemos, sin darnos cuenta, el día que figura como fecha de nacimiento en el documento de su hija: 18 de mayo. Es una fecha falsa. Una fecha que Vera no festeja y su madre tampoco.

–En el Colegio yo militaba en el Frente de Lucha de los Secundarios, el FLS –dice Hugo Dvoskin–. Ahí confluían todos los grupos de la izquierda que tenían alguna ideología vinculada a la lucha armada. Yo estaba en tercero, Silvina en segundo año. 1970. Nos fuimos de campamento. En tren. A Sierra de la Ventana. Ella estaba con un muchacho, salía con él. Qué sé yo. Estaba ahí. Le decían Galaico. Yo la vi y me enamoré. Me gustaba mucho. A mí ella me gustaba muchísimo. Después la empecé a ver en el Colegio. Yo iba a la mañana, ella a la tarde. Nos cruzábamos. Pero la veía, como dice el tango, con la ñata contra vidrio, de lejos.

Menciona fechas, meses y años precisos –en diciembre de 1971 tal cosa, en febrero de 1972 tal otra–, con la memoria espeluznante del que no pudo olvidar. Para él, todo parece haber sucedido hace un mes.

–En diciembre del 71 la llamé por teléfono. Ella estaba por viajar. Viajaba mucho, por el padre. Y fue una de esas conversaciones en las cuales los dos se dicen cosas y ninguno se anima. En el 72 hubo un suceso significativo. Tres de nosotros estábamos haciendo una actividad política, probando un explosivo. Y a uno lo detuvieron. Nosotros nos escapamos. Este chico quedó preso, así que nosotros éramos prófugos. Y yo fui a Jorge Newbery, a la casa de Silvina. Me fui a vivir a esa casa. Me instalé ahí. De todas maneras, mi relación con ella seguía siendo que yo la miraba de lejos. Pienso que yo no la decidía. Pero ese año hicimos un campamento en Claromecó, y bueno, a fin de enero de ese año estuvo conmigo. Estuvo un tiempo. Desde enero, febrero en adelante. Hubiera sido más fácil tener una relación *light*, que era lo que ella quería. Para mí era imposible. Mis padres se conocieron a los quince años y siguieron juntos toda su vida. Mi hermano mayor conoció a su novia a los quince años y mi hermano menor a los diecinueve y todos siguieron casados. La familia de Silvina era distinta. Silvina tenía otros códigos. Después nos separamos. Quiero decir: se separó ella. Siempre que nos separamos se separó ella. Y después volvía. Y yo estaba. Yo siempre estaba. Una vez que nos separamos, importante, fue en junio del 73. Me dijo que estaba en una relación con otro pibe. Yo estaba en la casa de ella. Y me fui.

–Así nomás, te fuiste.

–Y sí. ¿Qué iba a hacer? Después volví a estar prófugo, con amenazas. Después nos fuimos con Silvina, un viaje maravilloso, a Perú. Fue la época gloriosa de nuestra relación. Y a la vuelta...

No importan las fechas, los años. Él las recuerda pero las mezcla, ella no las recuerda. Hubo un tiempo juntos, hubo separaciones intempestivas, hubo regresos, hubo separaciones todavía más intempestivas.

–A la vuelta de ese viaje me dejó. Yo era muy celoso. Muy celoso. Muy pesado con eso. Había situaciones que no estaban buenas.

–Y sufrías.

–Siempre. Ella me dejó en el 74, después del viaje a Perú, y yo me sentí muy mal. Después volvimos y ella empezó a acercarse a Montoneros. Yo me acerqué para estar un poco con ella. Pero no. Era como si fueran antisemitas, fundamentalistas. Yo estaba mal psíquicamente, por varios motivos, pero Silvina era un tema crucial en eso. A partir de ahí, pasaron situaciones que para mí no eran fáciles de digerir.

–¿Con ella?

–Sí, qué sé yo. Una vez me quiso presentar a una chica. Para que yo saliera. Estábamos separados. Que me presentara una compañera... Para mí era imposible. Yo seguí enamorado de ella siempre. Desde esa época. Dejé de militar, pero igual andaba con problemas.

Voy a ver a Hugo muchas veces: en ese departamento, en el departamento al que se mudarán en un mes, en dos cenas, durante el asado en la terraza en casa de Dani Yako. Lo veré llegar en bicicleta, partir en bicicleta, abrir la puerta de su casa, entrar a su consultorio, cortar hojas de una palmera, arrastrar una bolsa llena de libros, arrastrar un calefactor, conducir un auto. Siempre parecerá un poco arisco, reservado. Pero cuando habla de ella podría firmar aquellos versos de Macedonio Fernández: «Amor se fue; mientras duró / de todo hizo placer. / Cuando se fue / nada dejó que no doliera». Establece, desembozadamente, corajudo: «Casi me muero de amor».

—El último encuentro que tuvimos fue el día que murió Perón. Julio del 74. Nos encontramos en la fila del Congreso, porque lo velaban ahí, y nos fuimos a la casa de ella. Hacía tiempo que no nos veíamos. Y después nunca más supe nada. Pero Silvina seguía existiendo. Siempre. Yo seguía pensando en ella.

—¿Cuántos años tenías?

—Diecinueve. Empecé a estudiar Química. Con un amigo abrimos una escuela de aerobismo, me cambié a la Facultad de Psicología. Y hubo una situación que fue muy dura para mí, porque en el 76 ella les mandó a mis viejos la invitación a su casamiento. Eso fue devastador. En el 76 yo seguía pensando en ella, aunque no sabía nada. Y ella seguía haciendo su vida. Y después, bueno, cayó, la secuestraron.

Un día de 1977 se encontró con alguien en la ciudad costera de Villa Gesell, que le dijo: «¿Supiste lo de Silvia?».

—¿Y?

—Y qué sé yo. Lo que pasa es que todos los temas de ella para mí eran inabordables.

Ella. Que dice que, cuando tuvieron sexo por primera vez, pensó: «Ah, era esto».

Ella. Que lo dejó por un amigo de él.

Ella. Que se floreaba con novios nuevos a los que descartaba uno tras otro.

Ella. Que lo dejó, que lo dejó, que lo dejó.

Que después rogó sin encontrarlo.

Alba Corral debe haber nacido bronceada. En el mes de noviembre de 2022 espera bajo el sol de espanto de las once de la mañana en un café de Buenos Aires y, aunque está vestida de negro (y rodeada de objetos muy poco acuáticos: una tablet con estuche impecable, un teléfono con estuche impecable, un pequeño bolso impecable), parece sumergida en la atmósfera repleta de oxígeno que reverbera al borde de las piscinas. La piel caramelizada, el físico apretado, el pelo muy largo, tiene el aspecto de alguien que podría formar parte de un escuadrón letal en una película de Tarantino, capaz de dar tres vueltas en el aire y descuartizar a su oponente con una catana o clavarle un *shuriken* en la frente. Sin embargo, tiene aversión a las armas. La semana anterior fijamos una cita, pero se confundió de día y no llegó. Envió mensajes compungidos y finalmente nos encontramos el 4 de noviembre. Al verme llegar al café, en una mesa externa, propone ir a otro sitio, más sombreado.

–Ya tuve mi cuota de sol.

Es más baja que Silvia Labayru, los ojos de un color que cuesta definir –quizás grises, aunque sería raro–, un poco inexpresivos, y mientras la miro pagar el café trato de imaginar a esas dos, la rubia cobriza y la castaña, recorriendo los pasillos del Colegio, rajando el aire con los muslos que da la juventud (sumado a lo que llevaban dentro: esas ideas ardorosas). Debe haber sido impresionante.

Cruzamos al bar de enfrente. Se llama Tilo pero es lo contrario de un calmante. Los camiones de mercadería estacionan a un palmo y el ruido de los motores dificulta la conversación. Alba fuma un cigarrillo tras otro, bebe Coca-Cola Zero y desgrana la historia comenzando desde su exilio en España –la relación con su marido, Sergio, ya fallecido, a quien conoció en Madrid, con quien fundó Macondo, un emprendimiento de bijouterie en el que dieron trabajo a muchos de los amigos que llegaron durante los setenta y que se transformó en una empresa con varias sucursales–, mientras una cantidad verdaderamente desproporcionada y demográficamente relevante de personas humildes se acerca para ofrecer pañuelos de papel, estampitas, paraguas, lapiceras, encendedores, zoquetes, medias, plumeros, cuadernos, caramelos, pastillas, chicles, en lo que podría ser una nota al pie que diera cuenta de cuál es el estado de cosas en un país donde el cuarenta y dos por ciento de la población es pobre cuatro décadas después de que Alba, y gente como Alba, creyera que todo podía cambiar.

Militaba «un poco de costado», aunque a veces utiliza los verbos que se refieren a los montoneros en plural —«estábamos»—, y, a pesar de que fue la última persona en ver a Silvia Labayru el día en que la secuestraron, ni siquiera había pensado en irse cuando, un mes más tarde, Jorge Labayru la vio cruzando la calle, detuvo el auto, la obligó a subir y le gritó: «¡¿Estás loca?! ¡¿Qué hacés acá?! ¡Te tenés que ir de inmediato!». Así que se fue.

–Yo militaba en el peronismo de base. Tenía aversión a las armas. Por eso elegí la proletarización, ir a trabajar a una fábrica de camperas. Era absurdo, porque esa gente ya estaba organizada, yo no tenía que ir a enseñarles nada, pero sentía que lo tenía que hacer. Era amiga de Silvia, veía lo que bajaba la dirección de Montoneros y me parecía una cosa fuera de lugar. Parecía que estábamos a punto de tomar el poder, y se despreocupaban cien por cien de sus militantes. ¿El que no tenía medios? Que se jodiera. ¿Si no podía salir del país y lo mataban? Problema suyo. Si ese era el valor humano que tenían estas organizaciones, que nunca llegaran a nada. Me fui de acá un mes después que cayó Silvia, con más odio por los montoneros que por los militares.

Su madre era rígida, no soportaba tener el departamento lleno de adolescentes, así que Alba pasaba mucho tiempo en casas de amigos, sobre todo en la de Silvia Labayru donde, además, estaba Betty.

–Me hice amiguísima de la madre de Silvia. Me contaba la novela de su vida. Era como un teleteatro. Pero Silvia era fóbica a esas entradas de la madre, no lo soportaba, era una cosa bestial. Por momentos parecía que le gustaba, pero decía cosas como: «Esto no se lo decimos, que no sepa tal cosa, mirá cómo se mete en tal otra». Quería ponerle límite. Es algo que mantiene hasta hoy. Ella tiene temporadas que te llama y otras que desaparece, y creo que viene de la madre, de ponerle los límites de una manera brusca. Ella simplemente corta la relación.

Cuando Alba me dice eso, recuerdo que en febrero de 2022 yo estaba en Cartagena. Silvia Labayru llevaba días sin responderme un mensaje. Pasé zozobra –¿se había arrepentido después de casi un año de trabajo?–, hasta que envió un audio que empezaba con voz despreocupada: «Hooola, querida».

–Era muy tímida. Como si le costase llevar su propia belleza. Yo conocía a todos sus novios, pero con Hugo tuvo una relación más interesante, porque Hugo era más interesante. Los otros eran novios más superficiales. Hugo tenía una cualidad diferente. Me caía muy bien. Me parecía muy inteligente, muy comprensivo. Era narcisista como él solo. Había gente que no lo soportaba. Pero podía comprender las cosas. Le gustaba mucho hacerse notar, pero era alguien interesante. Cuando ella rompió, él se quedó atravesado por Silvia. Era una cosa de desesperación. No entendía la ruptura, no le entraba. Y creo que Silvia no se daba cuenta de qué tipo de persona era él, de la diferencia que había entre Hugo y los otros. Se quedó tocadísimo. Era un desecho humano. Además, la superficialidad con que Silvia lo hizo. No hubo una pelea, nada. Fue: «Chau, me voy con otro». Ella es inconsciente de las cosas que provoca. Entonces usa, manipula. Y eso lo aprendió de la madre. No porque la madre fuese así, sino porque no existían códigos. El código de la lealtad, Betty no lo tenía. Silvia era así: apareció este, me gusta, me voy con este. Esas fueron las cosas que pusieron un poco de distancia entre nosotras. Después de los ochenta yo hice un corte y estuvimos nueve años sin hablar.

–¿Qué había pasado?
–Que te cuente Silvia.

Mamá era muy moderna, mamá odiaba a los niños, mamá era bellísima, mamá tomaba whisky con pastillas, mamá se volvía loca con las infidelidades de papá, mamá le puso un detective, mamá me obligaba a revisarle a papá la billetera para ver si encontraba pistas de que hubiera estado con otras mujeres, mamá me llevó a comprar mi primer diafragma, mamá me decía tú no vas a pasar por lo que pasé yo, tú vas a tener toda la libertad del mundo, y yo la escuchaba y lo que me quedaba en la cabeza era la idea de que «amar a alguien es algo muy peligroso, entonces mejor no enamorarse, mejor tener uno el dominio. Mejor, antes de que te lo hagan a ti, hacerlo tú».

El viernes 28 de mayo de 2021 nos vemos por Zoom. Ella saldrá en breve hacia Madrid y, desde allí, a Aberdeen. No voy a su casa para evitar un contagio del virus que pudiera arruinar su viaje.

—Estoy con un pie aquí, otro allá, papeles, líos, historias. Saqué mal el billete para ir a Aberdeen, por nueve días y no por diez, que es lo que dura la cuarentena, y si me pillan a lo mejor acabo en la cárcel. Imagínate, salir de la ESMA y terminar presa por una cuarentena. Ahora parece que hay nuevos casos de la cepa india en el Reino Unido, en fin. Y están los trotskistas del confinamiento que piensan que nada garantiza nada. ¿Entonces vamos a estar así hasta el día en que nos pille la muerte? Al final es lo que dice la canción, que vivir es lo más peligroso que tiene la vida. Hay unos riesgos mínimos que tienes que asumir. Oye, ese artículo que escribió esta mujer la vez pasada, que te mencionaba a ti... ¿cómo se llama ella?

—¿Alexandra Kohan?

—Sí. Es muy fuerte que esta mujer se diga feminista y se haga llamar Alexandra Kohan, tomando el apellido de su marido en vez de tomar el apellido propio.

Alexandra Kohan es una psicoanalista argentina, columnista del *Diario.ar*, autora de los libros *Y sin embargo, el amor* y *Un cuerpo al fin*. Está casada con el escritor Martín Kohan, autor de ensayos, cuentos y novelas como *Dos veces junio*, *Ciencias morales*, *Fuera de lugar*. Ambos tienen el mismo apellido, cada uno por su cuenta. Se lo digo.

–El apellido de ella es Kohan. Igual que el de él.

–No, no.

–Sí. Son Kohan. Los dos. Cada uno por su lado.

–Yo pienso, no sé, qué feo si eres feminista tomar el apellido de tu marido.

–No, pero ella es Kohan y él también. Son Kohan por separado.

–¿Y son parientes?

–No.

–Qué fuerte.

Poco después, en otro encuentro, dice sentirse escandalizada por el hecho de que «esta mujer, llamándose feminista, tome el apellido de su marido». Etcétera. Y en otro: «¿A ti te parece que, siendo feminista, esta mujer...?». Menciona esa contradicción inexistente una y otra vez, como si acabara de descubrirla, y yo siempre explico: no, son dos Kohan, cada uno por su lado. Es un poco extraño: el prejuicio inconmovible en alguien a quien el prejuicio le produjo estragos, le segó una vocación, le oscureció la vida. Un día comenta que «gente muy confiable» amiga de ella le dijo que yo era una periodista que, de ser necesario, hacía quedar a un entrevistado como «un gilipollas». El comentario parece –es– agresivo. Le pido un ejemplo (le he llevado todos los libros que escribí: tiene dónde buscar). Responde que no es algo que ella haya leído, sino que «gente muy confiable» amiga suya le dijo. Etcétera.

–Leila, me encantan tus rulos. Nosotros también tenemos rulos. ¿Vos sos de Buenos Aires?

Vera Lennie, la hija de Silvia Labayru, tiene cuarenta y cuatro años el miércoles 23 de junio de 2021, cuando hablo con ella. El 28 de abril de 2022 cumplirá cuarenta y cinco, pero la fecha de nacimiento que figura en su documentación es otra: 18 de mayo.

Su lugar de nacimiento tampoco coincide con la realidad: la dirección oficial es la del departamento de su abuelo, Jorge Labayru, avenida del Libertador 4776, piso 12, aunque nació unas treinta cuadras más allá, sobre esa misma avenida, en la Escuela de Mecánica de la Armada. Supongo que con el «nosotros» —«nosotros también tenemos rulos»— se refiere a ella y sus hijos, aunque no he visto aún fotos de los niños. Es cardióloga, trabaja de nueve a cinco en un hospital, admira profundamente el sistema de salud público de Escocia y siente aversión por el trabajo en consultorios privados, donde los pacientes acuden con dolencias que no implican desafío. Lo suyo es la maquinaria pesada, el rey de reyes: atender asuntos del corazón. Cuando un paciente amaga con mentarle otros problemas, aplica estilo rotundo: «Yo no soy de eso, lo del piso pélvico lo tiene que consultar en otra parte».

Está en la casa de Aberdeen, en su estudio, rodeada de bibliotecas con colecciones de Hiperión, Pre-Textos, Acantilado. Mucha poesía, libros de su infancia, de su adolescencia, volúmenes antiguos del abuelo de Ian Frazer, su pareja, un escocés al que conoció cuando trabajaba como enfermero en un psiquiátrico de Inverness.

—Ian luego cambió de trabajo, se dedicó a masterizar música. Ahora hace un poquito de trabajo por libre y me ayuda mucho en la casa, porque es muy difícil trabajar a tiempo completo y balancear el tema familiar. Y se lo agradezco. Tenemos dos niños, Duncan y Ewan. No sé si te lo habrá contado mi mamá, pero mi hijo mayor, Ewan, es sordo y tiene implantes cocleares. Eso ha generado la necesidad de estar presente en su educación, y yo no podría haberlo hecho sola, Leila.

Silvia Labayru me contó de su nieto. La sordera es consecuencia de una meningitis que tuvo de bebé. Se refirió a la situación solo dos veces, ambas de manera desapacible: «Que Ewan sea sordo... ¿No hay un cupo universal de desgracias, de sufrimiento acumulado? Nosotras ya llenamos ese cupo. Tenemos el cupo completo. Por favor, basta. Basta». Y luego: «A mí eso me ha resultado especialmente intolerable. Vera es la luz de mis ojos. Yo pensé que ya, con lo que había pasado, teníamos toda la cuota de dolor cumplida como para que pasara algo más en su vida. Pero no, fíjate».

Detrás de Vera se ve una cama. Falta un día para que su madre llegue desde la Argentina y le preparó el cuarto allí.

—No la veo desde que comenzó la pandemia. Ayer, mientras hacíamos los formularios para ingresar a Escocia, uno de los ítems decía: «Si no dice la verdad acerca de dónde estuvo antes de llegar aquí, la vamos a meter en la cárcel». Le dije: «Imagínate si al final te meten en la cárcel por esto, con todo lo que te pasó».

Era rubia al nacer y, aunque no conserva ese color —su pelo es muy oscuro—, sí conserva los rulos, largos, aunque no se notan porque lleva el pelo atado. Tiene una mandíbula fuerte, atractiva. Meses después, cuando la vea en Madrid, notaré que la piel blanca, casi transparente, que se percibe en la pantalla es en efecto blanca, casi transparente. Habla con acento español no muy marcado, mezclando el «tú» y el «vos», manejando con fluidez modismos argentinos. De chica, pasó muchos veranos europeos —inviernos australes— en casa de sus abuelos en la ciudad de Buenos Aires, con primos, tías y tíos que la adoraban.

—Yo no me he sentido nunca muy española, pero tampoco argentina, y cuando voy a Argentina dicen: «Ah, sos gallega». No. Finalmente, es aquello de Jorge Drexler, ¿sabes?: mi casa está en la frontera.

—Tu madre llega mañana.

—Sí, ya va a venir a decirme cómo me tengo que cortar el pelo. Eso siempre lo hace. Tu mamá también tendrá lo suyo.

—Sí, claro.

—¿Te dice?

—Falleció, pero decía sus cosas.

—Yo creo que es algo de las madres. Y de las madres argentinas. Noto que ella quiere dirigir mi vida. Uno de los primeros trabajos que tuve era en un hospital del sur de Madrid y ella, tan roja, me dice: «¿Y no podés ir al norte? Porque el sur es muy feo». Vallecas, uno de esos barrios de gente trabajadora. Y ella: «No, pero es feo».

Cuando su madre me pregunta algo –«¿Tú cocinas?»–, escucha la respuesta de manera lateral y remite la pregunta hacia ella misma –comienza a hablar de lo que ella cocina–, como si lo mismo que señala en otros –que no escuchan– le sucediera a veces en espejo. Vera, en cambio, pregunta con curiosidad inagotable.

–¿Vos de dónde sos, Leila?
–De Junín.
–Te escuchaba el acento, que no es tan fuerte como el porteño. ¿Y desde cuándo vives en Buenos Aires?
–Desde los diecisiete años.
–¿Y qué estudiaste?
Todo así.

En junio de 2021, Silvia Labayru está en Madrid, preparándose para volar hacia Aberdeen. Envía algunos mensajes de WhatsApp que son la versión escrita de los apresurados resúmenes que hace al principio de nuestras conversaciones: «Hola, querida. Ya estoy en Madrid. Anularon los vuelos de Ryanair, compré otro billete de Iberia, ir, volver. Bueno, bueno, bueno [...]. El encuentro con David y mis amigos ha sido estupendo. Una vorágine de trabajo, firmas, papeles, notarías, pero uno tiene cierto ejercicio en la adrenalina. Es un rally tremendo. Es el precio, entre otras cosas, que hay que pagar por el amor y las decisiones que uno toma, así que sin quejarse [...]. El miércoles a mediodía tengo que tomar un avión a Alicante y levantarme a las cinco para tomar el vuelo a Aberdeen, donde no sé si me van a dejar entrar. Un planazo. Y si no viajo, mi hija me come cruda. Es una vorágine de fechas. El martes me tengo que hacer una PCR, buscar la prueba de anticuerpos. Es la monda. Y así todo. Besito».

El siguiente mensaje, enviado desde Escocia, parece un telegrama: «Por aquí bien [...]. En una casa y entorno increíbles.

Viven en una casa preciosa en un bosque de quinientos años. Es la finca de un noble, nuestro vecino, que vive en un castillo. En la inmensa finca hay como diez casas que alquila. La de Vera es una de ellas. Era la antigua *coach house*. Impresionante lugar, pero están más solos que la una [...] Vera trabaja mucho. Y luego llega a su casa y sigue trabajando. Aquí no hay empleadas domésticas ni nada. Contenta con haber venido. Lo necesitaban mucho. ¡¡¡No paran de hablar!!! [...] La sentencia del juicio será en agosto. Acaban de llamarme de la fiscalía. Yo viajo (si los hados quieren) el 12 de julio para Buenos Aires. Están cancelando montones de vuelos, así que a ver qué pasa. Muchas ganas de estar allí, aunque tengo tendales de cosas para resolver en Madrid. Contenta con estar vacunada, tratando de sacar el pasaporte sanitario europeo. ¿Has hablado con alguien más? Si necesitas algo me dices. Besito».

Regresa de Europa a mediados de julio y le pido que conversemos para que me cuente cómo fue todo. Todavía nos conocemos poco y, aunque mi requerimiento podría ser un incordio, accede enseguida. Debe aislarse durante una semana —reglas del gobierno impuestas para contener la peste—, de modo que hablamos por teléfono. Suena contenta y ansiosa en partes iguales.

—Fue un rally. Trabajos, reuniones, escribanías, papeleos, lidiando con otro trabajo de publicidad, pisos alquilados donde hay que hacer obras mayores, conflictos con la comunidad de propietarios, un coche abandonado en la puerta de mi casa que hay que llevar al desguace. Un jeep maravilloso, viejo pero un cochazo. Se le rompió la caja de cambios y es más cara que el auto. Y muchos temas colaterales, que es el precio de haber elegido estar aquí, en Buenos Aires. Pero tengo la expectativa de que, de aquí a un año, mi vida esté simplificada y organizada.

Dentro de un año su vida no estará ni simplificada ni organizada, y ese «rally en el que estoy metida» dejará de ser un rally para ser, simplemente, la forma en la que vive. Queda la duda, porque el pasado es accesible hasta un punto y porque hay opiniones distintas al respecto, acerca de si esa aceleración siempre estuvo allí o si es algo de estos años. Un excompañero suyo del Colegio dice que ella pide ayuda por todo y para todo, que su hijo David se ocupa de muchas cosas de las que antes se ocupaba su marido, Jesús. Dos amigos suyos, españoles, dicen que antes no se movía tanto, que la veían más serena. Ella menciona muchas veces su necesidad de parar («Aquí todo el mundo se mueve todo el tiempo. Me parece un poco maníaco. No paran nunca, coño. ¿Nadie puede estar tranquilo en su casa, mirando las plantas, leyendo un libro, pasando un sábado sin tener que hacer planes de toda clase? No sé qué piensan, que si paran se van a morir, o algo»), pero no solo se mueve incesantemente sino que habla del movimiento constante de Hugo como de una virtud (o, al menos, como de algo divertido): «Hugo no para nunca. Friega, ordena y guarda su ropa y la mía, y atiende pacientes y está en la asociación psicoanalítica brasileña, y estudia portugués, y estudia italiano, y se ocupa de sus hijos y de sus hermanos. Es *multitask*».

–Tengo mi perro, Toitoy, allá. Cincuenta y cinco kilos. Lo tiene mi sobrina, que tiene una perra de la misma raza y se han hecho famosos en el barrio. Son bellísimos. Me lo regaló Jesús y costó una fortuna. Te paran por la calle para verlo. Es un boyero de Berna. Se llamaba Toy, porque ese era el nombre que venía en el pedigrí, pero parece que decir «toy» en el mundo de los perros es señalar al perro en miniatura. Y la gente me decía: «Es un chiste, ¿no? ¿Toy?». Porque es gigante. Como creció tanto lo llamamos Toitoy. Y a la gata me la voy a tener que traer. Morchella. Es otro capricho mío. Esa raza de gato, maine coon, me enamoró siempre. Es la gata más bella que he tenido nunca. Tan bella como tonta. Poco interactiva. Tiene dieciocho años y está como una rosa. Es inmortal, como mi papá. Ahora además hay que mudarse de este departamento. Nunca en la vida pude vivir en una casa con jardín y ese es mi sueño. Nunca cayó esa breva. Cuando veo por aquí esos departamentos con terraza se me ponen los dientes largos. Un día me voy a matar con la bicicleta porque no puedo dejar de mirar casas. El martes nos vamos a Mar del Plata. A mí no me gusta ni un poquito. Le dije a Hugo que Mar del Plata me parecía feísima y se ve que no me escuchó. Es una pesadilla, ciudad inmensa, cuarenta filas de carpas en la playa. Eso parecen los campos de refugiados bosnios, solo falta la Cruz Roja.

Su potencia proviene del mismo sitio de donde provino todo lo demás: de su naturaleza díscola, de su tremenda incorrección.

A mediados de julio de 2021 estoy invitada a participar por Zoom del grupo de cine que conduce Hugo Dvoskin desde hace tiempo. La pantalla muestra a unas veinte personas. Analizan *Nomadland*, la película dirigida por Chloé Zhao, protagonizada por Frances McDormand. Es la historia de una mujer que se lanza a las rutas de Estados Unidos en camioneta después de la muerte de su marido. Hugo guía la conversación. Parece haber una mayoría de psicoanalistas, al menos si se tiene en cuenta el léxico que usan. No todos están de acuerdo con sus comentarios pero él insiste, argumenta fuerte.

–Ella, con el marido, no tienen hijos. La gente que tiene hijos cree erróneamente que protege a los hijos. Y lo primero que tiene que hacer alguien que tiene hijos es ser honesto: los hijos te protegen a vos. Te protegen del riesgo de no estar amarrado. La gente con hijos tiene la existencia fácil, casi no puede pensar en el suicidio durante años. Se dicen: «No les voy a hacer eso a mis hijos». No digo que nadie lo haga. Pero están amarrados a la vida. Amarrados al amarre. Cuando tengo un hijo, hago falta. Lo que a mí me hace falta es hacer falta. Es lo que le da sentido a la existencia. Tengo hijos, no tengo preguntas sobre el sentido de la existencia.

Silvia Labayru y Vera están unidas al Zoom, ambas sin cámara. Para ella, el nacimiento de Vera significó quedar a la intemperie, abrir todas las puertas de la muerte.

Monkey ha crecido un poco. Renguea. Se lo digo:
—El gato está rengo.
—¿Sí? A ver...
Se relaciona con los animales a la vieja usanza: no está pendiente de manera obsesiva. En algunos meses, cuando se muden a un departamento con jardín, Monkey se trepará a los muros, pasará a propiedades vecinas. Eso, que aterraría a cualquier dueño de un gato de departamento —se va a perder, lo van a atacar los perros—, a ella le resulta natural. Un día cuenta que Vlado (ex-Monkey) cazó otro pajarito (ya van dos): «Ayer Vlado cazó un pajarito, lo mató y estaba empeñado en comérselo, ¡horror! Se lo quité y lo estuvo buscando toda la tarde. Qué asco semejante alarde de animalidad, con todo lo que uno hace para humanizarlos. El bicho es un cazador nato. Pero luego viene a prenderse de mí y ronronea como un loco, modo bebé. Yo tenía otro gato (Demonio), negro y bellísimo, al que traje de la calle, y convivieron muchos años con Morchella, eran la dama y el vagabundo. Nunca tuve un gato así. Era listísimo y precioso, además de cariñoso». Demonio fue un gato inesperado. Ella vio a una chica en la vereda con un gato en brazos y se acercó a acariciarlo. La chica le dijo que estaba embarazada y no se lo podía quedar. Acababa de salir de una veterinaria donde le habían aconsejado sacrificarlo. «¿No lo quiere?», le preguntó. Lo tuvo durante años y lo enterró en su finca de Toledo. Su Facebook está repleto de fotos de animales (lechuzas, elefantes, pingüinos, ballenas, camellos, algún gato, focas), aunque son superadas por las de instalaciones artísticas, cuadros, fotografías, citas breves de escritores, filósofos, ensayistas (Camus, Asimov, Philip Roth, Doris Lessing, Marguerite Yourcenar, Carl Jung), y frases ingeniosas: «El perro puede ser el mejor amigo del hombre. Pero el gato jamás le dirá a la policía dónde está la marihuana».

Permanecemos poco en el departamento: Hugo necesita la sala y nos deja su consultorio para que charlemos.

—Subo menos veintidós —dice él, apareciendo desde alguna parte, dándole un manojo de llaves y desapareciendo hacia los cuartos.

Subimos cinco pisos. Bajamos del ascensor. Doblamos por un pasillo. Intenta abrir la puerta pero la llave no encaja. Desandamos el camino. Bajamos hasta el piso 15. Toca el timbre (no tiene llaves para volver a entrar). Hugo abre.
—La llave...
—A ver... Te di la que no es.
Busca, encuentra, le da otro manojo.
Desandamos el camino. Subimos al piso 20. Doblamos por el pasillo. La llave abre.
Sorpresa: desde el consultorio se ve el río.

Menciona muchas veces su resquemor a parecer fría puesto que narra las partes más violentas de su historia como una línea de montaje ajustada, una pantalla sobre la que proyecta imágenes nítidas pero lejanas. «El otro día me quedé pensando en el tono con que uno habla de estas cosas. La desafectivización. Uno puede relatar, pero lo que cuesta mucho es relatar el afecto vinculado a los recuerdos. Estando sola me he propuesto evocar las sensaciones, las emociones. Y es un túnel. No puedo. La soledad, el miedo, la incertidumbre. Fue un año y medio. Pero fue toda una vida.» Otra variante es: «Hay pudor de emocionarse frente a otro. De que, si se abre esa compuerta, puedas no parar de llorar nunca. Entonces hay siempre un mecanismo de autocontrol, y eso tiene que ver con la ESMA: ahí el que se descontrolaba estaba muerto. Tienes que estar escuchando cómo torturan a tus amigos y los gritos y los alaridos, y que no se te mueva un pelo».

Ese dispositivo no parece hijo de la frialdad sino de la anestesia: solo así puede acercarse a una arteria que, de otra manera, no podría ni tocar. Detrás de esa forma predigerida, repasada, inconmovible, está ella. Por delante, el contenido, narrado con temple: los pezones, el cianuro, la picana eléctrica, la mercancía.

Se sienta detrás del escritorio y yo en un butacón que, supongo, usa Hugo, lo que me resulta descarado dada la reticencia que tiene conmigo. El butacón mira hacia un sofá que está de espaldas al río: el sitio para el paciente. En la biblioteca llego a ver libros de Shakespeare, pero si puedo observar los espacios del departamento del piso 15 con total libertad, e incluso tomar fotos para guardar registro, cualquier mirada excesiva sobre este espacio parece una profanación. Hay extrañas túnicas de entretela colgando de un perchero.

–Son protectores anticovid. Hugo volvió a atender de manera presencial. Se protegen con eso.

Imagino a los pacientes con esas capas, larvas flotantes llenas de problemas, fantasmas traumatizados, pero me da cierta envidia: yo todavía voy al analista por Zoom.

–Hugo fue mi primer amor importante. El descubrimiento del sexo de verdad. No era mi primer contacto con un chico, pero es cuando dices: «Ah, ¿un orgasmo es esto?». Teníamos dieciséis, diecisiete. Antes de eso, había tenido encuentros con chicos pero no te enterabas de nada. Aquello era, como dicen en España, un visto y no visto. Chico encima de chica, pim, pim, pim, adiós muy buenas. Yo decía: «¿Tanto quilombo por esto? Qué fiasco». Y en eso llegó Dvoskin. Ahí entendí que no era tan fiasco. Pero era una relación seria y yo no estaba preparada para eso. Era una chica muy lábil emocionalmente. Me involucraba en relaciones con chicos que en el fondo no me interesaban nada.

–¿Por qué lo dejaste, o por qué se terminó?

–Bueno... porque...

El relato inalterable con que habla de la militancia y del cautiverio se desarticula, se vuelve desmembrado, titubeante, una frase busca a la otra sin encontrar puntos de apoyo.

–Me haces una pregunta que cincuenta años después sigue estando presente. Yo era una chica bastante díscola. Y supongo que el... la... relación con Hugo era muy intensa. Hugo es una persona muy intensa. Lo era a los diecisiete años y era... muy celoso y... me gustaba mucho pero... era... demasiado para mí.

Y me escapaba. Me gusta aquel, ahora sí, ahora no. Tuve varios novios que me gustaban muy poco. Y a este hombre le hice mucho daño con chicos que no me interesaban nada. Me dice que cuando volvimos de Perú yo me fui de viaje con mi padre, parece que a Japón, y que cuando volví le dije: «Chau». Cuando lo escucho, me digo que debe haber sido así, pero no lo recuerdo. ¿Por qué lo hacía? Sé que Hugo era otra cosa. No era un chico con el que yo tenía un affaire, era una relación más seria. Lo hice sufrir y quedó devastado. No me daba cuenta del daño que le estaba haciendo. En fin. Un desastre. Una chica un poco llevada, en lo amoroso, sin... sin ideas claras o sin... Con lo que era mi familia, no tenía un modelo muy... muy sólido donde haber construido mi propia... eh... mi propio tejido amoroso. Lo hice sufrir mucho, mucho. Y le duró muchos años. Esta idea de que yo era la chica de su vida y que lo había dejado. No me pudo sacar de su cabeza durante mucho tiempo.

—¿Y vos a él?

—No del todo, pero él se quedó de una forma mucho más sufriente. Yo al poco tiempo volví a salir con uno, con otro. Pero me maravillo de que a los sesenta y cinco años me esté pasando lo que me está pasando. Que esto puede terminar, puede terminar. Pero es una experiencia tan nueva, tan intensa. Descubrir el amor de tu vida a los sesenta y pico de años...

—¿Hugo es el amor de tu vida? —pregunto, un poco atónita por el uso del lugar común, un recurso al que no es afín.

—Sí. Sin dudas. Una relación de estas dimensiones nunca la había tenido antes. Aunque nos hemos pasado más de media vida separados, lo miro y... Estamos más viejos, pero lo veo reírse, con canas, con arrugas, y digo: «Es él, la misma mirada». No es que no tengamos dificultades, porque entre nosotros ha habido cosas complicadas. Pero es una calidad de relación impresionante. Y luego el sexo, que es algo increíble. Que no me había pasado nunca con nadie. He estado con muchos tíos, pero esta relación se sale completamente del mapa. Para mí y para él.

En las conversaciones comienza a manifestarse, antes o después, la coronación de Hugo: nunca le pasó, nunca más le pasará. Tiene su contracara triste: la posibilidad de que termine.

Un hombre. Que parece arrogante. Psicoanalista. Lacaniano. Le pasó esto.
–Mi relación con Silvina fue muy breve. Yo estuve con ella desde enero del 73 hasta el 20 de junio del 73. ¿Eso cuántos meses son? Cuatro meses y medio. Y después estuvimos septiembre y octubre de ese año, hasta marzo del 74, porque ella en marzo se fue de viaje y cuando volvió me dijo: «Nos separamos». Otros cinco meses. En total, suman nueve meses. Yo, en nombre de esos nueve meses, estuve enamorado de ella desde el año 70 hasta el 85. Quince años. Entonces, cuando contaba la historia con ella, siempre la hacía más grande en el tiempo. Como para justificar. Porque si no era: «Boludo, ¿estuviste tres meses con la mina y estás enamorado? Sos un boludo, no me rompas las pelotas». Tres meses. No es nada. Nueve meses. No es nada. El tiempo de estar con ella. Entonces yo contaba que era de antes, desde el 71, y que habíamos estado juntos dos, tres años. Si no, es: «La vi un día. Estoy enamorado desde hace diez años». El tipo está completamente chiflado. No tiene ni pies ni cabeza. Qué sé yo.

El ritmo percutido con que las frases se estrellan contra el punto final produce un efecto descarnado, áspero, tristísimo y soberbiamente poético.

Un día Betty, la inflamable, conoció a Pancho. Panchito. Francisco María Figueroa de la Vega. Coronel retirado del Ejército. Hijo de la alta sociedad salteña. Divorciado. Antiperonista. Exexiliado en Uruguay y en México. Diplomático. Cónsul en París y en Haití. Veinte años mayor que ella, sereno, elegante. Con él encontró cierta calma. Pancho estaba al tanto de que la hija de su mujer era montonera, pero la protegió incluso cuando un comisario amigo le avisó que ella estaba conspirando para asesinarlo (era mentira). «No tengo la menor idea de qué me estás hablando ni sé dónde está Silvia en este momento», le dijo, aun cuando sabía perfectamente dónde estaba. Jorge Labayru se llevaba muy bien con él –salían a cenar y viajaban juntos–, y rogaba: «Ojalá que Panchito nos dure muchos años». Panchito murió en 2006. Betty en 2007. En 2014, Silvia Labayru le vendió el departamento de la calle Jorge Newbery a Paula Mahler, también egresada del Colegio. Mahler emprendió la remodelación, desmontó la *boiserie* de un cuarto y encontró, debajo, un corazón con esta frase: «Panchito, no tenemos un mango pero te amo». La letra era de Betty.

En 1973 pasaron dos cosas relevantes: egresó del Colegio y estuvo detenida por primera vez. Junto con dos compañeros de militancia, detonaron una panfletera y no explotó. Corrieron para subirse a un colectivo y los detuvo un policía de civil. Pasó algunas horas en una comisaría (como era menor de edad, no podían retenerla) y no fue grave (aunque amenazaron con arrojarle el líquido corrosivo que detonaba la panfletera en los ojos). Después empezó a estudiar Medicina en la Universidad de Buenos Aires. ¿De dónde salió esa vocación en una chica que tenía sensibilidad para la lectura y no para la sangre y las enfermedades?

–Se necesitaban médicos para la revolución.

Militaba en la Juventud Peronista, en una unidad básica, una sede barrial ubicada en Colegiales, no lejos de su casa. Entre sus tareas estaba la de repartir ejemplares de *Evita Montonera*, la revista de Montoneros, entre los vecinos.

–Los vecinos nos miraban con los ojos cruzados: esa gente no quería cambiar nada, les estábamos llevando algo que no habían pedido. En el 74 la cosa empezó a ponerse peor. Perón había ilegalizado las unidades básicas de la Juventud Peronista. Yo fui a la unidad básica de Colegiales, entré con mis llaves y me engancharon, me detuvo la policía. Estuve diez días en Coordinación Federal.

La Superintendencia de Coordinación Federal, un sector de la policía, era el centro de la represión en la ciudad, y esa fue una detención en toda regla.

–Yo tenía dieciocho añitos.

«Con veinte añitos», «con dieciocho añitos»: para referirse a la edad que tenía entonces usa el diminutivo, como si el morfema adhiriera las dosis de inexperiencia e ineptitud necesarias para entender el cuadro completo. Una vez le pregunté cómo imaginaba un mundo mejor en aquellos tiempos de ilusión: «Cuando pensaba en la utopía, pensaba en un kibutz».

–Me tuvieron en un sótano. A la noche me sacaban y me mostraban la picana, me decían: «¿Vos sabés lo que es esto?». Me habían secuestrado con una minifalda supercortita, y era una sensación de que los tipos me miraban... Al mismo tiempo sabían que yo era hija de un militar. Yo creía que eso me protegía. Mis padres no sabían dónde estaba. Pusieron un abogado, que me buscó, y me trasladaron a la cárcel de Devoto. Estuve tres meses y pico en esa cárcel, y mi padre movió cielo y tierra para sacarme.

Jorge Labayru movió contactos, prometió que la sacaría del país y juró sobre todo lo que le pusieran delante que su hija no volvería a militar. La envió a un sitio que conocía bien –San Antonio, Texas–, donde estaban los De la Garza, una familia con la que habían trabado amistad durante su primera estadía (los De la Garza continúan siendo leales a sus afectos: siete miembros de esa familia viajaron a Boston en 2022 para asistir a la ceremonia de graduación de David, que egresó de la escuela de música de Berklee, y ya habían hecho algo muy generoso por ella en 1978).

–La idea era que yo me quedara a vivir allí.

Pero ella era lo que era: quería derrumbar un sistema injusto, cargaba una pistola, conocía estrategias de seguimiento y contraseguimiento, buscaba instintivamente el punto de fuga en un bar para huir rápido en caso de que entrara la policía. ¿Cómo remitir a un diablo así a una existencia pacífica?

–Estuve en San Antonio tres meses, rompiendo las pelotas desaforadamente a mi padre. Tanto di la matraca que al final me volví a Buenos Aires. Y, apenas llegué, ya estaba militando otra vez.

Además, existían motivos fuertes para regresar: en la Argentina tenía un novio que la estaba esperando, Alberto Lennie.

«La relación con Alberto estaba signada desde el principio.»
«Esa relación siempre estuvo signada.»
«Era una relación signada, sin futuro.»

En Buenos Aires no logró seguir estudiando Medicina porque una ley prohibía matricularse en la universidad pública a personas con antecedentes penales. Empezó Historia en la Universidad de El Salvador, pero duró poco y volvió a la militancia de manera estridente: ingresó al servicio de inteligencia de Montoneros. Mientras tanto, un hombre pensaba inevitablemente en ella y ella no pensaba en él.

–Después de Hugo estuve con uno, con otro. Hasta que conocí al padre de Vera, Alberto Lennie. Y entonces ya me enganché con él. También era montonero. Hugo no era ni iba a ser montonero. Y yo estaba muy metida en la onda militante. Los novios me importaban por ser los novios, pero sobre todo por la familia. La mía era muy pequeña. Mi madre solo tenía un hermano que no tenía hijos, mi padre era hijo único. Yo era la única niña. Entonces me gustaban las familias donde había hermanas, hermanos, mucha gente.

En la familia de Alberto Lennie había un montón: su hermana mayor –Cristina–, la hermana que le seguía –Silvia–, la hermana pequeña –Sandra–, sus padres –Berta y Santiago–, la abuela –Granny–, y todo lo que se desprendía de allí. Cuñados, sobrinos, tíos, primos. Lo que se dice: un familión.

Estamos hablando de eso cuando Hugo abre la puerta del consultorio a la hora prometida –lo que sea menos veintidós–, así que nos mudamos al departamento del piso 15, donde seguimos conversando un poco más.

Al anochecer, cuando me voy, Hugo baja conmigo porque va al almacén de enfrente. En el ascensor le pregunto si sigue estudiando italiano (sé que lo hace porque me lo contó ella, y lo menciono aunque es riesgoso: el tráfico de información no va a lograr que se sienta más confiado).
—Sí, para sacar el pasaporte comunitario te toman un examen.
—Debe ser sencillo.
—¿Vos sabés italiano? —me pregunta mirando el techo.
—No. Me refiero a que el examen debe ser sencillo.
—Sí.
Ya en la calle: chau, chau.

«Alberto, Vera y Silvia rumbo a Ronda, Marbella, 1978», dice el epígrafe de la foto reproducida en *Exilio*, el libro de Dani Yako. Silvia Labayru lleva ropa de verano: jean Oxford, zuecos de madera, remera negra de mangas cortas, una vincha de diseño andino cruzándole la frente al modo indígena, el pelo rubio y abundante, el rostro serio de puma joven. A su lado, Alberto Lennie, su marido. La cara es delgada, angulosa, ojos enormes, bigote, el pelo lacio y oscuro. Vera está de pie entre las rodillas de él. Debe tener un año y medio. Usa un pantalón corto, botitas, un suéter que su padre estira para que la cubra mejor. Es rubia, enrulada. Tiene una flor en la mano. Ella mira la flor y sus padres la miran a ella. Detrás se ve un Renault 4, la puerta del lado del acompañante abierta. Ninguno sonríe. En otra de las fotos está Alberto Lennie de perfil, la cara medio cubierta por un globo. El ojo profundo, manso, mira a la cámara. El epígrafe dice «Alberto en el cumpleaños de Dani, 1980. Madrid». Para entonces, hacía dos años que Silvia Labayru no era su mujer.

Silvia Labayru y Alberto Lennie se conocieron en 1974, en la unidad básica del peronismo donde él militaba, durante una reunión de todas las unidades básicas de la capital. El sitio quedaba en la calle Vera, en la intersección con Fitz Roy. Vera lleva su nombre por esa calle y por la médica Vera Pávlovna Lebedeva (1881-1968), una médica rusa «conocida por su actividad política y sus exitosos esfuerzos para reducir la mortalidad infantil en la nación». Fuente: Wikipedia. «Lo curioso —dice Silvia Labayru— es que yo había leído sobre esta mujer, y luego Vera eligió la medicina. Un nombre corto, sonoro, con buen significado. Vera [en latín: "verdadera"]. La revolucionaria, la verdadera.»

El nombre completo de Vera es Vera Cristina. Vera fue un mensaje desde el día en que nació: salió de la ESMA con una carta escondida en el pañal y, poco después, cuando tuvo documento de identidad, su segundo nombre y su fecha de nacimiento —falsa— se transformaron en una clave secreta que dio aviso de una muerte.

Cosas que dice Hugo Dvoskin, quizás en momentos de dolor o de pasión, o de las dos cosas: «Vera debió ser mía».

Un sistema de elecciones —no fue cualquier colegio, fue el Nacional Buenos Aires; no fue Hugo, fue Alberto— que se reveló como un mecanismo de activación de navajas que los lastimaron a todos.

Lo que recuerda Vera de sus viajes a la Argentina cuando era niña no tiene ninguna relación con la tragedia: paseos con los abuelos, comidas con los primos, las primas y las tías, una ciudad amable, una familia enorme.

—Mi abuela Betty era un personaje genial. Yo tenía diez años y me contaba las infidelidades de mi abuelo, que era una cana al aire. Pero era muy cariñosa y divertida. Su marido, Pancho, también era un personaje. Salíamos a comer a un restaurante, miraban dentro y decían: «No, vámonos de acá porque está lleno de viejos». Y eran todos más jóvenes que ellos. La primera vez que volvimos a la Argentina no la recuerdo, era muy chiquita. Pero recuerdo haber ido después del 83 con mi papá, y encontrarme con esa familia que eran los Lennie. Aparecieron primos, tíos. Yo tenía una relación muy fuerte con mis abuelos, porque como sabes yo me había criado con ellos el primer año de vida. Recuerdo cosas de esa casa en City Bell. Peleas entre los grandes. Recuerdo a mi padre y sus hermanas peleándose. Supongo que de temas que tenían que ver con lo que había pasado en esa familia. Que, como sabes, les tocó muy duro. ¿Conoces la historia de los Lennie, Leila?

De esa casa en City Bell, a unos cincuenta kilómetros de Buenos Aires, no queda nada excepto dos árboles, un pino y un aguaribay. Pero queda el recuerdo de lo que pasó allí. La irrupción militar de enero de 1977 a las cinco de la mañana, las sábanas cortadas para maniatarlos, el saqueo (se llevaron el televisor, un auto), el traslado de Santiago, Berta y su hija Sandra, por entonces de diecisiete años, a la ESMA, donde la torturaron obligando a sus padres a escucharla gritar. Silvia Labayru, que ya había sido secuestrada, estaba con ellos. «Los viejos lloraban, y yo estaba sentada con ellos, a unos metros del cuartito de torturas, en el sótano. Les agarraba la mano, qué otra cosa podía hacer.»

Los Lennie. Santiago y Berta, vivienda familiar ubicada en la calle Defensa 868, 2.º D, barrio de San Telmo, Buenos Aires. Padres de Cristina, Silvia, Alberto (siete años menor que Cristina, cuatro años menor que Silvia), y Sandra (cuatro años menor que Alberto). Dueños de una casa en City Bell, a unos cincuenta kilómetros de Buenos Aires. Alberto fue apodado Boy por ser el primer varón en una familia cuyo destino parecía ser el de producir mujeres.

Alberto Lennie es muy parecido a la imagen que muestran sus fotos de juventud, solo que, en vez de bigotes, tiene una barba candado y su melena, abundante y lacia, antes oscura, es canosa. Por lo demás, en la pantalla del Zoom se ven el mismo rostro magro, los mismos ojos expresivos, la misma muesca en la mejilla cuando sonríe.

–No me quejo, Leilita querida. Tengo un montón de pelo.

En Madrid es pleno invierno. Lleva un suéter rojo y el cuarto en el que está es despojado: un escritorio, papeles. Gira un poco la cámara para mostrar el espacio: un mueble contra una pared lateral. No mucho más. Es ecografista. Trabaja en el hospital privado San Francisco de Asís y también tiene consulta propia, pero ahora está en su casa.

Silvia Labayru habla siempre de «tú», con pocas excepciones, y si pasa mucho tiempo fuera de la Argentina –no necesariamente en España– regresa con su acento español más marcado. Alberto Lennie no presenta huella de otro acento que no sea el argentino, habla de «vos» y, a diferencia de ella, que es recatada y casi siempre echa mano de insultos castizos solo para hacer alguna broma, con lo cual las aristas agresivas del insulto quedan anuladas, él putea mucho y jugoso, usando palabras rioplatenses –*quilombo, despelote, boludo*–, mezcladas con expresiones puramente españolas: *con dos cojones, que le den por culo, me creía la polla*. Tiene un instinto teatral para calibrar la temperatura del relato e insuflar comicidad, desconcierto, ira, nostalgia. A veces, ante alguna pregunta, se queda unos segundos en silencio –como si evaluara la posibilidad de hacer una confesión– y después ataca la respuesta decidido, haciendo restallar el relato, incendiándolo o dejándolo morir.

A lo largo de tres entrevistas, contará el secuestro de su mujer, la certidumbre de que su mujer estaba muerta, el secuestro de sus padres, la tortura de su hermana menor, la reaparición de sus padres, la reaparición de su hermana menor, la reaparición de su mujer, la aparición de su hija, la pastilla de cianuro inundando la sangre de su hermana mayor, su cambio de identidad, su escondite, su regreso a una militancia recargada, el exilio.

–Fue una puta locura, Leilita querida. Una puta locura.

Me dice «Leilita» y, cada vez que se despide, «cielo». Como si solo un exceso de cariño pudiera demostrar cariño.

Santiago Lennie ocupaba un puesto muy alto en un frigorífico alemán. Berta, su mujer, trabajó un tiempo en el local de venta de medias y ropa interior que tenía su suegra –Granny– en el hall de la terminal de trenes de Constitución, una de las más populosas de la ciudad. Los viernes, cuando salía del colegio, Alberto Lennie iba a ese local y hacía de cajero, comía alfajores Havanna –una marca que por entonces solo se conseguía en Mar del Plata o en el hall de Constitución, y que ahora es el 7-Eleven de los alfajores: los hay por todas partes–, mientras imaginaba, espiando entre las cortinas del vestidor de señoras, las formas que allí adentro se agitaban. Cree, un poco en broma, que eso marcó su vocación de ecografista: tratar de ver lo que hay al otro lado. Después vendieron el local y su madre se dedicó a lo mismo que hacía una hermana suya, Matilde, Tilde, la tía Tilde: transporte escolar. Cristina y Silvia Lennie, las hermanas mayores de Alberto, empezaron a militar pronto. Cristina, más peronista. Silvia, más de izquierda. Ambas estuvieron presas cuando él tenía doce, trece, catorce años. Conserva, muy nítidos, recuerdos de sus padres quemando libros, discos, revistas de sus hermanas que podían involucrarlos.
–Yo pensaba: «Qué conchudas que son, lo que le hacen a papá y mamá, mirá el quilombo que nos ocurre».
A sus quince años, por el trabajo del padre, se mudaron a Lima. Su hermana Cristina estaba presa y, antes de viajar, fueron a la cárcel a despedirse.
–Fue duro de cojones, Leila. Duro de cojones.
No estuvieron mucho tiempo en Perú. Por un cambio en las reglas para importar y exportar carne, que afectó al trabajo del padre, regresaron a Buenos Aires y, en un colegio público sin mayor destaque, Alberto Lennie empezó a militar en el peronismo. En 1972 ingresó a la Facultad de Medicina. En 1974 se topó con la tormenta –ella– en la unidad básica de la calle Vera.

—Silvina tenía dieciocho. Era hermosa. Una pendeja divina. Esos pelos cobrizos. Esos ojos. Era divina. Era muy atractiva. Y era muy inteligente, lo sigue siendo. Y me enamoré ciegamente. Fue una relación de muchísimo amor. Cuando la veía con la minifalda me ponía del tomate. Y yo, encima, me creía la polla porque era militante revolucionario. Así que era una mezcla infernal.

Se ríe y mira hacia el techo, como si la estuviera viendo: el contorno imaginario de esa chica con pecas, el pelo denso color otoño incendiado, callada, inteligente, todo un cuadro que, cuando llegó a él, estaba educada en las violencias, podía solfear a Marx y era, además, una conversa, una rebelde de los de su casta, alguien que combatía al dragón desde dentro de sus propias fauces.

—Y terminamos enrollándonos. Pero, en ese momento, ella cae en cana en Coordinación Federal. Ahí conozco al padre, Jorge. Un cabronazo. Yo me llevaba muy mal con él. Me echaba la culpa de que su hija fuera montonera. La relación de él con Silvina era muy conflictiva. Muy simbiótica, mucho Edipo. La condición para que la dejaran en libertad era que se fuera del país, pero antes le pedimos al padre que nos cubriera para irnos unos días a la costa, a Miramar. Porque Silvina se iba a Estados Unidos. Iba a ser una despedida. Ahí dijimos: «Vos te vas, yo te espero». Cuando volvió, decidimos armar una pareja. La militancia de ella se hizo más secreta, entró en inteligencia de Montoneros, y la mía se mantuvo en el frente de masas. Pero a ninguno de los dos se nos pasó por la cabeza abandonarla. En realidad, el planteo era profundizar la acción de militancia. Creíamos que teníamos el mundo en la palma de la mano y que lo podíamos cambiar en forma antojadiza.

Se fueron a vivir a un departamento de Cabello y Lafinur, zona refinada. Ella tenía más nivel en la organización y, por tanto, era la encargada de, por ejemplo, decidir el plan de escape en caso de un allanamiento. Según ella, «Alberto llevaba mal que yo tuviera más nivel. Yo también lo llevaba mal, pero porque me daba cuenta de que si venía la policía nos iban a achicharrar, no había forma de salir. Él discutía sobre cosas de las que no tenía ni idea. Era el chico guapo, muy machito, y la política la tenía pegada con Plasticola».

—Yo me puse a estudiar como un putas todo el peronismo y llegué a ser un puro, Leilita. Un puro de cojones. Ahora, cuando veo un puro, huyo, porque los puros son gente muy peligrosa. Pero yo creía en la lucha revolucionaria. Creía en la lucha armada. Es más, creía que les podíamos ganar. Tenía una convicción total. Y lamento mucho, mucho, haberme comprometido con la violencia. Pero nunca pensé, y no lo pienso ahora, que eso fue un delirio juvenil, ni un berrinche. Yo creí que se podía construir una sociedad más igualitaria y más justa. Me equivoqué con la opción. Pero no lo hice ni por idiota útil, ni por pelotudo, ni por desconcertado. Yo creía en eso. Me hago cargo de cada una de las barbaries, sufrimientos y espantos que infligieron los montoneros, y yo como miembro de ellos. He participado en infinidad de actividades que generaron violencia y espanto. ¿Eras el que robaba los coches, el que hacía la mezcla para los explosivos, hiciste el relevamiento de un señor que era un torturador y finalmente lo mataron? Hagas lo que hagas: yo me siento responsable por eso. Pero no fue igual de los dos lados. Éramos una banda de jóvenes entregados a una causa idealizada contra un aparato militar que se hizo cargo del Estado y llevó adelante un plan sistemático de secuestro, tortura y asesinato. Dicho esto, me hago cargo de haber participado en una situación que llevó a la Argentina a un lugar de mucho horror. Creyendo que estábamos haciendo todo lo contrario, fuimos muy operativos a los sectores más fascistas, reaccionarios y violentos. Pero no fue una locura juvenil. La muerte de mi hermana no da lugar para pensar eso.

En el relato del tiempo previo al secuestro —1974, 1975, 1976—, no hay otra cosa que la militancia. La pareja Labayru-Lennie era un puro y duro combo montonero. No hay bares, no hay cines, no hay libros, no hay películas. O, si los hubo, no los recuerdan.

Silvia Labayru adoptó un nombre de guerra. Mora. Era rubia, casi gringa, usaba un poncho negro. Sonaba bien ponerle un contraste.

—Pasa, pasa. Busco la llave y nos vamos al consultorio de Hugo, que se fue a vacunar. Aquí hoy están limpiando y en el consultorio vamos a estar más cómodas.

Toma un manojo de llaves y repetimos el trayecto: ascensor, piso 20, pasillo, puerta. Pero la llave no abre. Intenta con delicadeza. Siempre manipula las cosas como si tuviera miedo de romperlas (aunque sus movimientos son lo opuesto a la torpeza).

—No abre. ¿Qué hago? Lo llamo, ¿no?

Él atiende de inmediato. Le dice que hay otro juego de llaves en el auto. Vamos al garage. Buscamos las llaves. Volvemos al piso 20. Entramos. Llevé medialunas. Apoyo el paquete sobre el escritorio de Hugo (apenas el paquete toca la tapa de madera siento que estoy cometiendo un sacrilegio).

Cuando habla de su responsabilidad al quedar embarazada mientras formaba parte de una agrupación guerrillera, lo que se percibe es una indignación que se vuelve contra ella misma (un poco menos contra Alberto Lennie), pero al evocar su militancia, las cosas que hizo, las que hicieron otros, esa indignación se torna cólera y no deja nada en pie. Nunca dice «esto estuvo bien, esto fue bueno». Nada se salva: ni el trabajo en las barriadas humildes y las fábricas, ni la complicidad con los compañeros, ni las discusiones políticas, ni la ilusión de creer en algo más justo: nada.

—Yo le pedía el coche a mi padre y se lo daba a mi cuñada, Cristina Lennie, la oficial montonera, hermana de Alberto, para que hicieran operaciones con el coche legal de mi padre. Secuestros, asesi...

Se corta en seco.

—¿Sabías qué operaciones hacían?

—No, pero sabía que el coche no era para salir a pasear. Esta idea de que lo que estábamos haciendo era tan valioso y tan justificable que valía todo. Poner a familiares y amigos en riesgo, pedirle a la gente que te acogiera en sus casas. Era una locura. Se suponía que estábamos haciendo la revolución. Que estábamos cambiando el mundo.

Meses después, Marta Álvarez, militante de Montoneros y secuestrada en la ESMA, contará que su marido, Adolfo Kilmann, militante como ella, recibió el departamento de sus padres en herencia, lo vendió y le dio el dinero a la organización: «Estábamos dispuestos a dar la vida. ¿Cómo no íbamos a dar un departamento?».

–A mí en Montoneros me hicieron un juicio político por querer abortar, a los dieciocho años. Me bajaron el rango, era aspirante a oficial y me despromovieron a miliciano. Aborté igual, claro. Pero era una desviación pequeñoburguesa, había que tener hijos para la revolución.

–¿Era de Alberto?

–Sí.

–¿Cómo supieron del aborto?

–Porque yo lo conté. Todo se tenía que debatir dentro de la organización. Y entonces el jefe, Carlos Fassano, el último novio de Cristina Lennie, un tipo militarista al que después mataron, que amaba las armas, me despromovió. Si eras un montonero y se enteraban de que te estabas por ir de la Argentina, te hacían una cita y te mataban antes de que llegaras al aeropuerto de Ezeiza. Carlos Fassano era uno de los ejecutores. Me contó en la cena de Navidad del año 76 que esa semana había ajusticiado a un chico que se estaba por ir. Lo contaba como quien va al campo y mata una liebre. Y yo decía: «¿Qué es esto?». Pero sin embargo estaba allí. ¿Qué queríamos, cuál era la idea, si llegábamos al poder qué pensábamos hacer? Estas críticas no gustan. No gustan a los exmontoneros, no gustan a los organismos de derechos humanos, no gustan entre los familiares de los desaparecidos. La organización no protegió a sus militantes. Nuestra inmolación no sirvió mayormente para nada. O sí: le sirvió mucho a la dictadura para perpetuarse en el poder, aniquilar el aparato productivo de la Argentina, arrasar con un movimiento sindical que era muy fuerte. No mejoró la condición de la clase obrera, no mejoró la educación ni la redistribución de la riqueza. Pero decirle a la madre o el hermano de un desaparecido: «Mira, la organización en la que militaba tu hijo lo arrojó a los leones, y además tu hijo murió para que nada cambie, al contrario, las cosas después estuvieron peor, porque les dimos la excusa para hacer lo que quisieran...». ¿Quién quiere escuchar eso? Por lo menos quieres que te quede la idea de que murió por algo y es un héroe. El otro día leí en Facebook el relato de una sobreviviente y setenta personas le ponían: «Hasta la victoria, compañera, seguiremos en la lucha, nos destrozaron pero no nos aniquilaron, nuestros ideales siguen tal cual». ¿Que no nos reventaron, que no nos derrotaron? Si lo que ocurrió no fue una derrota en toda regla, ya me dirás qué fue.

Las críticas a los grupos armados de aquellos años son patrimonio de la derecha, que reclama que, así como se juzgó y se juzga a los militares por delitos de lesa humanidad, se juzgue a quienes formaron parte de esas agrupaciones, equiparando así el terrorismo de Estado con el accionar de las guerrillas. Silvia Labayru, y muchos otros que no avalan esa postura pero tienen un discurso crítico hacia las organizaciones a las que pertenecieron, ocupan una articulación paria, un espacio que puede confundirse con el del enemigo. En el caso de ella: nada a lo que no esté acostumbrada.

Cristina Lennie, la hermana mayor de Alberto Lennie, había nacido el 12 de julio de 1946. El 18 de mayo de 1977, cuando murió, tenía treinta y un años. En el Archivo Nacional de la Memoria hay una serie de fotos relacionadas con ella, tomadas por Inés Ulanovksy: una imagen de su hermana, Silvia Lennie, y de sus padres, Berta y Santiago Lennie, sosteniendo una foto suya. Hay, también, una frase manuscrita: «Cris, te buscamos, no te encontramos, acá estamos. Mamá y papá». La frase está fechada en octubre de 2001, veinticuatro años después del día en que a Silvia Labayru, embarazada de cinco meses, la torturaron preguntándole insistentemente por el paradero de su marido, Alberto Lennie, y de Cristina Lennie, su cuñada montonera.

«¿Conoces la historia de los Lennie, Leila?»

Así que ahí estamos, en el consultorio de Hugo, el río en la ventana, la pandemia en todas partes, ella despotricando contra los montoneros pero también riéndose de cómo sus hijos le toman el pelo cuando la ven tan enamorada —«Pensarán: "Ahí está mamá, hablando con el novio y haciendo bromas de sexo"»— o cuando manda «audios de vieja de ocho minutos»; abriendo los ojos de manera cómica cuando dice que Hugo «hace cosas muy raras durante la noche: se levanta, trabaja, lee, vuelve a dormir, se despierta, hace facturas»; contando que el escritor argentino Rodolfo Fogwill le hizo una declaración de amor en una fiesta delante de sesenta personas mientras ella se preguntaba: «¿Y este tipo quién es?»; asegurando que jamás tuvo pesadillas con la ESMA; recordando que en torno a los treinta y cinco años empezó a despertarse empapada de sudor «al punto que tenía que cambiar las sábanas dos veces por noche y no tenía que ver con la menopausia, porque era muy joven y además en la menopausia no tuve sofocos»; que tenía un sueño recurrente de niña en el que «estaba en uno de los colegios a los que fui y había una escalera muy grande y oscura, yo caía por la escalera y cuando estaba por estrellarme contra el suelo aparecía una imagen de panales de abejas, sin abejas, nunca entendí qué significa»; diciendo que parece que ahora todas las amigas de su edad se caen, se golpean, se quiebran los dientes y los dedos, que a los cincuenta «una está fantástica pero a los sesenta algo pasa, lo notas en la piel, el pelo, se te pone flojito aquí, pierdes estabilidad»; comiendo medialunas; hablando de cualquier cosa hasta que pregunto:
—¿En qué consistía tu trabajo en inteligencia?

—Bueno —dice, sin alterarse—, consistía en reunir y organizar la información que recibíamos de los militantes y los milicianos acerca de dónde vivían policías, gente del Ejército, marinos. La idea era tener una base de datos de los represores sobre los cuales se podían hacer acciones militares. Estaba ese trabajo administrativo, de recopilación, y estaba el trabajo de seguir a ciertos militares.

Todo un organigrama. Prolijo, aséptico.

Aprovechando sus relaciones, hizo el seguimiento del teniente general Leopoldo Fortunato Galtieri, que estuvo en el poder entre diciembre de 1981 y junio de 1982 (fue quien declaró la guerra de Malvinas contra Inglaterra en abril de ese año), yendo tras él incluso dentro del Hindú Club, uno de los clubes de rugby más importantes del país.

—Yo podía entrar sin dificultad, tenía carnet militar. Iba a ver los partidos de rugby a los que iba Galtieri, tomaba la matrícula del coche. Pero, aunque esto no lo decía en la organización, yo sabía que no me podía bancar, como se dice aquí, tener una muerte en las espaldas. Eso no lo iba a poder hacer. Pero estaba ahí. En un lugar muy comprometido desde el punto de vista de a qué te estás dedicando. No me siento responsable de algo en particular, pero no me siento ajena ni exculpada de la responsabilidad de que yo pertenecí a una organización que mató a un montón de gente. Sabían que mi padre volaba y que era militar. Entonces querían usarlo. Usarme. Eso a mí me hacía sumar puntos: qué puedo ofrecer. Lo que ellos querían era que yo pusiera una bomba en el Círculo de Aeronáutica. Podía entrar al Círculo, podía organizar una cena para que el novio de Cristina Lennie merodeara por ahí, hiciera un relevamiento.

Hace una pausa. Veo dentro de ella como si fuera transparente: la tentación, de inmediato reprimida, de hacerme depositaria de todo lo que guarda allí y que permanece vivo.

—Y esa cena se hizo. Y ahí tuve una especie de *insight* de que eso no lo iba a hacer.

Esto sucede desde hace poco: la utilización de palabras como *insight* –una revelación, darse cuenta–, o de expresiones como *este es un espacio muy significado*, provenientes del psicoanálisis.

–¿Se llevó adelante ese atentado?

–No, no. Ni yo les permití que fueran más veces.

En una organización que había sometido en 1976 a juicio revolucionario «en ausencia» al dirigente montonero Roberto Quieto, secuestrado en 1975 y aún desaparecido, condenándolo a «degradación y muerte» puesto que «hablar bajo tortura» –era lo que se suponía que había hecho– «es una manifestación de grave egoísmo y desprecio por el pueblo», ¿era posible que una chica de dieciocho años se plantara y dijera: «No, señor, ese atentado yo no se lo hago»?

–Mira, todo eso ocurrió muy rápido. Yo debo haber estado un año en el servicio, como mucho. Entonces no creo que se cometiera algún atentado de los que nosotros armábamos. No me acuerdo cómo fue. Suena muy feo, pero había un orgullo narcisista en el hecho de estar trabajando en el servicio de inteligencia a los dieciocho, diecinueve añitos. Yo era muy buena haciendo inteligencia y me encantaba. Era un lugar donde uno podía poner el ingenio. Pero, por otra parte, estábamos viendo cómo asesinábamos gente. Mi autojustificación es que me lo monté para nunca participar en un atentado. Lo máximo en lo que participé fue en el robo de un coche. Dos chicas nos quedamos en la esquina, vigilando, y dos iban a robar un coche a mitad de cuadra. En eso salió un policía de una casa y los mató. Pero había una escisión muy loca entre el trabajo que estaba haciendo y cuál era el fin de ese trabajo. Estaba haciendo un trabajo de inteligencia. ¿Para qué? No quiero ni explicitarlo. Yo no era ejecutora. Estaba loquísima, pero no tan loca como para no saber que si mataba a alguien mi vida iba a cambiar para siempre. Pero estaba destinada a eso. A mí me avergüenza profundamente, más allá de que fuera muy buena en el oficio. Me parece fruto de un estado mental cercano a la enajenación.

El otro aspecto de su trabajo consistía en encontrarse con militantes montoneros que estaban empleados en dependencias castrenses o haciendo el servicio militar y que, desde el interior de la Matrix, filtraban información.

–Lo cual era una locura. Yo me reunía con estos chicos en un bar, ellos vestidos de soldados, y me daban la información que habían podido sacar. Todavía paso por los bares donde me reunía y digo: «Madre mía, cómo...».

La organización fue la que lo propuso: una pareja casada legalmente tenía más cobertura de seguridad que una en concubinato. El 16 de enero de 1976, Silvia Labayru y Alberto Lennie se casaron. La fiesta fue en la casa de City Bell. Él –que había cumplido años el día anterior– usaba el único traje que tenía, azul con rayas grises, y ella un vestido que él recuerda azul y ella, naranja.

Los padres de Hugo Dvoskin recibieron una invitación a la boda (que envió ella), pero no fueron.

En la fiesta había ciento ochenta personas (según Alberto; ella no se acuerda) y se hizo en el jardín, cuarenta mesas, *disc-jockey*, una orquesta. Terminaron a las seis de la mañana en la piscina, en ropa interior. Los invitados eran variopintos: civiles, militares –uno de ellos, vecino de Betty, la llevó hasta City Bell en coche; al regreso, Betty se lo vomitó todo– y una decena de militantes montoneros.

Al día siguiente partieron de luna de miel a una ciudad de playa, Claromecó, en una casa rodante (según Alberto; según ella, en un tráiler pequeño). Eligieron Claromecó por un motivo curioso, aunque sería correcto decir que ella eligió Claromecó por un motivo curioso: había ido con Hugo «a un campamento de estos en los que aprendíamos a reptar entre las dunas para cuando fuéramos a hacer un desembarco en Sierra Maestra, ja, ja, ja, un delirio».

Estuvieron dos o tres días solos, y luego llegaron Santiago y Berta, los padres de él. Fue una salvación. Estaban a punto de matarse: discutían por todo. Se preguntaban para qué lo habían hecho, para qué se habían «unido en matrimonio».

Dos meses después, el 24 de marzo de ese año, se produjo el golpe de Estado y comenzó la dictadura militar.

Para que la joven pareja tuviera un ingreso, Jorge Labayru les alquiló un local en la avenida Federico Lacroze y 3 de febrero, donde pusieron un quiosco con papelería: La Mala Nota. Según ella, su padre sabía que estaba en la Juventud Peronista, aunque no hasta dónde llegaba su compromiso con los montoneros, y menos que formaba parte del servicio de inteligencia. Según Alberto Lennie, ella empezó a usar el local como «infraestructura» (un depósito y lugar de intercambio de materiales de la organización), y todo se fue al cuerno cuando un día en que ni él ni ella estaban, y Jorge Labayru se quedó atendiendo, llegó un tipo con un paquete, Jorge Labayru lo abrió y encontró «una resma de volantes de acciones de los montos, y se dio cuenta de que esto no era solo la Juventud Peronista sino algo más». Según Silvia Labayru, la mujer que regenteaba el hotel que estaba arriba del quiosco llamó a su padre para avisarle que en la terraza había «cosas», su padre fue y lo que había en la terraza eran «armas y materiales», pero tampoco recuerda con exactitud «cómo saltó por los aires La Mala Nota».

Se vieron obligados a dejar el quiosco y el departamento de Cabello y Lafinur. Como no podían alquilar otro a su nombre —la militancia era clandestina pero no tenían documentos con identidades falsas—, Betty les alquiló uno en la avenida Canning —ahora Scalabrini Ortiz—, según Silvia Labayru en la intersección con Juncal, según Alberto Lennie en la intersección con Arenales. Allí tenían un embute, un escondite para ocultar armas simulado en una mesa.

—Tenía un mecanismo giratorio, se abría y podías guardar armas y demás —dice ella—. Nos mudamos muy contentos. Un buen día salimos corriendo, yo tenía una reunión y dejé el embute abierto. Mi madre, que me llamaba doce veces al día, llamó, llamó. Como yo no atendía, fue al departamento. Tenía las llaves y entró. Vio aquello abierto, con armas, se asustó muchísimo. ¿Y qué idea tuvo?

Que su madre supiera dónde vivían, que tuviera el número de teléfono y una copia de la llave, era un ultraje a todas las reglas de seguridad aprendidas e imaginadas. Pero lo que hizo Betty inmediatamente después encaja en los rubros de traición, delación, entrega, deslealtad, alevosía y disparate. Los daños colaterales pudieron ser aterradores (de todas maneras, aunque por otros caminos, lo fueron).

—Ella y Pancho, su marido, tenían un amigo que era comisario. Mi madre lo fue a ver y le dijo: «Tengo un problema, mi hija Silvina es militante montonera, alquiló un departamento y encontré tal cosa». El tipo la miró: «Betty, ¿qué me estás contando? ¿Qué me estás pidiendo? ¿Que le ponga un custodio a tu hija para que lo mate?». Y viene mi madre y me lo cuenta. Por suerte. Ese mismo día nos levantamos, nos fuimos de esa casa. Me arrojó a los leones. Inconscientemente, pero me arrojó a los leones. Me estaba entregando. Al principio me enfadé muchísimo. Pasé meses sin verla. Pero mira, cuando caí en la ESMA me daba una culpa tan grande, me reconcomía tanto el daño que les estaba haciendo a mis padres, que ese recuerdo queda perdonado o diluido.

Como si Betty hubiera sido un acelerador de partículas, irse de esa casa los dejó mucho más cerca de todo lo que iba a suceder.

De pronto, suena el timbre. Nos sobresaltamos. Me mira, desconcertada.

—¿Será Hugo?

Camina hasta la puerta. Abre. Habla con alguien. Vuelve, sigilosa.

—Es un paciente —dice en un susurro espantado—. ¿Y yo qué tengo que hacer? Vamos al otro piso, llevemos las medialunas.

Mientras cerramos el paquete (me obsesiono buscando migas dispersas), marca el número de Hugo y deja un mensaje: «Hugo, acaba de tocarme un paciente tuyo. La puerta». La frase no tiene gracia, pero el agregado de «la puerta», el titubeo, la pausa mínima durante la que pensó que lo mejor sería aclarar

qué era lo que había tocado el paciente, nos hace reír. Salimos disparadas, pasamos junto al hombre como si fuera el dueño de una casa en la que estábamos de okupas y nos topamos con Hugo que viene por el pasillo. Saludo, no saluda. Ella no dice nada. Nos escabullimos como si acabáramos de hacer algo terrible. Llama el ascensor. Abre los ojos divertida y dice:
—Qué fuerte, ¿no?

En aquellos años, el servicio de telefonía estaba a cargo de una empresa del Estado, Entel. Conseguir la instalación de una línea podía tomar años, y algunos propietarios las alquilaban para recibir y pasar mensajes. El sistema de comunicación entre militantes montoneros consistía en llamar a esos números telefónicos y dejar mensajes en clave avisando de una cita: «Mensaje para fulano de tal: el señor Sánchez lo espera mañana en la esquina de Pueyrredón y Santa Fe, a tal hora». Para la dictadura no fue difícil intervenir esas líneas y empezar a cazar.

En algún momento de julio de 1976 Silvia Labayru quedó embarazada.

Apenas entrar al departamento del piso 15 siento que se impone un cambio. Es un escenario repetido, necesitamos movimiento. Aunque trato de imaginar otros sitios —un bar, un restaurante, una plaza—, no hay muchos en los que pueda preguntar las cosas que empiezo a preguntarle (finalmente, le preguntaré barbaridades en un bar cualquiera porque demostrará, una y otra vez, que mis prevenciones son innecesarias —ella aguanta— y porque, por otra parte, si voy a hacerle daño da igual el sitio en el que se lo haga).

—Siéntate. Qué fuerte lo del paciente, ¿no?
—Impresionante.
—¿Un café?
—No, gracias.
En la serie *The Old Man*, John Lithgow, que interpreta a

Harold Harper, un alto mando de la CIA, le dice a un subordinado: «Cuando estaba en tu lugar, a veces hacía preguntas para obtener una respuesta, a veces hacía preguntas para ver qué tipo de reacción obtenía, y a veces hacía preguntas y miraba cómo rebotaban las bolas de billar, por si acaso alguna me llevaba a algo interesante». Hago eso. Con una mujer que fue secuestrada, torturada, violada: hago eso.

Prepara café. Monkey duerme sobre una silla. El balcón ahora está protegido por paneles acrílicos de mediana altura para que el gato no se desbarranque. La sala canta la melodía pacífica del sol tibio y la limpieza. No le doy tiempo a sentarse.

–¿Querían tener un hijo con Alberto o llegó de manera impensada?

Sonríe y me mira mientras lleva el café a la mesa. Se hace un silencio como el ruido inexistente que deja en el aire un guijarro después de hundirse en el agua. Repasa con un dedo el borde de la mesa. Suspira.

–Qué pregunta me haces, Leila. Qué pregunta me haces. Es una pregunta delicada.

Sonríe y niega con la cabeza. Estoy segura de que no va a contestar. ¿Añil, índigo? ¿De qué combinaciones químicas está hecho el color de esos ojos, cuántas maceraciones genéticas tuvieron que iniciar y reiniciar su proceso hasta llegar a ese brillo, esos fotorreceptores extraordinarios? Cristalinos. Tan secretos.

–Yo había tenido ese aborto que te conté un año antes. Nos pisaban los talones y estaba esta mística de que había que tener hijos porque nos podían matar y había que tener una familia revolucionaria y todas esas patrañas. Y todo era urgente. Todo había que hacerlo ya, porque no se sabía si íbamos a vivir. La cuestión es que me quedé embarazada otra vez. Es verdad que no me cuidaba. O sea que había una cierta intención de tener un hijo. Y estaba hablado y a Alberto le parecía buenísimo. Pero cuando quedé embarazada empecé a dudar y... decidí tenerla. Pero yo no tenía idea de lo que era tener un hijo. Embarazada de cinco meses, con una pistola en el pantalón y una pastilla de cianuro en el bolso. ¿Qué es eso?

Eso era ella.

Cuando me voy, Hugo todavía no ha llegado. Antes de irme le pregunto qué va a hacer el resto de la tarde.

—Puedo pasar mucho rato leyendo. O acariciando al gato.

—Fue un momento complicado —dice Alberto Lennie, y hace un silencio un poco dramático que deja entender que se pregunta si hablar es prudente—. Difícil. Porque Silvina no quería tener hijos en ese momento. Yo sí. Habíamos tenido una interrupción de embarazo previa, y este era el segundo. Pero solo con una percepción bastante trastocada de la realidad uno se podía meter en la paternidad en semejante marco. Estuvimos durante meses que sí, que no, tenemos, no tenemos. Decidimos hacer una interrupción del embarazo, y lo que yo le había planteado era que la iba a acompañar, pero que después de eso cada uno seguía con su vida. Y entonces Silvina decidió que lo quería tener. Yo quería armar una familia. Silvina lo quería mucho menos. Le interesaba mucho menos hacer una pareja monogámica. Y teníamos peleas por eso.

Mira a los lados buscando quizás recuerdos, quizás alguna explicación.

—Yo no me tendría que haber enamorado de Silvia. El problema es que me enamoré. Y no solo me compliqué la vida yo, sino que se la compliqué a ella, pobrecita. Yo no me tendría que haber enamorado, porque Silvia no tenía interés en enamorarse. Era una mujer con sus diecinueve, veinte años, seductora, inteligente. Una militante muy convencida. No necesitaba que ningún boludo le estuviera diciendo que era el amor de su vida. En ese momento, ni la pareja, ni el compromiso afectivo, ni la fidelidad eran una prioridad para ella. Y eso nos traía muchos quilombos.

Silvia Labayru lo dijo por primera vez el 21 de mayo de 2021: «Yo lo he hablado con Vera, le he dicho: "Los milicos me torturaron, me secuestraron, mataron a tu tía, me tuvieron un año y medio ahí, tú naciste arriba de una mesa. Todo eso es a cargo de los milicos. Pero la responsabilidad de que tú nacieras en la ESMA es mía y de tu padre". Si uno quiere tener un hijo, tendrá que procurarle unas condiciones de vida que son las que son. Si no las puedes procurar, porque estás en la revolución, dedícate a la revolución y no tengas hijos. Por eso le dije siempre a Vera: "En ese sentido, tienes para imputarnos, porque somos los responsables de que nacieras allí y de que tu vida fuera la que fue"». La segunda vez, un día de julio de 2021: «Yo le he dicho muchas veces a Vera: "El hecho de que tú hayas nacido donde naciste es responsabilidad mía y de tu padre. Eso no les quita un ápice de responsabilidad en todo lo demás a los milicos represores hijos de puta. Pero de que tú nacieras ahí, yo soy la responsable"». Y después en alud, dos, tres, diez veces: «Yo siempre le he dicho a Vera que más allá de que los responsables y culpables de mi tortura, mi secuestro, la muerte de su familia sean los militares, en relación a que ella naciera donde nació hay una responsabilidad personal, mía y de su padre, porque perfectamente podríamos haber decidido que, si íbamos a tener un hijo, teníamos que protegernos. Porque un bebé no tiene por qué nacer en un campo de concentración, y nosotros sabíamos que eso podía ocurrir. Y Vera lo dice y me parece bien que lo diga: "Pensaron mucho en la revolución pero en mí pensaron muy poco". Lo cual no quita ninguna culpa ni responsabilidad a los secuestradores. Pero la decisión de seguir militando en un momento en que nos iban a agarrar a todos, donde no había la más mínima posibilidad de triunfar en nada, era nuestra».

Por mi culpa, por mi culpa. Por mi grandísima culpa.

El bar se llama Mirando al Sur, queda en Delgado 1208, barrio de Colegiales. En una de las mesas de la vereda está Guillermo Daniel Cabrera, Pelu, un excompañero de militancia en la unidad básica desde donde se la llevaron presa a Coordinación

Federal. La bermuda que usa deja ver pantorrillas fornidas, de corredor o montañista. Es completamente calvo aunque de joven tenía una cabellera enrulada y pelirroja. Ella, sentada enfrente, intenta recordar dónde quedaba la unidad básica.

—Estaba entre Martínez y Delgado, ¿no?
—Sí, correcto —dice Pelu.
—Pero el nombre de la calle no me lo acuerdo.
—Si lo hacemos al revés te vas a acordar mejor. Andá diciéndolas: Teodoro García, Palpa, Céspedes, Gregoria Pérez.
—Entonces era Zabala.
—Zabala.
—Un local muy chiquito.

Ya ha pasado casi un año desde que la conozco y la he visto así otras veces, discreta, sin promover la conversación, siguiendo el hilo que proponen otros, pero nunca la vi resbalar de esta manera en la memoria, ahora transformada en un cofre de recuerdos borroneados, inexistentes o invertidos. Pelu comenta que su padre era oficial inspector retirado de la Policía Federal.

—Pero era peronista, ¿no? —dice ella.
—No. Siempre fue antiperonista. Pero no era tonto.
—Mi padre era un antiperonista tremendo, militar, y en el 74 votó a Perón. Y hoy, con noventa y dos años, me dice: «Bueno, hay que reconocer que Perón no era nada malo. Comparado con todo lo que vino después, era un gran hombre».
—Quiere decir que la afirmación de que todos somos peronistas, solo que algunos todavía no se dieron cuenta, es real —dice Pelu.

Ella evita, en algunas situaciones, exponer sus ideas críticas a la organización, no porque le moleste confrontar sino porque intenta no ofender a personas con las que compartió un pasado fuerte y por las que siente afecto.

—Yo tal vez lo descubra después de muerta —es todo lo que dice y se ríe, recatada.

Es una marca de fábrica: comentario sin contenido particularmente gracioso celebrado con sonrisita decorosa de otra época. Ese candor produce un contrapunto excéntrico con la historia que la une a las dos personas que están aquí, Pelu y Mauricio Rapuano, Mauro, que ha llegado un poco más tarde con un atuendo curioso: medias hasta mitad de la pantorrilla y shorts muy cortos. Pelu y Mauro eran vecinos y militaban en la misma unidad básica a la que, un día de 1974, llegó ella.

—Es una mujer muy bella —dice Pelu—. Y digamos que, a nivel del sector masculino, generó una especie de...

—Tenías que ver la cara de las otras compañeras —dice Mauro—. Envidia absoluta.

La maldición de la belleza que pagó tan caro (y que quizás sigue pagando: es lo primero que muchos mencionan: era bella, bellísima; yo misma me empeño en describir su aspecto físico; su amiga Lydia Vieyra insiste: «A Silvia se lo hicieron pagar muy caro porque era linda; yo siempre le digo que ser rubia y de ojos celestes le jugó en contra»).

—Con ella hicimos un operativo —dice Pelu—. Si se puede llamar así. Teníamos que cortar con una molotov la avenida Las Heras, justo frente al Jardín Botánico. Íbamos en el colectivo, como si no nos conociéramos. Bajamos. Ella tenía que tirar la molotov para que los coches que venían por la avenida pararan, y yo tenía que tirar una cuerda, pasarla por arriba de un cable, levantarla y atarla al árbol con un muñequito de trapo que decía «Almirante Rojas».

El almirante Isaac Rojas fue un militar argentino, vicepresidente *de facto* entre 1955 y 1958, que encabezó un golpe de Estado —hubo tantos— en 1955 contra Juan Domingo Perón. Ella abre los ojos azorada.

—¿Lo hicimos?

—Lo hicimos. No se armó ningún quilombo, porque, a pesar de que se incendió todo, los coches pasaban igual.

—¿Pero la molotov la tiré y se incendió?

—Sí.

—¿Vos no te acordás de eso? —le pregunto.

—No. Me acuerdo de haber tirado muchas molotov y de haber incendiado concesionarios de autos. Eso se me daba muy bien. Y de que me tocó subirme en una plaza a un monumento altísimo, con un señor arriba de un caballo, que calculo que sería San Martín. Era muy alto y tuve que colgarle un cartel enorme al cuello que decía, no sé, «Viva Perón». Y me costó un huevo subirme porque el caballo resbalaba.

Mauro se tienta, dice que todo eso era una pelotudez, igual que darles la orden de arrojar una molotov en la avenida Las Heras justo frente a las rejas del Jardín Botánico.

—No tenés escape ni para atrás ni para adelante, solo para un costado o para el otro. ¿Quién fue el pelotudo que diseñó ese operativo? El momento era dramático pero después nos cagábamos de risa. Con Pelu usábamos el estuche del bajo para llevar armas largas. A los dos días, todo el barrio sabía que llevábamos armas en el estuche. Pero la gente nos conocía, no decían nada.

—¿Cuánto tiempo estuviste en la unidad básica? —pregunto.

Ella mira a los otros, buscando una respuesta.

—¿Habré estado un año?

—Sí, más o menos —dice Mauro—. Después andabas por el barrio, porque nos encontramos, vos me diste una lapicera y yo te presté un pulóver porque había empezado a hacer frío. ¿Te acordás?

Ella niega con la cabeza.

—Fue la última vez que nos vimos. Todavía tengo la lapicera. Nos encontramos por la calle, había refrescado y te dije: «Vamos a casa que te presto un pulóver».

—Ah. Subimos unas escaleras, ¿no? —dice ella, entrecerrando los ojos.

—Claro. Fuimos a la habitación que yo tenía arriba. Te di el pulóver y vos sacaste la lapicera y me dijiste: «Tomá, te la dejo, cuando te devuelva el pulóver me das la lapicera». Fue la última vez que nos vimos. Ah, no, después te volví a ver. Te vi embarazada en el quiosco, en Federico Lacroze.

—¿Me viste pasar? —pregunta ella, como si estuviera armando un puzle asombroso.

—No, no. Hablamos.

—No me acuerdo.

Pelu intenta ubicarlos en el tiempo empleando un sistema de mojones discutible:

—Por ahí se ubican si piensan que en marzo del 76 ya había caído Julio, el Negro cayó en julio del 76, en enero del 77 cayó Rubén...

—Ah, entonces... —dice Mauro, y hace cuentas: si tal desapareció tal mes, nos vimos tal otro.

—No, no me acuerdo —dice, y queda en evidencia que esos hechos, inolvidables para Mauro, en ella se disolvieron bajo la luz ácida de lo que pasó después.

—Yo estoy eternamente agradecido con ella —dice Mauro—. Yo ya no militaba, así que cuando cayó, si hubiese tenido que entregar un dato, me podría haber entregado a mí. Yo era alguien que no tenía relevancia para la organización, daba lo mismo que me entregara. Y no lo hizo. Yo me sentí en deuda de vida. Una persona abría la boca y te arruinaba para siempre. Mi único deseo era poder decirle: «Te agradezco que me hayas mantenido con vida». Si por otro lado hizo esto o hizo lo otro, yo no soy quién para juzgar.

Pienso en algo que mencionó muchas veces: que la desquicia la gente que dice «yo no soy quién para juzgar» porque la frase en sí implica un juicio. Pero la miro y está sonriendo con dulzura.

Pelu estaba haciendo el servicio militar obligatorio en marzo de 1976, el mes del golpe de Estado. Se presentaba todos los días en el cuartel y dormía en su casa. Una madrugada despertó rodeado de sujetos con pasamontañas. Lo llevaron al Atlético, un centro clandestino donde pasó quince días. Él no lo dice, pero ella ya me lo dijo: lo torturaron mucho. Lo soltaron y se fue a Barcelona. Vivió allá cuarenta y seis años. Se fue del país sin tener idea del destino de Silvia Labayru porque ni siquiera conocía su nombre real, solo su nombre de militancia: Mora. Pasó el tiempo. En 1984 caminaba por las

Ramblas cuando vio un anuncio: «Informe Sabato: Nunca más». El *Nunca más* es un libro, publicado en 1984, que recoge el informe de la CONADEP, formada por el presidente Raúl Alfonsín con el objetivo de investigar los crímenes de la dictadura militar, presidida por el escritor Ernesto Sabato. Pelu compró el libro. Por las descripciones de otros sobrevivientes, identificó el centro clandestino en el que había estado. Sus padres, en Buenos Aires, también lo habían leído. Cuando hablaron por teléfono, su madre le dijo: «Pobre Mora. Mora es Adriana Landaburu». Adriana Landaburu es una militante secuestrada el 7 de junio de 1976. Estuvo en la ESMA, fue asesinada. Su padre era el brigadier Jorge Horacio Landaburu, que había ocupado cargos en anteriores gobiernos militares.

–El padre de Adriana Landaburu era militar. Y nosotros sabíamos que el padre de Silvia tenía algo que ver con el Ejército o la Marina. Y mi mamá, convencida, me dijo: «Pobre Mora, es Adriana Landaburu y figura en este libro entre los desaparecidos». Como yo no sabía el nombre real de Silvia, asumí que estaba desaparecida, que mi vieja tenía razón. Muchos años después vengo a Buenos Aires. Nos encontramos con Mauro, estábamos hablando de algunos compañeros desaparecidos y le digo: «Y también Mora, pobre». Y me dice: «No, si Mora vive en Madrid».

Los escucha en silencio, respetuosa, aunque imagino que lo que cuentan no le resulta tan emocionante. Si Pelu y Mauro retienen estas cosas como verdaderos hitos biográficos, ella, a veces, ni siquiera las recuerda. Pero aprendió a simular todo, incluso la indiferencia.

–Y yo le dije: «No, Mauro, si Mora es Adriana Landaburu». Y Mauro me dice: «No. Mora es Silvia Labayru».

Buscaron una guía telefónica de Madrid, la llamaron. Contestó.

–Y le reconocí la voz –dice Pelu–. Pregunté: «¿La señora Silvia Labayru?».

Ella dijo: «Sí, soy yo». Y Pelu: «Mora, soy Pelu. No sé si te acordás de mí». Y ella: «Sí, me acuerdo». Entonces, como ahora, Pelu no pudo seguir hablando porque empezó a llorar.

—Esa llamada me produjo un impacto tremendo —dice ella, como si hubiera despertado de un hechizo.

Entonces se acuerda, se acordaba.

—Estaba Jesús, mi marido, que era muy antihistorias pasadas. Lo pasado pisado. Y me preguntaba: «¿Quién es, quiénes son?». «Son unos amigos de Colegiales», le dije. Me quedé muy emocionada.

Atardece y Pelu se tiene que ir. Está en Buenos Aires porque se enamoró de una mujer que vive en la Argentina.

—Vives como yo, en el limbo —dice ella.

Caminamos hasta una avenida. Mauro comenta que pusieron seis baldosas en la puerta de su colegio primario con los nombres de compañeros desaparecidos, a modo de homenaje y recordatorio.

—Me impresionan mucho esas baldosas —comenta ella—. Cada vez que las veo, o que veo murales con la lista de desaparecidos, digo: «¿A ver dónde estoy yo?». Después me doy cuenta.

En muchas ocasiones, en vez de decir «cuando desaparecí» dice «cuando me morí».

En septiembre de 1976, a seis meses del golpe, Silvia Labayru y Alberto Lennie habían dejado el departamento que les había alquilado Betty y no tenían dónde ir.

—Nos quedamos en la puta calle —dice Alberto Lennie—. Silvia estaba embarazada. Era de noche. Teníamos que decidir si nos íbamos a un hotel de parejas o si le preguntábamos a alguien si nos podía guardar en alguna casa.

Contactaron a un compañero, Pablo Mainer, Pecos. Les dijo que podían ir a su casa: calle Corro 105, de Villa Luro. Fueron. Pasaron una noche y después decidieron ocultarse en lo de los Lennie, en City Bell. Dos días más tarde, Alberto Lennie vio una foto en la primera plana del diario *La Razón*: una ventana estallada, detrás un póster. Se la mostró a ella: «¿Este póster no te suena?». Era el que había en el cuarto de la casa de los Mainer en el que habían dormido. Lo que pasó allí se conoce como la «masacre de la calle Corro». Los militares asesinaron a cuatro militantes montoneros. Victoria Walsh, la hija de Rodolfo Walsh, estaba allí y se pegó un tiro en la terraza. Cinco miembros de la familia Mainer fueron secuestrados.

Comenzaron a vivir en hoteles, en pensiones. Ella, celosa de su intimidad («Jamás podría hacer pis con la puerta del baño abierta, no me voy a dormir sin ducharme y sin lavarme los dientes. Esas cosas van a misa, como se dice en España»), se estremecía en esos sitios donde compartían baño y cocina con gente humilde que, por otra parte, era la destinataria de su lucha. «Ahí sí que me salía la "chica bien". Me lo pasaba horrible. Esas cocinas, esos baños colectivos, esos colchones. Ajjj.»

Empezó a pensar en irse.

Alberto Lennie dice que él también.

He tomado nota de las cosas que hicimos antes de empezar cada entrevista, de lo que hicimos al terminar, de la ropa que ella llevaba puesta, de cómo estaba el clima, de los cambios en la decoración, del crecimiento del gato. He tomado notas de eso el jueves 6 de mayo, el martes 11 de mayo, el martes 18 de mayo, el viernes 21 de mayo, el viernes 28 de mayo, el martes 27 de julio, el jueves 29 de julio, el martes 3 de agosto, el sábado 16 de octubre, el jueves 21 de octubre, el lunes 25 de octubre, el lunes 1 de noviembre, todos días de 2021. El miércoles 9 de febrero, el miércoles 16 de febrero, el miércoles 23 de febrero, el jueves 24 de febrero, el miércoles 2 de marzo, el jueves 3 de marzo, el miércoles 9 de marzo, el viernes 25 de marzo, el martes 12 de abril, el jueves 16 de junio, el jueves 14 de julio, el miércoles 20 de julio, el martes 26 de julio, el jueves 29 de septiembre, el jueves 1 de diciembre, todos días de 2022. Entre otras fechas. «Usa un suéter marrón de cuello alto, un pantalón marrón, es primavera pero hace frío.» «Monkey está rengo.» «Día espléndido. Suéter gris cruzado adelante.» «Blusa blanca de lino, prenda larga de *denim*, sin barbijo durante horas por primera vez.» «Nunca usa tacos altos. Camisa de lino, cuadros blancos y celestes.» «Encuentro con Lydia. 36 grados.» «Come dos medialunas, toma dos cafés. Llueve. Suéter color gris. Tiene frío. Hace frío.»

Las anotaciones son un mapa del paso del tiempo. Otoño, invierno, primavera, verano, otra vez otoño, otra vez invierno, otra vez primavera. Hace calor o está gélido, la ropa cambia, la pandemia muta. Sin embargo, lo que hacemos es siempre muy parecido: yo llego, ella habla de determinados temas –de algo que vio en Netflix o en el cine, de un libro, de las vacunas, de los viajes, usualmente de todas esas cosas juntas–, en algún momento enciendo el grabador, le hago preguntas, responde, fijamos una fecha para el próximo encuentro, nos despedimos. Hay algo extraño en ese estatismo: ella me cuenta, sentada en una silla, un mundo de altísima velocidad. Relata, vestida con telas refinadas, el año y medio durante el que se vistió con ropa de mujeres muertas.

–Pasa, pasa.

Es de mañana. Abre la puerta vestida con una camisa leñadora, diversas tonalidades del azul y el celeste, zapatillas: es como si estuviera hecha de alguna sustancia cosechada en el campo, un producto de la labranza, y me abriera la puerta no a un departamento sino a una cabaña en el bosque.

–Siéntate, por favor. ¿Un café?

Abrir un túnel hacia el pasado no es un problema: lo recuerda bien, lo ha expuesto en testimonios ante la justicia y décadas de psicoanálisis hacen que encuentre maneras de acercarse a él sin que se transforme en un precipitado incontrolable de padecimientos crudos. Sin embargo, durante los cuarenta años que vivió en España, sus viajes a la Argentina implicaban visitas de una o dos semanas durante las que permanecía en un ámbito acotado: sus padres, algún amigo. Las oportunidades de hablar a menudo con compañeros de militancia, o de ser convocada a participar de tal o cual evento en la ESMA, eran esporádicas. Ahora eso ha cambiado radicalmente y aquel tiempo lejano se entrelaza casi a diario con el presente (ella asegura que sin grandes impactos, más allá de cierto agotamiento con el tema). Una semana sí y la siguiente también se encuentra con otras mujeres que estuvieron secuestradas, le piden que participe de alguna actividad en la ESMA, le solicitan que revise tales o cuales planos del predio para identificar dónde se realizaba la barbarie equis. Ella acepta y, aunque repite que está harta, es posible que ser parte relevante de la ecuación, después de tantos años de rechazo, resulte difícil de declinar.

–Ahora me han invitado a un acto en la ESMA que se hace con los sobrevivientes que testimoniamos –dice, las piernas flexionadas sobre la silla–. Esto no para. Cuando pienso que estaba a punto de irme de Montoneros, a quince días de irme...

Suena el teléfono. Nunca atiende mientras conversamos, pero la llaman desde el programa de la vacuna Curevac.

–Sí. Buenas tardes. Dime. Ah, sí, la estaba esperando. ¿Qué día sería esto? Este jueves. Catorce y veinte. También quería decirles que me han mandado un correo diciendo que dos veces a la semana me tengo que reportar para comentar las incidencias de mi estado de salud. Y resulta que abro la página y no me permite seguir avanzando. Yo lo que quiero decir es que no tengo ningún problema, pero no tengo modo de hacerlo. No sé si me pueden ayudar.

Habla como si redactara una carta: estimado señor director del programa Curevac, por la presente le comunico que estoy viva.

–Ah, perfecto. Muy bien, hasta el jueves.

Me mira y me pregunta:

–¿Qué te decía?

–Que estabas pensando en irte de Montoneros.

–Ah, sí. Un día de diciembre del 76 estábamos en la quinta de City Bell, con Alberto y mi cuñada, Cristina. Y ella dijo: «He llegado a la conclusión de que nos van a matar a todos». Yo, embarazada de cinco meses, le dije: «¿Y entonces qué vamos a hacer, Cris?». Y me dijo: «Hay que quedarse a morir por los compañeros».

Abre mucho los ojos, hace un gesto con la boca como diciendo: «Mirá vos».

—En ese momento empecé a pensar en irme. Cuando me secuestraron, yo estaba a quince, veinte días de irme. Lo hablé con mis padres, con mis suegros. Les dije que me quería ir, y que su hijo y Cristina no.

—¿Alberto no pensaba en irse?

—No. La hermana tenía mucha influencia en él. Mi padre podía sacarme por la frontera, y seguramente la opción hubiera sido ir a San Antonio, Texas.

Hubiera sido, pero no fue.

—Yo era un creyente, Leilita —dice Alberto Lennie—. La militancia empezaba a transformarse en tu mundo, y en la explicación del mundo, y eso era muy poderoso. Con el dolor que te da después perder a Dios, porque tenías todas las respuestas y te encontrás en pelotas. Ese momento a mí me llegó en septiembre, octubre y noviembre del 76. No te puedo contar la cantidad de gente amiga, conocida y compañeros que desaparecieron. Ahí empezamos a pensar en irnos con Silvia. Incluso hablamos con Jorge, el padre. Había un amigo que nos podía sacar con una avioneta. Yo sentí muchas veces el arrepentimiento de no haberlo hecho. El único tema que le planteé a Silvina es que yo no quería huir, desertar. Eso significaba acarrear una situación de traición y cobardía que yo no iba a llevar bien. Quería intentar hacerlo orgánicamente, no en plan escapada, pero no nos dio tiempo.

—¿Silvia estaba de acuerdo con eso?

—Sí, pero no tanto. Yo creo que eso pesó mucho entre nosotros después, cuando ella salió de la ESMA. «Yo caí porque no nos fuimos, vos te salvaste y te fuiste.» Eso nos metió en un puto infierno que costó mucho trabajo desarmar. Mucho. Mucho.

De todas maneras, no quedó desarmado.

En su libro *Helgoland*, Carlo Rovelli, físico teórico italiano, escribe: «[...] no hay un relato unívoco de los hechos [...]. Hechos relativos a un observador no son hechos relativos al otro. La relatividad de la realidad resplandece aquí totalmente. Las propiedades de un objeto son tales solo con respecto a otro objeto. Por tanto, las propiedades de *dos* objetos lo *son* solo con respecto a un *tercero*. Decir que dos objetos están correlacionados significa enunciar algo que se refiere a un *tercer* objeto: la correlación se manifiesta cuando los dos objetos correlacionados interactúan *ambos* con ese tercer objeto». Rovelli no habla de periodismo sino de física cuántica. A pesar de que él mismo advierte, burlón, que «la delicada complejidad de la relación emocional entre nosotros y el universo tiene que ver con las ondas Ψ de la teoría cuántica tanto como una cantata de Bach con el carburador de mi coche», arrastro su teoría hasta mi territorio. No siempre, pero sí a veces, con circunstancias tales como día, hora y lugar suprimidas, y detalles como descripción de ropa, gestos y decoración eliminados, a través de piezas desprovistas que colisionan una contra la otra para que de ese choque surja una nueva pieza invisible, sucederá esto: dos objetos correlacionados (no siempre los mismos) interactuarán con el tercer objeto. Que, casi siempre para mal, seré yo.

Allá vamos.

A lo largo de cierto tiempo —días, semanas, meses—, nos dedicamos a reconstruir las cosas que pasaron, y las cosas que tuvieron que pasar para que esas cosas pasaran, y las cosas que dejaron de pasar porque pasaron esas cosas. Al terminar, al irme, me pregunto cómo queda ella cuando el ruido de la conversación se acaba. Siempre me respondo lo mismo: «Está con el gato, pronto llegará Hugo». Cada vez que vuelvo a encontrarla no parece desolada sino repleta de determinación: «Voy a hacer esto, y lo voy a hacer contigo». Jamás le pregunto por qué.

Después, tragedia.

Alfredo Daniel Salgado, desaparición forzada, 29 de abril de 1976.
Gloria Martha Rita Oliveri, desaparición forzada, 6 de mayo de 1976.
Miguel Ángel Rousseaux, desaparición forzada, 12 de mayo de 1976.
Juan Gregorio Salcedo, desaparición forzada, 12 de junio de 1976.
Raquel del Carmen Rubino, desaparición forzada, 23 de junio de 1976.
Sonia Mabel Rossi, desaparición forzada, 22 de junio de 1976.
Haydée Mercedes Orellana, desaparición forzada, 20 de septiembre de 1976.
Alberto Marcelo Oro, desaparición forzada, 30 de octubre de 1976.
No paraban de caer.

Entre las personas que le proporcionaban información a Silvia Labayru había dos hermanas, María Magdalena Beretta y Graciela Alicia Beretta. Con padres ya mayores, de familia humilde, estaban empleadas en una institución militar de donde tomaban los datos que le pasaban. Hacia diciembre de 1976, los desaparecidos se contaban de a miles. Silvia Labayru les había dicho a las hermanas Beretta que, por seguridad, debían dejar el trabajo, dejar la casa: lo que se llamaba «levantarse». Las hermanas le dijeron que no podían: no tenían recursos, sus padres dependían de ellas, si abandonaban el empleo no podrían mantenerlos.

El 29 de diciembre de 1976, a la tarde, Silvia Labayru tenía una cita con María Beretta.

El 28 de diciembre de 1976, un día antes de esa cita, las hermanas Beretta fueron secuestradas.

Pisa, 25 de mayo de 1977: «Recibí la noticia de que alguien muy importante para mí había desaparecido en Argentina. De hecho, lleva desaparecida casi seis meses. Mis amigos quizás sabían que sería un golpe muy duro para mí, y esperaron hasta ahora para decírmelo. Quizá aún sea posible hacer algo por Silvia, y he escrito un poema y una nota: hay treinta esbirros de Videla haciendo una gira por Italia. Es importante que sepan que Silvia no está olvidada. Si Silvia está viva, puede ser útil. Si está muerta, es un recuerdo, un testimonio». Ese texto salió el 25 de mayo de 1977 en una publicación italiana. El poema al que alude lleva por título «Canción para Silvia» y dice: «Era lindo quererte y después / pensarte a veces a lo lejos / a esta hora los pájaros ya estarán / altísimos / altísimos y puros / y vos / dondequiera que estés / con tus alas / volás para nosotros». Lo firma Diego Bigongiari, periodista y escritor argentino que por entonces vivía en Italia y había sido su compañero en el Colegio.

El 29 de diciembre de 1976, Silvia Labayru usaba un vestido acampanado blanco con rayas rojas y azules: ropa de embarazada. Iba en auto con dos amigos y compañeros del Colegio: Andrés Rubinstein, que conducía, y Alba Corral. Bajaron juntas en la avenida Las Heras y tomaron un colectivo. Silvia Labayru llegaba media hora tarde a la cita con María Beretta. Le dijo a Alba: «No sé para qué voy. La chica no va a estar y, además, lo único que tengo para decirle es que se levante del trabajo y ya me dijo que no puede». Alba le respondió: «Es media hora tarde. ¿Para qué vas a ir?». «Bueno, no sé, voy a ver si está. Me bajo en esta parada.»

Se bajó. Y ahí estaban.

En la esquina de Azcuénaga y Juncal.

El secuestro no tuvo singularidades: la secuestraron, como a todos, de manera salvaje.

Tenía la pastilla de cianuro y la pistola en el bolso, pero la aferraron desde atrás para que no pudiera tragar. Tragar. ¿Lo hubiera hecho? Cinco meses de embarazo.

Alba no llegó a verla: el colectivo ya estaba lejos. Ella gritó su propio nombre (lo hacían todos: gritar su nombre, un número de teléfono, aullar: «¡Me están secuestrando!»), mientras la arrastraban. La arrojaron en el asiento trasero de un auto. No le cubrieron los ojos.

–Estaba en el asiento de atrás, viendo por dónde iba. Me bajaron la cabeza recién cuando estábamos entrando a la Escuela de Mecánica de la Armada. Como fui viendo todo el camino, yo dije: «De aquí no salgo». Era un día precioso de finales de diciembre. Íbamos por la avenida del Libertador, pasamos por el Museo de Bellas Artes. Había árboles y flores, y yo recuerdo que miraba por la ventanilla y me despedía del mundo.

Una hora después del encuentro con María Beretta, Silvia Labayru tenía una cita con Alberto Lennie en un bar. Era una cita de seguridad antes de ir a la pensión: si alguno de los dos no acudía, se disparaban las alarmas. Ella no llegó.

–Cuando alguien no llegaba a una cita había que irse y volver media hora después –dice Alberto Lennie–. No te podías quedar porque te iban a ir a buscar casi seguro. Cuando ella no llegó, pensé: «Habrá tenido problemas, por ahí está con dolor de tripa».

Hizo lo que estaba indicado: salió, tomó un colectivo, bajó, volvió a tomar el mismo colectivo en dirección contraria, entró al bar. Mismo resultado: ella no estaba.

–Ahí dije: «Hostia bendita, me cago en su puta madre, no me jodas que la secuestraron a Silvina».

Estuvo vagando hasta las nueve de la noche. A esa hora, fue al único sitio al que no debía ir: la pensión.

—Que era un lugar en el que Silvina me podría haber entregado. Pasé toda la noche despierto. Era el terror, el terror. Era un mantra: «No puede ser, no puede ser, no puede ser».

Si haber ido a la pensión había sido un desatino, por la mañana hizo algo mucho peor.

Como todos los secuestrados, Silvia Labayru entró a la ESMA por la puerta que da al sótano. Unos pocos escalones descienden hacia ese sitio donde estaban las salas de tortura. No recuerda si la llevaron al compartimento número 13 o al número 14, pero sí que ya le habían puesto una capucha y que allí, muy digna, sentada sobre la camilla de metal en la que iban a torturarla, dijo: «Soy miembro de la familia de un militar y quiero hablar con un militar».

—Yo creía que eran policías. Se empezaron a partir de risa porque eran todos militares, y yo ahí plantada, diciendo más o menos: «Quiero hablar de militar a militar». Ahí ya supe que eran marinos, que estaba en la Escuela de Mecánica de la Armada.

La desnudaron. Asegura que tenía el teléfono de Cristina Lennie en el soutien y que se lo tragó. ¿Épico pero inverosímil? Puede ser. Qué importa.

—Habíamos quedado con Silvia que, si alguno de los dos caía, la dirección que íbamos a dar en la tortura, si nos preguntaban dónde vivíamos, era la de mi tía Tilde, la hermana de mi madre, la que hacía el transporte escolar. Íbamos a decir que vivíamos ahí, en Uriburu 1554.

«Éramos tan hijos de puta», dijo Silvia Labayru en la primera entrevista, «que habíamos dejado incluso un bolso con ropa en la casa de la tía Tilde, para simular que vivíamos ahí. Un escenario armado.»

A la mañana, después de pasar la noche en blanco, Alberto Lennie pensó que a lo mejor su mujer había tenido un problema con el embarazo y había buscado ayuda en la casa de la tía Tilde. Contra todo sentido común, contra todo entrenamiento, contra la evidencia que proporcionaba el secuestro imparable de sus compañeros, salió de la pensión y fue a la casa de la tía Tilde. Al nido del cuco.

—¿Sabés quiénes te torturaron?
—Sí. Sé perfectamente. Eran dos. Uno que se llamaba Francis William Whamond, el Duque, que en esa época me parecía muy viejo pero debía tener unos cincuenta años. Ese fue el tipo que me aplicó la picana, la máquina. El que me pegó. Un tipo muy repugnante. Y luego estaba otro que entraba y salía. Ese no me daba máquina pero me interrogaba mal. Ese fue mi violador. Alberto González. El Gato.
—¿Sabés cuánto duró?
—La tortura neta yo calculo que fue poco más de una hora. Interrumpían un poco porque querían la mercancía.
—¿La mercancía?
—El bebé.

Le pregunto con más facilidad por la tortura que por la violación. Porque la escena de la tortura es sagrada: en ella solo hay sufrimiento.

La interrogaban únicamente por dos personas: Cristina y Alberto Lennie. Dónde están, dónde están. Haciendo cálculos a ciegas, dejó pasar la hora de la cita en el bar y la confesó cuando supuso que Alberto ya no estaría. Los militares fueron a buscarlo y, en efecto, no estaba. Volvieron, la torturaron un poco más. Entonces dijo lo que habían acordado: «Vivimos en Uriburu 1554, la casa de la tía Tilde».

—Ya había conseguido aguantar un buen rato y me dije: «A la noche, cuando yo no haya aparecido en la pensión, va a estar todo clarísimo, Alberto se va a dar cuenta de que me secuestraron y se va a escapar». Así que canté lo que habíamos acordado: «Vivo en la casa de la tía Tilde». ¿Pero qué se le pudo ocurrir a este hombre en la desesperación? A las seis de la mañana salió de la pensión, y ¿dónde fue?

A la casa de la tía Tilde, dice un día con una sonrisa un poco trágica.

—Voy a la casa de la tía Tilde —dice Alberto Lennie—. Subo por la escalera de servicio, llego arriba, toco el timbre, me abre la chica que trabajaba en casa de mi tía y me dice: «Mire, Alberto, lo que ha pasado». Asomo la cabeza y veo la puerta del salón con un agujero de este tamaño. Habían volado la cerradura. A las cuatro y media de la mañana me habían ido a buscar. Yo llegué siete y media. Se habían ido a las seis. Fijate hasta qué punto uno está al borde de la locura, porque yo pensaba: «No puede ser que la hayan secuestrado con cinco meses de embarazo, no puede ser». Y me fui a buscarla al lugar que estábamos de acuerdo que había que cantar. Cuando vi el agujero, salí corriendo por la escalera. Y estaban abajo, en la vereda. Me corrieron hasta Arenales. Yo corrí, me subí a un colectivo. Me salvé por los pelos.

Fue hasta el banco en el que trabajaba Guillermo, el novio de su hermana pequeña, Sandra, y le dijo: «Agarrá el teléfono, avisale a la familia que la secuestraron a Silvina, que estén al tanto porque les van a caer encima».

—Y a partir de ahí... a partir de ahí el infierno, Leila.

Pensó que su mujer estaba muerta y el fruto de su vientre también.

Pero muerta no estaba.

Esto sucede mucho después, cuando ha transcurrido casi un año desde la primera vez que la vi. Para entonces, ya hemos hablado varias veces de la tortura, nunca con demasiado detalle. Por ejemplo: «Es una contracción general del cuerpo, no es que te duele el lugar donde te lo están poniendo. Es una sensación de que te estallan los órganos. No me dieron máquina en la vagina. Los puntos húmedos duelen más, pero querían que ese bebé naciera, la mercadería les interesaba. Sí me aplicaron en los pezones, me los destrozaron, esos pezones nunca funcionaron bien. La reacción que tengo con la electricidad es algo insoportable. Y con los colchones amarillos de espuma de goma. Después de la tortura me llevaron a un cuartito donde había un colchón así, todo sangriento, roñoso. Y escuchar a Nat King Cole cantar "Si Adelita se fuera con otro" en español me pone loquísima. La ponían todo el tiempo para tapar los alaridos».

Quedamos en un bar de Medrano y Honduras, cerca del departamento en el que viven con Hugo desde febrero de 2022, en la calle Costa Rica. Hace frío, llueve, y el bar tiene las puertas abiertas, todavía por causa de la peste. Evaluamos la situación: entrevista larga, viento gélido. Nos vamos al bar de enfrente, donde vemos una mesa a resguardo. Un hombre acuna a un bebé en un carrito. Una mujer sale de la cocina y lo amamanta. Los baños se anuncian para «Chicos no binarios» y «Chicas no binarias». Sobre el inodoro de uno de ellos hay un cartel que dice: «No tirar el papel higiénico porque la inodora se nos atraganta». En ese bar le pregunto barbaridades.

–Leí en uno de los testimonios que, durante la tortura, te golpearon mucho.

Es el sitio menos adecuado para preguntar algo así. Un lugar público, el hombre, el bebé, la mujer que amamanta, pero: a) me ha dicho tantas veces que nadie le pregunta por la tortura que esa insistencia debe leerse como una incitación a que le pregunte; b) la música está a un volumen alto y nadie puede escucharnos; c) las dos nos iremos de viaje pronto y quiero avanzar.

–Sí, me pegan en las piernas, me pegan en la espalda con la mano. Y después me desnudan y me meten en la cucheta metálica. Me abren las piernas, me ponen los grilletes y empiezan a jugar con la máquina en los lugares menos cercanos a la vagina. Excepto la panza y la vagina, hicieron recorridos completos. Los pechos, las encías, las uñas de las manos, de los pies. Seguían pegando también. Lo hacían como intercalado. Cortan, dan, cortan, dan. Y como la reacción del cuerpo es tan brutal, paraban un poquito y volvían otra vez, y a preguntar.

–¿Cuánto duró?

–Y... calculo que en total una hora. Lo calculo porque tenía una cita con Alberto una hora después de que me secuestraran, y tenía ese tiempo en la cabeza. Que yo tenía que aguantar y dejar pasar ese tiempo.

–¿Qué te decían?

–Lo que dicen ellos es: «Más te vale hablar porque esto no se aguanta, si hablás vas a entrar en un proceso de recuperación, tenés que dar la información, dónde está Alberto Lennie, dónde está Cristina Lennie». Dónde está, dónde está, danos una cita. Y al final, a la hora, hora y pico, di una cita. Claro que no dije que la cita estaba vencida. Y fueron al bar y Alberto ya no estaba.

–¿Te insultaban?

–Sí. Me decían traidora, te diste la vuelta, montonera de mierda, de aquí no vas a salir. Te toqueteaban, te pegaban en la cara, te volvían a pegar en las piernas, te daban otro poco de máquina. Había lugares especialmente dolorosos. La nariz, las encías. Los pezones. Y luego con el tiempo me quedé con la idea de que ciertas partes del cuerpo, como los pezones, no funcionaban bien por eso. Incluso durante mucho tiempo algunas parejas me lo decían, que yo no tenía sensibilidad en los pezones, que no era algo que me encantara que me... Eran como huellas.

–¿Recordás si gritabas?

–De lo que recuerdo, no gritaba mucho. Es decir, gritaba pero no vociferaba. Lo que recuerdo es que me costaba muchísimo recuperar el aliento después de que paraban con la máquina. El dolor es tan grande que te quedas en un estado próximo a la inconsciencia. Y la sensación de que iba a abortar allí mismo. Yo tenía la idea de que me iba a morir ahí, de que nos íbamos a morir ahí. Y los tipos entraban y salían. Me dejaban tres, cinco minutos, y volvían a entrar. Traían gente. A una compañera que era jefecita mía de inteligencia la traían para que me dijera que cantara, que no había solución, que nos iban a matar a todos, y la sacaban. Yo no entendía muy bien lo que pasaba, no sabía si esa era la tónica general. En un momento se abrió la puerta y entró una mujer. Me dijeron: «Mirá quién está acá». Y yo dije: «No la conozco». Era verdad, no tenía idea. Y era Norma Arrostito.

Norma Arrostito era una de las principales dirigentes de Montoneros, que continúa desaparecida. Aunque los militares habían anunciado su muerte durante un enfrentamiento el 2 de diciembre de 1976, permanecía secuestrada y solían llevarla a los cuartos de tortura para producir un efecto de alto impacto en los prisioneros.

—¿Con Hugo hablaste de esto con ese grado de detalle?

—Una noche. No me preguntó con ese grado de detalle. Nadie pregunta.

—Ni yo.

—Ni tú. Pero digamos que es curioso cómo nos cuesta tanto hablar de esto. En parte porque no hubo la escucha en su momento y hay una desadecuación. Y en parte porque es algo tan... porque es algo vergonzoso, ¿entiendes?

Mira hacia un lado, hacia otro. Controla la distancia que nos separa del hombre con el bebé. Susurra:

—Cuando te torturan te salen babas, te sale sangre, eres un cacho de carne doliente, te haces pis. Te dicen: «Te estás cagando, hija de puta». Te haces caca. Es una situación humillante. Uno tiene cierta escisión del relato para poder contarlo. Porque cuando evoco el sentimiento sigue siendo insoportable. Te puede parecer superfrívolo, pero la tortura se resiste hablando. La tortura a secas, sin una palabra..., la posibilidad de soportarla mucho en el tiempo es muy pequeña. Tú lo puedes soportar si paran para hablar, para decir: «¿Conociste a fulano, dónde está, qué nombre de guerra tiene, dónde milita?». Ahí se va armando como una trama, vas diciendo: «A este no lo conozco, pero conocí a tal otro», y vas armando una trama con gente que, por ejemplo, ya se había ido de la Argentina y estaba a salvo.

–¿Alguien te preparó para usar ese método?

–No, no. Fue a seco completamente. Para mí es un orgullo decir: «No he entregado a nadie», pero también tengo perfecta conciencia de que no entregué a nadie porque no me torturaron lo suficiente.

Le asignaron el número 765. La llevaron a uno de los cuartos contiguos a la sala de tortura. El mobiliario consistía en un camastro, un colchón de goma espuma salpicado de sangre, una picana eléctrica.

–Me dejaron catorce días ahí, con grilletes, escuchando los alaridos de los que torturaban en los cuartos de al lado. Creo que los tipos tenían interés en la mercadería y decían: «A esta no la vamos a hacer abortar, a ver cómo la podemos joder». Yo estaba ahí sin saber si iban a venir a buscarme otra vez. Porque no conocía el mecanismo. En general, te torturaban cuando recién llegabas, para obtener información rápidamente, y después no te torturaban más con la picana. Pero yo no sabía.

–¿Estabas muy golpeada?

–Sí, sí. Tenía cascaritas en las uñas, inflamadas las encías, lagañas en los ojos, marcas en la espalda. Lo que no me acuerdo es si me llevaban el balde para mis necesidades a esa habitación. Ponían la música a todo volumen, para tapar los alaridos. Hay canciones que me pongo loquísima si las escucho. El peor para mí es Nat King Cole cantando «Si Adelita se fuera con otro». Lo pasaban incesantemente.

El dolor del cuerpo le importaba menos que no saber, cada vez que se abría la puerta, cuál era la siguiente estación del matadero: ¿más tortura, la muerte?

–El sentimiento más fuerte es el de soledad e indefensión. Y que te ibas a morir para nada. Me decía: «Silvia, pero qué gilipollas. ¿Cómo puedes haber sido tan gilipollas? Si lo sabías, lo sabías. ¿Por qué no te fuiste antes, por qué no te escondiste, cómo puede ser que te vayas a morir a los veinte años, embarazada?». No tenía consuelo. Ni siquiera tenía la mística de «voy a morir por la patria, voy a morir por la revolución, voy a morir para salvar a no sé quién». Al soldado Ryan, yo qué sé. Yo no tenía nada, solo la sensación de culpa con mis padres. Pobres mis padres, pensaba, qué van a hacer mis padres ahora.

—¿Sabés quién dio tu nombre y tu cita?

—Sé perfectamente quién fue la persona que me entregó, y la vi adentro de la ESMA. Me agarró las manos, me pidió disculpas y yo la disculpé, pobrecita de mi alma, porque la pobre chica no tenía ninguna culpa de haber hecho lo que hizo. Porque yo le había dado la orden de irse de su trabajo pero no podía, ni ella ni la hermana, no tenían dinero ni manera de conseguir documentos. Y cuando las pobres chicas me dijeron: «Mora, no podemos», ¿yo qué les iba a decir? No les podía ofrecer nada. Y al día siguiente las agarraron.

No lo dice pero es como si lo dijera: eran, claro, las hermanas Beretta, ambas desaparecidas.

Cuando terminamos de conversar, el bebé duerme, el hombre toma mate. Ella, a un metro de los dos, ha contado su carnicería durante tres horas comiendo dos medialunas y tomando dos cafés sentada a una mesa de madera color verde agua.

—Hoy me he sentido más dispersa que nunca —dice—. ¿Vamos?

Afuera el día sigue desapacible. La calle Honduras, ancha, con árboles altísimos, es un corredor de pavimento húmedo en el que se reflejan las luces sombrías de los autos. La acompaño caminando hasta su nueva casa, donde hubo varios inconvenientes: se filtró agua de lluvia en uno de los cuartos, se estropeó la caldera. Ella prometió estar allí temprano para recibir a las personas encargadas de arreglar el estropicio pero llegamos tarde, justo cuando Hugo sale acarreando un calefactor.

—Están los electricistas, te mandé un mensaje —dice, y se va.

Ella me mira, seria. Susurra:

—Se cabreó.

Luego de permanecer catorce días en un cuarto del sótano, junto a la sala de torturas, la subieron al tercer piso, al sector llamado Capucha. Las ventanas estaban tapiadas. La luz artificial encendida a toda hora. Orinaban y defecaban en un balde. Cada tanto, llevaban a los prisioneros a los baños, donde no había puertas. Se duchaban ante la mirada de los guardias y, en el caso de las mujeres, bajo sus manoseos. Ella comía pan, a veces un «bife naval» («Todo ahí tenía denominación naval: *bife naval, aspirina naval, whisky naval*»). Se vestían con ropa del pañol, un sitio en el que los militares acumulaban todo lo robado de las casas allanadas, así que empezó a usar, todavía sin saberlo, ropa de mujeres muertas.

A las diez menos cuarto de la mañana llega un mensaje suyo para preguntarme si habíamos quedado a las diez y media o a las doce y media. Le digo que a las diez y media. No contesta. Le pongo un mensaje avisando que salgo hacia su casa porque, si no, no llego a tiempo. No responde. La llamo. No responde. Finalmente, cuando ya estoy en camino, envía un mensaje diciendo que tiene tiempo hasta las 12.45 (pero nos quedaremos hablando mucho rato más). Nunca confunde los horarios, salvo una vez, cuando llega una hora antes a mi casa. Sin embargo, un breve repaso: a lo largo del invierno austral de 2021 perdió dos veces los dos teléfonos celulares (uno argentino, el otro español; en una ocasión los encontró una chica y fueron a buscarlos al otro extremo de la ciudad; en la otra, Hugo los encontró en un bar); una vez se dejó las gafas en el asiento del taxi en el que viajábamos (las encontré y se las devolví); un día de mayo de 2022 no pudo abordar un vuelo a Estados Unidos por no revisar las condiciones de migración para ciudadanos europeos –tiene ciudadanía española, nunca usa su documentación argentina– y no completar el trámite ESTA, que deben hacer quienes no necesitan visa. En diciembre de 2022 dejó olvidado su teléfono argentino en el hotel de Montevideo en el que pasaron la noche con Hugo antes de tomar un vuelo a Madrid. Muy a menudo en España, cuando regresa de hacer las compras, descarga las bolsas en el estacionamiento, las deja junto a su camioneta, se distrae con cualquier cosa, las olvida y se va. Es usual que no encuentre las llaves del auto. Dos veces estuvo a punto de incendiar su departamento de Madrid. Una, cuando su hijo David era bebé: colocó los biberones en un recipiente con agua, encendió la hornalla, se fue de la casa con el niño, los biberones se derritieron y los vecinos, alertados por el humo negro, apagaron el fuego entrando por la ventana. Otra, mientras almorzaba con Jesús y unos amigos en un restaurante. Abrió el menú, leyó la palabra *coliflor* y gritó: «¡No! ¡El coliflor!». Dos horas antes había puesto un coliflor a hervir y no lo había apagado. Jesús llamó por teléfono a una vecina que dijo: «No se preocupe, ya vinieron los bomberos».

«Es muy despelotada», dice su hija, Vera. «Yo los llamo "momentos psicóticos". Se olvida cosas o no sabe encontrarlas. Las llaves del coche son un clásico. Yo me enervo. Mi hermano no. Un día me dijo: "Perdí el bolso, me lo olvidé en el banco". Le dije: "¿Cuánto tiempo tardaste en darte cuenta?". "Siete horas", me dijo. Le hace mucho ruido el cerebro.»

Cuando comentamos esos despistes, dice que siempre fue así. «Desde pequeña. Tampoco le vamos a echar a la ESMA la culpa de todo.» Hugo, impensadamente, tiene aspectos parecidos.

Esta mañana el sol entra a chorros por la ventana del living, y esa irradiación de luz indiferente la baña cuando abre la puerta y la envuelve en un aura tranquila, un poco flotante. Usa una camiseta color azul petróleo y, por encima, la camisa leñadora, jeans, zapatillas. Monkey se pasea entre sus piernas.

–Pasa, pasa. Ven, vamos a esta habitación.

Hoy se varía: vamos al cuarto de invitados, con barbijos y la ventana convenientemente abierta. Su computadora está sobre una mesa pequeña junto a la cama, que ocupa gran parte del espacio. Me muestra un libro que le regalaron, *Diario de una princesa montonera*, de Mariana Eva Pérez. Muchas personas de su entorno le recomiendan o regalan libros como este acerca de la violencia de los años setenta. Me pregunto si eso responde a que notan en ella gran interés en el asunto (conmigo insiste en que está harta, aunque desvía la conversación hacia ese tema incluso cuando estamos hablando de otra cosa), y también si yo sería capaz de regalarle un libro sobre un campo de concentración a alguien que ha salido de un campo de concentración.

—Mira lo que dice aquí —dice, divertida, y lee en voz alta una frase de Martín Kohan impresa en la contratapa—. «Algún día nos reiremos de algún chiste sobre la cuenta de luz de la ESMA. Ese día nuestra memoria habrá pasado a otro nivel, a otra frecuencia, a otra etapa de la verdad.» Me gustó mucho esto de pasar a otro escenario donde se pueda tener humor negro y reírse de la cuenta de electricidad de la ESMA.

Se sienta sobre la cama con las piernas recogidas, una actitud que podría ser la de una adolescente que se encuentra con una amiga antes de ir a un recital.

—Eso era algo que ahí dentro, parece mentira, pasaba. Nos reíamos de nosotras mismas. Que estando en esa situación quisiéramos tener una pinza de depilar. Cuqui Carazo, Mercedes Carazo, que es la jefa montonera que me salvó, contaba que cuando la estaban desnudando para torturarla pensaba: «Ay, Dios mío, no estoy depilada».

La miro. Veo esto: alguien a quien nunca le ha pasado nada que no sea viajar, comer con amigos, tumbarse al sol, vivir bajo el cielo azul iridiscente de Madrid, leer a Marguerite Yourcenar, a Javier Marías, a Salvador Pániker, a George Steiner, a Doris Lessing, a Rafael Chirbes, a Octavio Paz, a Albert Camus, a Jorge Semprún, a José Saramago.

—Yo siempre le digo a Cuqui, y a todo el que me quiera oír: media vida se la debo a ella. Cuqui estaba en un camarote, frente a mi cucheta. Y cuando a ella la empezaron a bajar al sótano, a hacer trabajo esclavo junto con otros, dijo que iba a tratar de conseguir que me bajaran a trabajar con ella. ¿Sabes quién es Mercedes Carazo, Cuqui?

—Lucy.

—Sí. Lucy. La gran jefa montonera.

Entonces, a lo largo de cierto tiempo, nos dedicamos a reconstruir las cosas que pasaron, y las cosas que tuvieron que pasar para que esas cosas pasaran, y las cosas que dejaron de pasar porque pasaron esas cosas. Al terminar e irme, me pregunto cómo queda ella cuando el ruido de la conversación se acaba. Siempre me respondo lo mismo: «Está con el gato, pronto llegará Hugo». Cada vez que vuelvo a encontrarla no parece desolada sino repleta de determinación: «Voy a hacer esto, y lo voy a hacer contigo». Jamás le pregunto por qué.

Cuqui Carazo lleva el pelo lacio muy oscuro. Tiene casi ochenta años. Se acerca excesivamente a la pantalla porque el micrófono de su computadora funciona mal, y como está rodeada de libros –libros sobre el escritorio, libros en el mueble que hay detrás, libros a un lado y otro del teclado–, la posición encorvada que adopta parece consecuencia de un aplastamiento inminente. Está en Pueblo Nuevo, Lima, donde vive desde los ochenta. Es gestora de investigación, desarrollo e innovación en el Programa de Mejora de la Educación Superior y Técnica del Gobierno de Perú.

—Mi deporte favorito es hablar. Yo cuento, tú interrumpes.

En 2021 estuvo unos días en Madrid pero no pudo encontrarse con Silvia Labayru, cuyo paso por esa ciudad suele ser el del visitante que intenta resolver en quince días lo que no pudo resolver en meses: cuestiones laborales, asuntos con los inquilinos, trámites bancarios.

—Yo siento que ahora no hablamos tan seguido. Pero me da la sensación de que ella está rehaciendo su historia, recomponiendo una relación, y que a lo mejor no quiere que yo le haga alguna pregunta. No estoy resentida. Pero la extraño. A veces no me explico por qué nunca encuentra los quince minutos para que conversemos. O para que me mande un WhatsApp con una estupidez. Aunque tantas veces me ha dicho que la persona con la que está es el hombre de su vida que a lo mejor no me lo quiere volver a decir –dice y se ríe un poco, vengándose con burla de tanta distancia.

Aparta con cuidado a una nieta pequeña que se acerca a juguetear con su pelo, extrañamente oscuro. La viva imagen de una abuela paciente.

Silvia Labayru permanecía en su camarote. El futuro inmediato era un pasadizo a ninguna parte. Suponía que los militares estaban interesados en su embarazo, pero no podía darlo por sentado. Suponía, además, que aun si llegaba viva al parto iban a matarla después. Entre los prisioneros había una mujer de treinta y cuatro años que discutía a gritos de política con los marinos y con el Tigre Acosta, el hombre que estaba al mando del centro clandestino. La primera vez que esa mujer vio a Silvia Labayru fue en enero de 1977. Le preguntó quién era, qué hacía. Ella dijo «servicio de inteligencia», «montoneros», «embarazo de cinco meses». A la mujer de treinta y cuatro años los marinos le habían ordenado que escribiera una historia de las FAR, las Fuerzas Armadas Revolucionarias, una agrupación que se había unificado con Montoneros en 1973 y a la que esa mujer había pertenecido originalmente. Dijo que para hacerlo necesitaba consultar documentación. Le dieron acceso al sitio donde se guardaban los documentos secuestrados a los militantes. Allí también había periódicos extranjeros. La mujer hablaba italiano, inglés, podía leer francés, pero mintió: «Qué mala imagen que estamos teniendo en el exterior. Habría que leer todos estos artículos y traducirlos. Yo no puedo hacerlo, pero acá hay gente que sabe leer inglés y francés y puede traducirlos para ustedes». Ella, la chica embarazada, casi adolescente, le había dicho que sabía hablar ambos idiomas. El inglés lo había aprendido en Norteamérica. El francés, en el Colegio. La mujer de treinta y cuatro años era Cuqui Carazo.

Mercedes Inés Carazo, Cuqui, alias Lucy, licenciada en Física. Su tesis de grado versaba sobre la circulación oceánica profunda. Estaba en pareja con Marcelo Kurlat, alias Ramón, alias Monra, también militante de Montoneros, con quien tenía una hija, Mariana. Su grado era el de oficial mayor, la montonera de más alto rango de la guerrilla latinoamericana. Una pieza dorada. La secuestraron el 21 de octubre de 1976, sola, seca, sin hija ni marido. La torturó el mismo hombre que torturaría dos meses después a Silvia Labayru, Francis William Whamond, el Duque. A lo largo de casi todo noviembre la mantuvieron encerrada en un cuarto contiguo a la sala de tortura. En diciembre de 1976, un operativo militar comandado por Antonio Pernías cercó a su marido y otros militantes. La hija de ambos, Mariana Kurlat, que tenía diez años y estaba con él, fue retirada de la casa por un pacto que hizo su padre. El encargado de retirarla fue Antonio Pernías durante un intervalo del tiroteo, que reemprendieron apenas la niña fue puesta a salvo. Kurlat resultó herido, después murió. Mariana vio todo, la llevaron un tiempo a la ESMA y luego fue entregada a sus abuelos maternos.

–El diálogo de los militares conmigo era raro, distinto –dice Cuqui Carazo–. Ellos eran tan milicos que reconocían los grados, y yo tenía grado. Yo no podía hacer nada por mi hija. Solo sabía que estaba con mis padres. Y Silvina era la más hija posible de todas las personas que estaban ahí. Era maravilloso tener una relación de confianza, porque uno no les tenía confianza a los compañeros detenidos, muchos de ellos te habían marcado o estaban cantando, entregando gente. Uno tenía que estar en guardia con todo el mundo. Pero ante la situación de fragilidad de una niña de veinte años que iba a parir, la sensación de estar a la defensiva desaparecía y lo único que uno sentía era la necesidad de apapacharla. Tenía alguien a quien cuidar. Y eso ella me lo agradecerá a mí, pero yo se lo agradezco a ella, infinitamente. Era una razón para estar viva.

En el departamento de Jorge Newbery, Betty, la madre de Silvia Labayru, hacía cosas de persona enloquecida. Cada vez que veía en el edificio a uno de sus vecinos militares, vociferaba: «¡Asesinos, hijos de puta, ustedes mataron a mi hija!». Pancho entendió que todo iba a terminar mal y se la llevó a vivir a Pocitos, un barrio de Montevideo, Uruguay. Antes de irse, Betty regaló todas las pertenencias –ropa, libros, mochila de campamento– de aquella chica a la que, daba por sentado, no vería nunca más.

Cuqui Carazo logró que la llevaran al sótano, donde se obligaba a los secuestrados a procesar información y elaborar documentos falsos. Allí, Silvia Labayru empezó a traducir del francés y del inglés mientras escuchaba los gritos provenientes de la sala de tortura, ubicada a pocos metros. Debía simular que le importaba poco. El proceso de recuperación contemplaba cosas como esas: mostrarse impávida ante la tortura o la muerte de los compañeros. Cualquier signo de inquietud podía ser una señal de que el retorcido gen montonero seguía vivo. A veces, llegaban oficiales a visitar las instalaciones. Uno de ellos fue el primo hermano de su padre, Alberto Manfrino. Se lo topó en el sótano. Él no dijo nada. Ella tampoco. «No sabías qué era mejor o peor, si decir, no decir.» (Era un primo al que su padre quería mucho y, años después, ella asistió a varias reuniones familiares en las que Manfrino estaba presente y se vanagloriaba de haber hecho esfuerzos para sacarla de la ESMA.) Si a casi todos los que estaban haciendo trabajos en el sótano les habían permitido hablar con familiares, a ella no. Acosta ni siquiera la miraba. Un día pasó a su lado y le dijo: «A tu padre lo vamos a chupar».

–Mi padre supuestamente era un traidor, un militar que sabía que yo era montonera y no me había denunciado. Con lo cual estaba segura de que, una vez que naciera Vera, me iban a matar.

En enero de 1977 los militares aún querían saber dónde estaba Cristina Lennie. Para averiguarlo no se fijaron en gastos.

«Causa número 13/84, Caso número 490, Zucarinno de Lennie, Nilva Berta: Está probado que el día 16 de enero de 1977, en horas de la madrugada, Nilva Berta Zucarinno de Lennie fue privada de su libertad en su domicilio sito en la localidad bonaerense de City Bell, junto con su cónyuge e hija, por personal de la Escuela de Mecánica de la Armada [...]. Se considera, a los efectos de esta última afirmación, lo que manifestó Silvia Labayrú de Lennie, mediante declaración prestada vía exhorto diplomático [...]. Relató esta testigo su encuentro en el interior de la Escuela de Mecánica de la Armada con sus familiares también cautivos allí, coincidiendo en cuanto a las motivaciones del secuestro, es decir, la averiguación del paradero de María Cristina Lennie [...]. No se ha comprobado que en ocasión de su cautiverio fuera sometida a algún mecanismo de tortura, aun cuando se desprenda de sus dichos que su hija fue sometida a tortura delante de ella y de su cónyuge, y los de Silvia Labayrú de Lennie quien expresó que estuvo junto a sus suegros sentados y encapuchados oyendo los gritos que daba Sandra Lennie mientras era objeto de torturas con el propósito de obtener información sobre María Cristina Lennie.»

El 17 de enero de 1977, Silvia Labayru vislumbró, por debajo de la venda con que la cegaban, un vestido que conocía, un traje que también. Eran Berta y Santiago Lennie, sus suegros. Pensó: «No puede ser, no puede ser, ¿qué hacen acá?». Pidió a uno de los guardias que en la siguiente fila para ir al baño la dejara formarse cerca de «una señora». El guardia accedió. Ella se ubicó detrás de Berta Lennie, las dos encapuchadas. Susurró: «Soy Silvina», le tomó una mano y la colocó sobre el embarazo. Berta Lennie tuvo un vahído. Los militares la habían secuestrado el día anterior junto a su esposo, Santiago, y Sandra, su hija de diecisiete años, de la casa de City Bell.

Cuando a la desaparición de su mujer embarazada le siguió la de casi toda su familia, Alberto Lennie se transformó en otra persona: en alguien que solo existía en el inframundo. A la capa previa de clandestinidad que implicaba militar en Montoneros, le sumó otras, a cuál más opaca. Cambió de nombre, de oficio (empezó a trabajar como obrero en la fábrica de grifería FV, un enmascaramiento necesario), se fue a vivir a una casa de los montoneros con otros militantes y, seguro de que su mujer, sus padres y su hermana de diecisiete años estaban muertos, no se hacía preguntas. Ya no pensaba «no puede ser» sino «los voy a matar a todos».

–Justo antes de que la secuestraran a Silvina, yo tenía que participar de una operación militar. Gente armada, por supuesto. Tenía un rol muy activo en esa operación. Teníamos que ejecutar a alguien. Y me quedé dormido. Llegué diez minutos tarde a la cita. Cuando alguien no llegaba, se daba por hecho que a esa persona la habían secuestrado y había que levantar el operativo. E hicieron eso. Lo que me produjo una situación muy complicada. Los montos me hicieron un juicio revolucionario porque era como una deserción en combate. El juicio se hizo después del secuestro de Silvina. Para entonces, ya tenía a mi viejo, a mi vieja y a mi hermana menor, todos desaparecidos. Entonces les dije: «Miren, ¿que ustedes pueden matar y yo no? Sí. ¿Pero mejores militantes que yo? Ni puta madre. No quiero irme, no puedo irme. Si toda mi familia perdió, no tengo salida: o me hacen boleta, me matan ustedes, o me hacen boleta los milicos». No me mataron, me permitieron seguir participando y lo hice, en operaciones militares y no militares, pero pedí que no me metieran a ejecutar a alguien. No tenía problema en agarrarme a tiros con la cana, que me mataran o matar. Otra cosa era ir y matar a alguien así, ejecutado. ¿Por qué te cuento esto? Porque trabajaba diez horas en la fábrica de

FV, hacía relevamientos, seguimientos, iba a buscar armas, vivía en un arsenal. No había nada que pensar, nada que discutir. Yo me había transformado en eso. Pensaba: «Los voy a matar a todos». Y eso no cambió hasta que papá me dijo: «Silvia está viva y está embarazada».

Los militares llevaron a Sandra Lennie, de diecisiete años, a la sala de tortura. Obligaron a sus padres, Berta y Santiago, y a Silvia Labayru, su cuñada, a permanecer afuera. Ninguno de los tres podía ver, pero sí escuchar los gritos. «Los pobres viejos lloraban, y yo los agarraba de la mano. Qué otra cosa podía hacer. Qué podía hacer.»

Santiago y Berta Lennie permanecieron en la ESMA durante un mes. El 9 de febrero de 1977 fueron liberados por la presión que ejerció el frigorífico alemán en el que Santiago Lennie trabajaba. Sandra, la hija, se quedó. Como garantía de que sus padres no iban a hablar y como prenda de cambio: si en treinta días no lograban que Cristina Lennie se entregara, la iban a matar a ella.

—Teníamos un código con el viejo —dice Alberto Lennie—. Publicábamos un aviso en la sección inmobiliaria del diario *La Nación*. Había dos o tres lugares pautados para encontrarnos. Poníamos: «Vendo local en Rivadavia esquina tal, llamar para tener cita a las 17 horas, Santiago». Eso quería decir que a las 17 horas del día siguiente había que encontrarse en tal lugar. Papá salió de la ESMA y puso el anuncio. Cristina y yo nos enteramos de que estaba vivo por el anuncio.

El anuncio señalaba un encuentro en la confitería Las Violetas, en el barrio de Almagro. Y podía ser una trampa.

—Lo pensé. Pero si papá me había entregado... bueno, listo, no había problema. Era papá. Así que Cristina y yo fuimos a esa cita. Pero le hicimos seguimiento y contraseguimiento, porque el problema era que a papá lo siguieran. Fue solo. Nos dijo que mamá estaba bien y que a Sandra la habían largado, que no la íbamos a ver porque se había ido a la provincia de Entre Ríos con su novio. Nosotros no sabíamos, pero le habían dado treinta días para que entregara a mi hermana Cristina a cambio de Sandra. Y mi viejo había puesto en marcha cuanto artefacto político, ideológico y económico tenía a su alrededor para sacar a Sandra de la ESMA antes de los treinta días, y no encontrarse ante la disyuntiva de tener que entregar a otra hija. Si mi viejo me contaba que estaba haciendo eso para sacar a Sandra, y yo se lo contaba a alguien, y esa persona caía y cantaba, era posible que la mataran.

Para sostener ese dominó macabro de fichas que podían arrastrar otras, Santiago Lennie tampoco le contó a su hijo, ni a Jorge Labayru, que Silvia estaba viva y que el embarazo seguía adelante.

Protegida por Cuqui Carazo y poco después también por Martín Gras, un alto jefe montonero al que habían secuestrado en enero de 1977 (ambos, junto con otros detenidos como Juan Gasparini, aprovechando las ambiciones presidenciales del almirante Massera empezarían a poner en marcha un plan para disuadir a los marinos de que la salida era política, no represiva, para, de esa forma, aminorar los secuestros y las muertes), Silvia Labayru inició una estrategia y desplegó un personaje verosímil. Criada entre dos adultos que se daban dentelladas, con una madre que le contaba sus abortos, era una chica con rodaje y poca candidez. El rol que construyó tenía algo de verdad y mucho de invento: la niña inocente que había entrado a Montoneros un poco por romanticismo y otro poco por el trauma que le había producido el divorcio de sus padres (y todo eso era mentira), y la chica descendiente de linaje militar, educada, femenina, viajera, culta (y todo eso era verdad).

—No hay mejor mentira que una verdad a medias. Yo me dije: «¿Qué puedo vender?». La idea de una chica de familia militar, rubia y de ojos azules, que había viajado mucho por

Europa, cuyos padres se habían divorciado y entonces estaba muy solita y se había dejado llevar por el ambiente del Colegio donde todos eran militantes y mira dónde terminó, pobrecita. Patrañas. Pero funcionó. Con el tiempo, incluso hacía chistes. Cuando pasaban algunos jefes yo decía: «Es que a mí, si salgo de aquí, no me agarran ni para la lucha contra el cáncer». Ese causó sensación.

Amparada en su personaje ingenuo, le preguntaba a su responsable, Antonio Pernías, qué iban a hacer con Sandra Lennie: «Qué van a hacer, no tienen que olvidarse de esa chica». Había otro oficial, rubio, de ojos azules, rugbier, famoso por la calidad de su *tackle*: tomaba a los secuestrados por detrás y así impedía que tragaran el cianuro. La novia de ese oficial, Patricia Nicotra, era hija de un compañero de la Fuerza Aérea del padre de Silvia Labayru. Uno de los amigos de ese oficial, Gustavo Palazuelos, era hermano de Luki Palazuelos, la mejor amiga de la infancia de Silvia Labayru. El oficial tenía veinticinco años y se llamaba Alfredo Astiz. Conocido como el Rubio, conocido como Gustavo Niño, conocido como el hombre cuya infiltración en un grupo de familiares de desaparecidos terminó con la vida de, entre otras personas, tres Madres de Plaza de Mayo y dos monjas francesas. Ese oficial empezó a acercarse a ella.

—Yo no viví esa situación de acoso que vivió Silvia, pero me di cuenta de que existía –dice Cuqui Carazo–. Conmigo no se metían porque tenía el rango que me protegía. Pero me daba cuenta de que existía y era un tema que no se hablaba. Los compañeros hombres lo vetaban. Silvia se sentía especialmente sola. La relación con el Rubio, con Astiz, era muy conocida, muy manoseada. No se hablaba de lo que pasaba con González. De eso se habló bastante después. Pero el tema del Rubio me parece que era diferente. Él tenía una relación con Silvina de adoración. Dentro de su cuadratura mental, era menos peligroso que otros. Creo que González era más jorobado en ese sentido.

Sea por los contactos que movió Santiago Lennie, por los pedidos de Silvia Labayru desde la ESMA, por una conjunción de esas cosas o por arbitrariedad –garantiza el pavor infinito–, Sandra Lennie salió de la ESMA el 3 de marzo de 1977. Santiago Lennie volvió a encontrarse con su hijo, le dijo que Sandra estaba bien, y que su mujer estaba viva y seguía embarazada.

A Jorge Labayru nadie le avisó nada.

–Yo quedé como: «¿Qué está pasando? ¿Estaban todos muertos y ahora están todos vivos?» –dice Alberto Lennie.

Cuando se cita a sí mismo en aquel entonces, sus frases suenan a las que pudo haber dicho un joven lleno de luz y dolor, herido y broncíneo, azotado por el deseo de una mujer y los vientos de la historia.

–Lo primero que le dije a mi viejo fue: «Si está viva, es una traidora, no quiero saber nada». Un prisionero no sigue vivo en manos del enemigo si no entregó lo suficiente. Volví a la casa donde estaba guardado y le dije a Daniel, que era mi responsable: «Salió mi viejo, salió mi vieja, salió mi hermana menor, Mora está viva y sigue embarazada. El riesgo de que me maten es excesivamente alto y voy a dejar huérfana a mi hija. Una cagada. Pero, además, perdí la convicción. No creo que vayamos a ganar, creo que nos van a hacer mierda. Quiero irme». Y, propio de una situación de esa naturaleza, me dan la orden de ir a poner un caño, un explosivo. Después de eso, me podía ir. Le dije: «Lo voy a hacer, no voy a desertar, pero que sepas que me parece una cagada». Recorrí media ciudad con el caño, llegué al lugar, le pregunté al portero: «¿En el segundo piso vive fulanito?». «No, se mudó hace tres semanas.» «Muy bien, gracias.» Me fui con mi cañito de vuelta a lo de Daniel. Y le dije: «Esto fue lo último, tomá la bolsita, tomá el arma. Nunca más». Y me dice: «¿Pero cómo traés el caño, cómo no lo dejaste ahí?». Y le dije: «Esto era para fulanito de tal, que es un hijo de puta porque formó parte de la red de chivatazos de Ford, hasta ahí llegamos. ¿Pero dejárselo al vecino? ¿Estás loco?». Me dice: «Es un barrio de burgueses de mierda». Y le dije: «Sos un pelotudo. A una cuadra y media vive mi tía, yo estuve parando ahí». Bueno, discusión. Hasta que le dije: «Mirá, no soy fiable, no tengo convicción, si me pasa algo no voy a cantar a nadie, pero tampoco voy a hacer nada más». Y me fui. Le mandé una cita a papá. Nos encontramos y le dije: «Perdoname por la pelotudez que dije la vez pasada, que Silvina es una traidora. Me voy a ir del país».

Tres o cuatro días más tarde partió hacia Montevideo. Después siguió hasta San Pablo, Brasil, una ciudad en la que ya estaban su hermana Silvia y su pareja, un hombre llamado Carlos Bruno. Al cruzar la frontera entre los dos países, tiró la pastilla de cianuro.

Le pregunto si tiene fotos, cartas. Tiene. Un montón. Las va a buscar para mostrármelas la semana entrante, cuando hablemos de nuevo.

–Chau, Leilita, chau, cielo, nos vemos.

Al rato, envía un mensaje: «Querida Leila, después de nuestra larga e intensa charla he quedado conmovido, temblando. Este tipo de diálogos solo los he mantenido con muy poca gente, íntima y amada para mí». Significa que muchos de sus amigos y colegas no tienen la menor idea de lo que pasó. De lo que le pasó.

La llamada se produjo el 14 de marzo de 1977, cuando el embarazo había alcanzado los ocho meses.

Un guardia le comunicó a Silvia Labayru: «El Tigre Acosta te quiere ver». La llevaron hasta la oficina de Acosta, que la esperaba detrás de un escritorio sobre el cual había un teléfono. «Ahora vamos a hablar con tu padre», le dijo. «Primero voy a hablar yo y después vos. No podés decir dónde estás.» Marcó un número. Esperó. Jorge Labayru, al otro lado, levantó el auricular y dijo: «Hola». Acosta preguntó: «¿Señor Labayru?». Jorge Labayru dijo: «Sí». Y Acosta: «Le quiero hablar de su hija».

A lo largo de tres meses, Jorge Labayru se había hecho a la idea de que su hija estaba muerta, igual que el hijo o hija que portaba en el vientre, y estaba seguro de que esa muerte era consecuencia de su militancia en Montoneros. Creyó que quienes lo llamaban eran ellos para ¿dar algún mensaje, pedirle algo? Sentía un odio ciclópeo por esa organización, y al escuchar la voz del hombre gritó como un animal: «¡Ustedes, montoneros hijos de puta, son los responsables morales de la muerte de mi hija! ¡Vengan que los voy a cagar a tiros, montoneros de mierda! ¡Soy anticomunista, antiperonista y antimontonero, hijos de puta, hijos de puta!».

Acosta colgó. Silvia Labayru pensó: «Es el fin». El marino la miró, desconcertado.

—Pensé: «La cagué. ¿Qué habrá dicho mi padre para que este tipo cuelgue?». Fueron instantes, pero dije: «Se acabó». El tipo se había puesto pálido.

«¿Entonces tu padre es uno de los nuestros?», preguntó Acosta. Ella no entendió, pero, aunque hubiera entendido, no habría dicho nada: cualquier gesto, cualquier reacción podía fulminarla. «Tu padre me acaba de decir que es anticomunista, antimontonero, antiperonista. ¿Entonces es uno de los nuestros?» Ella siguió muda. «Ahora voy a llamar de nuevo», dijo Acosta. «Vas a hablar vos, sin decirle dónde estás. Le vas a decir que cuando el bebé nazca se lo vamos a entregar.» Volvió a marcar el número y le pasó el teléfono. Una vez más, Jorge Labayru atendió. Antes de que él pudiera decir nada, ella dijo: «Hola, papá».

Después de tres meses en los que había estado muerta: «Hola, papá».

—Yo apenas podía hablar. Tenía un hilito de voz. No me salía.

«Hija, hija, ¿cómo estás, cómo estás?», preguntó Jorge Labayru. «Papá, estoy bien, estoy bien. Dentro de unos días va a nacer mi hijo y te lo vamos a entregar. Papá, no podés hablar de esto con nadie, no podés decir que te llamé.» «No, no, no. ¿Qué tengo que hacer?» «Te van a llamar cuando haya nacido para indicarles todo.» Jorge Labayru dijo: «Bueno, hija, bueno». Y ella: «Bueno, papá, te mando un beso». Y colgó.

–¿Cómo supo exactamente las palabras que debía decir para ayudarme, para ayudarme a vivir?

¿Qué habrá sentido él, al otro lado? «Te mando un beso» podía ser, también, el beso del final. La última voz.

Desde esa llamada de 1977, cada 14 de marzo Jorge Labayru llamó a su hija por teléfono y, si él estaba en Madrid, cenaban juntos. Era una celebración excelsa, el día de la resurrección. Quizás no solo de ella sino de los dos.

Lo primero que hizo al saber que su hija estaba viva y seguía embarazada fue avisar a Santiago y Berta Lennie, sus consuegros. Pero sus consuegros, claro, ya sabían.

Énfasis en la palabra *pero*.

Mientras escribo esto, hacia comienzos de 2023, me doy cuenta de algo en lo que no había reparado.

Sandra Lennie fue liberada el 3 de marzo de 1977. Jorge Labayru supo recién el 14 de marzo de 1977, por la llamada de Acosta, que su hija estaba viva.

Entre una cosa y otra hay una ventana de once días.

Eso significa que, durante casi dos semanas, los Lennie, aun cuando ya se había cumplido el objetivo de la liberación de Sandra y, por tanto, nada les impedía decírselo a Jorge Labayru, ocultaron –no sé cuál es el verbo adecuado– la información de que su hija estaba viva y, además, embarazada.

¿Por qué?

Cuando me doy cuenta de eso, Silvia Labayru está de viaje con Hugo Dvoskin entre España, Francia y Austria, con Vera y su nieto Duncan en los Pirineos, después con David y su novia, Claudia, en Austria. Aunque le he enviado un par de consultas durante el mes de enero –una o dos fechas que me faltaban y precisiones acerca de una circunstancia confusa relacionada con la entrega de su hija–, esto es demasiado grande. No quiero preguntarle algo así en medio de sus vacaciones. Pero el 1 de febrero de 2023, cuando faltan pocos días para que regrese y esa pieza de información empieza a resultar demasiado relevante, le mando un mensaje (la excusa periodística da impunidad incluso para cosas como estas) preguntándole si sabe por qué los Lennie no le dijeron nada a su padre durante esos once días. Responde desde Madrid. La escucho tensa y cansada. Todo está saliendo muy bien, asegura, pero esta vez Madrid le ha pegado más duro (el desarraigo, el hecho de que David, ya egresado de Berklee, esté viviendo allí). El exceso de movimiento la desgasta, no ve la hora «de llegar a casa», donde *casa* es Buenos Aires, y eso es una novedad porque, hasta ahora, nunca había llamado «casa» a ningún sitio: decía «mi casa en Madrid» y «mi casa en Buenos Aires». Después de contarme sus ajetreos de las últimas semanas –notarías, reuniones de trabajo, un viaje a Sigüenza para pernoctar en un castillo que forma parte de la red de paradores de España, regalo de Reyes de David–, dice: «Lo otro, vaya pregunta». Lo que sigue es asombroso. En su tono se mezclan cierta estupefacción –que podría estar producida por un descubrimiento desagradable–, la resonancia de una ira sin cicatrizar –que podría estar producida por preguntas viejas que recuperan su velocidad– y una muy genuina y franca sorpresa: «La verdad es que me había olvidado de las fechas. Lo que tenía en la cabeza era esto de que los Lennie estuvieron todo el tiempo, desde que salieron hasta que salió Sandra, sin decirle a mi padre que ellos sabían que yo estaba viva, lo cual siempre ha sido como una espina clavada. Esas cosas que no se entienden, o que se entienden desde la lógica del miedo. Y este vacío que tú... je... has detectado...».

¿Que he detectado? ¿Ella no lo había advertido? ¿O sí, y esperaba que yo no lo detectara?

«... desde que liberan a Sandra hasta que el 14 de marzo mi padre se desayuna con esa llamada de que yo estoy viva... ¿Por qué no se lo dijeron? Mi respuesta es: no sé. La verdad, no lo sé. Quiero decir... quiero dar la misma respuesta: seguramente por miedo, miedo a que los volvieran a secuestrar, a qué sé yo qué. Cuál era el asunto, no lo sé. La respuesta más simple y de algún modo más... no sé, más simple, dejémoslo así, es que siguieron teniendo miedo. No sé hasta cuándo iban a estar sin decirle a mi padre nada. Así fueron las cosas. De duras y de, a veces, incomprensibles, y a veces solo comprensibles desde la lógica del miedo. Hay un vacío ahí que... al menos yo no te puedo contestar. Te mando un besito, viene una amiga a despedirse.» Antes del final de la grabación, el tono cambia, se llena de entusiasmo, escucho que saluda a alguien diciendo: «¡Blan...!». ¿Blanca? No tengo idea.

Aunque pasaron los años, y las dos familias hicieron mucho para lograr cierta concordia, ese ruido de fondo –los Lennie no avisaron a los Labayru que Silvia estaba viva– nunca se borró del todo.

El día del parto, Silvia Labayru estaba mirando una película que proyectaban en la ESMA (suena grotesco y lo es: los marinos escogían a ciertos prisioneros y miraban películas con ellos), sentada junto a Alfredo Astiz.

–Y de pronto dije: «Me hice pis. Me pasó algo».

No era pis sino líquido amniótico, pero ella no tenía idea del proceso.

–No sabía qué era romper aguas. Tenía fecha para el 5 de abril, esa fecha había pasado hacía rato, jamás me había visto un médico desde que me secuestraron. Ellos se dieron cuenta de que estaba de parto. Bajaron al enfermero y me llevaron al mismo cuartito donde me habían dado máquina. Luego me llevaron arriba, a un cuarto que está junto a los baños. Ahí estaba Cuqui, pero ella tampoco tenía ni puta idea.

Había pedido que en el parto estuvieran Cuqui Carazo, una mujer llamada Norma Susana Burgos –por entonces su compañera de celda, viuda del dirigente montonero Carlos Caride– y Antonio Pernías, su responsable.

–Pensaba que, si estaba él y me pasaba algo, era más factible que me llevaran a un hospital. Me metieron a un cuartito, me subieron arriba de la mesa, y ahí mismo. A parir.

Era 28 de abril de 1977.

Hola, mi muerte, pudo haber dicho.

Y pujó.

El parto fue asistido por el jefe de ginecología del Hospital Naval, Jorge Luis Magnacco, que atendió en la ESMA muchos nacimientos de niños que, en su mayoría, no fueron entregados a sus familias de origen (se encuentra detenido con una condena a quince años). Alguien le había dicho que la parturienta era la hija del general Labayru. No lo era. Sin embargo, el equívoco alcanzó para que el médico tuviera, según ella, un «comportamiento correcto» (usa la misma expresión para referirse al comportamiento de Pernías durante el parto: *tuvo un comportamiento correcto*). Pero el bebé no asomaba y Magnacco anunció que iba a usar fórceps.

—Escuché la palabra *fórceps* y empujé. Era como si yo hubiera estado poseída por una misión.

La misión era Vera. Nació sin fórceps. Pesó cuatro kilos y setecientos gramos.

Las dejaron ahí, en ese cuarto. Al día siguiente, le llevaron, a la madre primeriza, un ramo de rosas.

Los guardias hacían bromas tiernas: que le iban a hacer una capuchita blanca para taparle la cabeza cuando la sacaran en libertad, unos grilletes chiquititos. Vera fue el segundo bebé nacido en la ESMA. El primero, Federico, hijo de Marta Álvarez, había nacido en marzo (en rigor, había nacido en un hospital porque el parto venía complicado) y aún estaba allí, con su madre. Vera, en cambio, no iba a permanecer mucho tiempo, de modo que no permitieron que la amamantara. Los pechos empezaron a rebosar leche y a doler.

—Yo no sabía nada de la maternidad. Me dijeron que no le

podía dar de mamar. Pero a nadie se le ocurrió que la leche había que sacarla y me chorreaba. Tuve una mastitis brutal. Ese dolor era una cosa tremebunda. Y aquello se infectó. Fue un desastre. Cuando nació David, estaba obsesionada con poder darle de mamar, pero se ve que los pechos estaban estragados por la tortura, por la mastitis, y se me volvieron a infectar y no pude. Así que muchos años después dije: «Mira lo que me hicieron, mira lo que me hicieron».

Vera permaneció en la ESMA una semana, quizás un poco más. Como la habitación del parto estaba junto a los baños, cuando la fila de secuestrados se dirigía hacia allí se escuchaba el ruido a metal de los grilletes.

—Y Vera se estremecía. Yo, en vez de querer tenerla, decía: «¿Cuándo se la llevarán de aquí?». No había querido establecer un vínculo emocional con el embarazo porque la amenaza estaba rondando: ¿se la iban a dar a mi familia o la iban a robar? Y, después de eso, venía la parte en que me mataban a mí. Yo me decía: «Me van a matar a mí, pero ella a lo mejor vive». La idea era que ella saliera. Entonces había una... me cuesta decirlo... desafectivización. Yo no quería encariñarme con ella.

Se dice así: no quería quererla.

—Desde el momento en que nació Vera, empecé a decir que, así como a mi hija Mariana se la habían dado a los abuelos, a Vera había que entregársela a sus abuelos —dice Cuqui Carazo—. El tema era sacarla de ahí. Me acuerdo que yo entregué a la nena. Fue en una calle. Creo que cerca de donde vivían, del Hospital Militar. Bajé con la niña y la entregué a la madre de Silvia, que me miraba con odio, con cara de «¿este bicho quién será?». Agarró a la nena y se alejó lo más rápido posible de mí.

—¿Silvia no fue a entregarla?

—No. Silvia no se iba a poder contener, iba a hacer un escándalo en plena vía pública. En cambio yo entregué a la niña muy disciplinadamente. Ni siquiera sé si dije: «Se llama Vera».

Lo que quería era que la señora se fuera rápido con Vera y todos nos fuéramos de una vez. La sensación era: «Nosotras no sabemos, pero la niña está a salvo».

—¿La entregaste con un moisés, algo de ropa?

—Moisés no. Creo que con una bolsa de plástico donde había algunas cosas.

La escucho hablar sin respiro, con seguridad pasmosa. A veces va más lejos, pero nunca va distinto. Y lo que dice Silvia Labayru acerca de la entrega de Vera no coincide con lo que dice Cuqui Carazo.

Jorge Labayru no le avisó de inmediato a Betty que Silvia estaba viva. Creía que su exmujer era capaz de montar un escándalo y eso podía afectar la suerte de la hija de ambos. Cuando al fin se lo contaron, Betty se encolerizó por el ocultamiento pero fue la persona escogida por los militares para recibir a Vera.

La serie está descolorida. Aunque más correcto sería decir que las cinco fotos que se conservan del momento inmediatamente anterior a la entrega de Vera, tomadas dentro de la ESMA (y que Silvia Labayru guarda en un álbum familiar que tiene en Madrid), están viradas hacia ese color naranja añejo que es una forma del tiempo. En dos de ellas solo se ve a la beba envuelta en una pañoleta blanca de punto abierto. Detrás, un escritorio y una máquina de escribir. La estúpida burocracia de ese mobiliario produce un efecto inverso: parece el zarpazo apenas contenido de un ataque inminente. En otra se ve solo la cabeza de Cuqui Carazo en una toma cenital, el pelo negro, largo, Vera en la falda. Las restantes son fotos de Silvia Labayru sosteniendo a su hija, contemplándola. En una está de perfil, el pelo cobrizo abundante, una sonrisa indescifrable. En segundo plano se ven un escritorio, un cajón con candado, carpetas y papeles, un portalápices, un tarro de algo que parece esmalte acrílico. En la última está sentada en una butaca de cuero, con un jumper gris abotonado por delante, un suéter o una remera oscura de mangas largas, el pelo de abundancia selvática cayendo sobre el rostro. Detrás hay una pizarra en la que se lee, en letras borroneadas, OPM. Operación Político Militar. Lo habían escrito Cuqui Carazo y Martín Gras, y era parte de aquellas estrategias que desarrollaban para desviar a los militares hacia un proyecto político. Silvia Labayru le envió la foto a Alberto Lennie que, al ver esa inscripción, le dijo: «Pero estás ahí haciendo inteligencia para los milicos». Las sospechas estaban sembradas. No hacía falta mucho para hacerlas arder.

Las instrucciones para la entrega eran estas: Betty debía estar en la puerta de la parroquia de la Inmaculada Concepción del barrio de Belgrano, conocida como La Redonda por su planta circular. Un coche iba a detenerse, ella debía subir, le iban a dar a la beba, debía bajar, tomar un taxi, irse.

Antes de que llegara el día, llevaron a Silvia Labayru a una casa de ropa para niños –dice que se llamaba Les Bebes, que era la mejor casa de ropa para bebés de Buenos Aires, que estaba en el barrio de Belgrano– a comprar ajuar: moisés, ropa, mantitas. El 5 o el 6 de mayo –o el 7 o el 8: no lo sabe– subió a un auto con el moisés, el ajuar y su hija. En el asiento del acompañante estaba Cuqui Carazo. El vehículo iba custodiado por dos más.

–Un operativo de tres coches para llevar a esta peligrosa terrorista con un bebé de una semana.

Llegaron a la parroquia, donde ya estaba Betty, que, obediente, subió al auto. Era la primera vez que veía a su hija desde el secuestro (la había visto embarazada en una sola ocasión). Le miró los dedos, la cara. Controlaba que estuviera entera.

–Miraba a Cuqui con desconfianza porque pensaba que era una mujer policía. Cuqui no hablaba. Mi madre no hablaba.

En el pañal de Vera, Silvia Labayru había ocultado una carta. Estaba dirigida a Alberto Lennie y la había escrito de tal manera que, si la interceptaban los marinos, el daño no fuera grande.

—Yo le hacía señas a mi mamá de que en el pañal estaba la carta. Era una carta pensada por si los marinos la encontraban. Lo bastante neutra como para que eso no significara mi condena de muerte. Decía que yo estaba bien, que me trataban bien, pero que si no llegaba a volver le dijeran a Vera tal cosa, que los había querido mucho. Era una carta de despedida también. Fue muy malinterpretada después. Vera la presentó en un juicio, Alberto habló de esa carta, en fin.

El auto avanzó unas cuadras. Le indicaron a Betty que bajara. Tomó el moisés, tomó a la beba, paró un taxi y partió hacia la casa de Aurelia, tía abuela de Silvia Labayru, donde esperaban Jorge Labayru y Berta y Santiago Lennie, los abuelos paternos que criarían a Vera (Betty estaba desquiciada —y no le gustaban los bebés—, y Jorge Labayru viajaba todo el tiempo).

—Yo pensé que era la última vez que veía a mi madre y a mi hija. Sin poder llorar. Porque si llorabas, quería decir que la recuperación no funcionaba. Tenías que estar contentísima, agradecida, superfeliz. ¡Qué bien que se llevan a mi hija, qué bien que no voy a poder criar a mi bebé, qué buenos son que la entregan con ajuar! Así que me quedé simplemente mirando y con la sensación de: «Piensa, mejor, que misión cumplida. Esto lo has conseguido».

Vio partir sin una lágrima a esa hija que era, también, su salvoconducto, la garante de que seguiría viva.

—Que yo estuviera embarazada me salvó de que me tiraran al río la semana siguiente a mi secuestro. En ese sentido le debo la vida a ella, ¿no? Al mismo tiempo, su nacimiento significaba mi condena a muerte. Una cosa un poco rara. Estar deseando que esa niña nazca y sea liberada, que por lo menos una parte de ti quede en libertad, sabiendo que al resto de ti lo van a tirar de un avión.

—¿Cómo recordás tu regreso a la ESMA ese día?

—Borrado.

Cuando le digo que Cuqui Carazo sostiene ser quien entregó a la beba, me dice sin inmutarse: «Eso sí que me sorprende. Mira, qué más da. No tengo la menor duda de que yo estaba ahí. Es una pena que no esté mi madre, que podría ratificarlo».

El segundo encuentro con Alberto Lennie es a las cinco y media, hora de España, un jueves. Acaba de regresar de un almuerzo con amigos —es su día de descanso— y allí está, apenas después, desenterrando cosas que llevaban cuatro décadas enterradas.

—Mirá —dice, levantando una bolsa de El Corte Inglés—. Después de nuestra conversación lo pasé mal. Hubo cuarenta y ocho horas que estuve nocaut. Me cago en Dios. El mogollón en que me he metido. El sábado a la tarde me fui al trastero.

Sacude la bolsa, saca una carpeta.

—Cartas. De Silvina, mías, fotos, y casi no pude dormir el sábado a la noche, querida mía. Qué pedazo de movilización y de historia. Con lo cual tengo un montón de cosas que, si querés, te las muestro. Me di cuenta también de que el narcisismo de cada uno es muy traidor, y esta es la historia de Silvina. Y me di cuenta de que te cuento historias que nada que ver.

Ahora mismo, dice, me mostrará algo de lo que encontró, pero todo lo que yo necesite puedo pedírselo para que lo escanee y me lo envíe. Está sumido en un tono más grave que el del primer encuentro, que era casi centelleante. Busca en la bolsa, saca fotos, las coloca cerca de la cámara para que pueda verlas.

—Esto es Pocitos —dice, mostrando una imagen en la que se ve a Berta, su madre, sentada y fumando, y a él agachado sobre un bebé, Vera—. Mamá todavía fumaba. Si no me equivoco, está fumando Parliament. Y ahí estamos con Vera, Veruchi, en Brasil, diciembre del 77. Ah, mirá... qué... hostia... este es el telegrama del 28 de abril donde mi viejo... no, mamá me lo mandó...

Respira hondo. Lee:

—«Mediante controles médicos estiman nacimiento 5 de mayo. Punto. Muy emocionada con tu casete el cual devolvemos. Mañana con más detalles. Cariños. Mamá». Esto es el día 28 de abril del 77. Al día siguiente, 29 de abril, me manda papá un telegrama que dice: «Felicitaciones, Boy, eres el orgulloso padre de una robusta nena. Punto. Madre e hija muy bien. Punto. Casete despachado hoy a poste restante. Cariños». El 2 de mayo, telegrama de papá: «Silvina habló con Jorge. Punto. Vera Lennie, peso tres kilos ochocientos. Parto absolutamente normal. Las dos muy bien. Punto. Devuelvo urgente casete grabado lado dos para Silvina. Aprovecharemos hacérselo llegar cuando recibamos a Vera. Punto. Aparentemente dentro de pocos días. Cariños. Papá». El 10 de mayo, doce días después: «Hermosa rubia de ojos celestes pesando cuatro kilos trescientos. Vera en casa. Va carta».

La encargada de llamar a la familia de Silvia Labayru para avisar que Vera había nacido fue su compañera de celda, Norma Susana Burgos, que también había estado en el parto. ¿Pero «mediante controles médicos»? Ella sostiene que no tuvo ningún control, que nadie la atendió en los cuatro meses transcurridos desde que la secuestraron y hasta que dio a luz.

Los miércoles eran los días de los traslados. Los prisioneros creían que esa palabra –*traslado*– designaba un beneficio: que los llevaban al sur, quizás a una prisión legal, a un sitio mejor. Ella le pedía insistentemente a Alfredo Astiz que la trasladaran: «Quiero el traslado, por favor, trasládenme». Hasta que un día Astiz la paró en seco: «Basta. No digas más esa palabra. Mientras yo esté acá, no voy a dejar que te trasladen». Ella compartió esa información con Martín Gras, que tenía sospechas de que los traslados no eran un paseo por el campo, y que le preguntó si se atrevía a indagar a Astiz y sacarle de mentira verdad: decirle que había escuchado que eran otra cosa. Tomó el riesgo –que era enorme–, y dijo: «Sí, lo hago». Lo hizo. Astiz, al escucharla, se soliviantó: «¿Quién te dijo eso?». Finalmente, reconoció que los únicos secuestrados vivos eran los que estaban allí. Los demás, ejecutados.

Declaración testimonial de Martín Tomás Gras en la causa ESMA. 18 de agosto de 2010. Convocada: 9.30 horas. Hora de inicio: 10.51 horas. Duración de la declaración (sin cortes): cinco horas. «Entonces se paraban en la puerta de Capucha y pronunciaban los números en voz alta [...], no dejaban tiempo a recoger su camisa, [...] no dejaban tiempo a recoger sus zapatos, era una cosa muy violenta. Inmediatamente los llevaban [...] había una suerte de contradicción básica entre la enorme violencia del traslado y el supuesto beneficio de la medida [...]. En ese momento estaba detenida, secuestrada, una chica muy joven, Labayrú, Silvina Labayrú, que había sido secuestrada embarazada [...]. Realmente era un espectáculo muy asombroso [...]. Estábamos todos tirados en el piso, en Capucha, y en medio de Capucha se erguía una cama de bronce que habían traído de una casa allanada. En esa enorme cama de bronce con dosel estaba una chica de 18 años pelirroja, muy bonita, con los ojos vendados y embarazada. Una imagen realmente fellinesca [...]. Alfredo Astiz en esos momentos recorría, como oficial de guardia, Capucha, y se quedaba hablando largo rato con Silvina Labayrú. Silvina Labayrú tenía un efecto muy especial para nosotros, tanto para los detenidos como para los represores. [...] en el medio de ese mundo de locuras [...] ver desarrollarse este embarazo era una cosa que de alguna forma creo que tocaba la fibra más sensible de todo el mundo [...] ese hijo que se estaba desarrollando de Silvina era, de alguna forma muy peculiar, como un hijo de todos [...]. Un día me tocó ir al baño junto con Silvina [...]. Le pregunté si ella se animaba a decirle al Rubio que ella sabía que eran mentiras, que los traslados eran ejecuciones encubiertas y que nadie volvía vivo. Me dijo que sí, que lo iba a hacer [...]. Pasaron varios días antes de que nos volviera a tocar el turno juntos. Cuando nos tocó, se acercó y me dijo: "Tenés razón; se puso furioso. Me dijo: '¿Quién es el hijo de puta que te dijo eso? Sí, efectivamente, los únicos que están vivos son los que están acá, por eso yo voy a hacer todo lo posible para que no te trasladen'".»

La alusión a la cama de bronce con dosel siempre la enfurece: parece el símbolo de un privilegio espurio. Dice que lo que sucedió fue que un guardia la vio dormir en el piso con el embarazo avanzado, se apiadó de ella, tomó del pañol una cama de bronce y la metió en su habitáculo para que estuviera más cómoda: «Pero qué dosel ni qué dosel».

Cuando vayamos a la ESMA, no podré concebir cómo una cama —ni siquiera un colchón— cabía en ese espacio.

Los días del otoño quedan atrás, llega el invierno. Viajamos. Ella a España. Yo, a Estados Unidos, a México. En ocasiones, como ahora, pasa más de un mes sin que podamos vernos. Cuando regresamos de nuestros viajes, reiteramos la coreografía: llego al edificio de la calle Gurruchaga, me anuncio en la garita de vigilancia, le avisan que estoy, pide que me dejen pasar, subo.

—Qué lindo tenés el pelo —le digo.

Se le cayó muchísimo en 2018, después de la muerte de Jesús. Ahora toma zinc, aminoácidos, le está creciendo. Tiene que hacerse controles médicos —hace unos años le descubrieron un nódulo en la tiroides, nada grave—, y me pide referencias: un generalista, un ginecólogo. Le paso teléfonos que después pierde, que me vuelve a pedir. Ahora las dos estamos vacunadas. Las ventanas están abiertas, pero no tanto. Permanecemos con el barbijo puesto. Intercambiamos noticias del mundo: la fila de migraciones del aeropuerto de Miami completamente vacía, el test de PCR en México que se parece a una «sesión de tortura con hisopo» (la frase es mía; solo después de decirla me doy cuenta de que es un despropósito; ella se ríe), los viajes de doce o catorce horas a diez mil metros del suelo con el barbijo como un bozal, el servicio de a bordo diezmado y la pandemia como excusa para abaratar costos, la incongruencia de las distintas medidas en cada país, los certificados digitales, las declaraciones juradas.

—¿Terminará todo esto alguna vez?
No terminará, pero terminaremos por olvidarlo.
Aunque los relatos sean extensos, repletos de minucia y repreguntas, ella no parece agotarse ni dispuesta a poner un límite. Jamás me dice «tengo que irme», y cuando me avisa previamente que después tiene un compromiso, con lo cual deberíamos terminar a tal hora, esos compromisos suelen disolverse sobre la marcha: «No, avisó hace un rato que no va a venir» o «Lo pensé mejor y no voy a ir a tal sitio». Un día le digo que me gustaría acompañarla a visitar a su padre al geriátrico. Nunca dice que no, pero en esto se muestra reticente.
—Eso es más incómodo. Sobre todo porque no te va a conocer, no va a saber quién eres. De todas maneras, si en algún momento quieres pasar y verlo, ver la situación o saludar un momentito, ningún problema. Pero él lo que quiere es estar conmigo. Incluso cuando está su mujer actual, Alicia, no quiere que disperse mi atención nada más que en él.
Le digo que lo que sea estará bien. Quiero ver a ese hombre, hacer un acto de contemplación. Sin él, sin lo que dijo en aquella llamada, ella no estaría aquí. ¿O sí? ¿O fue su astucia? ¿O fue su belleza? ¿O fue su familia de militares? ¿O fue que, simplemente, les dio la gana? La arbitrariedad garantiza el pavor perfecto: infinito.
—Cuando pienso en todos los militares que hay en mi familia y en torno a mi historia, no sé cómo llamarlo, si persecución, si acompañamiento —dice, mientras se sienta y repasa los generales, brigadieres, coroneles entre los que figuran primos, tíos, abuelos, algunos de cuyos retratos estuvieron en las paredes de la Escuela de Mecánica de la Armada: Jansens, Labayrus, Manfrinos por doquier—. Y para más inri, mi madre va y se casa con Pancho, que era un coronel de caballería, y el padre de Jesús, mi marido, era general de división del Ejército español, abogado, y durante el gobierno de Felipe González fue director general de compras del Ejército.
—Rodeada.
—Sí.

Se ríe con cinismo de la situación –el destilado de un linaje militar perfecto que estuvo a punto de ser destruido por los de su raza–, pero dentro de la ESMA esa ascendencia pudo haber funcionado en dos direcciones: como facilitadora de ciertos privilegios y como generadora de sospechas entre sus compañeros de cautiverio. Tres veces me ha dicho algo que puede resumirse así: «Mi historia es la historia de una desadecuación. Desde pequeña soy sapo de otro pozo. En el Colegio, donde todos eran de izquierda, era una chica sionista y admiradora de Kennedy, hija de militar, de un ambiente de derechas. Al poco tiempo me afilié al Partido Comunista, pero no dejaba de ser una chica con apellido militar. En Montoneros era una mosca blanca porque venía de una familia profundamente antiperonista y de una militancia marxista. En la ESMA era una rara, una persona de muy bajo rango en Montoneros que ahí adentro tenía un estatus muy singular. En cada uno de esos espacios fui más allá. Yo, la más valiente, la que pone más panfleteras, la que arroja más molotov, la que consigue más información en el servicio de inteligencia».

–Antonio Pernías, mi responsable, era hijo de un miembro de la Fuerza Aérea que, a su vez, había sido profesor de mi padre en la escuela de aviación. Pernías conocía bien a la familia Labayru. Era hijo de una mujer de ultraderecha, defensora del obispo Lefebvre. Cuando Lefebvre vino a la Argentina, Pernías me hizo ir a la curia para traducirle del francés. El obispo contaba que venía a apoyar a las fuerzas armadas en la lucha antisubversiva, y que se iba a Chile a dar sus bendiciones a Pinochet y al Ejército chileno en esta campaña de exterminio del marxismo internacional. Bueno, le tuve que besar el anillo. Y este hombre, Pernías, me llevaba a reuniones sociales con señoras de la alta alcurnia, con tazas de té de porcelana, unas viejas copetudas que se sentaban en ronda tomando pasteles. Él no decía que yo era una secuestrada y comentaban la evolución de la lucha antiterrorista y los éxitos de la política del régimen. Pasado un rato, nos íbamos. Vos decime para qué, Leila, para qué.

En mayo de 1977, poco después de la entrega de Vera, se

enteró de que los marinos iban a secuestrar a su cuñada, Cristina Lennie, durante una cita en la zona del Abasto. Entonces le pidió a ese hombre, a Antonio Pernías, que le permitiera avisar a sus suegros para que, a su vez, pusieran sobre aviso a Cristina. Dicho así, parece una locura: una secuestrada en proceso de recuperación (alguien a quien no debían interesarle sus caídos) rogando para impedir el secuestro de una oficial montonera.

–Todos son represores, todos son torturadores, todos son asesinos. Pero había personas que te trataban mejor y te ayudaban más. A mí dos personas me trataron mejor y me ayudaron más.

–¿Quiénes?

–Pernías y Astiz. Bajo el ala de Pernías, yo me sentía un poquito protegida. Suena ridículo, era una fantasía de protección. Pero estaba la sensación de que estas personas te iban a hacer menos daño y que podían evitar que otros te hicieran daño.

Asegura que Pernías, harto de su insistencia, le dio acceso a un teléfono: «Tomá, hablá con quien quieras, no me molestes más. Que le digan a tu cuñada que no vaya a la cita. Pero si va, la vamos a agarrar».

–Llamé a mis suegros y les dije: «Mañana a tal hora va a haber una cita en tal lugar, si va Cristina la van a agarrar, por favor contacten con ella». Me dijeron: «Silvina, no sabemos dónde está». Pobre gente. La estuvieron buscando horas y no la pudieron contactar.

Al hablar de los Lennie, desliza frases como «pobre gente», que atemperan y hasta revierten cualquier impresión de que pudiera guardarles rencor. En un audio de WhatsApp muy posterior a este encuentro, hablando de esos once días durante los cuales los Lennie supieron que estaba viva y no le dijeron nada a su padre, dice: «He hablado mucho con Vera acerca de cuánto cuidé yo a esa familia, y la sensación es que no hicieron lo mismo conmigo. Sí con Vera. La han querido mucho y demás, pero no conmigo. Creo que no son conscientes de lo que yo hice por ellos, de lo que arriesgué por ellos, pidiendo lo que no había pedido para mí. Pero es una familia que ha sufrido mucho y cada uno hace lo que puede. Yo le decía a Vera: "En el fondo lo hago por mí, lo hago por mí». En aquel entonces, en aquellos sótanos, también de algún modo lo estaba haciendo por mí. Esos diez, once días quedarán en la incógnita más absoluta de por qué no fueron capaces de decirle a un padre desesperado que su hija estaba viva».

Cuando el operativo para secuestrar a Cristina Lennie se acercaba y era inevitable, pidió que fuera Alfredo Astiz.

—Tenía fama de tacklear por la espalda para evitar que se tomaran la pastilla de cianuro, y no tenía el gatillo tan fácil como otros. Y pedí que llevaran una ambulancia.

—¿Para qué querías que llegara viva a la ESMA? —le pregunto: la muerte parece menos espeluznante que la tortura y el cautiverio sin fin.

Su razonamiento posterior demuestra varias cosas: que había comprendido, dentro de la arbitrariedad que reinaba en ese sitio, la lógica de los marinos; que se sentía capaz de desarrollar estrategias para lidiar con esa lógica; que confiaba en que había un después: era una mujer joven que insistía en vivir y quería que los suyos, incluso en esas circunstancias, vivieran.

—Porque era una chica linda, rubia, fina, oficial montonera, hija de buena familia. Con todas esas características, hubiera sobrevivido. Y ellos tenían una cierta culpa con los padres, porque el padre era un pedazo de empresario de una multinacional alemana, la señora Berta era muy fina, eran de derechas.

El 18 de mayo de 1977, Cristina Lennie fue a su cita en el barrio del Abasto. Vio a los integrantes del Grupo de Tareas y, apenas Astiz se dispuso a correrla, mordió la pastilla de cianuro líquido que llevaba en la boca.

—El cianuro líquido era rápido. Te morías apenas la mordías, porque la misma herida que te provocaba la cápsula hacía que entrara el cianuro en la sangre. Llegó muerta a la ESMA. Pedí ver el cuerpo. Y me lo concedieron. Pero no solo pedí verla.

Pidió algo más.

Y me lo cuenta.

Antes de irme, me dice que le recomiende alguna serie. Está sola —Hugo regresa de un viaje el día siguiente—, no tienen televisión por cable, solo plataformas de *streaming*, pero asegura que, aunque mirara los programas locales, no entendería nada: no sabe quiénes son esos actores y esas actrices y esos presentadores, ni por qué son relevantes tales o cuales noticias. Después de haber estado dispuesta a dejar la vida por cosas que sucedían en la Argentina, ahora es un país que no comprende más que a grandes rasgos.

Abre la puerta, Monkey sale al palier y corre por el pasillo. Hugo ha empezado a sacarlo con una correa, pero el gato se retoba. Prefiere salir en libertad.

Después, a lo largo de cierto tiempo, nos dedicamos a reconstruir las cosas que pasaron, y las cosas que tuvieron que pasar para que esas cosas pasaran, y las cosas que dejaron de pasar porque pasaron esas cosas. Al terminar, al irme, me pregunto cómo queda ella cuando el ruido de la conversación se acaba. Siempre me respondo lo mismo: «Está con el gato, pronto llegará Hugo». Cada vez que vuelvo a encontrarla no parece desolada sino repleta de determinación: «Voy a hacer esto, y lo voy a hacer contigo». Jamás le pregunto por qué.

Vio el cadáver de su cuñada Cristina en la misma sala donde la habían torturado a ella. Se despidió en su nombre, en el de su hermano, Alberto, en el de sus hermanas, Silvia y Sandra, y en el de sus padres, Berta y Santiago.

–Pero además le pedí a Acosta que entregaran el cadáver. O sea, pedí que entregaran a la familia el cadáver de una desaparecida. Acosta me dijo: «Hay una posibilidad, y es que dejemos el cuerpo en un edificio en construcción, digamos que murió en un enfrentamiento, y tú les dices a tus suegros que vayan a buscar el cadáver». Yo dije: «Me parece bien». Llamé a mi padre: «Papá, va a pasar esto». Y mi padre dijo: «De ninguna manera». «¿Por qué?» «Porque Cristina está muerta, Vera está viva y hay que mirar por la vida.» Mi padre pensaba que ir a rescatar el cadáver de su hija iba a ser psíquicamente devastador para mis suegros, y que Vera iba a terminar con dos desquiciados. Yo creo que por parte de mi padre fue un error. No sé cómo calificarlo. Pero él pensó en Vera, en que si les entregaban el cuerpo de la hija muerta se iban a terminar de volver locos. Mi pensamiento iba por otro lado. No es lo mismo tener un hijo desaparecido que un hijo enterrado.

—¿Hablaste con tu padre de esto cuando ya estabas fuera de la ESMA?

—No, nunca le dije nada. Porque yo también podría haber dicho: «No me importa lo que digas, papá. Esto se va a hacer».

—¿Tus suegros se enteraron de que estuvo esa posibilidad y fue descartada?

—No, nunca. Mi padre hizo lo que pensó que era mejor. Y también hay que decir que los Lennie me vieron dentro de la ESMA y cuando salieron no le dijeron a mi padre que yo estaba viva. Ellos quisieron cuidar de Sandra, mi padre quiso cuidar de Vera.

—¿Lo hablaste con Alberto?

—Creo que no. No sé. Es un tema delicado. No sé si Alberto lo sabe.

En los Archivos de la Memoria hay una esquela de Silvia Lennie: «Desde que desapareció mi hermana, su ausencia lo abarca todo y me acompaña. La secuestraron, mordió una cápsula de cianuro para no caer con vida y habita el río desde entonces».

En el año 2010 hice una crónica sobre el Equipo Argentino de Antropología Forense, un grupo formado en 1984 para buscar los restos de los desaparecidos durante la dictadura. Hablé, entre otros, con Maco Somigliana, abogado y parte del Equipo desde su fundación. Al describir el modo en que buscaban pistas de los restos enterrados en fosas sin nombre, dijo: «La base, la primera piedra que nos permitió traccionar sobre estas búsquedas, fue la percepción de que el Estado seguía registrando los delitos que cometía. Al mismo tiempo que llevaba adelante una campaña de represión clandestina, seguía registrando. Son como ruedas. Una rueda chica y una rueda más grande: el Estado registrando de manera pautada el nacimiento, el casamiento y la muerte de los ciudadanos. A nosotros el casamiento no nos interesa. Pero el nacimiento sí, y especialmente la muerte. El Estado estaba haciendo dos cosas distintas. La represión era clandestina, pero dejaba registro burocrático. Vos podés conocer lo que pasa en la primera rueda por lo que pasa en la segunda. Es un reflejo. Como en cualquier reflejo, te acostumbrás a mirar mejor. A entenderlo».

Ella no tenía idea de ruedas grandes o chicas ni de reflejos de ninguna clase, pero era astuta. Se dijo: «Hay que dejar registro». Había que obtener un documento de identidad legal para su hija.

—Esas cosas eran una manera de dejar una huella. Cuanta más huella, mejor.

Los militares manejaban el aparato del Estado, pero aun así no era fácil inscribir en el Registro Civil a una beba nacida en un centro clandestino con un padre ausente. La solución fue retorcida y fue idea suya: confeccionar un documento falso, dentro de la ESMA, con los datos de Alberto Lennie y la foto de un marino que se hiciera pasar por él. El designado fue Alfredo Astiz. Había otro escollo: los recién nacidos debían ser inscriptos dentro de un plazo específico, y había transcurrido demasiado tiempo desde el parto. No podían poner la fecha real. Ella no dudó: «Pongan que fue el 18 de mayo». La fecha de la muerte de Cristina Lennie. Indicó, además, que la anotaran como Vera Cristina. Así fue como el 26 de mayo de 1977 Alfredo Astiz, con una partida de nacimiento en la que figuraba la dirección de Jorge Labayru, con un documento falso que tenía los datos de Alberto Lennie, fue al Registro Civil y, presentándose como su padre, le dio a Vera estatus legal. Tiempo después, el documento fue entregado a la familia Lennie.

—Le estaba mandando un mensaje a mi suegra: Vera Cristina, 18 de mayo. Le estaba diciendo que Cristina estaba muerta y que la habían matado el 18 de mayo. Y mi suegra cuando vio el documento lo entendió.

—¿Vera sabe esta historia?
—Sí, claro.
Vera. El cuerpo del mensaje.

—¿Sabes, Leila? —dice Vera—. Cuando era más joven, creo que había momentos en que sí pensaba que fueron unos inconscientes. El embarazo, el querer tener un hijo en esa locura. Pensaba que me habían expuesto, que no habían pensado claramente por qué querían tener un hijo en ese momento. Ahora lo veo de una forma distinta. No siento ganas de criticar o echarles la culpa. Ya no tengo rencor ni rabia. Hubo una parte de mi adolescencia en que fui muy crítica hacia mi mamá. Más que hacia mi papá. Pero ahora ya no. Yo siempre supe que había nacido en un sitio extraño, desde pequeña. Que había nacido en la cárcel. En la Argentina todos lo sabían. Mis primos, mis abuelos, mis tíos. Pero en España era algo que tenía que tapar. Que yo había nacido en la cárcel, que mi cumpleaños oficial no es mi cumpleaños verdadero. Todavía me pasa, me olvido.

—¿Qué día festejás tu cumpleaños, el día de tu nacimiento real o el que figura en tu documento?
—El día que nací. El 28 de abril.

La orden, dispuesta directamente por el Tigre Acosta, era que había que bautizar a Vera. Ella pensó: «Más registros». Partida de nacimiento, documento de identidad, constancia de bautismo. Rastros, evidencias. Vera recibió el sacramento junto con la hija de Mercedes Carazo, Mariana Kurlat, que ya tenía once años. La ceremonia la celebró Eugenio Acosta, primo hermano del Tigre Acosta, un cura que solía ir a la ESMA y a quien Silvia Labayru vio varias veces. Los dejaban en una oficina y él le mostraba recortes de prensa con noticias de guerrilleros abatidos. Nunca supo qué se esperaba de ella en esas instancias pero, por las dudas, no decía mucho o decía una frase ambigua: «Qué barbaridad». En el bautismo, Eugenio Acosta dijo que esperaba que las niñas siguieran la fe cristiana y no salieran tan malas como sus madres.

Pocos días después de la entrega de Vera, Acosta volvió a llamarla a su despacho: «Estás muy gorda, tenés que adelgazar». Dice que había engordado treinta kilos (aunque en las fotos que le tomaron con Vera dentro de la ESMA, poco después del parto, no se la ve excedida de peso).

—Me dijo: «Todavía no has demostrado que estás recuperada, porque tú no has puesto los dedos».

«Poner los dedos» era ensuciarse, entregar a alguien en la tortura o en los interrogatorios, marcar: señalar a algún militante por la calle para que fuera secuestrado. Faltar a los incisos a) y b) del artículo 7 de las Disposiciones sobre la Justicia Penal Revolucionaria de Montoneros del año 1972.

—«Tienes que demostrarnos que no nos odias, que te estás recuperando», me dijo. «Vas a tener que adelgazar y tener una relación con un oficial. No va a ser una relación que afecte a la moral cristiana de tu matrimonio. Si sales, vas a tener tu familia, tu hija. Pero, mientras tanto, la forma de demostrar que no nos odias es que tengas una relación con alguno de los oficiales.» Yo no le contesté. Me dijo: «No me ofrezco yo porque eres demasiado jovencita».

Acosta no hablaba de «tú», sino de «vos», pero el resultado es el mismo.

Dos meses después del parto, le anunciaron que podría ver a su hija. La llevarían a una quinta de las afueras para que pudiera estar con ella. La acompañó un militar de apellido Berrone, apodado el Alemán. Primero, pasaron a buscar a Vera por el departamento de avenida del Libertador (los abuelos tuvieron que entregar a la beba y dejarla partir a un sitio incierto junto con un militar y una secuestrada, sin certeza de que fuera a volver). En el viaje hacia la quinta, Berrone empezó a toquetearla. Ya en la quinta, mientras ella preparaba un biberón, se le fue encima.

—Lo empujé. Así que imagínate. Ese fue el primer encuentro con mi bebé. Lo tranquila que yo podía estar. Pero ya me di cuenta de lo que iban a hacer. Que me iban a violar y que me tenía que dejar violar.

En varios juicios declaró que había «repelido» a Berrone para evitar la violación. Hugo le hizo ver que si el hombre no la violó fue porque no quiso. No solo al hablar de eso, pero sí siempre que habla de eso, entra en una espiral ascendente y dice que Hugo le hizo notar que «si una montonera secuestrada puede repeler a patadas a un violador es que no había ninguna orden de violar, y estos tipos muy feroces no eran, porque con dos paraditas se echaban atrás, y con eso desmontan lo del plan sistemático, y al no haber plan sistemático desmontan que el delito sea de lesa humanidad, entonces no es lesa humanidad, no es plan sistemático, por lo tanto las violaciones son hechos individuales, imputables únicamente al acusado, por lo cual Acosta, que daba la orden, no es responsable de nada».

Pasó un tiempo corto en esa quinta lidiando con un bebé al que apenas conocía. Después devolvieron a Vera a sus abuelos y a ella la llevaron de regreso a la ESMA. «En esos viajes iba contemplando el mundo a través de la ventanilla. La gente, los árboles, la calle. Era como estar en el limbo: tú estás muerta y nadie sabe que estás muerta.»

Días más tarde, de madrugada, un guardia le ordenó: «Vas a bajar».

La llevó con Alberto González, el mismo hombre que la había interrogado durante la tortura.

—Y me llevó a un hotel alojamiento.

Causa por violación, 2021. Hechos probados: «Aproximadamente en el mes de junio de 1977, alojada y secuestrada en la Escuela de Mecánica de la Armada, entró en la [...] micro celda [...] el señor González y le dijo que se vistiera que iba a salir. [...]. La bajó, la metió en un coche y la llevó a un hotel que estaba en la zona de Belgrano, estaba cercano a la ESMA [...]. La llevó a la habitación, la desnudó, la violó. Sabía que en ese momento no tenía ninguna posibilidad de resistirse. El terror que tenía era de la absoluta convicción de que cualquier oposición a sus órdenes y sus caprichos la iba a pagar con su muerte, o con represalias hacia su familia, su familia política o contra su propio bebé [...]. Cuando terminó, después de exigirle que cumpliera los caprichos sexuales del día, le ordenó que se vistiera y la sacó, la subió al coche y la llevó de vuelta a la ESMA, le pusieron los grilletes y la subieron otra vez a la celda donde dormía».

—Yo había esquivado el bulto todo lo que había podido pero dije: «Bueno, esto es así». González me dijo: «Vestite. Vas a salir», y me llevó a un hotel. Sin agua va. Yo sabiendo que tenía que tener una actitud... receptiva. Porque esa era la idea. Me significó de todas formas un alivio que no fuera un tipo violento, que no me hiciera hacer cosas que se escaparan de lo que sexualmente yo conocía.

Al hablar de las violaciones utiliza frases de poca temperatura con una serenidad circunspecta que recuerda a escenas de películas de guerra en las que dos generales con las botas lustradas y el uniforme planchado se encuentran en un vagón de tren para negociar, con modales de embajadores, qué cantidad de prisioneros entregarán a cambio de unos cuantos metros de territorio mientras alrededor todo es barro, víscera y trinchera.

—¿Percibías cuándo iba a pasar, era impredecible?

—Yo creo que tenía más que ver con el tiempo libre que él tenía. Si esa noche había caído gente o no, si tenían que hacer un operativo, si estaba disponible la casa de mi padre. Él me dijo que le pidiera las llaves a mi padre. Como volaba mucho, la casa pasaba tiempo vacía. Y cuando él sabía que mi padre no estaba... La cuestión ocurría normalmente afuera. Solo una vez me llevó a la habitación que él tenía en el Casino de Oficiales.

—¿Te decía cosas humillantes?
—No, no. Era como una relación muda. Dentro de lo que fue una evidente violación, el tipo no tenía perversiones como, no sé, sodomizarme o atarme o pegarme, u obligarme a orinarle encima, o modos de sexo especialmente violentos. Se acercó, me empezó a tocar, yo estaba muy quieta. No hubo esa sensación de «me está destrozando, me va a destrozar». Al principio yo estaba muy asustada, porque no sabía de qué iba a ir la cosa, ni cuánto iba a durar. Pero me di cuenta de que quería usarme como si fuera un juguete sexual. Me trataba como si me hubiera levantado por la calle. Tratando de hacer lo que le gustaba a él, lógicamente, pero no era esta situación de agarrarte de los pelos y decirte: «Chupame». Lo cual fue en cierta forma una suerte, porque ahí adentro había cada tipo que si me hubieran violado... Eran asquerosos en el trato, repugnantes. El formato no era, por lo menos en mi caso, de violaciones al uso, como les pasó a otras, que estaban encadenadas, que las violaban uno tras otro. No existía la apariencia de que eso era una violación. Y además no podía haberla porque yo tenía que aceptar eso. No le iba a morder el pito. Si yo me hubiera puesto de esa forma, no sé qué habría pasado. Eso también interfirió en que uno se atreviera a decir: «Sí, fue una violación, igualita que si me hubieran agarrado entre cinco». Hay mucho prurito con eso, con que las violaciones tienen que cursar necesariamente con violencia, con una sensación de repugnancia y que no puede haber ninguna forma de placer. Y dices: «Mira, aunque hayas tenido placer, aunque hayas tenido cuarenta y ocho orgasmos, fue una violación igual». Pero de ahí a que sintiéramos afecto, cariño, no. Yo por González nunca sentí ningún afecto. Era un mal bicho. Además de un violador, una persona en la que yo no podía encontrar nada que reflejara humanidad. Si me hubiera podido matar, me habría matado. Tenía una desconfianza hacia mí mucho mayor que la que tenían Pernías o Astiz. No se fiaba ni un pelo de mí, ni yo de él.

González no usaba condón. Le compró un diafragma para prevenir un embarazo.

Casi al principio de nuestras conversaciones, me envió un texto de la socióloga argentina Inés Hercovich que, después de entrevistar a cien mujeres violadas, hizo un planteo disruptivo de la palabra *consentimiento* con el que ella está de acuerdo: «Atendiendo a la experiencia vivida tal como me la relataron las entrevistadas, entendí que las mujeres violadas consienten, pero no a un encuentro sexual sino a un coito o algún equivalente a este. Dicho de otro modo, con la muerte como telón de fondo en el escenario de un secuestro, no consienten a daños aún peores. Aunque sean las relaciones genitales lo que normalmente entendemos como "sexo", muchas mujeres coinciden en que dejarse penetrar es la actitud que menos las involucra y más distantes las deja de la escena sexual "normal". Por lo tanto, rendir la vagina, lejos de probar aquiescencia, atestigua la negativa más profunda, la más fuerte resistencia. Esto es difícil de entender para quienes solo conciben a la violación como un hecho puramente sexual o violento. Entregar la vagina o alguna otra parte del cuerpo es el precio de sobrevivir y de hacerlo con el menor daño posible. La muerte rondando la escena, el aislamiento que desampara, trastocan los significados de las acciones, y los códigos habituales para entender que ya no sirven. Bajo amenaza de muerte, consentir es resistir». Ella quería citar el texto en el juicio pero Hugo la convenció de que no era el ámbito adecuado, que hablar del «concepto de consentimiento», en ese marco, era una locura. Un tiro en el pie.

Empezaron a permitirle, cada tanto, ir al departamento de su padre. En esos días, hablaba un poco con él –jamás le contó de las torturas ni de las violaciones– y dormía mucho. «Después, cuando tenía que volver a la ESMA, veía a la gente ahí fuera, paseando, charlando, y yo me decía: "Mira la vida, mira cómo es la vida". Y sentía una tristeza, una sensación de que aquello podía no terminar nunca.»

Cuando la llevaban a casa de su padre, ¿podía salir y hacer alguna compra? Sí. ¿Alguien la reconoció? Sí, y cuando eso sucedió hizo gestos indicando: «Ni te acerques, ni me mires». Una vez, los marinos la sacaron a cenar a un restaurante. Un compañero del Colegio de su misma división, Gabriel Kaplan, estaba allí y se dirigió hacia ella al grito de «¡Silvia!». Ella se puso de pie, lo abrazó y le susurró: «Solo me conocés del Colegio, disimulá, andate». Kaplan palideció. Cuando ella regresó a la mesa, le preguntaron: «¿Quién es ese?». Respondió: «Alguien del Colegio, casi no lo conozco». Kaplan se fue del país días más tarde.

A veces, cuando su padre estaba en vuelo, el teniente de fragata González la llevaba a ese departamento y la violaba. En ocasiones, no lo hacía solo.

Causa por violación, 2021. Hechos probados: «No recordaba si a la tercera o cuarta vez la sacó del mismo modo de la ESMA y le dijo que la iba a llevar a su casa, donde le exigió que tuviera relaciones sexuales con él y con su esposa. Le dijo que su esposa sabía cuál era su condición y ella tenía que decir que era una prisionera que estaba siendo muy bien tratada, que estaba bajo lo que ellos llamaban proceso de recuperación [...]. La llevó en coche a su domicilio que estaba situado en la calle Marcelo T. de Alvear 1960 [...]. Cuando entró, la señora la saludó con normalidad [...]. La mujer era alta, de pelo oscuro, corto, lacio, delgada, ojos marrones, y su hija, llamada María Virginia, estaba durmiendo en la cuna en su cuarto. Después de estar un rato hablando con la esposa, le dijo que se llamaba Amalia Bouilly. La llevaron a su habitación, la desnudaron y le pidieron que tuviera sexo con ellos [...], la niña durmiendo en el cuarto de al lado. [...] él la penetró, ella le pedía cosas, le pedía que la besara, que la tocara, que le practicara sexo oral, le chupaba los pechos que estaban muy dañados por la tortura [...]. Luego le exigieron dormir con ellos en la cama matrimonial y durante la noche, en el momento en que la esposa estaba dormida, él volvió a penetrarla. A la mañana [...] se vistió y él la sacó de allí en el coche y le exigió que no comentara con nadie a dónde la había llevado [...] estas violaciones conjuntas [...] ocurrieron más veces, como cinco o seis [...]. Una de las veces en que su padre estaba en vuelo [...]. González se presentó allí con su mujer y la violaron los dos, en la casa de su padre».

No hay manera –yo no la encuentro– de pedirle detalles sobre eso.

«–Señor González, ¿me escucha?
–Perfectamente, doctor.
–Señor González, usted a través de su letrado ha manifestado que quiere prestar declaración indagatoria. Le voy a recordar los derechos que le asisten. Al prestar declaración indagatoria no lo hace bajo juramento de decir la verdad. Usted puede responder también o no preguntas. ¿Va a querer responder preguntas?
–Eh, sí, sí. Del doctor Fanego.»

El señor González es Alberto González, acusado de violación. El doctor Fanego es Guillermo Jesús Fanego, su abogado defensor. Con ese diálogo comienza la declaración indagatoria del 25 de noviembre de 2020 en el juicio por violación.

«–Adelante, lo escucho.
–Muy bien. [...] Quiero puntualizar, para que no quede duda alguna, que repudio y rechazo las relaciones sexuales no consentidas. Es más, y esto ya en el plano de lo íntimo, si la mujer no siente goce consentido, o no lo manifiesta, yo no disfruto de la relación. Me resulta tremendamente frustrante. Por eso nunca mantuve relaciones con prostitutas o mujeres drogadas o alcoholizadas. Bueno, drogadas en mi época no había. Cuando uno escucha a Labayru, debo reconocer que sus palabras causan impacto. Pero Labayru mintió y nos manipuló a todos cada vez que declaró. Su manipulación es muy sutil. Solo la detectan aquellos que están, por así decirlo, en el ajo. Ella

hace un culto de la sobrevictimización y acomoda la realidad a su hipótesis.»

González dice que fue ella quien «trabajó» para que sus suegros y su cuñada terminaran en la ESMA, y que traumatizó a su hija bautizándola con el nombre de una mujer muerta.

«–Nos quiere hacer creer que el capitán Acosta, en pleno puerperio de ella, con la sangre fresca de Cristina Lennie, porque acababa de tomarse la pastilla de cianuro, y su hija recién de ocho días [...], la cita para decirle que se tiene que dejar violar por los oficiales. Mire, qué quiere que le diga, hay que internarlo porque está loco el capitán Acosta. Esto es impensable. Porque Acosta, pudiendo elegir a cualquier otra mujer, no tuvo mejor idea que realizar esta reunión de chantaje sexual nada menos que con la hija de un oficial de la Fuerza Aérea, prima del teniente del Ejército Fernando Labayru, sobrina nieta del general Labayru e hijastra del coronel Figueroa, pareja en ese momento de su madre, para proponerle que tenía que tener sexo con los oficiales de la ESMA porque nada había entregado, cuando trajo a sus suegros, participó del tema de su cuñada. Esto es de no creer. Es una fantasía. Es decir, el capitán Acosta, según Labayru, hace de madama en beneficio de terceros, y puede crear un conflicto que le cueste la propia cabeza [...]. El profundo daño que me hizo Labayru con sus mentiras es irreparable. Yo estoy transitando mis últimos años de vida. Si algo pretendo es ser más sabio que cuando tenía veinte años. Por eso no quiero perder esta oportunidad para pedir perdón a aquellos que pudieron verse ofendidos por mis conductas, porque no estaba en mi espíritu, y tampoco lo está, guardar algún tipo de rencor. Y aquellos que mintieron en mi contra, quiero que sepan que no les guardo rencor. Pese a todo el daño que me han causado. Eso es todo lo que tengo por el momento, señor presidente, para decir.»

Fanego, su abogado, le pregunta si recuerda alguna carta que se haya incorporado a la causa. González hace memoria –o finge que hace memoria–, y de pronto recuerda –o finge que recuerda–. «Ah, sí, la carta famosa [...] dice que la escribió y la puso en los pañales de su beba dirigida a su marido [...]. Por ejemplo, le dice al marido que está muy bien, que está segura, que hay gente que la cuida. Esa carta es del día 9 de mayo de 1977. Pero cuando se escuchan las declaraciones de ella [...] dice que pasó cuatro meses de terror, que no la vino a ver ningún ginecólogo. Todo un cuento.»

–Al cabo de la segunda o cuarta vez, me dijo que me iba a llevar a su casa a tener sexo con él y con su esposa. Me llevó abierta, o sea, viendo la dirección donde vivía, y nos recibió su bellísima mujer. Me llevaba con Vera, porque le hacía ilusión que Vera y su hija durmieran mientras me obligaban a tener sexo con la parejita. Hay que ir muy lejos, incluso en la lógica represiva, para utilizar a una secuestrada para satisfacer las fantasías sexuales del matrimonio. Una noche sacaron un cajón que tenían debajo de la cama, lleno de objetos sexuales. Una caja de este porte. Con todo tipo de cosas que yo ni sabía para qué eran. Ahí sí me dio más miedo. Me asusté más, fíjate. Aunque había una mujer presente, pensé que podía derivar en otra cosa.
–Algo más invasivo.
–Sí, sí.
–Y no lo fue.
–No lo fue pero lo era para mí. La situación era muy humillante. Entre mujeres siempre parece una cosa suave. Y no. Hay cosas que no te gustan y no te gustan. Además, yo tenía mucho miedo. Porque, como no me llevaba tapada, sabía dónde iba. Y esta violación por parte de su esposa no me atrevía a contarla. No solo eso, sino que me costó mucho entender que ella también era una violadora. Además, en esa época denunciar una violación era objeto de doble condena. En el mundo militante, que las secuestradas denunciáramos las violaciones venía a perjudicar la moral revolucionaria, la imagen de los montoneros. A Sara Solarz de Osatinsky, la esposa de uno de los máximos militantes montoneros, Marcos Osatinsky, que estaba en la

ESMA, que le habían matado a su marido y a sus dos hijos, un tipo de ahí adentro la violó durante meses y ella en uno de los juicios lo declaró. Se la querían comer porque había mancillado el nombre de Osatinsky. Entonces estos excompañeritos que militan tanto los derechos humanos prefieren que las violaciones queden impunes antes que este tema tan escabroso salga a la luz. Ellos mismos no las entienden como violaciones. Y nosotras tampoco teníamos tan claro que lo que ocurrió había sido una violación. Se empezaban a cruzar cosas: ¿hasta qué punto no me he prostituido? Pero ahí dentro tú no decides nada. En un campo de concentración no hay consentimiento posible. Te dicen: «Sí, te violaron, fue forzado, pero bueno, a lo mejor te gustó». Y si me gustó, ¿qué? ¿Es menos violación? No. Es lo mismo. Además, en ese lugar tenías que hacer que no se te notara el miedo, el rechazo. Todo era: «Qué suerte, gracias por violarme, esto me va a hacer bien para mi recuperación».

En la causa contra González, Fanego, su defensor, empieza su alegato citando a Hebe de Bonafini, cofundadora y presidenta de Madres de Plaza de Mayo: «No lo digo yo, sino la señora Hebe de Bonafini: "Si están vivos, es porque delataron a sus compañeros" [...]. Si se analizan todas las declaraciones de Labayrú [sic], es una gran manipulación a lo largo de los años [...]. La frase "la amenaza estaba dentro de mí" [...], las pruebas demuestran todo lo contrario. Su familia de origen, su familia política, ninguno tuvo ningún problema que pudiera obligarla o hacerla sentir que debía acudir a esa práctica sexual. También se dio a entender que ella era una niña, como si hubiera sido ingenua, una niñita que no sabía de la vida. Labayrú con 21 años ya era una mujer formada en la lucha terrorista, por lo tanto la edad no significaba nada. Ahora viene a este juicio a tratar de poner eso como argumento de una ingenuidad absoluta, pero no la tuvo, como cuando voluntariamente fue con Alfredo Astiz a meterse dentro de los familiares que se reunían dentro de la Santa Cruz, sin haber hecho algo para llamarles la atención sino todo lo contrario, fue totalmente convencida de que era lo que tenía que hacer [...]. A su vez, en julio del año 1976 fue promovida dentro de Montoneros de miliciana a aspirante a oficial, y ese mismo año participó en la colocación de un explosivo en la confitería Santa María, hecho del cual resultó ilesa [...]. Miren qué nena tan ingenua. Vemos que Labayrú [...] no resistió ni González usó fuerza alguna para ejercer su poder [...]. Por otro lado, la violación deja marcas indelebles en una persona [...]. A esta mujer no le quedaron secuelas invalidantes de una violación [...]. Manipuló a todos, desde el momento en que dice ser una niña y haber colocado una bomba un año antes. Una mujercita que recién sale a la vida no es promovida a oficial dentro de la jerarquía de Montoneros [...]. ¿Por qué no se escapó [...], por qué no fue (cuando estuvo) en Brasil a la Cruz Roja Internacional? [...] Recordemos que se le permitió irse a radicar a España, donde recibió la visita de González y Acosta, fueron a comer como grandes amigos. ¿Cómo no los denunció en España? Una mujer formada en la lucha, que coloca bombas, que es oficial montonero, que va a infiltrarse y a mentir a sus propios compañeros de militancia, no podemos pensar que tenía un trauma tan grande que le impidiera denunciar a los dos imputados en esta causa [...]. Esto es lo que nos lleva a solicitar la absolución de mi asistido por inexistencia de delito [...]. Aun en el caso de que, bueno, eran jóvenes y se gustaron mutuamente. Eso ¿qué tiene que ver con un abuso sexual o con un delito de lesa humanidad».

Ella no quiso leer todo el alegato de Fanego. Cuando le pregunto por esa bomba en la confitería Santa María dice, desconcertada: «¿Qué, la confitería qué?».

Para hacer todas las cosas que hizo el fin de semana –pasear con Hugo en bicicleta hasta la zona norte del conurbano (muchos kilómetros), almorzar en un restaurante junto al río, ir al teatro (a ver una obra que no le pareció gran cosa; además, no le gusta el teatro), organizar un asado con amigos, planificar un viaje próximo, participar del grupo de cine de Hugo, mirar un partido de fútbol del Real Madrid, no necesariamente en ese orden–, se la ve descansada.

–Mis viejos eran muy así, muy disfrutones.

En la sala del departamento hay dos bicicletas, presumiblemente las que usan en ese plan de ocio que parece, más bien, un plan de agotamiento frenético, pero la energía sobrehumana de Hugo –que es quien propone buena parte de las salidas: él es local y ella sigue siendo una recién llegada– parece calzarle bien.

–Tú corres, ¿verdad?

–Sí.

–A Hugo le han operado como cinco veces las rodillas, lo atropelló una moto, le rompió el ligamento cruzado, después se tropezó con su propia pantufla sobre la misma rodilla, entonces tiene las rodillas un poco averiadas y correr no puede. Pero la bici, sí. Es culo inquieto y todo el tiempo está pensando en qué vamos a hacer. A mí me dejas ahora en Galicia, en esta casa de Vilasindre, y ya está. El sueño de mi vida es estar en ese jardín, tirada en el césped para oler la tierra, con un libro, una cervecita, música, y que me dejen en paz. Yo creo que es imposible que me aburra. Tengo tantas cosas que me interesan por leer, por escribir. Películas que ver, amigos con quienes hablar. Creo que tiene que ver con mis viejos. Cuando estaban bien se reían mucho, y en medio de toda esa oscuridad era una casa alegre. Bailaban el tango, eran muy amigos de sus amigos. Pero también tiene que ver con que yo me prometí que, si conseguía salir de ahí, el único homenaje que podía hacerles a los que no tuvieron la misma suerte era tener una buena vida.

Días atrás se reunió con algunas mujeres que estuvieron detenidas en la ESMA, con las cuales no solo no tenía relación dentro del centro clandestino sino que le despertaban desconfianza o, directamente, le producían terror: Marta Álvarez y Graciela García Romero.

—Con Marta, en el campo, teníamos algún trato pero con mucha distancia. Hace unos años llegó a Madrid, para declarar en un juicio, y me llamó para ver si podía quedarse en casa. Y yo dije: «¿Por qué no?». Ella también había tenido un hijo ahí, y me habló de algunas cosas sobre las cuales yo nunca había pensado. Les tenía mucho miedo. A ella y especialmente a Graciela García Romero. Habían sido montoneras igual que yo, y sentía que a Acosta lo podía engatusar pero a ellas no.

Dentro de la ESMA había una división fuerte: el staff, donde estaban, entre otros, Cuqui Carazo, Martín Gras, Juan Gasparini —y la misma Silvia Labayru, aunque en una posición lateral, de menor relevancia—, y el ministaff. Este último era un grupo de prisioneros a los que Acosta llamaba «fuerza propia». Sobre ellos se estableció la idea de que colaboraban activamente con los militares y ejercían vigilancia interna (para delatar engaños, intentos de fuga, etcétera). Si en torno a los sobrevivientes de los centros clandestinos existió —existe— una pregunta que denota sospecha —«¿Qué hiciste para que no te mataran?»—, los miembros del ministaff fueron —¿son?— repudiados incluso por sus excompañeros de cautiverio.

—El ministaff era un grupo de seis personas que habían sido secuestradas entre junio y octubre de 1976, una época espantosa. Esta gente había sido obligada a entregar mucha información, a salir a marcar. Les teníamos pánico porque creíamos que eran exmontoneros realmente dados vuelta, pánico de que percibieran que estábamos fingiendo y nos delataran. Y en estas charlas con Marta, con Graciela, nos fuimos dando cuenta de que esta separación entre staff y ministaff fue un invento buenísimo de Acosta para crear enemistad, desconfianza. Yo siempre le digo a Graciela que le tenía más miedo a ella que al Tigre Acosta, porque las dos habíamos salido de la misma fábrica. Me miraba y yo temblaba por dentro. Decía: «Esta se está dando cuenta de que estamos mintiendo». Era como si yo fuera transparente. Como si ella fuera a descubrirme, como si me estuviera viendo desnuda.

—¿Cuándo retomaron el contacto?

–A Graciela la vi muchos años más tarde que a Marta, pero a través de Marta nos empezamos a acercar. Hace no mucho. Hace, apenas, tres o cuatro años.
–La verdad es que tengo temor de estar reflejándote algo que no responde a la mayoría de la gente. Según por quién entres a esta historia, el relato puede ser hasta diametralmente opuesto.
–¿No es lo que pasa siempre?
Sonríe, callada.
Después me voy.

«Massera pretendía erosionar la autoridad del presidente *de facto* Jorge Rafael Videla, y transformarse en un líder político con aspiraciones presidenciales una vez terminada la dictadura», se lee en el libro *ESMA*, de Marina Franco y Claudia Feld. Esa pretensión, dice Cuqui Carazo, les hizo suponer que se podía desviar el cauce de la masacre hacia un camino político.
–No se trataba de si éramos montoneros o no éramos montoneros. Nosotros pensamos: «Esta gente quiere ser gobierno, entonces ayudémoslos a que tengan una propuesta de gobierno. Ayudemos a que Massera se crea que es el más inteligente de los tres comandantes y tratemos de salvar vidas de los compañeros». Se trataba de que ninguno más tenía que morir, y en la medida de lo posible que no cayera ahí adentro. Y, si caía, había que tratar que la fila de los miércoles fuera lo más corta posible. Esa era nuestra estrategia. Y nosotros creíamos que el ministaff no tenía esa posición, que el ministaff tenía su propia estrategia que nos parecía espantosa. Creíamos que eran todos unos entregados.

–Como militante, recuerdo esos años con nostalgia. Fueron las amistades más fuertes que tuve en mi vida. La mayoría de la gente con la que milité tenía una utopía, estábamos todos queriendo eso. Y suponíamos que íbamos a ganar. Por ahí una no iba a estar, porque te iban a matar, pero el proyecto sí.

La confitería La San Martín, en la avenida Santa Fe, es uno de esos sitios repletos de bronce y plantas de interior de baja calidad con que algunos bares intentaban modernizarse en el siglo XX. Marta Álvarez tiene todavía un buen rato de viaje hasta su casa en las afueras, y acaba de terminar su jornada laboral en el Ministerio de Trabajo, pero no la preocupa: aprovecha para leer en el colectivo. Es una mujer de voz áspera con una completa carencia de actitud defensiva, a pesar de que el repudio que recibió al salir de su cautiverio no se esfumó durante décadas (y es posible que todavía no se haya esfumado).

–Yo comparto muchas de las críticas a Montoneros que hace Silvia. Primero, no haber parado, no haber salido de la militarización absurda en la que estábamos. Y después, que la organización no cubría a los militantes. Se cuidó la dirigencia, se fueron a Europa y no solo dejaron solos a los militantes, sino a la gente del barrio o de las villas que no tenía ninguna posibilidad de zafar. Y ahí los dejamos. Bueno, yo digo «los dejamos», me hago cargo.

Delegada del diario *La Razón* hasta que los montoneros le ordenaron retirarse de allí, fue secuestrada en junio de 1976 junto con Adolfo Kilmann, su pareja, el día en que cumplía veintitrés años e iba a contarle a su madre que estaba embarazada.

–Cuando nos llevaron, dije: «Por fin». Eso fue lo que sentí cuando caí. Por fin. Porque todos los días ibas a una cita y no sabías lo que podía pasar. Te decían: «Cayó fulano, cayó mengano».

Los dos fueron trasladados a la ESMA e hicieron el recorrido habitual, que comenzaba en la sala de tortura.

–El embarazo no se me notaba, y cuando me estaban torturando Adolfo gritó que pararan, que estaba embarazada. Dejaron de torturarme y me ataron a una de las columnas del sótano durante tres días. Después me llevaron a Capucha, y ahí vino alguien y me dijo: «Poné el brazo que te voy a sacar sangre para verificar si estás embarazada».

Adolfo Kilmann continúa desaparecido, pero Marta Álvarez llegó a prometerle que sacaría a su hijo de allí. Federico nació el

1 de marzo de 1977 en un hospital porque el parto venía complicado. Ella no expulsó la placenta y, ya de regreso en la ESMA, estuvo a punto de morir por una infección.

–Creo que en el hospital estaban aterrados. Adentro yo pariendo y afuera un tipo con un FAL. Habrán dicho: «Llévensela, ya está». Pero después casi me muero.

El bebé permaneció en el centro clandestino hasta el 16 de octubre. Ese día lo entregaron a la madre de Marta Álvarez, a cuya casa empezaron a dejarla ir aleatoriamente. Acosta le decía, llamándola por su nombre de guerra: «Peti, Peti, no te creo nada, ya vamos a hablar».

–Y ese «ya vamos a hablar» no se sabía qué era. A mí me partía al medio. Él no me creía y hacía bien en no creerme. Supuestamente estábamos todos recuperados.

Dice que se enteró de que el ministaff existía, y de que ella formaba parte de él, cuando un guardia entró al camarote donde estaba junto con Alfredo Buzzalino, Ana Dvatman, Graciela García Romero, Marisa Murgier, Coca Bazán e Inés Cobo, y ordenó: «Dice el Tigre que baje el ministaff».

–Todos nos miramos. Era la primera vez que yo escuchaba eso. Pregunté: «¿Qué cuernos es el ministaff?». Fue brillante por parte de Acosta, porque nos presentaba como fuerza propia. «Ustedes son el ministaff, mis asesores.» Decía: «Con el ministaff estuvimos viendo...». Y mentira, no estuvimos viendo nada, pero él decía eso para mantener la división y el temor. Y nadie confiaba en nosotros. Pero yo no confiaba en nadie, tampoco en gente del ministaff.

La obligaron a hacer trabajos varios –en la Cancillería, en una productora (Multivisión, después llamada Chroma) que elaboraba propaganda proargentina y donde también obligaron a trabajar a Silvia Labayru–, que solo pudo abandonar cuando comenzó la democracia. Y entonces, cuando pensó que todo había terminado, descubrió que no.

–Cuando salimos de la ESMA fue un espanto. El lema de los organismos de derechos humanos era «Vivos los llevaron, vivos los queremos», pero muchos salimos vivos y no nos quisieron. En la Secretaría de Derechos Humanos eran hostiles abiertamente. Te decían: «Pero vos sos del ministaff». Y yo decía: «Puedo hacer una declaración, contar a qué personas vi ahí adentro». «Vos sos del ministaff, es complicado hablar con ustedes.» El que a mí me salvó de la locura fue Maco Somigliana, del Equipo Argentino de Antropología Forense. Fui y le dije: «Lo único que quiero decir es a qué personas vi ahí adentro, no quiero otra cosa». Y me dijo: «Yo no juzgo». Maco fue el que abrió las puertas. Un día estaba con él, en las oficinas del Equipo, y llamó a Lita Boitano, la presidenta de Familiares de Desaparecidos y Detenidos. Le dijo: «Estoy acá con Marta Álvarez, que puede decir algo sobre la gente que vio». Y Lita le contestó: «Yo no hablo con gente del ministaff». A las Madres de Plaza de Mayo no podíamos ir. Dicho por Hebe de Bonafini: «Los tiramos por las escaleras si llegan a venir».

Las secuelas del repudio fueron muchas, y no solo la afectaron a ella: Federico no conoció a su tía hasta 1995, cuando tenía diecisiete años.

—En la Secretaría de Derechos Humanos alguien le había dicho a mi cuñada que Federico no era hijo de Adolfo sino de un marino. Así que no lo quería conocer. Ahora todos tenemos buena relación, pero al principio no. Yo tenía horror al rechazo. La pregunta era: «¿Y vos por qué te salvaste?». Te parte eso. Porque vos decís: «Qué sé yo». «Por algo te salvaste», te dicen.

En 2003, el juez español Baltasar Garzón abrió juicio contra el represor Adolfo Scilingo, quien había confesado en 1997 su participación en los vuelos de los miércoles. El abogado argentino Carlos Slepoy, exiliado en España, que asistió a víctimas de diversas dictaduras latinoamericanas (su acción legal contra Augusto Pinochet, junto con Garzón, permitió que se detuviera al dictador chileno durante un viaje al Reino Unido), era querellante. Varias personas fueron citadas a declarar, entre ellas Marta Álvarez, cuyo testimonio resultó fundamental para condenar a Scilingo. Slepoy fue a buscarla al aeropuerto de Barajas.

—Conmigo fue un buen tipo. Me dijo: «Mirá, te voy a ser

franco, hay otros sobrevivientes y esta noche nos vamos a reunir en mi casa, pero no te invito porque no sos bienvenida. Planteé si podías venir y me dijeron que no». Le dije: «No te hagas problema, voy a lo de Silvia».

Silvia era Silvia Labayru. Por entonces no tenía relación con Marta Álvarez pero, a pesar de la sombra del ministaff, la recibió.

–En la ESMA habíamos compartido algunos momentos, poquitos, pero me pareció siempre muy inteligente. Alguien que va más allá de lo binario: los buenos y los malos. Nosotros, los del supuesto ministaff, éramos los traidores. Y yo creo que continúa. De hecho, ninguno viene a decir: «¿Qué pasó?». Silvia sí. Ella pregunta: «¿Qué pasaba ahí?». Ya adentro se veía que no era como los demás. No era un soldado. Pero era bonita, de buena familia, y no era tan bien aceptada en el grupo. La aceptaban por Cuqui, no porque le tuvieran confianza. La belleza y la clase social le jugaban en contra. Desde ese viaje mío a Madrid nos empezamos a comunicar más seguido.

Luego, hace unos años, Marta Álvarez, Silvia Labayru, Cuqui Carazo, Graciela García Romero, Lydia Vieyra y algunas más coincidieron en un acto que se llevó a cabo en la ESMA.

–En esas cosas que se hacen en la ESMA a veces siento que somos utilizados. Cuando te necesitan te llaman y te muestran: «Miren, estos son los exdesaparecidos». En un momento sentí que era lo mismo que hacían en la ESMA con los almirantes. Venían los almirantes de visita y nos mostraban. Te preguntaban: «¿Hija de padres separados?». «No.» «¿Judía?» «No.» Te llaman cuando necesitan juntar gente y hay otros momentos en que no participás, cuando son cosas más exclusivas.

Después de ese acto, fueron a la casa de Graciela García Romero a hacer lo que no habían hecho nunca: hablar. Desde entonces, se formó una cofradía de linajes mezclados: staff, ministaff, acusadas de colaboracionistas, acusadas de traición, prisioneras intachables. Cada tanto se encuentran, conversan, se preguntan.

–Cuando a Silvia la meten en lo de las monjas, porque fue

meterla, me daba mucha ternura, mucha tristeza. Porque Silvia padecía estar ahí. Se le notaba en la mirada. Silvia hizo lo que podía. Para mí era evidente. Decían: «Bueno, fue a la reunión de las madres y las monjas, podría haberse negado». Nadie podía negarse. En un momento compartimos alguna actividad, ella hablaba inglés y francés, y los marinos no sé qué hicieron con unos periodistas que venían de afuera y fuimos juntas a atender a los periodistas y ahí compartí varias salidas con ella, pero siempre estaba Astiz.

–¿Astiz infundía terror?

Marta Álvarez se ríe a carcajadas:

–¡Es un pelotudo!

Tose, se atraganta como si le hubiera preguntado algo graciosísimo.

–Es muy, muy pelotudo. Astiz venía con una revista de historietas para chicos, no me acuerdo si era *El Pájaro Loco* o *Condorito*, con una chupaleta, una botellita de Coca-Cola. Eso era Astiz.

–Pero fue muy hábil para infiltrarse, era un agente operativo.

–Sí, pero no le pidas una elaboración.

–Silvia es muy inteligente.

Graciela García Romero tiene el pelo corto, los ojos vivaces. Llevamos un rato charlando en un café y súbitamente recuerda que estacionó el auto sin colocarle la oblea que le permite dejarlo allí –es un momento raro de la conversación para recordar eso: me está contando que el Tigre Acosta llevaba sus propias sábanas al departamento donde la violaba–, así que se levanta, va a poner la oblea, regresa. Forma parte del consejo de administración de la Fundación María Elena Walsh, una gran poeta, cantante y escritora argentina asociada sobre todo a la literatura infantil, pero su juventud fue muy distinta a las demandas que hoy implica ese trabajo. Era oficial montonera y la historia de su secuestro es una secuencia angustiante: era 15 de octubre de 1976, tenía veinticinco años, la agarraron en la avenida Corrientes, le quitaron el bolso donde llevaba la pastilla de cianuro, se escapó, volvieron a apresarla, se aferró a los autos, estrelló la cabeza contra un vidriera, una mujer policía se acercó a preguntar qué pasaba, ella gritó: «¡Me están secuestrando!», la mujer policía sacó el arma, los militares dijeron: «Fuerzas conjuntas», la mujer policía guardó el arma, se fue, los militares subieron a Graciela García Romero a un auto, le pusieron esposas, le vendaron los ojos, se quitó las esposas –tiene manos chicas–, se quitó la venda, levantó el seguro del auto, se arrojó a la calle, cruzó corriendo la avenida 9 de Julio, la siguieron, la alcanzaron, se aferró a una mujer, gritó: «¡Haga algo, me están secuestrando!», la inmovilizaron, la arrastraron hasta el auto. No pudo hacer nada más y terminó en la ESMA.

–Silvia Labayru me dijo que te tenía más miedo a vos que a Acosta o a González.

–¿Silvia dijo eso?

–Sí.

Lo dijo muchas veces, además: «Yo le he dicho a Graciela que ella me daba más miedo que el Tigre Acosta». Pero Graciela García Romero está llorando.

–Le parte a uno el corazón escuchar eso. Le parte a uno el corazón.

La secuestraron un viernes. El sábado o el domingo la dejaron ir al baño del sótano. Cuando se miró al espejo, como ahora, empezó a llorar.

–Porque había fracasado como militante, porque había dado una cita. Ustedes, la sociedad, no tienen noción de lo que son las variaciones del miedo: miedo, terror, pavor. Son cosas muy diferentes que gracias a Dios hoy no suceden. Ahí adentro es otra dimensión. Estás aterrorizada y lo único que hacés es pensar como un animal. En un momento nos llevan a un camarote donde empezamos a estar Marisa Murgier, Ana Dvatman, Coca Bazán e Inés Cobo. Bueno, después supe que ese camarote tenía un sentido para ellos, porque todas las que estábamos ahí pasamos a ser mujeres abusadas por uno y por otro. Igual que Marta Álvarez, asegura que los últimos en enterarse de que existía el ministaff fueron los integrantes del ministaff.

—En un momento se asomó un guardia y dijo: «Tiene que bajar el ministaff». Nos miramos y dijimos: «¿Qué es el ministaff?». Por supuesto que había en el ministaff gente que era de temer. No importa quién. Entraba un oficial y decía: «Vamos a dar un paseo, ¿quién quiere venir?». «Dar un paseo» era que te sacaban a marcar. Y ahí alguno levantaba la mano. Y después volvía y decía: «Trajimos a tal». Pero nosotros teníamos una situación que era más una etiqueta que una realidad. Yo era como el símbolo de la traición, de la colaboración. A muchos les hizo muy bien suponer que había un grupo que resumía todo lo peor. Eso tranquiliza. A nosotros nos salvó Maco Somigliana, del equipo de forenses. Cuando salimos hizo un ámbito de los desgraciados. Tenía a los desgraciados de los días miércoles, cada quince días. Estaba Marta, estaba yo. Reconstruyendo. Haciendo la lista. Él fue el único de un organismo de derechos humanos que escuchó nuestro relato. La actitud, tanto de Abuelas de Plaza de Mayo como de Madres..., no nos quería nadie. De pronto Maco decía: «Ayer vino...», alguna compañera. Y nosotros sentíamos que esa compañera podría haber venido cuando se reunía nuestro grupo, porque era de la ESMA, hubiera sido lo esperable, pero se reunían aparte. Otro secuestrado, Juan Gasparini, me decía la Noviecita de Acosta.

El mote la siguió durante mucho tiempo. Quizás todavía la sigue. Un día de diciembre de 1977, el Tigre Acosta la llamó y anunció: «Mañana te voy a sacar». Ella sabía qué implicaba eso.

—Qué podía hacer. No dije nada. Y yo esa noche me indispuse, empecé a menstruar. Que era lo único que podía hacer. Me bajan, me lleva a un departamento en la calle Olleros y Libertador. Él con un maletín de cuero donde llevaba las sábanas. Cuando llegamos no había luz. Y dijo: «Uy, no hay luz, es el piso tal». Y yo dije con una voz así, apagada: «Estoy menstruando». Y me dijo: «Eso es lo de menos». Ahí me llevó dos o tres veces. Lo llamaban Guadalcanal, por la batalla de Guadalcanal. Después me empezaron a llevar a otro departamento en

Ecuador y Santa Fe. Me llevaba el mayor que era asistente de él. Me dejaba ahí, cerraba con llave y se iba. Y estaba ahí todo el fin de semana. En algún momento venía Acosta. Yo había tenido una militancia importante. No veníamos de militancias menores. El mensaje de la violación estaba destinado a nosotras. Nos querían destruir, no era un mensaje para nuestros compañeros. No podían entender nuestra cabeza y necesitaban doblegarla. Y, como dicen otras compañeras, a su vez les llamaba mucho la atención que hubiera una mujer con esa cabeza.

La obligaron a trabajar en la Cancillería, en el Ministerio de Bienestar Social bajo un régimen de libertad vigilada. Cuando llegó la democracia, abandonó el ministerio, pero aun entonces Acosta apareció en su casa dos veces.

–La segunda vez me dijo: «Tené cuidado con las mujeres, tené cuidado si son dos». Y yo estaba saliendo con dos mujeres. Quiere decir que me escuchaban las conversaciones.

–¿Habías visto a Silvia adentro de la ESMA?

–Sí. Poco. Te dabas cuenta de que estaba elaborando. La veías armada. Ni estaba especulando ni sobreactuaba. No. La veías plantada. Y Astiz estaba muerto con ella. Hacía lo que ella le decía. Yo tengo una imagen de Astiz dándole la mamadera a Vera, no sé, son flashes. Estaba fascinado, servil. No se necesitaba mucho, porque era un ser extraño. Como operativo era un tipo con mucha energía, pero yo he estado días enteros en una quinta con él y le decías: «Andá a traerme eso», y te lo traía.

Después de muchos años de no reunirse con casi ninguna de las personas con las cuales había compartido aquel pasado, excepto Marta Álvarez, una noche fue a una cena con Marta, Marisa Murgier y una presencia inesperada: Cuqui Carazo.

–Y Cuqui dijo en la cena: «Yo te tenía miedo». Después nos vinimos las dos para el centro y Cuqui me preguntó: «¿Pero vos sos gay?». «De toda la vida», le dije, «¿vos te creés que soy la única prisionera gay que fue violada?» Cuqui es brillante. Ella fue la que se dio cuenta, después de años, de toda la división que hizo Acosta ahí adentro entre staff, ministaff. Y de a poco nos empezamos a acercar. Con Silvia, la primera vez nos

183

encontramos en un bar. La vi distante. A lo mejor porque me tenía miedo. Pero empezamos a vernos más después de algo que se hizo en la ESMA, y todas vinieron a mi casa. Y escuchar a Silvia..., nadie podría creer que ella había pasado por algo así. Pero yo cuando la veo siento que tiene una tristeza grande. La última vez que nos juntamos estaba sentadita en el piso. Vos la ves puesta, la ves que se arregla, la ves bien vestida, pero se lo dije a Marta: tiene una tristeza profunda.

Hace años, Graciela García Romero inició un juicio por violación contra Acosta. Fue antes de que ese hecho se inscribiera como delito autónomo, de modo que el proceso está detenido por cuestiones técnicas.

–A mí no me da vergüenza decir que fui abusada. ¿Por qué les da vergüenza a las compañeras decir que fueron abusadas? ¿Por la índole del abuso, que es sexual? No sé. Yo fui estigmatizada por la mancha de lo que fue Acosta. Cuando salí se empezó a hablar de que era la amante de Acosta. Me encerré en mi casa. Solamente veía a Marta Álvarez. No veía a nadie. Cuando salimos nosotros fue una calamidad. El rechazo me parece que empieza con los juicios, con el juicio de 1985. Nadie nos convocó para declarar. Nos sentíamos culpables. ¿Y por qué? No lo sé. Yo les tengo miedo. A los compañeros. Yo nunca marqué a nadie. Canté una cita, pero todo el mundo cantó. Si no, no hubiera caído tanta gente. Cuando te llevaban a comer, cuando te cogían, vos eras una persona desintegrada, ya no eras el cuadro militante. Cuando salimos de ahí hubo que recomponerse, éramos un pedazo de nada. Hacían lo que querían con nosotros.

El 16 de enero de 1998, el diario argentino *La Nación* reprodujo la entrevista, originalmente publicada en la revista *Tres Puntos*, que la periodista Gabriela Cerruti le había hecho al capitán de fragata retirado Alfredo Astiz. Llevaba por título: «El asesino está entre nosotros». Astiz, de cuarenta y tres años, no estaba preso –ahora cumple cadena perpetua por delitos de lesa humanidad– y vivía en el Hotel Naval, avenida Córdoba 622.

Cinco días antes de la entrevista, Carlos Menem, entonces presidente, había propuesto que se construyera en la ESMA un monumento a la reconciliación. Astiz describía así su trabajo: «A mí me decían: andá a buscar a tal, yo iba y lo traía. Vivo o muerto, lo dejaba en la ESMA y me iba al siguiente operativo [...]. Se dijo de todo de la ESMA [...]. ¿Qué querés que te diga? ¿Que era lo de las Carmelitas Descalzas, presidido por la Madre Teresa? No, no era. Era el lugar para encarcelar al enemigo, pero lo que ellos no quieren contar, y por eso no habla la mayoría de los sobrevivientes de la ESMA, es que la mayoría de ellos colaboraba, y hasta nos teníamos afecto». La periodista dijo: «Usted los secuestraba y torturaba». Y Astiz: «Yo nunca torturé. No me correspondía. ¿Hubiera torturado si me hubieran mandado? Sí, claro que sí. Yo digo que a mí la Armada me enseñó a destruir [...]. Sé poner minas y bombas, sé infiltrarme, sé desarmar una organización, sé matar. Todo eso lo sé hacer bien. Yo digo siempre: soy bruto, pero tuve un solo acto de lucidez en mi vida, que fue meterme en la Armada [...]. Yo soy el hombre mejor preparado técnicamente en este país para matar a un político o a un periodista. Pero no quiero. Apuesto a este sistema. Aunque no me conviene, a mí me conviene el caos, yo me sé mover mejor en el caos. Pero creo en la democracia [...]. No soy perfecto, puedo haberme equivocado en algo menor, pero en lo grande no me arrepiento de nada [...]. Y hay una cosa que aprendí de mi madre y es el único consejo que puedo dar: cuidate de los traidores. El que traicionó una vez traiciona siempre». La periodista le dijo: «¿Lo dice usted, que traicionó a las Madres de Plaza de Mayo y las entregó para que desaparecieran?». «Yo no las traicioné, porque no era una de ellas [...]. Yo lo que hice fue infiltrarme, y eso es lo que no me perdonan [...]. Las fuerzas armadas tienen quinientos mil hombres técnicamente preparados para matar. Yo soy el mejor de todos».

—Ellos hacen su vida, pero quieren que en Navidades mami esté, entonces es «Mami, mami, mami».

Falta mucho para Navidad, pero quizás la planificación a largo plazo es la única manera de llevar una vida entre dos países. Ayer estuvieron con Hugo hasta la madrugada investigando precios de pasajes para fin de año. Durante el puñado de días que llevamos sin vernos, ha visitado a su padre, ha estado con amigos pero, sobre todo, se ha dedicado a diseñar un plan que podría titularse «Tengamos las fiestas en paz»: David quiere que ella esté en España para Reyes, ella quiere pasar alguna de las fiestas con Hugo, David no quiere pasarlas en la Argentina porque su novia, Claudia, estará en Europa y no se ven desde hace demasiado tiempo.

Hoy, como siempre, tiene un perfume fresco que no logro identificar y que la envuelve como una especie de pétalo, aunque solo lo percibo cuando, como hace apenas un momento, nos saludamos con un beso. El resto del tiempo, el perfume retrocede, una ola delicada que se queda con ella.

–Cuando son ellos los que se van, se van. Como Vera, que se fue a Escocia, o David, que se fue a Berklee. Pero reclaman.

No dice esas cosas con pesar, sino contenta de que sus hijos la quieran cerca. Se refiere a sí misma como «la típica madre italiana», dando a entender que es protectora, preocupada, hasta mandona, pero solo una vez, con Vera, la vi en el rol de madre, con lo cual es difícil saber si todo lo que piensa de sí misma se corresponde con la realidad.

–De todas maneras, la propia Vera me dijo: «Mamá, ten en cuenta que los que nos fuimos fuimos nosotros, tú haz tu vida». Me lo declara, pero luego, cuando llegan los cumpleaños de los niños, es «mamá, mamá, mamá». Mientras no existía la pandemia yo los veía todo lo que podía a los niños, lo que pasa es que ahora ellos se van cada vez más lejos, y la pandemia, y la cuarentena, y hacerme cuatro PCR a ciento cincuenta libras cada uno...

Al hablar de sus hijos, siempre reparte dones: Vera era un sol, una niña buenísima, la luz de mis ojos, es una médica excelente; David fue el niño más feliz del mundo, tuvo la mejor educación, los viajes más maravillosos, ahora estudia en Berklee, tiene un promedio altísimo.

–David nació cuando Vera tenía dieciocho años. Lloraba mucho y Vera ya estaba estudiando medicina. Un día dijo: «Me voy a vivir a casa de papá porque no puedo con este ruido, y además tengo celos». Así. Directo. Y fue a vivir un tiempo a casa del padre. Terminó la carrera, después se fue a hacer un año de prácticas a un hospital de Inverness, ahí conoció a Ian, su marido. Cuando se fue a vivir a Escocia fue durísimo. Estar con ella es una fiesta. Tiene muy buen ánimo, las conversaciones con David y con ella en casa, los tres desayunando... Hay muy buen rollo entre ellos. Cómo se toman el pelo, cómo se quieren. Vera tiene mucho carácter, le gusta mucho mandar, y luego tiene un lado muy tierno y muy frágil. Me dice: «Mamá, ¿nunca vas a parar con la intención de organizarme la vida?». Yo le digo que no, que forma parte del pack, del papel de madre. «Yo lo intento y tú haces *delete*.»

–¿Hay cosas que no soporte de vos?

–Puedo identificar algunas cosas prácticas, por ejemplo, mis problemas con la tecnología y el desorden. Y luego, no lo sé, ella quizás desearía que yo tuviera un papel más cercano como abuela. Pero eso no es fácil, viviendo donde viven, con la pandemia.

Betty le había hablado de abortos, de sexo, de amantes: la había tratado más como a una cómplice que como a una hija. De manera que, sea lo que fuere que haya hecho con Vera y con David, tuvo que inventárselo: no tenía idea de cómo criar. Esa frialdad que teme que impregne su relato cuando habla de la ESMA se transforma en una preocupación cálida y protectora cuando lo que está en juego es, por ejemplo, la salud de sus amigos (los llama, los visita, los acompaña a clínicas y hospitales), y hasta la mía. Hacia fines de 2022 tendré un problema en una pierna, consecuencia de correr demasiado, y a lo largo de meses, hasta bien entrado 2023, me preguntará: «¿Cómo va tu pierna? No me dices nada. ¿Qué te ha dicho el médico?»; «¿Y tu patita? Dime, por favor. ¿Sigues corriendo, no deberías parar?»; «¿Sigue resistiendo ese piecito?». Es difícil rastrear el origen de ese rasgo, que podría pensarse como maternal de una manera clásica, puesto que su experiencia más cercana con una figura materna duró apenas unos meses –desde enero de 1977 hasta septiembre de ese año– y transcurrió dentro de la ESMA.

–Cuqui era mi mamá. Yo me sentí protegida por Cuqui en la ESMA de un modo que no me sentí protegida por mi madre fuera de la ESMA. Y cuando Cuqui se fue al Centro Piloto París, la sensación fue: «Perdí a mi mamá».

El Centro Piloto París era un espacio creado por los militares en la capital francesa para difundir ideas favorables acerca del gobierno de la dictadura y disminuir la «campaña internacional» contra la Argentina. Cuqui fue enviada allí para trabajar en eso junto con su hija Mariana y otra prisionera, Marisa Murgier, en septiembre de 1977. Hizo intentos por llevar a Silvia Labayru con ella, pero no lo logró.

–Por suerte. Porque la gente del exilio consideró luego que haber estado en el Centro Piloto París era más o menos ser gente de la Marina, colaboracionista total. Y eso le pasó a Cuqui. Pero cuando la llevaron a París sentí que me quedaba solita, huérfana, y otra vez empecé a pensar qué iba a pasar conmigo. Ella no era una madre de hacerme mimitos, pero todo lo que hizo por Vera, por cuidarme políticamente... Antes del 14 de marzo, de la llamada a mi padre, cuando yo estaba muy embarazada y había que tomar una decisión, Cuqui le escribía notitas a Acosta: «Hay que hablar sobre la situación de Mora», y el tipo no decía nada. Ella me miraba y levantaba las cejas como diciendo: «Estoy haciendo todo lo que puedo pero no le veo buena pinta a esto». Esos fueron tiempos de angustia enorme. Nunca le agradeceré lo bastante que, siendo yo tan jovencita, confiara en mí y me hiciera partícipe. Era un cubículo muy pequeño el del sótano, y yo estaba ahí traduciendo, vivía con ella y con Martín Gras permanentemente. La presencia de Cuqui creaba una especie de fantasía de familia. Ella era la madre, Martín Gras, el padre y yo, la hija, la niña. Era bastante explícito. Martín me decía Niña, Niñita.

Cuando habla de esa familia extravagante –y lo hace muchas veces–, siento que en ese lugar, de por sí tenebroso, se filtraba además algo del orden de lo insano, de lo demente, de lo vesánico.

—Era una especie de juego, de metáfora familiar. Cuando a Cuqui la llevan al Centro Piloto París, esa situación se rompe y me quedo ahí con Juan Gasparini y con Martín Gras.

—Que era como una especie de padre.

—Sí, bueno, un padre un poco... cómo se diría... incestuoso. Cuando Cuqui se fue, él me dijo que estaba como enamorado de mí. Le dije que eso era imposible. Primero, porque era imposible. Entre otras cosas porque los militares lo tenían prohibido. Segundo, me parecía una barbaridad, porque habían venido a verlo su esposa y su hijo y yo los metí en casa de mi padre mientras me ocupaba de pasear al niño de tres años para que la pareja tuviera intimidad.

—¿La relación con él siguió?

—Sí, pero para cualquier hombre es una herida narcisista que le digan que no, y sobre todo para uno que va de jefe montonero. No es la clase de persona a la que le gusta que le digan que no. También hay que decir que, para los hombres, estar ahí secuestrados con montoneras jóvenes no debía resultar fácil. Uno no deja de estar vivo en esos lugares.

Al llegar a mi casa, abro la carpeta donde reúno material sobre ella y anoto un recordatorio: «Buscar Satisfyer». Tiempo después encuentro la conversación en la que me habló de eso: «En la ESMA nos masturbábamos incluso con las esposas puestas. Una descubre cada técnica. Con Lydia decimos: "Mira si hubiéramos tenido el Satisfyer allí dentro"». Ahora, entre ellas, al Satisfyer le dicen Spotify para que nadie sepa de qué están hablando. Es un estimulador del clítoris que estuvo o está entre los productos más vendidos de Amazon.

—Cuando a mí me mandan al Centro Piloto París yo tenía una relación muy especial con Antonio Pernías, pero todavía no era una relación de pareja –dice Cuqui Carazo–. Yo sentía que él me protegía. Y que esto de Vera era una cosa que habíamos hecho juntos, una cosa buena, porque los niños eran inocentes. Él tenía toda una historia, su pareja había abortado sin su consentimiento y esa había sido la causa de la ruptura. El tema de los niños lo afectaba profundamente. En el 78, Antonio Pernías viene a vivir a París, y ahí es donde se empieza a dar una relación, mía con él. Que tiene mucho que ver con el amor que él tenía por mi hija y ella por él. Uno puede decir que sí, que de últimas ha sido una violación, porque no habría ocurrido en situaciones normales, no habría ocurrido si yo no hubiera estado ahí. Pero creo que, en la absoluta soledad de Europa, con Antonio tuvimos muchas cosas en común. Se habló incluso de que él se podía venir a vivir a Lima y dejar las fuerzas armadas. Pero eso nunca se dio. Entonces se produjo un distanciamiento. Antes de la guerra de Malvinas, en el 82, yo ya estaba en Lima y le dije: «Hasta acá. He venido a Perú a rehacer mi vida en todos los sentidos. No puedo seguir manteniendo una relación contigo». En mi relación con Antonio la sobrevivencia no era lo que estaba en juego. La soledad probablemente sí.

Cuqui Carazo, que abordó el tema de Pernías antes de que yo lo mencionara, siempre se refiere a lo que sucedió como «una relación». Su historia ha sido abordada por la literatura de ficción, de no ficción y por la prensa usualmente como prototipo del accionar de una traidora. En diciembre de 2022, durante un almuerzo entre colegas, uno de ellos, que sabía que yo estaba escribiendo sobre una persona detenida en la ESMA (no porque yo se lo hubiera contado), insistió en que debía leer *Recuerdo de la muerte*, un libro publicado en 1996 por el periodista Miguel Bonasso, del que hablaba con admiración. Yo ya lo había leído, pero preferí no hacer comentarios. El libro no fue bien recibido por todos los sobrevivientes. A través de la historia de Jaime Dri, un secuestrado que escapó de la ESMA en julio de 1978, cuenta lo que sucedía dentro del centro clandestino, pero algunos de quienes pasaron por allí sostienen que hace una divisoria de aguas entre héroes y traidores que les resulta injusta: un resumen grosero podría decir que sienten que, según el libro, los que murieron sin decir nada serían héroes; los demás, traidores (incluso Cuqui Carazo).

El tema del traidor y del héroe es un asunto arduo, pero

parece serlo solo para los sobrevivientes: no ocupa espacio en la conversación pública argentina, como sí lo ocupan muchos otros aspectos relacionados con la dictadura.

Ana Longoni, doctora en Artes especializada en los cruces entre arte y política en América Latina, lo ha abordado en su libro *Traiciones* (Norma, 2007), en el que analiza tres obras que giran en torno a la figura del traidor, entre ellas la novela *El fin de la historia*, de la escritora argentina Liliana Heker, publicada en 1996, y el libro de Miguel Bonasso. La novela de Liliana Heker narra lo sucedido entre Cuqui Carazo y Antonio Pernías, aunque los nombres están cambiados. Hay dos amigas, Leonora, la revolucionaria, y Diana, que narra la vida de Leonora, la militancia, el secuestro, la tortura y, finalmente, la libertad obtenida a través de la delación de compañeros y como consecuencia del vínculo amoroso que establece con uno de sus torturadores. Heker tuvo acceso al relato de primera mano porque ella y Carazo eran amigas y Carazo le contó todo para desahogarse. Longoni escribe: «[...] los relatos de los sobrevivientes estorban –en ciertos ámbitos militantes– la construcción del mito incólume del desaparecido como mártir y héroe, frente al que no parece tener cabida ninguna crítica de las formas y las prácticas de la militancia armada de los 70 sin poner en cuestión la dimensión del sacrificio de los ausentes [...]. Tanto el desaparecido entendido como mártir inocente como el desaparecido asimilado irrestrictamente al lugar del héroe no puede –en tanto desaparecido– correrse del sitial en que ha sido colocado, ni puede testimoniar. El sobreviviente, en cambio, aparece en este esquema como un héroe caído; se vuelve en esta lógica binaria la contracara del héroe: un traidor, y esa posición borronea su condición de víctima».

En su libro *Poder y desaparición*, Pilar Calveiro, politóloga, exdetenida en la ESMA y exiliada en México, escribe: «El sujeto que se evade es, antes que héroe, sospechoso. Ha sido contaminado por el contacto con el Otro y su supervivencia desconcierta. El relato que hace del campo [...] siempre resulta fantástico, increíble; se sospecha de su veracidad y por lo tanto de su relación y sus posibles vínculos con el Otro [...]. Además, resulta amenazante ya que conoce la realidad del campo pero también la magnitud de la derrota que las dirigencias tratan de ocultar. En los medios militantes se promueve entonces su desautorización, se aduce que su óptica ha sido distorsionada por la influencia de sus captores, y ello lo convierte automáticamente en un no-héroe [...]. El juego de simular colaboración, que realizaron algunos sobrevivientes, fue, sin duda, un juego peligroso [...]. La repetición interminable de una mentira puede convertirla en verdad [...]. Buena parte de los prisioneros entabló relaciones de proximidad con algunos de los oficiales. En la mayoría de los casos, estas relaciones no alteraban la percepción del prisionero de que el otro era su captor. Sin embargo, se crearon lazos afectivos ambiguos y lealtades ciertas. En casos excepcionales, existieron incluso relaciones amorosas entre unos y otros [...]. Cada individuo parece tener un límite de [...] capacidad de procesamiento de sus propias roturas, traspuesto el cual llega a una zona de "no retorno"».

En el trabajo titulado «De la ESMA a Francia: hacia una reconstrucción histórica del Centro Piloto París», el historiador y periodista Facundo Fernández Barrio escribe: «Su relación con Pernías le ha valido a Carazo los motes de "traidora" o "colaboradora" por parte de ciertos autores que abordaron su historia en registro literario y desde una posición de ajenidad total a la experiencia del cautiverio en el CCD. Sin embargo, no sabemos de un solo sobreviviente de la ESMA, de un solo ex compañero de militancia, que haya acusado a Carazo de haber puesto alguna vez en riesgo la seguridad de otros militantes. Por otro lado, sus testimonios judiciales a lo largo de varios años han aportado valiosa información para la reunión de prueba judicial contra los perpetradores del Grupo de Tareas de la ESMA, incluyendo a Pernías».

El capitán de fragata Antonio Pernías fue sentenciado en 2011 a prisión perpetua, acusado de delitos de lesa humanidad, privación ilegítima de libertad, aplicación de tormentos, robo y homicidios cometidos en la ESMA.

—Yo no era celosa, pero fíjate que con este hombre, Hugo, se me ha despertado algo. Aquí en la Argentina es todo muy distinto a lo español, y entonces hay manadas de mujeres, una cosa increíble. Yo a veces escucho: «Ay, hola, Hugo, como estás, ay, bueno, sí, qué interesante lo tuyo, por qué no lo charlamos, por qué no quedamos a tomar un café, ay, qué maravilloso, cuántas cosas me hacés pensar». A veces me río. Pero es tremendo. Está todo el mundo con la caña de pescar. Es brutal. ¿Tú no te das cuenta?

—Supongo que no.

Esta tarde, mientras hablamos, revisa sus teléfonos porque quiere mostrarme fotos del jardín de su casa de Madrid, cubierto por una nevada. No es un jardín propio, sino compartido con el resto de la urbanización. Mientras busca, le digo que vi un video de Vera hablando en inglés sobre cuestiones técnicas relacionadas con su trabajo.

—Habla muy bien.

—Pero no pronuncia bien. Mira, este era el individuo cuando me interrogó, cara de militar clarísima. Y mira la cara un año después.

Me alcanza el teléfono y veo dos fotos de Alberto González, su violador, la primera con bigote, la segunda afeitado.

—¿Estas fotos cómo las obtuviste?

—Las saqué de la ESMA.

—Te las robaste.

—Sí.

Estira la mano y le devuelvo el teléfono. Mueve los dedos sobre la pantalla, encuentra lo que busca, me muestra.

—Mira lo que era el jardín de mi casa con la nevada. Quinto piso.

La mezcla de las fotos de González con las del jardín nevado refleja la esencia de esta charla y de muchas otras: esa pendulación entre lo monstruoso y lo trivial que fue su vida durante mucho tiempo, solo que en aquellos años lo trivial (tomar el té en casa de damas elegantes junto a un represor, pasear por un parque con su hija acompañada por un oficial operativo) escondía un bajo fondo deforme que ya no existe —ahora la trivialidad de la vida cotidiana es, simplemente, la trivialidad de la vida cotidiana—, y que nadie podía o quería ver. Desactivar ese mecanismo entrenado para persistir en la impavidez le llevó décadas, no siempre tuvo éxito, y hasta hoy perdura en algunas reacciones y comportamientos (comportamientos que, a la hora de preguntarle por algún hecho, son muy convenientes puesto que —aunque siempre pongo cuidado— puedo consultarla sobre lo que sea, y en la circunstancia que sea, sin que se le mueva un pelo).

Hoy estuvimos largo rato hablando de cosas banales —vitaminas para el cabello—; de cosas que parecen banales pero son tétricas —«Una vez, pasados varios meses, a un grupo de chicas nos llevaron a la peluquería. Me preguntaron dónde se podía ir y yo dije que a la peluquería a la que iba antes, que era una peluquería carísima, y nos llevaron a todas a una peluquería que queda por Rodríguez Peña, esa plaza tan bonita que hay, cinco o seis de nosotras, algo completamente rocambolesco»—; de los celos que le suceden como novedad; de lo que significó quedar viuda en 2018 y en España.

—Marguerite Yourcenar, en un librito que me encanta, *Peregrina y extranjera*, tiene un texto increíble sobre España y los españoles y habla con cierta ternura del peso de las cosas, dice que las cosas son como son y esto es lo que hay. Y ya está. Punto pelota. En España, después de la muerte de Jesús, muchos me decían: «Bueno, por suerte tienes el perrito».

—¿Toitoy?

—Sí. Algunos te llegan a decir: «¿Pero no has follado ya bastante? Dedícate a lo tuyo. ¿A tu edad? Quédate tranquila, chica». Es como la América profunda pero en versión española. Imagínate, a esas personas, tratar de explicarles lo que pasaba en la ESMA, lo de los viajes para ver a Alberto.

Después, a lo largo de cierto tiempo, nos dedicamos a reconstruir las cosas que pasaron, y las cosas que tuvieron que pasar para que esas cosas pasaran, y las cosas que dejaron de pasar porque pasaron esas cosas. Al terminar, al irme, me pregunto cómo queda ella cuando el ruido de la conversación se acaba. Siempre me respondo lo mismo: «Está con el gato, pronto llegará Hugo». Cada vez que vuelvo a encontrarla no parece desolada sino repleta de determinación: «Voy a hacer esto, y lo voy a hacer contigo». Jamás le pregunto por qué.

Los viajes para ver a Alberto fueron tres: uno a Montevideo, Uruguay, en septiembre de 1977, dos días; otro a São Paulo, Brasil, en diciembre de 1977, entre diez y doce días, y otro a Laredo, México, en marzo o comienzos de abril de 1978, seis días. Todos se produjeron mientras ella permanecía secuestrada.

–Una propuesta rara, digamos. Decirle a alguien que ha sido montonero: «Tu mujer, que está secuestrada en la ESMA, te propone quedar contigo en Uruguay, la van a llevar para darle un fin de semana de encuentro familiar», cuando menos era raro. Cuando llegué a España yo contaba eso sin filtro. Que me habían dejado salir a casa de mi padre, que me habían dejado encontrarme con Alberto en Uruguay y en Brasil, que nos sacaban a cenar a los sitios más elegantes de Buenos Aires y que luego volvíamos, nos ponían los grilletes y la capucha... Más de uno se preguntaría si no habría sido cosa de mi imaginación.

Para muchos, lo que contaba sonaba a fábula y lo que la habían obligado a hacer era «lo que había hecho».

Alberto Lennie asegura que conoció a Vera en septiembre de 1977 en Montevideo. Silvia Labayru sostiene que no fue así, que Berta y Santiago Lennie viajaron a São Paulo, Brasil, antes de septiembre de 1977, para que él conociera a su hija. Sea como fuere, hay varias fotos de un encuentro de los Lennie en

São Paulo, con encuadres delicados y una luz cortés. En tres de ellas, las personas fotografiadas parecen detenidas en un instante de suma quietud. No miran a cámara, lo que acentúa la sensación de espontaneidad. En una, Berta Lennie está sentada en el piso y Alberto Lennie, en cuclillas, se inclina sobre Vera, que duerme en una colchoneta. Por una ventana entra la luz del día e inunda el piso de madera haciendo que toda la escena tenga algo de pesebre sosegado. En otra, Alberto Lennie está en el piso, con las piernas extendidas y Vera recostada sobre sus muslos. La mano izquierda de él apenas se apoya sobre la rodilla de ella, rozándola con las yemas como si tocara la superficie de un lago. En otra, Berta Lennie está sentada sobre la cama, la cadera envuelta por una manta rosa, alzando a Vera sobre su cabeza, inmersa en una atmósfera de mansedumbre.

En septiembre de 1977, los marinos enviaron a Silvia Labayru a Montevideo para que se reuniera con Alberto Lennie. Alberto González fue con ella y, antes de que se encontrara con su marido, la violó.

—Yo creo que teníamos demasiado dolor, y demasiado desgarro, y demasiada mentira tapada —dice Alberto Lennie, y se pasa la mano por la nariz, por la barba—. Silvina no me contó que estuvo con el cadáver de mi hermana. Yo me encontré con Silvina el 17 de septiembre de 1977, en Montevideo. Cuatro meses después de la desaparición de mi hermana Cristina. Si en ese momento me hubiera dicho que había visto el cadáver de Cristina en la ESMA, no había manera de que yo digiriera esa información. Y creo que Silvina lo sabía y por eso no me lo contó.

—¿Para cuidarte?

—No. Era un cuidado hacia ella misma. Porque ¿cómo me explicaba que, secuestrada en la ESMA, le habían dejado ver el cadáver de mi hermana? Complicado. ¿Qué privilegio tenía para ver el cadáver de una desaparecida?

A decir verdad, tampoco había mucha explicación para entender que a una secuestrada la dejaran ir a Montevideo ni, antes de eso, que entregaran a su hija a la familia de origen ni, después de eso, que le permitieran dormir en casa de su padre: no había forma de entenderlo porque aún no había testimonios de sobrevivientes ni un cuerpo de relatos que diera cuenta de lo que sucedía allí adentro. De modo que, de cara a ese muro impenetrable del presente puro, cada quien dirimía su confianza o su incondicionalidad haciendo equilibrio sobre un aparato psíquico erosionado por el miedo, el desconocimiento y la especulación.

Al reconstruir el encuentro de Montevideo, Alberto Lennie pasa de la tragedia al vodevil y se ríe como si narrara una comedia de enredos (en parte lo fue, si se le quita el tramo funesto que los llevó a esa situación, y si se omite el grado de temeridad que suponía ser un exmilitante montonero que iba a encontrarse con su mujer y un marino de la ESMA en plena vigencia del Plan Cóndor, un acuerdo entre países de América del Sur –Argentina y Uruguay incluidos– para la detención y desaparición de personas como, precisamente, Alberto Lennie).

–Una puta locura, Leilita. Yo necesitaba alquilar un coche y no podía hacerlo con mis documentos. Entonces un atorrante montevideano, ladrón habitual, me alquiló un coche, no sé, del año 1952. No sabés lo que era. Yo iba en el auto, dando la vuelta a una plaza donde nos teníamos que encontrar.

En otra parte de la ciudad, su amigo y compañero de militancia Andrés Rubinstein, que en ese momento vivía exiliado en Brasil, tenía la misión de encontrarse con Silvia Labayru y llevarla en taxi hasta donde los esperaba Alberto Lennie.

–Hacíamos contraseguimiento. Pensá que iba a encontrarme con Silvina, que venía acompañada por un milico de la ESMA. Andrés estaba en un taxi y la iba a pasar a buscar. Mientras tanto, yo voy dando la vuelta a la plaza y el coche hace trac, y se para. Me bajo, levanto el capó, miro lo que se rompió, bajo el capó, empujo el cochecito a la vereda, cierro. Y veo venir el taxi desde la otra punta de la plaza. Andrés en el asiento de adelante y Silvina en el de atrás. El taxi para, yo abro la puerta, me tiro atrás, la agarro a Silvina, nos abrazamos, nos chuponeamos, no podíamos creerlo. Y Andrés lo mira al taxista y le dice: «No se preocupe, no pasa nada». Nos bajamos del taxi y Andrés me dice: «¡Boludo, a este le había dicho que Silvina era mi mujer, que la estaba siguiendo porque me metía los cuernos, y vos te zambullís y la empezás a chapar! ¿Estás loco?».

El relato que hace Silvia Labayru del mismo encuentro replica con exactitud el pasaje Andrés Rubinstein-gritos-taxi, pero en él no hay risas sino una nota amarga.
—Voy a la esquina de la cita. Alberto no viene, no viene. Y de golpe se detiene un taxi, se abre la puerta y adentro aparece Andrés Rubinstein que me dice, a los gritos: «¡Subí, hija de puta!». Yo no entendía nada. Pero era Andrés Rubinstein, mi amigo. Subí y él empezó: «Hija de puta, ¿por qué me hacés esto, te parece que hay derecho a que me pongas los cuernos?». Yo me dije: «¿Aquí qué está pasando?». El taxi avanza y en un momento se detiene y sube Alberto. Cuando nos bajamos me explicaron que todo eso era una especie de show hecho para que el taxista no sospechara de qué se trataba. Pero lo que te quiero decir es que a la cita, que podría haber sido efectivamente una emboscada, Alberto sospechó y lo mandó a Andrés Rubinstein. Y Andrés fue. Y se jugó la vida por mí. Después hubo una reunión con Alberto y González, porque González quería conocerlo y darle instrucciones sobre lo que tenía que hacer. A la reunión también se presentó Andrés Rubinstein. Imagínate. Un oficial de la Marina. Dos montoneros. Pero Alberto era mi marido. Andrés no tenía por qué estar ahí.

Andrés Rubinstein, sentado a una mesa de la vereda en un bar de la calle Arenales, con motos, colectivos y autos que pasan a centímetros de donde está comiendo sin mucho entusiasmo un *wrap* de pollo, dice que no tiene memoria.
—No te voy a poder ayudar mucho porque no tengo memoria.

Parece una exageración, pero es real: no se acuerda de casi nada. No recuerda si Silvia Labayru estaba en alguno de los dos campamentos del Colegio a los que fue –Quillén, Sierra de la Ventana–, ni cómo se enteró de que había sido secuestrada –él y Alba Corral fueron las dos últimas personas que la vieron minutos antes de que la detuvieran–, ni si cuando acompañó a Alberto Lennie a Uruguay él estaba ya en ese país o llegó desde Brasil. Me ha costado entender a qué se dedica, pero creo que es un *lead appraiser*, alguien que evalúa y certifica procesos informáticos bajo normas internacionales de calidad. Eso lo mantiene buena parte del año viajando, sobre todo a China. Se sentó en medio del barullo del tránsito porque adentro del bar una mujer hablaba por Zoom sin auriculares y eso lo irritó. Como si fuera un karma, en mitad de la conversación, al rugido general de esta calle estrecha se suma un hombre que, desde una mesa contigua, habla a gritos por teléfono. Rubinstein lo mira de reojo y, como para que el hombre escuche, dice:

–Cómo amo a la gente que habla por teléfono como si no tuviera teléfono.

El hombre no se da por enterado.

Militaba en la misma unidad básica de la Juventud Peronista, ubicada en la calle Vera, en la que militaba Alberto Lennie. Fue natural que, cuando se hizo aquel encuentro de unidades básicas, él, que los conocía a los dos (Alberto era su responsable), dijera: «Alberto, te presento a Silvia; Silvia, te presento a Alberto».

–Pero no los presenté para que fueran pareja. Además, presentarle a Silvia un chico no hacía falta. Silvia y Alba eran muy bonitas, la presa deseada.

La conocía desde el primer año del Colegio. Pasaban mucho tiempo juntos en el departamento de Jorge Newbery, fines de semana en la quinta de los padres de él.

–Yo me fui a Brasil en marzo de 1977. Me acuerdo de pocas cosas. Relámpagos. No recuerdo ni cómo supe que Silvia había caído, ni cómo supe que estaba viva, ni cómo organizamos el viaje a Uruguay. Alquilamos un coche, un auto del 48, una cosa ridícula. Y se nos quedó. Tengo fogonazos, creo que lo empujamos. Otra imagen que recuerdo es la de estar con González fumando y esperando, mientras Silvia y el Boy se encontraban por primera vez. Pero no tengo detalles.

—¿Por qué fuiste a Uruguay con Alberto?

—Para darle apoyo y soporte. Desde el punto de vista logístico y desde el punto de vista afectivo.

Le pregunto por la historia del taxi —él simulando ser el marido celoso, los gritos, el taxista desconcertado— y dice: «Puede ser. No me acuerdo».

—¿Y de la conversación con González no recordás nada?

—Ni la más mínima cosa. Fue muy amable, muy cordial.

Sí recuerda que tuvo discusiones con gente que decía «Silvia colaboró».

—Sí, ja, ¿y entonces? Hay que estar en ese lugar. Yo no tenía dudas de que sí, colaboró, pero no entregó. Hay gente en la que confiás y listo. Hubo gente que salió y también había colaborado, pero no tuvo tan alto perfil. El problema de Silvia es que era una mina muy linda, muy llamativa, y que estuvo en lo de la iglesia de la Santa Cruz con el asunto de las Madres de Plaza de Mayo, que era el peor de los pecados. Hablamos mucho con ella todo eso del síndrome de Estocolmo. Esta integración, entre comillas, con sus captores y torturadores, las locuras de proyectos que se hacían en esa Escuela. Tengo un recuerdo de que me hablaba de las cosas que llegaban a fabular. Me dijo algo como: «Nos vamos todos a una isla, lejos de todo, lejos de la militancia». A eso me refiero con el síndrome de Estocolmo, no a que iba a ser parte de la represión.

—¿Pero la fábula era irse con..?

—Sí, sí, la gente que estaba secuestrada con sus secuestradores.

—Todos juntos.

—Sí, sí.

Cada vez que escucho «síndrome de Estocolmo» (definición tosca: «Un fenómeno en el cual la víctima desarrolla un vínculo positivo hacia su captor, como respuesta al trauma del cautiverio»), me digo: «Problemas». En la primera conversación que tuvimos por teléfono con Silvia Labayru, antes de conocernos, lo mencioné y ella reaccionó con desprecio acerca de esa idea aplicada a lo que sucedía en la ESMA. Volvió sobre eso después, en diversas ocasiones: «Me parece una porquería suprema eso del síndrome de Estocolmo. Una persona no se identifica con el enemigo. Adopta momentáneamente comportamientos que necesita para la supervivencia. Y en algunos momentos hay cierto pegoteamiento, pero, pasada la situación, ¿identificación, convertirte en otro? ¿De qué estamos hablando?». Le pregunté en qué consistía ese «pegoteamiento». Dijo: «Bueno, en el hecho de que algunos represores tengan un comportamiento más humano que otros, y por más que tú sepas quién es y demás, te produce una sensación de alivio frente al terror que tienes, una sensación de protección, y por tanto de agradecimiento, una cierta empatía o simpatía, llámalo como quieras. Pero, pasado el momento, nadie se equivocaba de quién era quién».

Alberto Lennie sigue buscando, lee, revisa papeles viejos.
—El encuentro de Montevideo fue tan mágico como desconcertante. Seis meses antes yo andaba por Buenos Aires armando operaciones con los montoneros. Y seis meses más tarde me encontraba con Silvina y después iba a desayunar con un hijo de puta de la ESMA. Desayuné con el Gato y con Silvina, y le dije al Gato: «Che, ¿qué idea tienen, cuánto va a durar esto, por qué razón estoy acá?». Y me dijo: «Para nosotros vos sos un elemento de tranquilidad para Silvina. En tanto y en cuanto no te metas en quilombos, Silvina está segura. Los costos de la guerra son muy difíciles, tu hija es la garantía de que no le vas a complicar la vida a Silvina, y tus padres y tu hermana menor son garantía de que no vas a hacer ninguna pelotudez contándole la historia a quien no se la tenés que contar».
En el relato de Lennie, Andrés Rubinstein no está en ese

desayuno: hay una mesa para cuatro personas en la que están él, González y Silvia Labayru, nadie más.

—Pensé: «Joder, si tuviera un .38 te pego un tiro en la frente, hijo de puta». Habremos estado veinte minutos. Las cartas de Silvina después de los encuentros son de un desgarro brutal. Esta es una carta que me manda el 25 de septiembre del 77, ya desde la ESMA, una semana después del encuentro. Mirá: «Boy querido, qué desesperación no poder hablar con vos antes de que te fueras. Amor, siento que esta ida tuya es como una nueva despedida. Te siento tan lejos y te necesito tanto. No sabés lo que ha representado en mí nuestro encuentro. Mi sensación de angustia es ahora más grande que nunca, porque ¿cómo no sentirme vacía si te tuve entre mis brazos y te toqué y te amé y fuimos uno? ¿Cómo conformarme...?». Perdón... «¿Cómo puedo resignarme a todo esto si... si te tuve? Estoy tan mal que no puedo expresarme y además estoy con treinta y nueve grados de fiebre desde hace dos días, razón por la cual no me dejaron levantarme para hablar. Estoy totalmente boleada. También hace dos días que no como y estoy como si me hubieran dado la paliza del siglo. De mí, amor, es poco lo que te puedo contar. Desde que nos separamos el domingo al mediodía, ese mismo día viajamos a Punta del Este.» Esto con el Gato, con González, ¿okey? «Estuvimos viendo a una gente que estaba en un chalet impresionante sobre la ruta. Estuvimos allí hasta el lunes al mediodía y las veinticuatro horas que quedaban, tal como mi jefe lo había planificado, se las dedicamos a mi "reacondicionamiento giroscópico", o sea, a distraerme y no volver con demasiado raye ni depresión. Fue medio al pedo, porque llovía tanto que no pudimos salir del hotel. Y mi depresión iba en franco aumento. Hubo sesiones de llanto.» Y dice: «Volver al "trabajo"», lo pone entre comillas, «soportar todo eso, no bajar la guardia nunca, sonreír, estar contenta, y el trabajo agobiador, y "mis compañeritos"», lo pone entre comillas, «que todavía me envidian más y tratan de cagarme sistemáticamente en todo cuanto puedan. Me odian, y no pueden soportar que al de al lado le haya pasado algo bueno, sobre todo si la de al lado soy yo. Te juro, Boy, no exagero, los únicos que me ayudan a soportar esta situación son mis jefes». Esto es el síndrome de Estocolmo. Hablaba como si quienes fuesen de confianza fueran los marinos, y con quienes estuviera peleada fueran los compañeros de cautiverio. Y eso era algo que los marinos obviamente cultivaban y desarrollaban. Esas cartas son una clara muestra del espanto, del desconcierto, del lugar infernal en el que estábamos metidos. Pero Silvia jamás, jamás ha hecho una reivindicación de lo buena gente que son estos. Nunca.

Se detiene. Tose.

–Perdón. Dice: «Les cuento cosas y no me cagan. Lloro y me ponen el hombro en vez de acusarme. Tratan muchas veces de contrabando dejarme venir a dormir a casa, lo cual hago, de dos a cuatro veces por semana. Te parecerá ridículo, Boy. Quizás pienses que estoy "demasiado recuperada", pero es así. Los jefes no tienen nada por lo cual competir conmigo, me aprecian por todas esas cosas que charlamos juntos. Por lo demás, me siento francamente sola. Desde la ida de Lucy...». Lucy, no sé si conocés la historia...

–Sí, Cuqui Carazo.

–Sí. «Desde la ida de Lucy me quedé sin amigos. Vera es una belleza. El domingo pasado estuve con ella y como estaba empachada no quiso comer en todo el día. Es una cosa hermosa. Ya pronto se va a largar a gatear, porque camina para atrás sobre la cama, con el culo parado, y yo cuando la veo reírse y hacer esas cosas pienso en vos, y en cuándo llegará ese dichoso momento en que no nos separemos nunca más. Boy, no sé qué decirte, que te amo como nunca, como nunca voy a volver a amar a alguien. Te quiero más que a Vera. A veces siento que te quiero más allá del tiempo y de la distancia. Te diría que seas fuerte.»

Pasa las páginas, busca. Encuentra algo. Lo lee en silencio y echa la cabeza hacia atrás, se ríe con ternura.

–Mirá esto, por Dios. Qué loca. «Ay, me indispuse, qué cagada.» Hay que joderse, hay que joderse. Nos encontramos en Montevideo, cogemos sin forro, y ella escribe: «Ay, qué putada, me vino la regla». En esa situación. Si eso no es locura, mi culo es un florero. Mirá: «Aunque te digo que estoy loca, y sea cierto, el día que pueda voy a llenarte de hijos. Quiera o no, te amo. Bueno, mi señor, me voy a la cama, me muero de sueño, estoy francamente mal. Por favor, escribime y mandáselo a mi viejo al hotel cuando vaya. Él va por lo menos una vez por mes a Madrid. Yo voy a mandar cartas con él. Es el Meliá Castilla. Escribime. No me dejés sola. Te amo. Silvina y Vera».

–Imagino que le revisarían la correspondencia.

–Sí, justo lo que te estás preguntando es lo mismo que me preguntaba yo.

–¿Tenés la carta del pañal?

–Síí.

El aire apesadumbrado con que leyó las cartas anteriores se dispersa, busca con entusiasmo.

–Mirá. Acá está. Hostia puta. Qué historia. Te leo: «Para vos, lo más grande que una mujer puede darle a un hombre: un hijo. Para vos es...». Perdón... «... es Vera. Esta pequeñita que vino al mundo y espero aprenda a amarlo mucho. A pesar de todo, este es un mundo hermoso. Mi amor... no sabés... lo que significa esta... niña...»

Se detiene.

–Te la escaneo, Leilita, te la mando. Te la escaneo y te la mando.

–Lo de la violación de González no se lo dije en Uruguay, me pareció que era demasiado. Se lo dije después... o no... no me acuerdo. Ocurrieron cosas de los dos lados. Él tuvo relaciones con otras chicas mientras yo estaba secuestrada, dudaba de mí, los argentinos en el exilio le decían: «Esta tipa es una traidora». No sabía dónde ponerme y no podía defenderme. Pero, como le dije: «Yo he cometido muchos errores, pero siento decirte que tú estás vivo gracias a mí, chaval, no te olvides de eso».

–¿Porque lo podrías haber entregado en la tortura?

–Y un chico como él no hubiera sobrevivido nunca. Los milicianos jovencitos, perfil montonero básico, no duraban ni una semana. Trataban de sacarles información, que cantaran a sus jefes y sus compañeros, ¿y para qué más los querían? Ya está.

Milicianos jovencitos. Perfil montonero básico. El envés de esa frase parece decir que a ella, en cambio, la ambicionaron mucho.

–Creo que Silvia me hace el relato de que tiene una relación como amante con el Gato, que eso era parte de lo que le había salvado la vida –dice Alberto Lennie–. Y que el trato, en tanto y en cuanto estuviese ahí adentro, iba a tener que mantenerlo. Y no me lo dijo en Montevideo, eso seguro, porque desayuné con el Gato y, si en ese momento tenía muchas ganas de pegarle un tiro en la cabeza, tener esa información hubiese sido poco recomendable, con las características que yo tenía, siendo tan jovencito y tan dado a la violencia. Lo que yo supe del Gato a través de Silvina es muy limitado. Me contó que tuvo que ser la amante del Gato, por la presión y tal. Le dije: «Mirá, Silvia, está todo bien, a mí me chupa un huevo, yo a esta historia no la puedo manejar ni juzgar. Si es lo que tenías que hacer, lo hiciste, no pasa nada». Yo creo que no dijo nada en Montevideo ni en Brasil, primero, porque le daba miedo y vergüenza, y segundo porque creo que pensaba que la iba a mandar a tomar por culo y no iba a seguir con ella.

–¿La hubieras mandado al cuerno?

Se queda callado, piensa un poco y dice, taxativo:

–Casi con certeza, te diría que sí.

Hugo le dice: «Vera debió ser mía». Y también: «¿Por qué aquella noche, en vez de llamarlo a Diego, no me llamaste a mí? Yo no te hubiera dejado volver a la ESMA».

¿Por qué hizo eso, por qué lo llamó a él? Dice que fue porque Diego Fernández Peteiro, Pete, compañero suyo del Colegio, era de izquierdas pero en ese momento no militaba y, entonces, no estaba en la mira de la dictadura. «Yo necesitaba hablar, desesperadamente. De todas maneras, me culpabilizo hasta hoy, y me pregunto por qué lo llamé, cómo lo puse en riesgo así.» Un día de octubre de 1977 la llevaron a casa de su padre y decidió llamar a Fernández Peteiro por teléfono. Para él no fue una sorpresa, aunque tuvo que fingir que sí. Sabía que ella no estaba muerta. Se lo había revelado Andrés Rubinstein después de haberla visto en Montevideo, y también le había pedido que, si lo llamaba, como presumía que lo haría, simulara sentirse azorado: Silvia Labayru le había dicho que nadie tenía que saber que estaba viva. De modo que, cuando ella hizo contacto, Fernández Peteiro simuló un estupor que no sentía. «¿Dónde estás?», preguntó. «En casa de mi padre», dijo ella. «Llego en quince minutos.» Fue el tiempo que demoró en recorrer el trayecto desde su casa en la calle Uriarte hasta el departamento de la avenida del Libertador. Ella agradeció esa incondicionalidad toda la vida: pudo haber estado atrayéndolo a una trampa. Habló con él con desesperación, sin medirse pero cuidando no decir nada que pudiera ponerlo en riesgo. Fernández Peteiro se fue de la Argentina poco después, el 4 de diciembre de 1977, en barco (de allí que, cuando ella habla de su grupo de amigos –Caparrós, Yako, Peteiro, Corral, Fainstein, entre otros–, los denomine «los del barco»), y ahora vive en un pueblo cercano a Sevilla donde trabaja como gerente de una empresa promotora de viviendas. En la pantalla, detrás de él, se ve un patio rodeado de muros de piedra. Es agosto, son las cinco de la tarde en España y el sol de Vilasindre es tan definitivo como la forma en que él habla. Frases cortas, terminadas casi siempre en un adverbio –*efectivamente, evidentemente, empecinadamente*– después del cual parece que no dirá nada más, y un acento español tan marcado que no queda rastro de argentinidad en él. Su mujer y Silvia Labayru, que también está en Galicia, han ido a la consulta de un médico.

–Silvia vive aquí en una casa con muchísima gente. El hijo, los amigos del hijo. Nosotros preferimos un poco más de intimidad.

El primer recuerdo que tiene de ella fue una discrepancia fuerte.

–El 29 de mayo de 1969, cuando entramos al Colegio, hubo una gran jornada de huelga, el Cordobazo. En el Colegio dijimos: «Vamos todos a la huelga». Y se armó un cierto piquete en la puerta para evitar que entraran los compañeros. Silvia fue de las cuatro o cinco únicas personas que se presentó a clase, empecinadamente. Evidentemente, su padre, su familia o su abolengo ejercían una influencia. Y fue un encuentro fuerte. Ella iba toda ofuscada y diciendo: «Yo voy a pasar, yo voy a clase». Y fue a clase. Eso realmente duró poco, porque luego se hizo contestataria.

Al hablar del secuestro las frases se vuelven, además de cortas, plegadas entre silencios.

–A ella la secuestran en diciembre del 76. Sí. Efectivamente. Yo estaba en Buenos Aires y me enteré por amigos.

Silencio.

–Era todo muy duro.

Silencio.

–Me enteré y fue muy malo.

Silencio.

–Muy malo. Pensaba que estaba muerta. Luego, alguien me dijo que estaba embarazada. Era una tragedia. Y en octubre recibí la llamada de un amigo, Andrés Rubinstein, que era de Montoneros y me anticipó que estaba viva. Pero me dijo que no lo dijera. Y me llamó ella por teléfono. Y ahí nos encontramos. Yo corría el riesgo que fuera necesario. No importaba. Y así fue.

–Levantaste el teléfono y estaba Silvia del otro lado.

–Correcto. Tremendo. Impresión. Muy grande. Yo no debía saber que Silvia estaba viva, entonces tuve que fingir sorpresa. Fui a casa de su padre. Era todo muy inseguro y muy inconsciente. Porque ella no podía ver a gente como nosotros. Pero son cosas que uno hace a los veintiún años, un poco por inconsciente y otro poco porque hay que hacerlo, efectivamente.

—¿Recordás la fecha del encuentro?

—16 de octubre. Y luego la vi antes del 10 de noviembre. Fui a su casa. Tenía una pistola en la mesa. Le digo: «¿Y esto?». Dice: «Me la dejan por un tema de seguridad». Me acuerdo que hasta la cogí, fíjate qué cosa. Realmente no tenía miedo. Ella me hizo un largo relato de por qué estaba viva, de por qué me llamaba, por qué la podía ver. Me contó en qué consistía el hecho de que los militares de la Escuela de Mecánica de la Armada decidieran que había gente rescatable. Personas recuperables que tenían que cumplir patrones fenotípicos y también raciales y religiosos. Y ella encajaba perfectamente. No era judía, familia de militares, rubia, ojos celestes. Su relato era tremendo, coherente, doloroso, y yo sentí que necesitaba ayuda. Y que había que ayudarla. En ese segundo encuentro yo ya tenía el billete del barco, y le dije: «Me voy, pero, además, ¿qué se puede hacer, cómo te ayudo?». Me dijo: «Con que te vayas ya me es suficiente». Ella debe su vida a haber simulado bien. El hecho de convencer a esa gente de que ella era de otra manera a la que era, esa simulación permanente es la que le salvó la vida. Yo creo que tuvo una actitud muy racional, tremenda. Carácter, vamos. Evidentemente. Y luego tuvo la historia de la infiltración en las Madres de Mayo.

—¿Te contó eso en aquel momento?

Hace un silencio pesado.

—Me dijo que le obligaban a hacer cosas como esa.

—Silvina se mete en el quilombo de las Madres en diciembre del 77 —dice Alberto Lennie—. A lo largo de ese año, empieza a estar en un grupo de exmilitantes que se salvan y nadie sabe bien cómo ni por qué. Creo que todos, en uno u otro punto, tuvieron ese síndrome de Estocolmo. En el caso de Sil-

vina lo sé claramente porque me mandaba cartas de lo que le pasaba. Las cartas que te leí.
Problemas. Problemas. Grandes problemas.

Llego a las tres de la tarde al departamento de Gurruchaga. Hace café. Me ofrece. Digo, como siempre, que prefiero agua. Nos sentamos. La escena podría ser igual a la de hace dos semanas o a la del mes siguiente. Solo cambian la ropa, el clima y las cosas de las que hablamos antes de sumergirnos en su historia. Pero hoy no hay preámbulo. Apenas nos sentamos, toma uno de sus teléfonos y me lo alcanza.
—Mira esta foto.
Es un plano corto, cerradísimo. Su rostro, vuelto de costado, ocupa toda la pantalla. Está recostada en el césped, lánguida, la piel cremosa, la camiseta de escote amplio por la que asoma un soutien. Parece un ser etéreo que ha caído y no puede soportar el peso de la vida y de la tierra. Hay en la imagen algo estremecedor y delicado: la mirada admirativa de quien la tomó. Aferrada a ella, llorando con desesperación: Vera. La foto es una belleza y un desastre. La tomó Astiz.
—¿Sabías que la tenías?
—Sí. Ahora que la vi la recordé. Era una foto que estaba en casa y se ve que Vera la escaneó.
—¿Por qué te sacaba fotos?
—Estoy muy seria. ¿Has visto la cara que tengo? Parezco como muerta.
—Es la foto de alguien fascinado.
—Sí, sí, sí. Lo que pasa es que él iba como de caballero inglés. No sé si con todo el mundo. Conmigo sí. Se contenía absolutamente. Me lo dijo: no le parecía bien que los oficiales abusaran de las secuestradas. No dijo la palabra *abusar*. Como que se valieran de la situación.
—¿En qué contexto te lo dijo, le contaste lo que estaba pasando con González?
—No. Una conversación más general sobre lo que pasaba

ahí dentro. Y él dijo que no le parecía bien eso. Pero sí, había una especie de fascinación. Porque en cierta forma me veía como que yo era de su clase. Me decía que pertenecíamos a mundos muy distintos, pero que si me hubiera conocido en otro contexto... Siempre con una gran distancia, así como: «Tú eres madre, tu marido». Pero eso no quita que hizo lo que hizo. Me sacaba a comer, cuando había que llevarme a casa de mis padres muchas veces me llevaba él. No solo a mí, a muchos otros, pero conmigo había una relación como de cuidado especial. Cuando salí en libertad, nunca más tomó contacto conmigo. Él tenía la idea de que yo saliera a hacer mi vida. Es increíble. Confiaban en que no íbamos a hablar. Creo que algunos de ellos lo pensaron sinceramente. Una de esas historias con final feliz: fuimos enemigos pero hemos recorrido un largo camino y ahora ustedes van a hacer su vida, somos malos pero no tanto, matamos a muchos pero estos doscientos han recuperado la libertad. Supongo que pensarían: «Nos van a estar eternamente agradecidos».

—¿Y qué sentís por ellos, Pernías, Astiz, Acosta, González?

—Desprecio. Profundo desprecio.

—¿Astiz te daba miedo?

—No, de todo lo que uno podía encontrar ahí adentro era al que menos miedo le tenía. Pero había otras personas con las cuales él no tenía ese respeto.

—¿Te acordás del día en que tomó la foto?

—Sí. Porque Vera lloraba y lloraba. Era una de las primeras veces que yo la veía. No creo que él tuviera una cámara. La debí llevar yo, les debí pedir una a mis padres.

—¿Cómo te eligieron?

—¿Para lo de las monjas?

Nunca dice «lo de las Madres». Siempre dice «lo de las monjas».

Después me cuenta.

Antes de irme, le pregunto si puede enviarme la foto. Me la envía. Cada vez que la miro veo cosas nuevas: una sonrisa melancólica en un rostro ausente; la imagen dramática de una mujer que muere con alivio; una deidad caída. En todas las versiones algo se repite: la sombría desesperación de Vera. Ese llanto que parece un intento de resucitarla.

Un sistema de elecciones –no fue cualquier colegio, fue el Nacional Buenos Aires; no fue Hugo, fue Alberto; no fue Norma Susana Burgos, fue Silvia Labayru–, que se reveló como un mecanismo de activación de navajas que los lastimaron a todos.

Entonces, a lo largo de cierto tiempo, nos dedicamos a reconstruir las cosas que pasaron, y las cosas que tuvieron que pasar para que esas cosas pasaran, y las cosas que dejaron de pasar porque pasaron esas cosas. Al terminar, al irme, me pregunto cómo queda ella cuando el ruido de la conversación se acaba. Siempre me respondo lo mismo: «Está con el gato, pronto llegará Hugo». Cada vez que vuelvo a encontrarla no parece desolada sino repleta de determinación: «Voy a hacer esto, y lo voy a hacer contigo». Jamás le pregunto por qué.

Los militares estaban convencidos de que detrás del movimiento de Madres de Plaza de Mayo, un grupo que había comenzado a reunirse frente a la Casa de Gobierno en abril de 1977 para reclamar por sus hijos, había organizaciones de izquierda. Astiz se infiltró entre ellas con el nombre de Gustavo Niño, haciéndose pasar por el hermano de un desaparecido. Comenzó a ir a la plaza, y a reuniones a las que, además de las Madres, iban otros familiares en sus mismas circunstancias y activistas de derechos humanos. En un momento se decidió que, para mayor cobertura, se presentara con alguien que se hiciera pasar por su hermana menor.
–Entonces mandaron a Norma Burgos, la mujer de Carlos Caride, uno de esos héroes montoneros, que había sido mi compañera en el lugar donde dormíamos y había estado en el

parto de Vera. Era morenita, de ojos oscuros, tez bastante oscura, un aspecto opuesto al de Astiz. Fue una vez, creo que a la plaza de Mayo, él no llegó a presentarla. Cuando volvió a la ESMA, esta chica tuvo la habilidad de decir que ella, físicamente, no daba para ser la hermana de Astiz. Y dijo que pensaba que era mucho más verosímil que fuera yo. Que me parecía, que era rubia, de ojos azules. Y que daba perfectamente para ser la hermanita menor. Y así me mandó al muere. Lydia Vieyra, mi amiga, un día la encaró y le dijo: «Fuiste tú quien la mandaste a Silvina, yo te escuché, lo sé porque estaba delante cuando lo propusiste». Hombre, hizo bien en defender lo suyo, pero no tenía por qué sugerir que fuera yo. Después ella vino a vivir a España. Nunca me llamó, en cuarenta años. Como que no quería juntarse conmigo porque yo era la marcada por el tema de las monjas. Como dicen en España, ole tus cojones. Justo tú.

Lydia Vieyra no confrontó a Norma Susana Burgos. No le dijo «yo te escuché», ni «yo estaba ahí», porque no la había escuchado ni había estado ahí. Pero después de que Burgos fuera obligada a acompañar a Astiz, Vieyra mantuvo una conversación con ella en el sector de Capucha y le preguntó si iba a tener que salir nuevamente con el marino. Burgos le dijo que no, que había hablado con Astiz para que fuera Silvia Labayru porque se parecía más a él. En 1978 o 1979, cuando ya estaban en Madrid, exiliadas, Lydia Vieyra y Norma Susana Burgos fueron a tomar un café. Se planteó la posibilidad de pedir refugio político en grupo y no hacerlo cada una por su cuenta. Vieyra dijo que iba a comentarlo con Silvia Labayru, de quien ya era muy amiga, para que se sumara. Burgos puso objeciones: Labayru mejor no. Entonces Lydia Vieyra le recordó que había sido ella quien había puesto a su amiga en ese lugar, que «habiendo tenido la posibilidad de ir al baño, romper una bombita y cortarse la yugular no lo había hecho y, en vez de eso, se había quitado el tema de encima exponiendo a otra compañera».

Astiz llevaba meses infiltrado cuando obligaron a Silvia Labayru a ir con él a una reunión en la calle Magallanes 889, barrio de La Boca, donde tenía su taller el artista plástico Remo Berardo, cuyo hermano estaba desaparecido. A esa reunión, además de algunas Madres, se sumó Alice Domon, una monja francesa comprometida con causas humanitarias. Según diversos testimonios volcados en causas judiciales, Silvia Labayru era «una chica rubia», que estaba con Astiz y permanecía muda. Según Silvia Labayru, la monja Alice Domon sacó del bolso un volante del Partido Comunista Marxista Leninista, un grupo chico que no estaba involucrado en la lucha armada. La constelación de palabras era poderosa: *comunismo, marxismo, leninismo*. Astiz no necesitó más para confirmar que, detrás de las Madres, había organizaciones de izquierda. El 8 de diciembre de ese año, el Grupo de Tareas 3.3/2 de la ESMA lanzó operativos coordinados. Primero, allanaron el taller de Remo Berardo y lo secuestraron. Horas después, se dirigieron al Bar Comet, en paseo Colón y Belgrano, donde secuestraron a Horacio Elbert y Julio Fondevila, dos familiares de desaparecidos. Luego, entre las ocho y las ocho y media de la tarde, se dirigieron a la iglesia de Santa Cruz, en Urquiza y Estados Unidos, donde minutos antes Astiz había donado unos pesos para colaborar en la publicación de una solicitada en reclamo por los desaparecidos dirigida a Jorge Rafael Videla, el presidente *de facto*. Mientras Astiz se alejaba, los militares secuestraron a Esther Ballestrino de Careaga y María Eugenia Ponce de Bianco –Madres de Plaza de Mayo–, a la monja Alice Domon y a los militantes de derechos humanos Ángela Auad, Eduardo Gabriel Horane, Raquel Bulit y Patricia Oviedo. Dos días después, secuestraron a Azucena Villaflor, una de las fundadoras de Madres de Plaza de Mayo, y, en una parroquia de Ramos Mejía, a la monja Léonie Duquet, compañera de Alice Domon. El saldo total fue de tres Madres de Plaza de Mayo, dos monjas francesas, dos familiares de desaparecidos y cinco activistas de derechos humanos secuestrados.

—¿Quién te indicó que tenías que ir a esas reuniones?
—No me acuerdo si fue Pernías o Astiz.
—¿Ibas con él, en auto?
—Sí.
—¿Hablaban de algo?
—Me daba instrucciones: vamos a ir a una reunión con tal gente, te vas a tener que quedar callada haciendo de mi hermana menor, el apellido es tal.
—¿A qué reuniones fuiste?
—Fui a una reunión en casa de Remo, en La Boca, donde la monja sacó ese volante del partido comunista, marxista, leninista. Cualquier cosa comunista para ellos era el demonio personificado. Y después al propio operativo donde los secuestraron a... Me obligaron a ir a un bar. ¿Cómo se llamaba?
—Comet.
—Eso. Me obligaron a ir a ese bar, a una reunión con dos familiares, y me dijeron: «Tú vas a estar sentada ahí hasta que vengan, y cuando estén todos los vamos a secuestrar a ellos y a ti también». La situación era horrible. Horrible. Yo sin poder hacer nada. No podía decirles: «Escápense». Si les decía, me mataban a mí.

Estaba en la mesa con Horacio Elbert y Julio Fondevila, obligada a fingir que todo eso era un té preocupado y no una trampa, esperando el momento en que entraran los militares del Grupo de Tareas y se los llevaran a todos, ella incluida. La conversación duró poco.

—Enseguida entraron. En el momento en que irrumpieron, tuve palmariamente la sensación de que me secuestraban otra vez. Después de eso, se abrieron las aguas de la tierra para mí. Hasta ese momento, de algún modo había sobrevolado cual Campanilla. Nunca me había visto involucrada en ninguna situación durísima. Había logrado no entregar a nadie, nunca había marcado a nadie. Había estado amparada por Cuqui. Al mismo tiempo tenía el consuelo de decir: «A esta gente no la entregué yo, no decidí yo que la secuestraran ni que la mataran, me cayó este fardo encima». Pero durante años fui «la que acompañó a Astiz, la que fue con Astiz». Como si hubiéramos ido al cine. Ese fue el estigma. Me hundió.

—Cuando volviste a la ESMA, ¿contaste lo que había pasado?

—Sí, a Martín Gras. Yo contaba todo. Me reportaba orgánicamente. Y se produjo ahí dentro como cierto «uy, ella». Chico, pregúntale a Susana Burgos por qué me metieron a mí en eso.

—¿Ya tenías información de que había sido ella?

—Sí, sí, sabía.

—¿La confrontaste?

—No. No todos confiábamos entre nosotros. Solo con Cuqui y Martín Gras la confianza era total. Eran mis jefes montoneros.

A mediados de agosto de 2022 le escribo a Norma Susana Burgos y responde muy rápido: «De acuerdo, podemos hablar. Estuve en ESMA. ¿Pero podría ser a partir de la semana que viene? Estoy fuera de mi casa». Nos conectamos por Zoom poco después, el martes 23 de agosto de 2022, seis de la tarde hora de España. Vive cerca de Valencia. En la pantalla se ve a una mujer delgada, de manos finas y uñas muy largas. Usa un vestido liviano, de escote amplio, un abanico, fuma.

—Bueno, contame cosas. Yo te tuteo; por favor, tuteame. Además, estoy segura de que soy más vieja que vos.

Aunque sabe por qué quiero hablar con ella, cuando menciono a Silvia Labayru pienso que el nombre puede retraerla. Pero no.

—Sí, estuve dos años menos un día en la ESMA. Y traje a su hija al mundo, que no es algo menor. No lo tomes a mal —dice abanicándose—, pero me parece que es muy importante que dejemos de poner el foco en el campo de concentración estrella, que es la ESMA. Me parece un desmerecimiento a las compañeras de los otros campos. En la ESMA se dio una situación particular, porque hubo una resistencia por parte de los detenidos, entre los que me incluyo. Nosotros, con Cuqui Carazo, con Martín Gras, con tres o cuatro más, armamos una cosa política para poder sobrevivir sin marcar, aunque nos sacaran a marcar. A mí me interesa hoy ese tipo de mujeres que no verbalizan como yo, que no verbalizan como Silvia, porque apenas tienen vocabulario, y a las que les pasaron cosas terribles en otros campos. La ESMA fue un hotel cinco estrellas al lado de eso. Porque además coincidimos compañeros de mucho nivel, Cuqui, Gras, Juan Gasparini, compañeros muy top. Yo no era nadie. Pero tenía una pequeñísima facilidad para quedarme viva, ¿sabés? Disculpame.

Toma un matamoscas y da un golpe fulminante sobre la mesa.

–En el campo hay moscas.

Me quedo extática: hace décadas que no veo un matamoscas y ahora, en la pantalla de la computadora, con todos esos bytes y toda esa tecnología de por medio, parece una irrupción desfachatada y tremendamente simpática.

–Te decía, yo tengo una explicación de por qué estoy viva. Mi respuesta es que el roce, dicen los españoles, hace el cariño, y la culpa opera sobre los más locos. Perdón, voy a matar otra mosca.

Sin dejar el cigarrillo, empuña el matamoscas y da otro golpe: la mosca cae, víctima de un golpe perfecto.

–Ellos, al tenernos tanto tiempo y al consultarnos sobre la política, tuvieron una relación con nosotros. Les era difícil matarnos, pero además nosotros nos manejamos de una determinada manera para hacerles creer que nos habíamos recuperado. Esa pregunta me la hicieron constantemente. «¿Y usted por qué está viva?» No me la hacían con mala leche. La mala leche venía de los organismos de derechos humanos. ¿Pero cómo no voy a entender a Hebe de Bonafini, que fue una de las personas que más nos hizo la cruz? ¿Cómo no voy a entender que me viera y pensara: «Ella está viva, ¿y mis hijos?». La gente nos veía a los sobrevivientes y cruzaba la calle. Pero era lógico. No podemos pensar que esa gente es mala. Y por parte de Montoneros, obvio que tampoco tenían que confiar en nosotros. ¿Por qué lo iban a hacer? Pero yo de esto sí hago una defensa cerrada: si no hubiera sobrevivientes, no habría juicios. No sé si te has fijado que en ningún lado figuramos los sobrevivientes, como sí figuran las Madres, las Abuelas, los Hijos de los desaparecidos. No es que a mí me dañe. Pero con Cuqui Carazo, por ejemplo, se han portado muy mal. Es una persona a la que se le ha dado mucho maltrato, y ahora que los años han pasado uno dice... medio gratuito, ¿no? Porque vos sufriste, pero ella también sufrió. Se le murió el marido en los brazos, che. Entonces, ojo con levantar el dedito. No creo que haya que perdonar nada, pero hay que hacer un esfuerzo para entender a esta gente. Con lo que había, con lo que nos tocó vivir, hicimos lo que pudimos. Pero nosotras, las mujeres de la ESMA, somos de un hotel cinco estrellas. La cuestión de clase, sobre todo en el caso de Silvia, nunca se habla. Yo podía venir de una familia pobre, pero ella no.

–¿Lo decís porque viene de una familia de militares? –pregunto, y lo que sigue a continuación es inesperado.

–Sí, mirá, me sabe mal, pero la primera persona elegida para ir con Astiz a infiltrarse en la iglesia de la Santa Cruz no fue Silvia. Y yo lo lamento infinitamente. Esa primera persona fui yo. Pero le dije a Acosta: «¿Cómo voy a ir con un rubio de ojos celestes si yo soy una negrita cualquiera?». Además, era la viuda de quien era. Dije: «Me van a descubrir en dos minutos, por más que yo haga teatro». Y ahí ellos eligieron a Silvia. Y lo lamento infinitamente porque le cayó ese marrón, que supongo que todavía habrá algún loco o loca que la siga odiando por eso. Sin razón. Porque ella no podía negarse a nada. La iban a matar si se negaba. Ellos tuvieron a la madre del marido, al padre y a la cuñadita de diecisiete años torturándola al lado de ella. Así que mirá vos, pobre mujer. Pero esta cosa de clase existía. Astiz tenía un profundo desprecio por mí y por algunas compañeras. No lo tenía por Silvia.

—Cuando te designaron, ¿te enfrentaste a Acosta, le dijiste: «No, ¿cómo voy a ir con Astiz?», y te hizo caso así, sin más?
—Claro. Yo me jugué una carta. Cuando le digo eso a Acosta, no se lo digo pensando que me estoy atreviendo a desafiarlo. Yo les tenía mucho miedo a los militares. Todavía les tengo mucho miedo. Se lo digo porque se me ocurrió que ese podía ser un recurso que me salvara de algo que yo no sabía si iba a poder hacer. No las tenía todas conmigo. Yo me tiré un lance. Y al tipo le pareció razonable. Dijo: «Claro, cómo la vamos a mandar a esta con este rubio inmaculado». Y eso, para Silvia, fue horrible. Lo lamento. Yo no pensé que la iban a mandar a ella ni a nadie más. Pensé que... no pensé. No había modo de pensar. Tampoco te creas que las cosas eran tan fáciles, más allá de que yo diga que era un hotel cinco estrellas.
—¿Cómo te enteraste de que la habían elegido?
—No me acuerdo. Ella lo debe recordar mejor que yo porque lo sufrió. Alguna vez lo hablamos en Madrid. Ya no me acuerdo porque hace muchos años de esto. Pero ella debe tener perfecta memoria de lo que pasó, ¿sabés?
—La relación entre ustedes, ¿se tensó después de eso?
—Por mi parte no. Cuando fuimos a Madrid a declarar en un juicio, la vi sentada y fui a saludarla, más allá de que varias de mis compañeras no querían. Como si ella, con sus diecinueve años, su suegro, su suegra y su cuñadita secuestrados, su cuñada Cristina Lennie, que por suerte llegó muerta, hubiera podido... Yo pensaba: «¿Estas compañeras mías pensarán que esta chica que tenía diecinueve años y estaba embarazada...? ¿Por qué son tan crudas?».

Norma Susana Burgos es hija de una familia humilde de la ciudad de Mar del Plata. Su padre era comunista, peluquero, casi analfabeto. Pasaban muchísimas necesidades. Una vecina le dijo a su madre: «¿Por qué no le pedís una máquina de coser a Evita?». La Fundación Eva Perón entregaba máquinas de coser a personas que necesitaban encontrar alguna forma de sustento. La mujer lo hizo, a pesar de que su marido era antiperonista. Evita –la Fundación– se la envió. Norma Burgos aprendió de su madre a hacer lo que hubiera que hacer para salir adelante: «Mi madre nos enseñó a mí y a mis hermanos que había que sobrevivir». Ya era viuda de Carlos Caride, un montonero célebre que había muerto en un enfrentamiento en mayo de 1976, cuando el 29 de diciembre de ese año una de sus dos hijas pequeñas murió. Acerca de esa muerte hay distintas versiones: algunas dicen que ingirió veneno para ratas; la mayoría, que tragó una pastilla de cianuro durante un encuentro de miembros de la organización. Menos de un mes más tarde, el 26 de enero de 1977, Norma Burgos fue secuestrada y torturada en el sótano de la ESMA. Su otra hija, Ana Soledad Burgos, quedó con los abuelos. Cuando salió del centro clandestino, logró llevarla con ella a vivir a España.

Declaración testimonial de Martín Tomás Gras en la causa ESMA, 18 de agosto de 2010. Convocada: 9.30 horas. Hora de inicio: 10.51 horas. Duración de la declaración (sin cortes): cinco horas: «Ella estuvo vinculada con Astiz en dar la imagen de Astiz como un joven civil en búsqueda de su hermano, creo que ella aparecía como familiar de él o algo por el estilo. Entiendo que actuó bajo algún tipo de coacción o amenaza, pero desconozco los detalles».

«Yo contaba todo. Me reportaba orgánicamente. Con Cuqui y Martín Gras la confianza era total. Eran mis jefes montoneros.»

«Entiendo que actuó bajo algún tipo de coacción o amenaza, pero desconozco los detalles.»

[16.55, 26 de octubre de 2022] Leila Guerriero: Estimado Martín, encantada de saludarlo. Mi nombre es Leila Guerriero. Soy periodista. Estoy trabajando desde el año pasado en un largo perfil de Silvia Labayru. Para esto la he entrevistado muchas veces, y también estoy haciendo entrevistas con su círculo de familiares, amigos y gente que la conoció en diversas circunstancias, no siempre favorables. Por todo lo que me ha contado Silvia a lo largo de estos meses, me interesaría mucho hablar con usted y contar con su mirada. Sería estupendo poder encontrarnos y conversar un momento. También, por supuesto, puedo llamarlo para contarle mejor.

[17.11, 26 de octubre de 2022] Martín Gras: Estimada Leila. Si ya está en contacto con Silvia nadie mejor que ella para relatar/interpretar su propia historia. Tengo como política testimoniar solamente sobre los verdugos y no sobre las víctimas. Espero sepa comprenderme. Cordialmente, MG.

[17.39, 26 de octubre de 2022] Leila Guerriero: Estimado Martín, gracias por su respuesta. Entiendo su postura y la respeto. Si me permite insistir, en este caso no se trataría de dar un testimonio, en el sentido estricto de la palabra, ni de hablar solo de Silvia, ni de preguntarle a usted qué postura tiene sobre tal o cual cosa, sino de conversar desde un lugar distinto. Solo quiero encontrar tantas facetas como sea posible para contar esta historia, y escribir un texto sin reduccionismos. Por eso, desde el principio, pensé que su voz era indispensable.

No hay respuesta.

Aunque la menciona como «víctima», no se me pasa por alto esto: «relatar/interpretar su propia historia». Una pequeña partícula de lenguaje, dos verbos en infinitivo capaces de producir un desastre.

Graciela Daleo fue secuestrada y permaneció detenida en la ESMA desde el 18 de octubre de 1977 y hasta 1979. En el Juicio a las Juntas Militares de 1985 respondió como testigo. Un magistrado le preguntó: «¿Esos prisioneros que estaban en Capucha no colaboraban ni hacían trabajos?». Daleo reaccionó de inmediato: «Trataría de usar la palabra *colaboración* con cuidado, por las connotaciones que puede tener». Le preguntaron si tenía conocimiento de alguna detenida que hubiera sido «obligada a facilitar el secuestro de las monjas y de las personas detenidas en la iglesia de Santa Cruz». Respondió:

«El secuestro fue hecho por la infiltración de Astiz, y el Grupo de Tareas obligó a una prisionera, Silvia Labayru, a acompañar». En un testimonio que aportó veinticinco años después en el marco de la causa ESMA –*circa* 29 de abril de 2010–, dijo: «Creo recordar [...] por haber leído el testimonio de Silvia Labayru, por ejemplo, que participó en el secuestro de Remo Berardo en el atelier de La Boca, que es parte del grupo de la Santa Cruz».

Participó.

Todo va a terminar siendo un problema semántico. Que no es poco.

«Todo eso que Silvia Labayru dice ahora no es lo mismo que decía al principio, hace años», me dice una persona a la que consulto por un dato. ¿Pero quién dice lo que decía al principio, hace años?

La desaparición de las monjas francesas tuvo resonancia internacional. El gobierno francés protestó oficialmente. Los marinos hicieron un montaje para simular que el secuestro había corrido por cuenta de los montoneros. Las obligaron a sacarse una foto delante de una bandera de la organización y a escribir una carta al jefe de la orden de las Hermanas de las Misiones Extranjeras en la que pedían ser intercambiadas por veinte presos políticos. Entre el 14 y el 15 de diciembre las arrojaron al río. Los cuerpos de Léonie Duquet y Azucena Villaflor fueron identificados en 2005 por el Equipo Argentino de Antropología Forense.

Poco antes de diciembre de 1977, Alberto Lennie decidió que Brasil no era lo suficientemente seguro y se marchó a Madrid. Llegó con muy poco dinero –el equivalente a cinco euros de hoy– y fue a casa de Alba Corral, donde se quedó unos días.

Armó una pareja, que no duró mucho, con Silvina Vieyra, la hermana de Lydia Vieyra (que aún estaba secuestrada).

En diciembre de 1977, él y Silvia Labayru volvieron a encontrarse, esta vez en São Paulo, Brasil. Ella llegó con Alberto González y su mujer. Allí estaban todos los Lennie: Sandra y su marido, Guillermo; Silvia y su pareja, Carlos Bruno; Berta, Santiago, Alberto y Vera. El objetivo era pasar la Navidad en familia, pero Carlos Bruno y Silvia Lennie se negaron a recibirla en su casa. González y su mujer viajaron a Rio de Janeiro, hacia donde Silvia Labayru debió ir poco después –la llevaron en auto hasta esa ciudad Alberto Lennie y Andrés Rubinstein– para reunirse con el matrimonio. Allí, se hospedó en casa de un tío de Rubinstein, «el piso más grande y lujoso que vi en mi vida, frente a la playa de Ipanema; había un Picasso en la pared del salón», y luego pasó uno o dos días en el hotel donde se alojaban los González. Los tres regresaron a Buenos Aires en aviones distintos.

Hay una foto de ese viaje. Se la ve en una playa con Vera en brazos, biquini, descalza, el pelo mojado, altiva y sin sonrisa: nadie que la viera hubiera podido pensar que en pocos días más estaría de regreso en el sótano de su desgracia.

—En el año 1977 salir de la ESMA, ir a la Navidad con tu familia, era sospechoso –dice Alberto Lennie–. Entran cinco mil, mueren cuatro mil novecientos cincuenta, se salvan poco más de setenta, ¿por qué? Me llevó años entenderlo. Hasta que hablaron los que sobrevivieron. Y a partir de ahí hubo relato. ¿Pero en el 77? No entendíamos nada. Lo que yo le reprocho a mi hermana Silvia es que no me bancó a mí como hermano. Porque Sandrita estuvo ahí y se comió el pan dulce con nosotros.

—Carlos Bruno me impidió la entrada en su casa, en la Navidad del 77, porque yo podía ser una traidora. Me alojé con Alberto y Vera en un departamento y la pasamos solos ahí, los tres, porque no me dejaron entrar a la casa de ellos. Me lo dijo Alberto: «Desconfían de ti». Incluso él no sé qué pensaba. Pero era mi marido. Era como para decir: «Mira, si tú crees que soy una traidora, dilo, nos separamos y punto». Pero para que él se pudiera ir a España yo pedí en la ESMA que le hicieran un pasaporte falso, y llegó a España con ese pasaporte. Es decir, aceptó el pasaporte, pero después todo eso le parecía muy asqueroso.

–En el juicio por violación, González y Fanego sostienen que ese era el momento justo para escaparte, y que sin embargo no te escapaste.

–Sí. Estaban todos los Lennie en Brasil. Efectivamente, la situación para escaparse era esa. Y sin embargo no lo hice. El problema no era escaparse, sino que te escapabas tú, ¿y los que se quedaban en la ESMA? Los mataban a todos. A lo mejor no, ¿pero cómo podías saber de qué manera iban a reaccionar? Y al día siguiente secuestraban a tu padre, tu madre. ¿Tú zafaste, sobreviviste, y cargas con cientos de muertes por represalias el resto de tu vida? Hugo siempre me pregunta: «¿Por qué no te escapaste?». Yo le digo: «Porque no podía cargar con nada más en mi conciencia». A la familia Lennie, que acababan de estar todos secuestrados, decirles: «Ahora se refugian en la embajada sueca y a empezar otra vida en Europa, porque yo voy a escaparme revolucionariamente». Ideal. Joderles la vida más de lo que ya se la habíamos jodido Alberto y yo.

–Pero te ibas a salvar.

–Pero me iba a salvar.

En los primeros meses de 1978 consiguió que la dejaran ir a España para estar con su marido, pero, asegura, él dijo que no: le iba a resultar muy difícil explicar que estaba cautiva y, a la vez, en Madrid. Aunque ofreció quedarse encerrada en un hotel, él insistió: no. Convinieron encontrarse en San Antonio, Texas. Alberto Lennie llegó a la frontera entre México y Estados Unidos y le negaron la visa. Una vez más, los De la Garza salieron al rescate: recorrieron parte de la frontera solicitando que lo dejaran pasar. No hubo forma. Entonces dijeron: «Vayan a Laredo. Se quedan ahí, en un hotel que pagamos nosotros». Allí, en México, él estuvo a punto de decir adiós.

–En el encuentro en Montevideo, y después en Brasil, no tuve dudas en acompañarla –dice Alberto Lennie–. Con peleas, con preguntas que no tenían respuesta, con respuestas que yo sabía que no eran la verdad. La pobre chica había parido arriba de una mesa, tenía veinte años, estaba en un campo de concentración. No me sentía con ningún derecho a juzgarla. Pero ya en México... Ella fue sola. Yo creo que de lo de González me enteré en México. En ese encuentro estuve por decirle que yo no seguía.
 –¿Por qué?
 –Me parecía muy difícil que pudiéramos salir juntos de esa mierda. Entre la primera y la segunda vez que yo vi a Silvina, ella había caído en el síndrome de Estocolmo. Cuando te identificás con el captor. Absoluta y evidentemente. Para ella era desesperante y muy sufrido, para mí era desconcertante y no tenía ni puta idea de cómo manejar eso.
 –¿Le contaste que estabas saliendo con Silvina Vieyra?
 –Yo estuve diez meses sin coger desde que la secuestraron. En mi puta vida, desde los quince años, estuve tanto tiempo sin coger. Y la primera vez que volví a coger se lo conté. Se lo dije en México. Y ahí, sí, fue ahí, me contó lo de González. Fue como un intercambio: tomá, esto va por lo otro. En ese encuentro iba decidido a decirle que si quería se viniese a España, que se quedara en la Argentina, que hiciera lo que quisiera, pero que yo iba a arrancar con mi vida y ella con la suya. Y lo cambié. Lo cambié en ese encuentro.
 –¿Por qué?
 –Por Vera y porque, Leilita, estaba enganchado con Silvina hasta el culo.

Multivisión, la productora audiovisual que los marinos habían montado para hacer piezas de propaganda que difundieran las bondades del régimen, quedaba en Besares 2019/2015, cerca de la ESMA. La enviaron a trabajar allí. Entre otras cosas, tenía que ocuparse de comprar materiales para una obra que se realizaba en el lugar. Le daban un auto robado con matrícula falsa, y allá iba a comprar pintura, ladrillos, azulejos. También debía encontrarse con Eduardo Massera, hijo del almirante Massera, abogado, para gestionar escrituras de propiedades robadas por los marinos (entre otras, la propiedad donde funcionaba Multivisión). «Iba conduciendo un coche robado, con matrícula falsa, a encontrarme con ese hijo de puta redomado del hijo de Massera, a firmar escrituras con un documento también falso.» Una noche, porque los marinos se lo ordenaron, entró a la ESMA sola conduciendo uno de esos autos (la vio entrar así un jefe de la parte no represiva del centro clandestino, lo cual produjo un conflicto interno que levantó olas). Cuando llegó a España les contaba esas cosas a sus amigos –una secuestrada que conducía por la ciudad comprando pintura, que entraba en auto a su propia cárcel–, y sonaban tan inverosímiles como, en realidad, eran.

En mayo de 1978, Acosta le preguntó: «¿Qué querés que te regale para tu cumpleaños?». Nacida el 16 de ese mes, ya había pasado allí su cumpleaños anterior y se avecinaba otro. Ella, en su rol de boba, le dijo: «Lo que más me gustaría es la libertad». Acosta respondió: «Bueno, lo voy a pensar».
–Al cabo de unos días, me dijo: «Vas a salir más o menos hacia finales del campeonato de futbol». Del Mundial. «Te vas a ir a España con tu marido, te vamos a gestionar el pasaje, el pasaporte.»
Astiz la llevó al Departamento de Policía para tramitarlo. El funcionario que revisaba sus antecedentes penales, una formalidad necesaria para emitir el documento, le dijo a Astiz: «Por favor, mire esto». Astiz leyó: detenida por hacer estallar una panfletera cuando formaba parte de un grupo de izquierda; tres meses presa en la cárcel de Devoto por formar parte de un

partido proscripto, puesta a disposición del poder ejecutivo. Demasiado para una chica inocente y descarriada.

–Ya faltaba poquito, ya me estaba casi yendo y pensé: «Se acabó». Los antecedentes llegaron a manos de Acosta, que los leyó y me dijo: «Mirá vos». Como diciendo: «Tan inocente no eras». Se lo tomó a risa. Y siguió el trámite del pasaporte, me compraron el pasaje de avión.

El día de su cumpleaños la enviaron a casa de su padre. Un mes más tarde, el 17 de junio, la llevaron al aeropuerto de Ezeiza. No recuerda nada. No sabe qué se llevó en la valija, no sabe si fue a buscar a Vera a casa de sus suegros, no sabe si sus suegros fueron con ella al aeropuerto. Recuerda que iba en auto con Astiz y con Vera y que en ese auto, o en otro, iba su padre. Tomó un vuelo de Varig. Su compañero de asiento era un pescador de Cádiz que no paraba de hablar.

–Cuando el avión despegó, dije: «Se acabó el infierno». Estaba con Vera, una criatura a la que no conocía, ese cachito de carne. «Pum, aquí la tienes. Ahora puedes quererla.» Yo estaba desquiciada. No entiendo cómo ni a mi padre, ni a mi madre ni a mis suegros se les ocurrió que yo no podía viajar sola, que alguien tendría que haberme acompañado.

Llegó a España el 18 de junio de 1978. Vera tenía catorce meses.

Pero, antes de partir, hizo algo que tendría consecuencias enormes, todas perniciosas. Fue al correo y envió un telegrama. Iba dirigido a un departamento ubicado en Aráoz y Beruti. Decía: «Salí del infierno. Ayudame».

El destinatario era Hugo Dvoskin. Que no le respondió.

Un lunes, después de mediodía, quedamos en encontrarnos en la puerta del edificio de la calle Jorge Newbery, donde está el departamento en el que pasó buena parte de su adolescencia. Está esperando en la vereda de enfrente. Usa un abrigo color hueso, botas de gamuza con piel por fuera, un suéter de Lacoste jaspeado en tonos oscuros, azul y borravino. Lleva un ramo de flores para Paula Mahler, la persona a quien le vendió el departamento en 2014. Con el dinero que obtuvo por esa venta, compró propiedades en España. (Lo mismo había hecho con el dinero obtenido por las indemnizaciones que el Estado argentino otorga a exdetenidos y exiliados: «Tengo un problema con las casas. Me gusta comprar pero no vender. No parece muy de izquierdas, pero es realista». Cuando le pregunto si aún se considera de izquierda, dice: «Sí, claramente, pero de una izquierda un poco aggiornada. Otra cosa es que crea que no es viable la revolución. Cuando llegué a España iba a los actos de Enrique Líster, que era un stalinista reconocido, a los actos de la Pasionaria, de Santiago Carrillo. Espiaba lo que se cocía y era fantástico, muy atractivo. Me afilié al PSOE en Tetuán, y sigo afiliada. Pero en aquel entonces fui a varias reuniones y ¿qué me pasó? Dije: "¿Otra vez sopa? ¿Otra vez la militancia en Colegiales? No". Y dejé de ir». Hay amigas que le aconsejan vender las propiedades y gastar el dinero en viajes y buena vida, pero ella tiene un plan: «Es tan chunga la vejez. Yo lo que quiero es que me atiendan. Quiero poder ir a una peluquería. Cuando tenga ochenta años, si llego, quiero tener el mejor andador. Uno quiere regalarles cosas a los nietos y viajar con ellos, y eso cuesta mucho dinero. Si llegamos a viejos sanos, fenómeno, pero puede que no sea así, y puede que haya tratamientos para algunas cosas, pero cuestan fortuna. Además, quiero dejarles una herencia a mis hijos, si puedo. Mis padres me la dejaron y no pudieron ser más generosos».)

Toca el timbre con cierta indiferencia, la mano ascendiendo sola hasta el botón preciso. Después de todo, era su casa. Admiro el gesto de llevar el ramo: reúne delicadeza, afecto y lleva implícito el mensaje: «Sé que dejarnos pasar a tu casa es un coñazo, mil gracias». Paula Mahler baja a abrir. También iba al Colegio y militaba en la FEDE. Estuvo presa un año y medio legalmente (la encarcelaron mientras aún gobernaba María Estela Martínez de Perón y fue liberada en diciembre de 1976), y ahora trabaja como traductora free lance, entre otros sitios para las Naciones Unidas. Al salir del ascensor, Silvia Labayru señala una estampita de la Virgen en la puerta de otro departamento y dice que ahí vivía «un facho que tuvo que aguantarse un montón de allanamientos».

—Pasen. Voy a hacer café. Ustedes hagan lo que necesiten.

Recorre con la discreción de quien no quiere entrometerse esas habitaciones que fueron suyas, donde Betty le hablaba de hombres y abortos, donde ella militaba la revolución y la impiedad del sexo.

—¿Ves? —dice, en el cuarto que ocupaba de adolescente—. Ahí estaba la inmensa foto del Che Guevara y acá la de Alain Delon. Tenía una cama chiquita, un escritorio.

Pasamos por la sala —ahora unida a la cocina, en aquellos años seguramente no—, y entramos al estudio.

—Esa era la pared donde mi madre escribió: «Panchito, no tenemos un mango pero te amo». Todo eso era una biblioteca, y todo eran moquetas, porque mi madre en Estados Unidos había pillado la onda de la moqueta.

La sala y el estudio dan al balcón que Betty había cubierto de césped artificial. No hay asomo de nostalgia, ni rastros de que estar en este sitio le provoque una emoción particular. Cuando regresamos al living, Paula Mahler está sentada en el sofá, el café dispuesto sobre la mesa baja. Silvia Labayru se sienta en una butaca, al costado.

—¿Y? —pregunta Paula.

—Es lo mismo que me pasó cuando entré a la ESMA: lo recordaba más grande.

Hablan de la situación de los derechos humanos en la Argentina («No debe haber nada con menos debate que el tema de los derechos humanos», dice Mahler; «O compras el relato de la libertad, la justicia, la denuncia, los compañeros desaparecidos, el culto al muerto, sin ningún tipo de reflexión sobre lo que fueron esos años, o nada», dice Silvia Labayru; «Como si no se pudiera sostener una postura en relación a los derechos humanos criticando a la vez la violencia de los setenta. Yo no creo que se pueda equiparar la violencia del Estado con otro tipo de violencia, pero me parece que es momento de que dejemos de pensar en la juventud maravillosa», dice Mahler), del

Colegio, de las vacunas necesarias para entrar a Europa. Mientras ellas conversan, intento imaginar cómo era antes. Las alfombras, los cuerpos adolescentes, Betty y sus pantorrillas tersas, el resplandor de los años setenta como una víscera excitada palpitando de sexo, utopía, carne muerta y pantalones Oxford con zapatillas Flecha. En medio de eso, Silvia Labayru. Con toda esa luz revolucionaria.

Le he pedido muchas veces que me cuente qué recuerda del aterrizaje en Barajas, del momento en que vio a Alberto Lennie. Hoy, mientras caminamos para conseguir un taxi después del encuentro en casa de Paula Mahler, tampoco recuerda nada. Supone que en la maleta debía llevar vestidos y blusas de seda, el vestuario hiperfemenino que estaba obligada a usar en la ESMA para demostrar que ya no era «un marimacho», porque esa ropa fue la que usó en Marbella por algún tiempo (a juzgar por los pantalones bravos de jean ajustadísimos, los suéters de lana gigantes, las polainas, la vincha, las camisetas de chica poderosa con que se la ve en las fotos que tomó Dani Yako, esos atuendos de secretaria ejecutiva deben haber ido a parar pronto a la basura). Lo que sí recuerda es que apenas salió de la Argentina se sintió libre.

–Desde el primer minuto. El mismo día que llegué a España me sentí libre. Y todo el tiempo que viví en España me sentí libre, aunque es verdad que me controlaron, y sé que me siguieron en Marbella, y que iban a ver a mi padre. Pero yo sabía, o creía, que era libre. Pensaba: «Estos tipos me pueden seguir, me pueden llamar por teléfono. ¿Pero me van a secuestrar aquí? Eso es imposible». O yo lo pensaba. El infierno se acabó. ¿El infierno qué significa? Que te secuestren, que te violen. Y eso ya no.

Sin embargo, cuando describe los primeros años de su vida en España, nunca dice «me sentía libre», sino «yo era una apestada».

Entonces, a lo largo de mucho tiempo, nos dedicamos a reconstruir las cosas que pasaron, y las cosas que tuvieron que pasar para que esas cosas pasaran, y las cosas que dejaron de pasar porque pasaron esas cosas. Al terminar, al irme, me pregunto cómo queda ella cuando el ruido de la conversación se acaba. Siempre me respondo lo mismo: «Está con el gato, pronto llegará Hugo». Cada vez que vuelvo a encontrarla no parece desolada sino repleta de determinación: «Voy a hacer esto, y lo voy a hacer contigo». Jamás le pregunto por qué.

Antes de que Silvia Labayru y Vera llegaran a España, Alberto Lennie se había instalado en Marbella con la intención de preparar el territorio.

—Porque permanecer en Madrid era imposible —dice Lennie—. El exilio en Madrid la condenaba al ostracismo desde hacía mucho tiempo. A mí también, por hacerme cargo de que viniera.

Empezó vendiendo bijouterie en la calle y luego consiguió trabajo repartiendo jugos de fruta para la empresa de un argentino. Armaba un canuto de *hash* de primera calidad y salía a vender jugos por toda la Costa del Sol. El día en que llegaron su mujer y su hija, le pidió el auto a un amigo y fue a buscarlas. El encuentro en Barajas fue, según dice, «brutal y hermoso». Vera estaba «perturbada», Silvia «hecha un bloque» y él «hecho un trapo». Pasaron uno o dos días en casa de Alba Corral, en Madrid, y después se fueron a Marbella (donde ella vio la final de la Copa del Mundo entre Argentina y Holanda, el 25 de junio de ese año; a pesar de lo mucho que le gusta el fútbol, no recuerda nada).

Pero a veces todo chirría y las piezas no encajan.

Silvia Labayru llegó a España en junio de 1978. Alberto Lennie asegura que no supo nada de lo de las Madres y las monjas hasta cuatro años después, en 1981, y que, además, no se lo contó ella sino Martín Gras.

—Me enteré en el 81 de lo de las Madres. Por Martín Gras. Un ser humano excepcional. Y él dio por hecho que yo sabía. Cuando me lo estaba contando, se me empiezan a caer las lágrimas y me dice: «Perdoname si te hago recordar cosas». Y le digo: «No, recordar una mierda, no tenía ni puta idea de esta historia». Y ahí me contó lo de Silvia. A quien él quería mucho. Le tenía mucho cariño y Silvia muy agradecida a Martín, porque es el que arma todo el grupo de colaboradores. Me rompió, me destrozó. Una situación de complicidad que me rompió el corazón. Brutal, brutal. Tardé mucho en discriminar quién tenía la responsabilidad de qué cosas.

Todo chirría, las piezas no encajan. Si solo supo que Silvia Labayru había estado en la escena Astiz/Madres de Plaza de Mayo en 1981, si Silvia Labayru llegó a Madrid tres años antes, en 1978, y para entonces ya pesaba sobre ella una sospecha tan espesa que era impensable que permaneciera en Madrid, al punto que el mismo Lennie dispuso todo para irse a Marbella, ¿a qué atribuía él ese repudio excesivo?

—Al tema maniqueo del esquematismo ideológico. Es decir: si sobrevive, es traidor.

—Es imposible que Alberto no haya sabido lo de las Madres, porque precisamente eso fue con lo que me pusieron a parir los argentinos en el exilio, y ese fue el motivo por el cual él decidió llevarnos a Marbella y no nos quedamos en Madrid. Porque yo era, supuestamente, una traidora. Lo sabía la Argentina entera y lo sabía España entera. En el año 78, en España, yo estaba siendo puesta en la picota por este tema. A mí no se me acusaba de haber entregado a nadie, sino de lo de las monjas.

—¿Por qué habrá dicho eso?

—Bueno, Alberto tiene cosas que... Su narración, su versión, es mucho más dura. Tiene cuentas conmigo.

—Y vos con él.

—Sí, claro. Pero luego se encuentra conmigo y me mete unos abrazos... Nos quedamos abrazados así, en silencio, me dice Pichona. Debe tener una ensalada de afectos cruzados. Como a mí también me pasa con él.

—Si yo hubiese tenido una condena hacia ella por lo que pasó en la ESMA, no me hubiese peleado con todo el exilio argentino en España para irme a Marbella con Silvina —dice Alberto Lennie—. Silvina y yo cruzamos un infierno emocional a lo largo del año y medio que estuvo en cautiverio, y su salida fue de horror. Estaba superloca. Y no podía ser de otra manera. Pero yo también estaba muy loquito y muy dolido. A mí me llevó veinticinco años salir de esta historia, Leila. Yo creo que, ante todo, Silvina es la víctima. Por otro lado creo que ha tenido la inteligencia, el tesón y la astucia para poder sobrevivir a esta mierda de la ESMA. Es una mujer lúcida, potente, fuerte. Pero creo que la nobleza no es una característica suya. Porque la pregunta que me he hecho durante mucho tiempo, y a la cual ya renuncié, es: «¿Por qué Silvina y no otra?». Silvina cuenta una historia, que la iban a llevar a otra compañera, morena, que iba a ir con Astiz, que era rubio. Esa historia es factible. Pero había más de cuatro rubias en la ESMA y, si no, te podés teñir el pelo. Yo creo que ese es un punto complejo. Antes de la ESMA, Silvina también tenía estas historias de manipulación y de muy poca nobleza. Pero no creo que haya hecho nada de esto para sacar provecho. Creo que lo hizo porque cayó en sus propias trampas de espanto y locuras previas, en su propia mitomanía. Con esto de las Madres de Plaza de Mayo, Silvina cayó en una trampa terrorífica. Pobrecita.

Víctima. Astucia. Manipulación. Poca nobleza. Trampas. Locura. Mitomanía. Pobrecita.

—¿Trampa en qué sentido?

—Del nivel de perversión de esta gente, de la situación que vivían los colaboradores, metidos en un hervidero donde mataban decenas de personas por día.

—No entiendo. ¿Cuál sería el...?

—Yo te acabo de leer una carta que me manda tres meses antes de eso.

—La de los jefes.

—Querida mía, claro.

—¿Vos decís que ella, sumida en esto que mencionás como síndrome de Estocolmo, manipulaba a la gente?

—Por supuesto. ¿Silvina es una reverenda hija de puta que con gusto se fue con Astiz a infiltrarse a las Madres de Plaza de Mayo y disfrutó de la entrega y el asesinato de esas Madres? Decididamente no. ¿Por qué cojones no se negó? ¿No le quedó más remedio? No estoy seguro. Posiblemente se anotó. Posiblemente, sin conciencia de lo que estaba haciendo. Una piba de veinte años a disposición de estos señores, en una situación donde el tema era cómo carajos sobrevivimos. Yo creo que no tuvo elección.

¿Se anotó? ¿O se anotó de manera inconsciente? ¿O quería sobrevivir a toda costa? ¿O no tuvo elección?

—Lo que pasa es que creo que, por cómo era Silvina, entre comillas «se le facilitó» anotarse en una situación que iba a tener una repercusión que no pensó. Estoy seguro de que no pensó: «Vamos a una reunión de las Madres con Astiz, que es tan majo y me trata tan bien, a traer un poquito de información y ya veremos». No. Por eso te digo que cayó en una trampa personal, interna. Estamos hablando de un tema de poder estar en la palestra. Si los jefes son los únicos a los cuales les puede llorar en el hombro, y son los que están manteniendo una situación en la cual puede salir dos o tres veces por semana, dormir en la casa del padre y ver a su hija, mantener la cabeza limpia me parece muy difícil.

—¿En algún momento hablaste con Silvia de esta información que fuiste recuperando: lo de las Madres, lo del cadáver de tu hermana?

—Creo que no, Leila. Había entre nosotros demasiado rencor, demasiada desconfianza y falta de lealtad. Y lo otro es que yo me lo tuve que comer todo solito. Todas eran medias verdades las que yo podía contar. «Me voy a encontrar con Silvina en Brasil.» ¿Cómo que te vas a encontrar con Silvina en Brasil si está en la ESMA? Y ante las preguntas, Silvia no me podía responder. «Silvina, ¿qué estás haciendo para que te dejen salir?» Silvina tenía desconfianza: «Si yo a este tipo le digo la verdad, me va a dejar colgada, en manos de la gente de la ESMA, y no voy a poder salir». Mi desconfianza alimentaba la desconfianza de ella. Estaba seguro de que me estaba mintiendo. Yo creo que uno de los grandes méritos de Silvina es haberse construido a lo largo de estos años el personaje que hoy tiene y la persona que es. Yo no me animo a hablar de la que es hoy. Porque no la conozco. No sé quién es. Hace demasiado tiempo que no tengo un vínculo cercano. Yo te puedo decir que Silvina, cuando estuvo conmigo, antes de la ESMA y en este proceso, era una chica con mucha histeria y poca nobleza.

—¿Por qué falta de nobleza?

—Porque no era amante de la verdad, del compromiso ni de la coherencia respecto a los afectos. Tenía una incapacidad para mantener y desarrollar sus compromisos emocionales. El tono de las cartas de amor, de entrega, todo eso sentí que duró una semana. Después todo empezó a descomponerse. Y el espanto de la ESMA aparecía. En que no se podía hablar de ciertas cosas, en las preguntas sin respuesta. Silvina no era capaz de hacerse cargo de Vera. No tenía capacidad ni afectiva ni emocional de hacerse cargo. Te estoy hablando de cambiarle un pañal, de hacerle la comida. Yo le decía: «Silvina, la nena está meada hasta el culo, le está chorreando el pañal». Y ella: «Ah, no me había dado cuenta». Pero no de zorra, estaba con la cabeza donde podía, pobre ángel.

Mitomanía, manipulación, trampa, zorra, histeria, pobre ángel, falta de nobleza, personaje, pobrecita. Suponiendo que está al tanto de la vida de ella —estuvieron juntos en Madrid semanas atrás, ella le avisó que yo iba a contactarlo—, pregunto:

—¿Lo conociste en aquellos años a Hugo, su actual pareja?

Parece extrañado.

—No sé quién es. No sé quién es. No sé quién es, Leilita. No tengo el vínculo para poder decir nada al respecto. No sé por qué Silvina se volvió a Buenos Aires, no sé quién es Hugo, no sé por qué está con él. Pero cuando la vi acá, hace algunas semanas, la vi bien.

Supongo que dice «la vi bien» por decir algo, porque ha estado acumulando frases como si fueran cachetazos.

—Así como sentí que se había terminado el infierno, cuando llegué a Madrid y empecé a ver que la gente no quería recibirme, la forma en que Alberto me trataba, me di cuenta de que no había terminado. Alberto estaba conmigo pero desconfiaba de mí. Todo el exilio le decía lo mismo: «¿Cómo tu mujer puede estar viva? Es una traidora». No quiso que fuéramos a vivir a Madrid porque estaba la gente del exilio. Así que me llevó de inmediato a Marbella. Tampoco él se bancaba vivir con una apestada. Yo esperaba otra recepción. Él no podía. Esa relación estaba signada desde el inicio. Pero en la crianza fue muy buen padre. Y Vera era la niña más buena, más dulce, más bonita.

Algunos de los suyos corrieron a verla apenas llegó: Dani Yako, Martín Caparrós, Graciela Fainstein, Diego Fernández Peteiro, Alba Corral. Pocos más.

—Yo la vi al poco tiempo de que llegara a Madrid —dice Alba Corral—. Tuve una actitud de aceptación total. Le dije que no necesitaba que me contara nada, si había traicionado, si no. Para mí era todo válido. Había gente que decía: «Por algo está afuera, a quién denunció, nadie está afuera si no es así». Ella no hizo nada gratuito. Todo lo que hizo lo hizo inteligentemente. Lo que recuerdo mucho es la dificultad en la relación con Vera. Silvia era muy impaciente. Vera era muy lista, se la veía como un bebé muy autónomo, y a Silvia con una enorme impaciencia. Como que quería que Vera no le incordiase la vida. Ella quería hacer su vida y disfrutar, y Vera era muchas veces un incordio. Decía: «La pesada esta que hace esto, que hace lo otro,

me lo hace a propósito, ¿se tiene que enfermar justo hoy?».
Pero es que estaba superada por la situación.

«¿Si Vera me sacaba de quicio? No. Era tan buena, tan buena, tan buena. Dormía mucho. Dormíamos mucho.»

En febrero de 2022, como siempre en esta época, la ciudad colombiana de Cartagena de Indias está recorrida por lo que los locales llaman brisa —la aprecian mucho: alivia el calor agobiante— y a mí siempre me ha parecido un huracán, una fuerza incómoda, algo que hay que sobrellevar. Allí, en un hotel frente al mar —marrón, de olas apocadas—, en un patio interno a resguardo del viento, el escritor y periodista argentino Martín Caparrós, compañero del Colegio y amigo de Silvia Labayru, espera que lo recojan para llevarlo al aeropuerto desde donde regresará a Madrid. Lleva su micromaleta de siempre. Se enorgullece de poder pasar mucho tiempo con lo que tiene allí: un par de remeras, un pantalón, poco más. Íbamos a encontrarnos más temprano, pero a último momento descubrí que, aunque la Argentina ya no lo exige, la aerolínea en la que regreso a Buenos Aires incluye entre los requisitos de abordaje un PCR negativo. De modo que tuve que esperar a que alguien de un laboratorio *fast food* viniera a tomarme la prueba y la entrevista se atrasó.

Caparrós, uno de los mejores escritores y periodistas latinoamericanos, con decenas de libros publicados y a quien ella y los amigos llaman Mopi, escribió, junto con Eduardo Anguita, *La voluntad*, publicado originalmente en 1997, un trabajo monumental que aborda la historia de la militancia revolucionaria en la Argentina durante los años sesenta y setenta. Allí aparecen entrevistados sobrevivientes de los centros clandestinos, pero no Silvia Labayru. «Creo que Mopi quiso hacer una especie de barrera de seguridad. Yo en esa época era más controvertida, y aunque nunca hablamos del tema yo lo vi como un resguardo: no vincular la amistad con una cosa así.»

Ahora, en el patio del hotel, Caparrós aplica ese estilo único que consiste en parecer una persona completamente desilusionada que da todo por perdido (¿para qué vamos a hacer esto si no va a servir de mucho?), pero, a la vez, las cosas que dice –y la forma en que las dice– trasuntan una potencia que es la negación misma de esa postura desalentada.

—No sé si te voy a poder aportar algo.

—Te acordás poco.

—No, no es que me acuerde poco. Me acuerdo muy de afuera. Entramos al Colegio en el mismo año, pero ella fue de tarde y yo de mañana. Es probable que yo la hubiera visto porque era muy visible. Era de las chicas más lindas del Colegio. Yo era militante de una cosa que se llamaba el MAS, que era el grupo que habían armado las FAR, las Fuerzas Armadas Revolucionarias, para los secundarios. En el 73 cambió la organización del Colegio y armaron un curso vespertino. Yo preferí ir a la tarde, y Silvia estaba ahí también. Había un profesor de física al que nadie le había hecho caso durante el año. Y creo que fue a hablar con el tipo cuando llegó la época de exámenes, y el tipo le dijo que le iba a poner un 7, por sus ojos. Y al parecer ella le dijo que, si era por sus ojos, le tenía que poner un 10. No sé si es cierto. Pero yo creo que tenía razón.

—Era bonita.

—Sí. Y ella sabía. Sabía lo que tenía. Nos hicimos bastante amigos con ella y con Alba. Pero entre el 74 y el 75, nos empezamos a ver menos. Ella estaba más concentrada en su militancia. Yo también. Y a principios del 76 me fui de la Argentina.

—Te enteraste de que había sido secuestrada cuando estabas en Europa.

—Sí, durante el 76. La noticia de que la gente era secuestrada llegaba frecuentemente. Pero había algunos más cercanos que otros. Y los más cercanos fueron Silvia y un pibe, Pato, con el que yo había hecho la primaria, la secundaria, y habíamos sido compañeros de militancia. Yo me había separado de los montoneros poco antes de irme de la Argentina, porque me parecía que lo que estaban haciendo era absolutamente militarista y enloquecido. Pato fue el que me dijo que si me había ido de la organización no me podía quedar, que iba a caer como un boludo. Yo encima estaba escribiendo en la revista *Goles*. Me dijo: «Les estás diciendo dónde estás, es muy fácil agarrarte, y a ellos les sirve mucho agarrar a los quebrados». Yo supuestamente era un quebrado, porque me había ido de la organización. Me dijo: «Así que volvé a la Orga o andate, no te quedes esperando que te vayan a buscar». Un año después de llegar a París, me enteré de que Pato había muerto, me dio muchísima culpa y volví a los compañeros montos para hacer algunas cosas que se podían hacer desde ahí. Y en medio de eso, no me acuerdo exactamente cómo, me enteré de que Silvia había caído. Yo no sé si llegaste a ver un poema de Diego Bigongiari.

–Sí. Es un poema póstumo.

–Sí. La celebrábamos como a una... muerta, digamos. Todo lo que sabíamos de ella era que la habían chupado. Y en esa época lo que se sabía era que no volvías. No estaba la idea de que metían presa a la gente. Estaba la idea de que se la llevaban y le pegaban cuatro tiros.

–No sabían de la tortura, del encierro.

–No se sabía nada. No sé en Buenos Aires. Afuera no. Yo estaba en un grupo de periodistas argentinos que tratábamos de hacer toda la difusión que podíamos de lo que estaba pasando en la Argentina. Y no hablábamos de gente secuestrada porque no se sabía. Simplemente hacíamos las listas de la gente que había desaparecido. Yo seguía viendo mucho a Alba Corral, hablábamos de Silvia y decíamos: «Pobre, la mataron». Un día, a principios del verano europeo del 78, la llamé a Alba para ver si hacíamos algo, porque yo iba a ir a Madrid, y estaba toda shockeada porque acababa de hablar con Silvia. «Está viva, está viva.» Unos días antes Silvia había llegado a España. Y creo que ahí mismo Alba me dio un teléfono y la llamé.

Caparrós fue de los primeros amigos en ir a encontrarse con ella. No recuerda haberla visto mal, pero sí «con ganas de contar y hacerse entender».

–La imagen que tengo es la de una caminata por la playa,

en Marbella, en la que me contaba de la ESMA. Me parecía tan absolutamente increíble. Un lugar donde había mucha gente secuestrada, que la torturaban, que la mataban, que trataban de redimirla de distintas maneras. Ese proyecto era el colmo de la omnipotencia. Después de haber sido omnipotentes en cuanto a matar a los que se les cantara, decidieron que algunos podían seguir viviendo si se adaptaban lo suficiente, y los escogían con un criterio de clase, de un cierto estrato social parecido al de ellos. Y ella, de algún modo, se salvó y pudo entrar en ese grupo por esto de que cuando la agarraron estaba embarazada y por eso no la mataron. No sé si hablaron de eso, pero muchas veces me imaginé esa sensación de saber que estás esperando para parir y seguramente después te van a matar. Me contó que los hacían hacer trabajos de oficina, logística y un poquito de planificación, de estrategia. Yo desde el principio pensé que no tenía ninguna capacidad ni voluntad de juzgar lo que ella podría haber hecho, porque cuando uno no está en situaciones inimaginables no puede juzgar a partir de esa imaginación imposible. Me contó después que había tenido que tener alguna historia con algún marino. Pero que su punto de alivio era no haber entregado a nadie. Eso la tranquilizaba mucho frente a todo lo que había tenido que hacer. Los que nos queríamos éramos todos amigos del Colegio, y no teníamos ninguna mirada reprobatoria. En este grupo estábamos muy contentos de que estuviera viva.

–Ella lo pasó muy mal al comienzo del exilio en España –dice Vera–. Los argentinos crearon esta idea de que era sospechosa. Tengo el recuerdo de ella llorando en el baño porque alguien la había lastimado con algún comentario. Yo siento mucho resentimiento por esa gente que la maltrató, porque ella no sobrevivió por haber jodido a nadie. El hecho de que mi madre esté hablando contigo, el hecho de que me pidiera que hablara contigo, es la evidencia de que los tiempos han cambiado. Ella se ha sentido muy maltratada por los periodistas, dentro y fuera de la Argentina, por los libros que se han publicado. Sufrimos mucho. Siempre entendí la distancia que ella ha tenido con los periodistas. Llamaban a casa y teníamos que ponernos al teléfono y decir que no estaba. Por años y años.

Silvia Labayru y otras dos personas que estaban presentes –y que aún no han entrado en escena: Osvaldo Natucci y Susana García– cuentan, de manera idéntica y por separado, la entrevista que en el año 79 intentó hacerle una periodista de renombre para un periódico importante de España. La mujer hizo algunas preguntas y fue derivando hacia «¿Astiz era guapo?», hasta llegar a «¿Es cierto que tú fuiste amante de Astiz?». Según los tres, la echaron –Natucci golpeó la mesa y dijo: «Si ese va a ser el tenor de las preguntas, la entrevista terminó acá»–, pero Silvia Labayru quedó sumida en un trance de angustia durante meses.

En 1977 el periodista Uki Goñi trabajaba en el diario *Buenos Aires Herald*, un periódico de habla inglesa y el único medio, en la Argentina, que denunció violaciones a los derechos humanos cometidas por la dictadura mientras estaban sucediendo. En 1996 Goñi publicó un libro titulado *Judas, el Infiltrado* (Sudamericana), en el cual reconstruye la infiltración de Astiz en el grupo de familiares y Madres de Plaza de Mayo. Menciona a Silvia Labayru en varios pasajes: «La juventud, la belleza y el embarazo de Labayru se sumaban a su favor, según recordaría otro secuestrado, Martín Gras: "Silvia era como un rayo de sol adentro de ese infierno oscuro que era la ESMA. Fue la niña mimada de sus padres, de los montoneros y de los marinos. Los oficiales jóvenes estaban como embobados, era la mujer con la cual cualquiera de ellos hubiera querido casarse. Linda, de familia militar, el que consiguiera una esposa así llegaba a almirante seguro". En aquella sucursal del infierno, Labayru atrajo la atención del teniente Alfredo Astiz. Joven, rubio y de familia militar como ella, Astiz desarrolló una afinidad de "clase" y de "raza" con la bella embarazada, acorde con los rígidos parámetros sociales que imperaban en el marino». Más adelante cita el testimonio de Lila Pastoriza, una militante secuestrada en junio de 1977, referido a los hechos relacionados con la desaparición de las Madres: «Que los militares hicieran eso a nadie asombraba, pero los detenidos cuestionaban mucho la actitud de Silvia. Hubo una primera chica que llevaron que, según se decía ahí, hizo un gran escándalo, que se mataba pero que no la mandaran a hacer eso, un drama tan espantoso que logró zafar [...]. Ella estaba muy desesperada. Decía: "¿Cómo? ¡No pensé que iban a hacer esto!". En esa situación en que estábamos nosotros, tan por el borde, a veces pensabas que podías manejar situaciones que, si te salía mal, no las podías manejar. Yo creo que eso le pasó a ella». Cada vez que habla de ese libro, Silvia Labayru se indigna: «La sensación que a mí me da es que, cuando él describe la ESMA, me describe como a una pobre chica. Como una tontita. Muy guapa, una tontita que estuvo ahí, la llevaban, la traían. Como si yo fuera una estúpida. Cuando en realidad yo participaba de un entorno donde no era un jefe pero no era una colgada de las nubes. Era una persona en la cual tanto Martín Gras como Cuqui Carazo confiaban. Además, el libro se supone que habla sobre Astiz, pero habla más de mí que de Astiz».

El escritor argentino Juan Martini, fallecido en 2019, se exilió en Barcelona en 1975. Allí fue editor de Bruguera. En 1984 regresó a la Argentina, donde fue director literario de Alfaguara durante ocho años. El 17 de abril de 2012 publicó un texto en el blog de la librería argentina Eterna Cadencia un comentario sobre un libro de conversaciones con el dictador Jorge Rafael Videla, que por entonces aún no había fallecido y estaba en la cárcel. El texto le daba pie para hablar de Silvia Labayru: «En 1982 Silvia Labayru, hija de un general, tenía 25 años y vivía exiliada en Madrid. La conocí a través de amigos ex militantes porque quería dar testimonio de su cautiverio en la ESMA, donde había colaborado, y en ese momento ex montoneros masseristas la acusaban desde París exactamente de eso: de colaboración. Aparte de no ser torturada, de traducir documentos, de salir a marcar o señalar militantes, de participar con marinos en fiestas fuera de la ESMA, de hacer apología del coraje de Astiz, y de ser amante de su carcelero, lo más grave que había hecho Silvia Labayru era haberse hecho pasar por hermana de Astiz –puesto que era rubia y alta y bella como él– en la iglesia Santa Cruz y en el caso de la desaparición de las monjas Léonie Duquet y Alice Domon. Silvia Labayru estaba dispuesta a confesar todo eso pero dando lo que llamaba su versión y que no era otra cosa que un incierto intento de apelar al síndrome de Estocolmo. Pero Silvia Labayru necesitaba quien escribiera su confesión o testimonio porque no se consideraba dotada para hacerlo. Yo vivía exiliado en Barcelona y en Barcelona convinimos reunirnos y grabar la conversación. Fue la primera vez que escuché una descripción con pelos y señales de lo que había pasado en el interior de la ESMA. Me sacudió el espanto y el tono gélido de Labayru en su relato me aniquiló. Entonces le dije que yo no podía escribir lo que ella quería. Muchos años después resolví escribir con ese material un relato fiel a los hechos descritos por ella. El texto se llama "La colaboración", está incluido en el libro *Rosario Express* (Norma, 2007) y en él Silvia Labayru [...] dice: "Yo sé que hago un relato frío de esta historia. No es fácil hablar. No es fácil contarla. Y lo hago como si fuera una película que miro desde afuera, o la historia de otra gente, no la mía. Yo sé que a veces hablo como si no hablara de mí..., pero no puedo hacerlo de otra manera"».

Cuando le hablo del texto de Martini suspira resignada y dice: «Juan Martini vivía en Barcelona, y hacía muy poco que yo había salido. Empezamos a hablar y se produjo algo que el tipo no supo captar. Y es que yo hablaba como un robot, con una frialdad... Todavía me pasa y me pasa contigo: en el relato hay una ausencia significativa del horror, de los momentos de soledad, de miedo. La muerte, la locura, el poder sin límites de esa gente. Martini no encontró la manera de contarlo. Creo que yo no le gusté, que le debo haber parecido un bicho, una persona completamente despersonalizada. Hablaba de que yo tenía una mirada gélida. El mejor entrenamiento para esa frialdad es estar escuchando los alaridos de la tortura y estar hablando con una sonrisa con Acosta o Astiz o Pernías, como si estuvieras escuchando *Las cuatro estaciones*, de Vivaldi».

Ese reflejo pavloviano de responder con templanza no siempre funciona. Hay niveles de afectación profundos y salen a la superficie bajo la forma de espumarajos incontrolables.

En 1987, durante una de las sublevaciones de los carapintadas, una serie de cuatro levantamientos militares para exigir que no se enjuiciara a quienes habían cometido delitos de lesa humanidad durante la dictadura, ella estaba en la Argentina, en una provincia del interior. Cuando supo del levantamiento se desesperó. Su pasaporte estaba en Buenos Aires, elucubró planes para salir hacia Brasil por tierra. Finalmente no fue necesario, pero todo estaba ahí: el pánico ante la posibilidad de que volviera a suceder.

Hace un tiempo caminaba por la calle Luis María Campos, frente al Hospital Militar, en Buenos Aires, y un hombre la aferró por la espalda. No pensó que podía tratarse de un robo. La cabeza se le inundó de imágenes de aquella vez: la esquina de Azcuénaga y Juncal, los marinos que la estaban esperando y la inmovilizaron por detrás. Empezó a forcejear, el hombre la empujó, la arrojó contra una marquesina y, atontada por el golpe, escuchó: «¡Dame el reloj!». El reloj era un Rolex que cuarenta años atrás le había regalado su padre, al salir de la ESMA (tuvo otro, antes, que le robaron los marinos). Al entender que no era un secuestro trató de resistirse, pero el hombre la arrastró por el piso y le gritó: «¡¿Querés que te mate?! ¡Te mato ahora mismo!». Como si la hubieran desconectado, se quedó laxa y le dio el reloj. El hombre se fue con un cómplice que lo esperaba en una moto. Un muchacho joven se acercó y le preguntó: «¿Estás bien?». «Sí, sí», dijo ella. Sacó el teléfono y llamó a Hugo, que estaba atendiendo y no pudo ir. «En ese momento necesitaba desesperadamente que viniera a buscarme. Y no pudo. Así que me fui caminando sola.»

En 2021 se arrepintió de haberse dejado fotografiar en el jardín de Gurruchaga para el artículo de *Página/12* por el cual me enteré de su historia: «Era un lugar identificable, y pensé: "Bueno, no me van a secuestrar, pero a lo mejor me pueden dar un susto". No tienen un grupo de tareas que pueda hacer nada, pero alguien muy enfermo de odio te puede dar un susto. Fue un pensamiento pasajero. Pero feo».

Terminaba la tarde. Se había servido una copa de vino que —como siempre— casi no había tocado. Esa noche una pareja de amigos iba a cenar a su casa y me asombró la calma con la que asumía el asunto: a las seis aún no había comprado la carne. Era un día frío, oscuro, y habíamos estado hablando de varias cosas. A veces parecía que la historia era muy simple —chica conoce chico, circunstancias los mantienen separados, vuelven a encontrarse—, y otras que era muy compleja: chica conoce chico, chica pasa por circunstancias espantosas en las que se dirimen conceptos resbaladizos a los que hay que abordar desde distintos ángulos aportando una cantidad de testimonios múltiples que den una idea de conjunto sin dejar de tener en cuenta el contexto histórico, y vuelven a encontrarse. Estaba, también, la naturaleza del asunto: si bien parecía no haber muchas formas de vulnerarla, todos los temas a conversar (tortura, secuestro, parto, sometimiento, violación, repudio) eran arquitecturas poderosas. Así que demoré un buen tiempo en hacer algunas preguntas. Ella había pasado más de cuarenta años sin dar entrevistas y, aunque a veces sus pruritos no parecían del todo fundados (cuando sostenía que el libro de Uki Goñi la trataba como a una tonta o hablaba más de ella que de Astiz yo intentaba rebatirla, sin mucho éxito), su experiencia con el oficio periodístico no había sido la mejor. De modo que solo cuando llevaba meses entrevistándola y sabía que no confundiría mis indagaciones con una acusación, le pregunté por qué en juicios anteriores no había mencionado explícitamente las violaciones, por qué solo las había sugerido diciendo cosas como «las mujeres éramos su botín de guerra». En mis notas dice que «el sol oscuro del final de la tarde le caía sobre la espalda y la manchaba con cierta luz de agobio, lo que hizo que me preguntara si no estaba harta de mí». Pero la forma en que dijo lo que dijo no traslucía irritación conmigo sino con la época: con el hecho de que las violaciones hubieran sucedido en años en los que eso que aún sucede –las mujeres violadas resultan sospechosas de haber provocado la violación, de no haberse resistido lo suficiente– era la norma: la única norma.

–Es que ¿cómo iba a decir: «Sí, cedí ante la violación de González, dejé que me violara su mujer, me llevó a hoteles», en una época donde todavía me estaban poniendo en la lupa, donde venía arrastrando la persecución del exilio? No lo había contado nadie, porque mujeres violadas hubo muchas. ¿Otra vez voy a ir yo a poner la cabeza? Y estos se agarran de eso: por qué no lo contó antes, tan mal no se habrá sentido. Yo pienso: «Hijos de puta, no lo conté porque... porque me daba vergüenza».

Mientras hablaba, daba golpecitos con el puño sobre la mesa, subrayados simbólicos de la indignación creciente.

–Porque me daba miedo, porque tenía pánico. Ya bastante estaba diciendo en esos putos juicios, hablando siete horas y media, como para además poner toda la carne al asador. «¿Y usted cómo no se resistió?» El juez de este último juicio me preguntaba: «¿Dónde la llevó la primera noche, la segunda, la tercera, la cuarta?». Le dije: «¡Mire, no las contaba!». Desde el momento del secuestro, no hay nada que pueda ser considerado que se hace por voluntad propia. Pero que en determinadas circunstancias tú hayas podido incluso tener placer sexual en esa situación, que era una violación, es perfectamente comprensible. En medio de esa noche oscura, donde estabas solo como un perro, que un tipo, aunque fuera un represor, te hiciera una caricia y te tratara humanamente, bueno, chica, no deja de ser una violación, pero por lo menos en ese mínimo momento evades. Un poco de placer. Una descarga. Pero todo eso es como un tabú. Como el tema del consentimiento. En el campo, el consentimiento no existe. Ni aunque hubieras follado con ese tipo mejor que con nadie en tu vida. Aun así es una violación. Todo eso que ocurre está condicionado por una situación de amenaza brutal. Pueden hacer contigo lo que quieren. Cortarte en pedacitos, secuestrar a tu hijo, a tu madre, a tu tía. ¿Fue una violación aunque hubiera placer? Por supuesto que sí. Yo creo que hay un sustrato terriblemente machista y no queda del todo claro que las mujeres no provocamos las violaciones. La justicia es troglodita, y la violada es la provocadora, la sucia.

Usé una palabra que ella había usado poco: *daño*. Es una palabra difícil en su caso: puede ser un torniquete y cortar el flujo, porque todo lo que la remite a emociones fuertes la retrae. «Me revienta que estén sacándote fotos y viendo si se te cae la lagrimita. Y no, no se me cae la lagrimita», dijo un día en que salíamos de la ESMA, después de que un fotógrafo la tuviera bajo su lente durante un acto.

—¿Arrastrás ese daño todavía?

—Sí. El daño que me hicieron ellos es irreparable. Me hicieron un daño tremendo. Ellos, y mi afición a esta forma de política en la que creé las condiciones para acabar en ese puto sótano. El Colegio nos formaba para ser personas profesionalmente muy brillantes. Y esto a mí me partió la vida por la mitad. Yo quería ser muy buena en lo que hiciera. Ser una profesional brillante. Y trabajé, monté empresas, gané dinero, viajé. Pero hay algo que se truncó. Mi vida quedó llevada por mareas. No es que digo: «Qué vida de mierda tuve». Lo que no puedo decir es que aquí no pasó nada o que no pagué unos precios muy grandes por todo esto.

Insulta muy poco y, si lo hace, utiliza términos habituales en España —*coño, gilipollas*—, quitándoles su carga ofensiva, pero esta vez los insultos estaban cargados de un aire negro, esporas que permanecerían allí cuando me fuera (pensaba en eso al terminar algunas entrevistas: en lo que quedaba esparcido después de haber zarandeado los recuerdos como una manta que se sacude al sol).

—Yo sé que he tenido una buena vida. Y sigo teniendo una muy buena vida. Pero me partieron por la mitad. Sí. Me partieron a la mitad esos hijos de puta.

Ese día, como tantos, nos despedimos con nuestros modales excelentes, como si no hubiera pasado nada.

Todavía hay luz de sol en Madrid, aunque son casi las nueve de la noche. Lydia Vieyra está sola en la casa de Silvia Labayru, que no está en España. Cada vez que pasa una temporada allí, aprovecha para acomodar lo que, dice, es un caos. En el viaje anterior se pasó horas doblando toallas solo para que su amiga, al verlas, le dijera que le gustaban más dobladas de otra forma, «con lo gordito para el lado de afuera».

—¿Vos podés creer? Le acomodo las toallas y encima se queja —dice, acodada en la mesa de la cocina, fumando mientras espera que la pasen a buscar para ir a una cena, ajustando la posición del teléfono para que la vea mejor.

Es dos meses más grande que Silvia Labayru —«pero ella parece mucho mayor, yo lo sé», dice riéndose—, y tienen una relación basada no solo en la complicidad y el cariño sino en un sentido del humor feroz: cuando están juntas dicen cosas que provocarían úlceras sangrantes en cualquier sujeto políticamente correcto. Parece alguien capaz de entender cuáles son las fuentes de las que mana la imperturbabilidad de su amiga y, a la vez, alguien a quien le gustaría mucho —realmente mucho— que «la rubia dejara pasar el miedo, que el miedo la atravesara».

Vive en la Argentina, cerca de la ciudad de Santa Fe, desde 1988, después de haber estado exiliada en Londres y Madrid. Militaba en Montoneros —«tenía un rango muy bajo, era una perejila, como se dice»—, y la secuestraron el 11 de marzo de 1977. Pasó un año y medio en la ESMA, salió el 26 de julio de 1978 hacia España vía Rio de Janeiro. La acompañaba su madre. Volaron en asientos separados y simularon que no se conocían hasta que el avión despegó de Brasil.

—Yo estaba convencida de que en Rio de Janeiro me secuestraban de nuevo.

Como otros detenidos, tenía militares en la familia, solo

que, en su caso, no eran cualquier cosa: su padre era primo hermano de la mujer del almirante Massera.

–No sé si fue eso lo que me salvó la vida o las academias Pitman, donde había aprendido a escribir a máquina, porque en la ESMA me obligaron a trabajar en transcripciones.

No tuvo contacto con Silvia Labayru en el centro clandestino («ahí, en el sótano, vi a esta niña rubia con una panza ya considerable»), pero tenían algo en común: eran las dos más jóvenes y ninguna había alcanzado un rango alto en Montoneros. La relación entre ambas creció después, una vez que estuvieron en Europa, donde también lograron coincidir en algo: el repudio de los suyos. Al llegar a Madrid, Lydia Vieyra llamó por teléfono a sus hermanas, que ya estaban exiliadas. Le dijeron que no iban a recibirla, que regresara a la Argentina. Estaban convencidas de que había entregado al novio de una de ellas (después se supo que no era así). Se fue a Londres, donde lo pasó mal trabajando en oficios miserables, durmiendo en las estaciones, así que volvió a España, consiguió la dirección de Silvia Labayru y marchó a Marbella.

–Era un desastre. No tenía un mango. Repartía volantes de propaganda en los restaurantes, era imposible vivir ahí. Le dije a Silvia: «Voy a tratar de irme a Madrid». Ella tenía apenas tres mil pesetas y me las dio, para que por lo menos pudiera llegar. Eso te dice la clase de persona que es.

En Madrid las cosas mejoraron: empezó a vender bijouterie –eso, tan chisporroteante y ligero, terminó por ser la salvación de muchos exiliados de este grupo–, y, tiempo después, lo transformó en un emprendimiento que trasladó con ella a la Argentina. Se jubiló hace unos años y ahora vive entre su pueblo chico y Europa, donde están sus hijos y su nieto. En 1979, por insistencia de Silvia Labayru, presentaron un testimonio conjunto ante la ACNUR, contando lo que sucedía en la ESMA. Advirtieron que no se podía hacer público –temían que los militares tomaran represalias con quienes estaban detenidos– pero que, si algo les pasaba, se diera a conocer.

—Fue muy duro el exilio. Yo creo que fue una de las peores etapas, porque dentro del campo conocías las reglas, aunque estaba la incertidumbre de que nos podían matar todos los miércoles. Pero el exilio fue de una crueldad extrema. Aparecía un sobreviviente y era sinónimo de traidor. A Silvia le dieron con todo. Habían inventado historias, como que había sido más o menos la amante de Astiz. Le tocó todo el tema de las Madres y las monjas francesas, con eso la sepultaron.

Secuestrada. Torturada. Encerrada. Puesta a parir sobre una mesa. Violada. Forzada a fingir. Al fin liberada. Y, entonces, repudiada, rechazada, sospechosa.

En medio de eso, en 1978, escribió cartas —dos, tres, no se acuerda— dirigidas a Hugo Dvoskin. Las envió al despacho del padre de él, que era abogado.

Una vez más, Hugo Dvoskin no contestó.

Hizo todavía un último intento: llamó por teléfono al estudio del padre, que le dijo que no pensaba ponerla en contacto con su hijo.

Y eso fue todo.

Todas las vías estaban cerradas.

Lo iban a estar durante cuarenta años.

Alrededor de 2010, Dani Yako intentó reunir imágenes del exilio argentino de los setenta y hacer un libro colectivo acerca de esa experiencia. Contactó a sus colegas, les pidió fotos, se las enviaron, no pudo armar nada que se correspondiera con lo que había imaginado. En 2017 revisó su archivo y descubrió fotografías tomadas por él desde 1976, cuando llegó a España. En ellas se ve la vida cotidiana de ese grupo de gente joven —Alba Corral, Silvia Luz Fernández, Silvia Labayru, Martín Caparrós, Diego Fernández Peteiro, Graciela Fainstein, algunos más, casi todos amigos del Colegio— en la circunstancia menos cotidiana de todas: el exilio. Están en el campo, festejando cumpleaños, en la puerta de un restaurante, tumbados en un sofá mirando televisión. Son imágenes sin dramatismo con las que construyó *Exilio*, el libro para el que también pidió un texto a varios de los retratados y que presentará el 3 de noviembre de 2022 en la librería Los Libros del Pasaje.

Pero para eso falta un año casi exacto. Es noviembre de 2021, Yako está en su casa y *Exilio*, apenas en proceso.

Hasta 2002 o 2003 yo conocía su trabajo (admiraba su obra documental, particularmente *Extinción*, un registro de oficios rudos como la cosecha de la papa o el tabaco, con textos de su amigo Martín Caparrós), pero no lo conocía personalmente. Entonces compartimos un viaje laboral por Croacia. Era un tipo silente, de bigotes doblados hacia arriba en las puntas, que siempre quería sentarse a tomar café: caminábamos por Dubrovnik cinco cuadras, veía un bar, quería sentarse a tomar café; caminábamos por Split ocho cuadras, veía un bar, quería sentarse a tomar café. Portaba su Leica a todas partes y hacía intervenciones parcas y ajustadísimas con un humor impávido de gran calidad, ácido y estimulante. Si bien los temas que abordaba en su obra eran casi trágicos, él mismo no lo era. Parecía muy divertido con su mundo interior. Yo sabía poco de su historia. Sí que había vivido un tiempo en Europa. No que ese tiempo había sido consecuencia de un secuestro, una tortura y violaciones reiteradas a su novia de entonces. No lo sabía yo, y no lo sabía casi nadie. Menos aún sus compañeros de trabajo.

–¿Querés café?

–No, gracias.

–Ah, cierto que vos no tomás café. Y seguís sin comer ajo, ¿no?

Yako es un lector descomunal, un consumidor exquisito de cine y series, un devorador de prensa escrita y alguien capaz de recordar con precisión ese tipo de cosas: que no como ajo, que tal película o tal libro no me gustaron, que hice colocar un aire acondicionado en mi casa en el mes tal.

–Yo vendía el comunismo *light* –dice.

(Y además, es gracioso.)

Entró al Colegio en 1969 y se afilió a la FEDE un año antes, a los doce. Todos esperaban mucho de él, pero no era un militante convencido. Aun así, logró afiliar a un buen número de gente.

–Entre ellos a Silvia. Ella dice que yo la inicié en política. Creo que nos queríamos un montón. Yo la quería y ella siempre me traía cosas de sus viajes. Las chombas Lacoste, que acá no se conseguían. La madre era muy linda, y ella también era muy linda. Atractiva por donde la vieras. Inteligente, linda, simpática. Creo que todos los chicos estaban muertos con ella. Pero yo le tenía un poco de miedo a la forma en que se relacionaba con los hombres. Porque hacía sufrir a los chicos. Me parece que todos, con ella, terminaron un poquito dañados. En el 74, 75, cuando se hizo de Montoneros, dejé de verla.

En octubre de 1976, Yako ya no militaba y trabajaba en una agencia de noticias cuando lo secuestraron junto con su novia, Graciela Fainstein. Tenían diecinueve y dieciocho años. El noviazgo era reciente pero estaban planeando vivir juntos. Los llevaron al centro clandestino Garage Azopardo. Lo torturaron a él. La violaron a ella. Lo obligaron a escuchar la violación con los ojos vendados. Los liberaron cuatro o cinco días después, de madrugada, en el barrio de La Boca. Él pensó que los iban a fusilar pero no los fusilaron.

–Nos dijeron: «No hay nada con ustedes, pibes, quédense en Buenos Aires si quieren». Pero a Graciela la habían violado, a mí me ponían al lado del cuarto donde la estaban violando para que escuchara. Estábamos con miedo.

Se fueron un mes más tarde. Llegaron a Madrid en noviembre de 1976. Allí, Yako se enteró de que Silvia Labayru, su amiga y compañera del Colegio, había sido secuestrada. Un año y medio después supo que estaba viva, que tenía una hija y que llegaría con ella a España. Entre una cosa y la otra, él y Graciela vivieron en un departamento de la calle Barbieri y en otro de la calle Colombia donde acogieron a cantidad de exiliados. Yako fumaba marihuana, iba dos veces por día al cine y trataba de trabajar la menor cantidad de horas posible como fotógrafo *freelance*: Associated Press, el *New York Times*, *Interviú*, *El Periódico de Cataluña*. Cuando Silvia Labayru llegó, él y Graciela Fainstein la recibieron como a una hermana perdida y recuperada: Graciela se ocupaba de cuidar a Vera para que su madre pudiera ir alguna vez al cine, Dani la paseaba por las calles mientras su madre iba a la sesión de análisis (Vera lloraba desaforadamente ante la sola visión de Yako, que por entonces tenía una barba que le recorría la mandíbula y el mentón, pero no debía ser un problema de barbas porque también lloraba ante la sola visión de Diego Fernández Peteiro, que no tenía barba alguna, y aparece feliz y contenta en una foto de *Exilio* sobre los hombros de Martín Caparrós, que está jugando con ella a modo de hélice y que ya por entonces portaba unos bigotes despampanantes). Yako hacía cosas más arriesgadas, como acompañarla a citas de control —cada tanto un marino llegaba a Madrid y exigía verla—, durante las que permanecía oculto: si algo salía mal, él podría hacer algo (nunca supo bien qué, pero la acompañaba, y lo mismo hizo por Lydia Vieyra: vigilar escondido detrás de un árbol; el momento era trágico, pero cuando Lydia Vieyra lo cuenta se parte de risa: «Yo iba vestida de señorita, una persona superrecuperada, y Dani estaba ahí, escondido atrás del árbol, mientras yo me encontraba con estos tipos. Para morirse»). A pesar de esa intimidad, y de que en el grupo de amigos del Colegio eran los únicos que habían estado en un centro clandestino, Dani Yako, Graciela Fainstein y Silvia Labayru nunca hablaron de eso con detalle (podrían quitarse las palabras *con detalle*), y siguen sin hablar.

—Le hicieron un vacío importante los montoneros cuando salió.

—Ustedes también eran sobrevivientes. ¿No había sospechas sobre ustedes?

—Quizás sí. Supongo. Pero yo no estaba en ninguna estructura militante. Ella sí pertenecía a un grupo. Y en las estructuras militantes eso de si cantabas o no cantabas era un tema. Yo no canté porque no me preguntaban nada. A mí me torturaban por judío, por esto, por lo otro, pero no me preguntaban nada.

No sé qué hubiera hecho para sobrevivir, si hubiera cantado o no. Qué sé yo. Creo que de las pocas personas que jamás le cuestionamos nada, y solo preguntamos «¿qué necesitás?», fuimos Graciela y yo. La recibimos con una alegría inmensa. Estábamos felices de haber sobrevivido. Estábamos en un país que se estaba transformando, la época de la Transición era muy excitante. Los españoles también estaban descubriendo la libertad y nos sentíamos un poquito parte de eso. Pero Silvia conmigo no hablaba de lo que había pasado. A lo mejor con Graciela hablaron. Yo no soy de hablar de sentimientos, en general no soy una persona muy afecta a los sentimientos.

En 1983 le ofrecieron trabajo desde la agencia DyN, en Buenos Aires, y regresó. Se había separado de Graciela Fainstein, dolorosamente.

—Estábamos con muchos problemas. No es fácil tener contacto físico después de las violaciones, pero estaba muy enamorado de ella. La justificación para separarnos fue que yo le recordaba todo el tiempo que había estado en ese lugar y no lo soportaba. Que es como la excusa perfecta, ¿no? —dice, y se ríe—. «Te veo y no soporto...» Incomprobable. Y ahí decidió que nos teníamos que separar.

Pasaron veinte años sin hablarse. Él conoció a su mujer, Laura Marino, con quien tuvo una hija, Julia, y se transformó en uno de los mejores fotógrafos de la Argentina. Hizo coberturas históricas —la campaña de Raúl Alfonsín, el primer presidente democrático; el Juicio a las Juntas Militares, en 1985—; registró imágenes emblemáticas de Julio Cortázar, de Diego Armando Maradona; fue desde 1996, y hasta que se jubiló, editor fotográfico del diario *Clarín*; publicó, entre otros, los libros *Extinción*, *Presagio*, *El silencio*, todos ellos producto de pacientes años de observación, hijos de su militancia del papel, el blanco y negro y el revelado en laboratorio (suele enviar mensajes de WhatsApp con links a titulares como el que se publicó en *El País* en 2022: «Kodak busca empleados por el inesperado resurgir de las cámaras de fotos con carrete» y, si bien los envía sin ningún comentario, hay que leerlos como una celebración vengativa). Entonces, después de dos décadas, un domingo a la mañana sonó el teléfono en su casa. Era Graciela Fainstein, llorando.

–Quería escribir un libro contando lo que había pasado y me llamó. «Soy Graciela, necesito hablar con vos.» Llorando. Dos horas en el teléfono. Empezamos a escribirnos por mail, y retomamos algo de contacto. Yo creo que está bien dejar registro. Los que sobrevivieron tienen que contar las cosas. Yo tengo la idea de que básicamente estábamos equivocados en cuanto a los diagnósticos de los problemas de la sociedad argentina y de sus soluciones. No justifico la represión, no justifico la desaparición de personas, la tortura, pero nosotros estábamos equivocados.

–¿Te incluís en ese *nosotros*?

–Sí, porque era comunista y mi diagnóstico como comunista era que lo que hacía falta era ir hacia Cuba, la Unión Soviética. No sé qué modelo era el que admirábamos. Pero en eso sí me siento muy autocrítico.

–¿Tu mujer o tu hija te preguntan sobre el secuestro?

–Mi hija nunca supo mucho. Y no pregunta. Laura tampoco. Si algún día quieren, yo contaré. Pero yo no sufro por eso. No tengo pesadillas y considero que soy un tipo bastante feliz.

Es noviembre de 2021. En Madrid hace mucho frío, hay viento. Así y todo, Graciela Fainstein parece dispuesta a sentarse en una mesa exterior del bar de la plaza de Olavide donde quedamos en encontrarnos. Es muy delgada, el pelo corto y lacio. Usa una boina. Creo que tiene piedad de mí –a pesar de la campera de seiscientas plumas, la bufanda y los guantes estoy temblando– y accede a sentarse adentro. Hay una foto suya en el libro de Yako –en realidad, hay muchísimas–, en la que se la ve enhebrando cuentas de un collar –también ella trabajó con la bijouterie– en Valsaín, en una casa que le prestó Silvia Labayru. La foto es un cuadro salido del corazón de la pintura barroca: bajo la luz pesarosa que atraviesa los postigos, se ve el perfil de una chica veinteañera completamente ajena al mundo. Es una imagen que transmite frío, aroma a carbón de leña y la sensación de que podría resfriarse muy pronto. Licenciada en Filosofía por la Universidad Complutense, trabaja en el Consejo Superior de Investigaciones Científicas, en España, y, ya dentro del bar, con un café delante, dice que la persona que tiene que contar la historia de Silvia Labayru, su amiga, es Silvia Labayru, su amiga. No yo.

—No entiendo por qué no escribe ella misma. Este libro tendría que escribirlo ella.

Pregunto algunas cosas sobre su vida pero se muestra refractaria:

—Todo lo que quieras saber de mí está en el libro.

Saca de la mochila un ejemplar de *Detrás de los ojos*, publicado en 2006, en el que repasa su historia de aquellos años (el libro por el cual retomó contacto con Dani Yako).

—Me queda este ejemplar y otro más. Te lo doy.

Le digo que lo tengo en PDF, que ya lo leí —y es verdad—, que no se desprenda de ese. Ella es una de las personas que peor lleva lo de tener a la amiga lejos.

—Lo llevo fatal. Yo por un lado la extraño, pero entiendo que si te enamoras... Conozco a Hugo desde pequeñito. Nuestros padres iban de vacaciones juntos. Era un niño malísimo. Muy caprichoso, muy pesado. Lo conozco de toda la vida. Es como mi hermano. Al principio parecía que ella no se iba a ir de aquí, que su casa estaba aquí, que Hugo iba a venir a verla seguido. Pero poco a poco veo que se va quedando cada vez más en la Argentina. Y lo llevo fatal. Estaba acostumbrada a que Silvia iba a estar siempre aquí. Cuando ella vino, en el 78, estuvimos muchísimo juntas. Yo me quedaba con Vera para que ella pudiera ir al cine. Nunca oí llorar tanto a una niña como a Vera. La situación con ella en aquellos años era la que había con casi todos los que sobrevivían: la sospecha. «Por qué se habrá salvado.» Decían que si a ella la habían soltado era porque se había convertido en una especie de espía.

Siempre pregunto quiénes eran esas personas que «decían»,

que «sospechaban», que «rechazaban», pero (casi) todos responden «conocidos», «militantes», «montoneros», «gente del exilio», sin dar nombres. Quizás es un reflejo de aquel pánico antiguo: ser acusado de delator.

–Incluso las Madres de Plaza de Mayo reaccionaron mal y no querían saber nada con ella, nada de nada.

En una entrevista que dio a la revista *Milenio*, que se publicó en marzo de 2001, Graciela Daleo, sobreviviente de la ESMA, dijo: «En un programa de Mirtha Legrand, Hebe de Bonafini dijo algo así: "Los que están muertos eran todos héroes, los que están vivos es porque colaboraron", y después lo reiteró en una conferencia de prensa».

Ese día, Graciela Fainstein y yo caminamos algunas cuadras conversando sobre su trabajo antes de despedirnos. Después le pondrá un mensaje a Silvia Labayru diciendo: «He cumplido con Leila».

Retrasé el contacto con Hebe de Bonafini, presidenta de Madres de Plaza de Mayo, hasta tener información suficiente. Aun sabiendo que ella atravesaba un problema de salud, el 26 de octubre de 2022 le escribí a la persona que se ocupa de la relación de las Madres con los medios y solicité una entrevista. «Le escribo porque estoy trabajando desde el año pasado en un largo perfil de Silvia Labayru, exdetenida en la ESMA. Sería muy valioso conversar con la señora Hebe de Bonafini en relación a esto.» Me respondió de inmediato: «Hebe se está recuperando de unos temas de salud que son de público conocimiento. Estuvo internada y por pedido de ella por el momento no le estamos pasando nada de prensa». Hebe falleció días después, el 20 de noviembre. Envié condolencias. El 6 de diciembre volví a escribir para solicitar una entrevista con alguna de las Madres que pudiera referirse al tema. La persona de prensa volvió a responderme de inmediato. «Hablé con las Madres por el tema de tu entrevista, y me respondieron que no están interesadas en hablar de casos particulares como el de Silvia Labayru que estás trabajando vos en tu libro. Me aclararon que las Madres tampoco hablan de las torturas en dictadura y esas atrocidades.» Insistí, sin sutilezas, explicitando los motivos por los cuales quería entrevistarlas: conocer la postura de las Madres en relación a la infiltración de Astiz y, particularmente, al hecho de que obligaran a Silvia Labayru a ir con él «simulando ser su hermana. No quiero hablar de torturas. Solo quisiera saber cuál es la postura que tienen las Madres en relación a este hecho en particular: la sobreviviente de un campo que debió acompañar a este individuo en aquellas circunstancias».

No hubo respuesta.

El 9 de junio de 2010, en el marco de un juicio por delitos de lesa humanidad, Silvia Labayru declaró que, durante el tiempo que permaneció en Marbella, debió reportarse semanalmente con Alberto Lata Liste, el hermano de José Lata Liste, dueño de Mau Mau, la *boîte* más exclusiva de aquellos años en Buenos Aires a la que los marinos llevaban a las secuestradas, vestidas para enfrentar la noche. Alberto Lata Liste regenteaba una sede de Mau Mau en Puerto Banús. Declaró, también, que, cuando ya estaba instalada en Madrid, el Tigre Acosta y Alberto González la llamaron por teléfono, la llevaron a cenar, le preguntaron por su vida y después la dejaron en su casa. Esa declaración se hizo desde la sede de la embajada argentina en Madrid, por videoconferencia, y duró siete horas. No le ofrecieron descanso, ni café, ni agua y, cuando pidió ir al baño, un funcionario la acompañó y la esperó para escoltarla de regreso. Ella le dijo: «¿Esto es como en la ESMA, me llevan hasta el baño y me conducen de regreso?». Al final de la declaración le preguntaron si había algo que quisiera agregar. Respondió: «Habría muchísimas más cosas que agregar, porque en un año y medio ocurrieron muchísimas cosas, pero han pasado siete horas de declaración y en este mismo momento no se me ocurre nada más».

Arre.

Durante un viaje a España en 2022, pasé por Marbella e intenté encontrar el edificio en el que Silvia Labayru había vivido con Vera y Alberto Lennie. Aunque ella recordaba perfectamente la dirección de muchos sitios relevantes –la del departamento donde González la había violado junto con su mujer, la de la productora donde los militares la habían obligado a trabajar–, no recordaba esta. Me dio indicaciones imprecisas, nubladas por el proceso de selección de una memoria que parecía haber borrado esta ciudad y dejado solo una caricatura: hombres de mocasines blancos y medias rojas tomando daiquiris en clubes exclusivos, yates millonarios, un paseo en barco donde se topó impensadamente con Alberto Lata Liste, el hombre a quien había tenido que reportarse durante los primeros tiempos. («Llamaba por teléfono, le decía: "Hola, soy fulana de tal". No me acuerdo si decía de parte de Jorge Acosta o el nombre de guerra que me habían dicho que dijera. "Llamo para decir que estoy aquí, que estoy bien, nada más." "Bueno, perfecto, si necesitás algo, no sé qué..." Estaba en ese barco y me encuentro al Lata Liste en cuestión. Primera vez que lo veía. Yo no dije nada y él no sabía que yo era yo. Y dejé la situación así porque no procedía. Ahí, en medio del barco, qué le iba a decir. A esa altura ya tenías una escuela para controlar situaciones de este tipo».) Caminé una y otra vez por la avenida Jacinto Benavente buscando un parque así y asá, una urbanización de tales características, pero donde había urbanización no había parque, donde había parque no había urbanización. Bajo un cielo blanco como un lobo, las Ferraris pasaban una tras otra, como si las repartieran a modo de souvenir en una fiesta de quince. Mujeres de uñas inmaculadas caminaban levitando como animales agresivos con perros haciendo juego. Los hombres parecían fabricados en un taller, las articulaciones del cuerpo debidamente aceitadas para producir una marcha indiferente a las cosas del mundo. La maquinaria de olvidar que todos vamos a morir funcionando a tope, como una lavadora a dos mil revoluciones. La ciudad parecía un gigantesco instrumento musical afinado en una nota muy alta. Y, aun así, no tenía ninguna relación con aquella en la que Silvia Labayru había vivido, un sitio hiperhormonado a base de fiestas que duraban semanas, como las que daba el magnate Adnan Khashoggi (a quien se vinculó con el tráfico de armas), y en la que todo transcurría en torno al club Marbella, el bronceado de Gunilla von Bismarck, el séquito del rey Fahd o la clínica Incosol a la que el *jet set* de la época acudía para hacer tratamientos de belleza y puesta en línea (se cuenta que el hijo del rey Fahd estuvo allí, hizo cerrar dos plantas y llevó consigo guardias con ametralladoras que se apostaban en los ascensores).

Esta mañana usa un suéter azul oscuro de cuello volcado que no le conocía. El vestuario empieza a renovarse y me pregunto cuánta ropa quedará en los armarios del departamento de Hortaleza y cuánta trajo a Buenos Aires. Esa podría ser una forma de saber dónde vive: contabilizar suéters, pantalones, remeras, jeans, zapatos transportados de un sitio a otro. No sé cómo hizo para atravesar el primer año de confinamiento, cuando asumo que llegó a la Argentina solo con vestimenta idónea para un clima benigno —era marzo—, y se vio inmersa en el otoño y el invierno porteños con todas las tiendas cerradas, sin posibilidades de comprar ropa conveniente para bajas temperaturas, pero nunca se lo pregunto: me olvido.

—... y como el departamento de mi padre está justo frente al Hipódromo, en una época había tomado la costumbre de apostar en las carreras de caballos. Luego, en Madrid, acompañaba al hipódromo a un amigo abogado que era ludópata y me llevaba para que le impidiera apostar más de cierta cantidad. Si él ganaba, repartíamos beneficios. Iba también al casino de Torrelodones, donde veía jugar a Lola Flores, y...

Cuando hablamos de esas cosas, que también formaron parte de su vida, se me hace evidente que no hay manera de conocer su pasado como habría que conocerlo —mes a mes, palmo a palmo— para así encastrar la imagen de esta mujer que ahora toma su café al otro lado de la mesa con aquella existencia desmesurada. A veces, como ahora, después de sentir ese vértigo, me resigno y le pregunto por asuntos puntuales como, por ejemplo, Marbella en los años setenta.

—Había mucha gente que hablaba poco de su pasado, porque Marbella era una especie de resumidero de personas que se ocultaban en el lujo, que tenían pasados oscuros, y ese era un lugar como de retiro o de salirse del foco. Estaban los ingleses que habían sido los asaltantes de un famoso atraco a un tren en Londres. Yo estaba ahí y decía: «¿Qué es todo esto, qué hago aquí?». Hacía una semana estaba encerrada, y ahora...

Salir de la ESMA y buscar de inmediato un trabajo no estaba en sus planes —en realidad, no había planes—, pero dice que, cuando llegó, Alberto le dijo: «Supongo que habrás traído dinero».

—Yo tenía unos cuatrocientos dólares que me había dado mi padre, nada más. Esperaba otro recibimiento. Con Alberto la relación estaba signada. No había forma de recomponerla. Venían y me contaban lo que él había dicho de mí estando yo en la ESMA, o que le había dicho a fulano una cosa y a otro otra. Apenas podía consigo mismo, y yo llegaba a un ambiente de un exilio de mierda, porque la gente tenía la cabeza dada vuelta, llena de basura. A ver, ¿qué coño hubieras hecho tú? ¿De qué estás hablando, gilipollas?

—¿Alberto te hacía sentir que eras sospechosa?

—Bueno, no es que me lo hiciera sentir directamente, pero me hacía sentir que lo de ir a Marbella era para sacarme del medio. Me lo decía. Que para él era una situación complicada.

—¿Sospechaba de vos?

—No. Sospechar que yo fuera un agente de los servicios o que siguiera en vinculación con esta gente, no. Pero lo que había pasado le resultaba muy difícil de entender.

—¿Discutían?

—Sí. Discutíamos mucho.

Tuvo que buscar trabajo y lo consiguió en el sector inmobiliario. Vestida de señorita imperturbable, empezó a mostrar pisos de cientos de metros a compradores multimillonarios. No le iba mal. Era educada, fina, hablaba inglés, sabía sonreír y podía aguantar.

—No estaba en condiciones de cuidar a ningún niño. Alberto no sabía qué hacer conmigo porque yo era como radiactiva. Era una locura. Una semana antes estaba donde estaba, y una semana después estaba en ese sitio, rodeada de esa gente, con un daiquiri en la mano y sin poder decir de dónde había salido.

En esa vida esquizoide —mantenía cortas las riendas de hechos recientes que no podía mencionar, criaba a una hija que era una desconocida, emprendía discusiones colosales con su marido, mostraba propiedades de precios imposibles a magnates de diversas partes del mundo—, al menos quedaba un recurso: el psicoanálisis. «Tu psicoanalista no puede ser otro que Tito Feldman», le dijo alguien. Feldman vivía en Madrid. Ella iba desde Málaga, con esfuerzo. Un día llegó al consultorio y el analista no estaba: había olvidado la sesión. Poco después, Lydia Vieyra escuchó, mientras tramitaba un permiso de venta ambulante en el ayuntamiento, a una mujer que le contaba a alguien la historia de su amiga: era la mujer de Feldman. Silvia Labayru no volvió a ese consultorio y emprendió otra búsqueda. Le recomendaron a Agustín Genovese. Llegó a verlo temerosa, esperanzada. Le dijo: «Soy fulana de tal». Y él: «Antes de saber si puedo atenderte necesito que me contestes si es verdad que sos un agente de los servicios». «No le voy a contestar», le dijo, «no sé si usted me puede atender a mí, pero yo no me puedo atender con usted.» Y se fue.

—Era una víctima incómoda a la que le daba por hablar, por contar lo que había pasado. Y no tenía un discurso promontonero, era muy crítica. No encajaba con el perfil de las víctimas que los montoneros en el exilio querían vender al mundo. Entonces te vas silenciando, aceptando que eres una especie de marciano, alguien que volvió de la muerte y a quien nadie quiere escuchar.

En ese tiempo había llegado a España, exiliado, un ingeniero industrial, exmilitante comunista, dieciséis años mayor que ella. Vivía en Madrid.

—Se llama Osvaldo Natucci. Ahora tiene ochenta años.

Ese hombre, en ese tiempo, fue su salvación.

Ella no tiene su contacto —Hugo se siente particularmente celoso de él porque, en cierta forma, considera que en los años ochenta habrían vuelto a estar juntos si no hubiera sido por la pareja que ella formó con Natucci—, y esa tarde me voy de su casa con un objetivo claro: encontrarlo.

—Vera tuvo un papá y una mamá que se pelearon mucho —dice Alberto Lennie—. Debemos haber intentado montar nuestra propia historia cinco, seis meses. Y ya a partir de ahí nos habremos dado cuenta de que no teníamos un carajo que hacer juntos. Silvina se fue a Madrid, se enrolló con el Negro Natucci. De forma nada civilizada y nada madura, nos separamos.
—¿Por qué nada civilizada?
—Porque yo le decía: «Pero, hija de puta, hace seis meses me estabas escribiendo que era tu señor, ¿y ahora me estás diciendo que vas a Madrid y te llevás el diafragma? La concha de tu madre» —dice, y se ríe a carcajadas—. Y ella me decía: «Vos sos un obsesivo hijo de puta, un celoso». Se había instalado esta dinámica. Y se fue con Natucci. Que fue una relación que le hizo muy bien. El Negro Natucci era un personaje peculiar y excéntrico, superinteligente y encantador. Yo lo conocía, lo veía en el exilio.

Natucci no era un desconocido para Alberto Lennie: había sido su profesor particular de matemáticas —él tenía entonces quince años— y novio de su hermana muerta, Cristina Lennie.

—Yo lo sentí como una puta traición. Esa pareja empezó cuando todavía no habíamos terminado la nuestra. Tiempo después, en un cumpleaños de Vera, le dije al Negro: «Negro, te cogiste a mi hermana, ahora te cogés a mi exmujer. Y, además, fuiste mi profesor de matemáticas. Esta te la podrías haber ahorrado. Eso no se hace».

Silvia Labayru y Alberto Lennie se separaron. Ella se fue a Madrid. Él siguió un tiempo vendiendo jugo de frutas hasta que se mudó a la capital, se ganó la vida construyendo muebles y finalmente consiguió una beca de la Cruz Roja para terminar sus estudios de Medicina. No hubo conflictos en la crianza de Vera: de lunes a jueves estaba con su madre, el resto del tiempo con él, y alternaban los fines de semana.

«Fui una acompañante de estos jóvenes en su forzada aventura. Ni lo elegí ni lo comprendí en su momento ni mucho tiempo después [...]. Doy gracias de no haber crecido sin mamá, de no haberla perdido. Ella fue capaz de todo lo que entonces parecía inimaginable. Crearse una vida a pesar de la falta de apoyo y de las feroces críticas de muchos [...]. Silvia y Alberto fueron valientes y soñaron. Me siento eternamente agradecida a ellos y a mis abuelos que me dieron su amor sin límites. Todos hicieron posible lo imposible, sobreponerse al dolor y abrir nuestros caminos al futuro.» El texto está firmado por Vera Lennie en Aberdeen, Escocia, julio de 2022, e incluido en *Exilio*, el libro de Dani Yako. Se lee distinto si se sabe que, aunque fue escrito ahora, desde hace tiempo las relaciones con su padre están cortadas.

—Con mi padre éramos mucho más cercanos cuando yo era joven —dice Vera—, más o menos hasta que fui madre. Ahora estamos más distanciados. Pero en general hemos estado muy unidos. Todo mi crecimiento lo he vivido mucho con los dos. Siempre me he llevado bien con las parejas de mis padres. Es que yo era la única de ese matrimonio tan corto. No tengo recuerdos de mis padres juntos. Los primeros recuerdos son de mis padres ya divorciados.

Al hablar del distanciamiento con Vera —empezó por una pelea con el marido de ella por diferencia de criterios en el abordaje de la salud de Ewan, el nieto mayor—, Alberto Lennie abandona su efusividad y parece congojado.

—Mi relación con Vera está en una especie de limbo. La adoro como hija y la adoro porque tenemos una historia. Ella me decía: «Pero, papá, vos sos tan exigente, a veces parece que no me querés». Y le dije: «No solo te quiero, te adoro y te debo la vida. Yo me fui de la Argentina cuando me enteré de que estabas viva, cuando supe que el embarazo de tu madre seguía. Con lo cual, hija, podés pensar lo que quieras, que soy un hijo de puta, que soy un cabrón. Pero nunca pienses que no te quiero, tía. Porque te adoro». Yo te voy a decir lo que pienso, Leilita: estoy feliz de que mi hija Vera, que nació en la ESMA, que la criaron mis padres durante catorce meses, que nos sufrió a Silvina y a mí discutiendo todo el tiempo acá, en España, sea médica, tenga dos hijos, y esté con ese escocés pedazo de pelotudo como la copa de un pino. Por algo lo habrá necesitado. Aun así me alegro. Que no me hable el resto de mi vida. No pasa nada. Está cumplido. Ella está bien. Me da igual. La relación con ella ha sido hermosa y complicada. Como fue la relación con la mamá. Mi relación con Silvina es una relación llena de amor y con ángulos oscurísimos. Lo digo con dolor, Leila. No verla a Verita me duele un huevo, y ha sido una decisión que tomé para dejarla tranquila.

—¿Vos tomaste la decisión?

—Vera dejó de responderme. Le escribí diciendo que me parecía que el silencio en los amores era muy malo, que yo prefería palabras duras y dolorosas a los silencios, y no me respondió. Le mandé otro mail, diciéndole que cuando quisiera yo estaba, pero que respetaba su decisión.

Ese día la entrevista termina allí. Le agradezco —«Gracias a vos, guapísima. Chau, mi cielo»—, y promete enviar, escaneadas, las fotos y las cartas que ha leído, sumar otras. No lo va a hacer.

Trato de contactar a Osvaldo Natucci a través del correo electrónico, pero pasan los días y no me responde. Me resulta extraño: he visto algunas de las conferencias en las que habla sobre el tango —es su tema—, y parece una persona clásica, alguien que no dejaría correos sin contestar. Por su historia personal, tampoco aparenta ser un hombre proclive a eludir réplicas negativas del tipo: «No me interesa hablar con usted». Consigo su teléfono y le envío un mensaje detallado, diciéndole que estoy trabajando en un perfil de Silvia Labayru, contándole los motivos por los cuales me interesa entrevistarlo. Me responde a los veinte minutos. «Hola, Leila, nunca vi el correo que me has enviado. En otras palabras, no quise evitar una entrevista contigo. Escribime o hablame para acordar.» Le respondo de inmediato, me responde de inmediato: «Te espero el lunes a las 16 horas». Me da la dirección del sitio donde vive. «Es un hostal tanguero situado a pocas cuadras de la estación Castro Barros de la línea A de subte. Podemos conversar en una amplia sala o en un cómodo bar cercano. PD: Como podrás deducir, me has provocado un sismo biográfico.»

Permanecieron juntos ocho o nueve años, desde 1978 o 1979. Ella tenía veintitrés. Él, treinta y nueve. Estaba separado y tenía un hijo, Julián, que desde los siete, al morir su madre, se mudó con ellos. Los ingresos provenían del dinero que enviaba Jorge Labayru, que iba dos veces por mes a Madrid –con los vuelos de Aerolíneas Argentinas–, cargado de mercadería –alfajores, dulce de leche, kilos de carne–, y lavaba los platos que ellos acumulaban en una pileta: no les gustaba lavar. Alquilaban un departamento en Madrid, en la zona de Prosperidad. Osvaldo Natucci casi no ganaba dinero.

El taxi se detiene en la puerta del hostal, que queda en la calle 33 Orientales. Natucci está en la puerta, monocromático: pantalones color beige, remera de manga larga color beige metida dentro del pantalón. El color y las mangas largas le dan un aspecto abrigado, imprudente para un día de febrero de 2022 en que el cielo muerde el asfalto mientras saltan chispas de acero desde la chapa de los automóviles. Es la hora de la siesta y no quiere que el timbre perturbe a los durmientes: por eso espera afuera.

–Es un hostal tanguero de un francés. Pasá.

Usa mocasines sin medias. Ochenta y dos años que no parecen. El lugar tiene el carácter de las casas antiguas donde vivían señoras que se empolvaban la cara con Artez Westerley, señores que se iban al trabajo con el sombrero calado sobre el pelo con fijador y en las que había siempre un fuentón de zinc con sábanas blanqueándose al sol. En el patio hay una glorieta cubierta por una enredadera de flores color lila, un mural de azulejos con la imagen de Natucci abrazando al compositor de tango y bandoneonista Aníbal Troilo. Abre la puerta de un salón grande con *boiserie*. En las paredes se ven fotos de parejas en diversas milongas porteñas. Acerca dos mesas redondas, las coloca juntas, se sienta, se quita los anteojos y los hace girar, tomándolos por las patillas.

–Bueno, mirá, yo lo que te puedo ayudar más es en el mundo de la militancia. Del pasado y de ahora. ¿Por qué? Porque me dediqué mucho tiempo a eso, veinte años. Milité en la Juventud Comunista. Y en el lugar más dinámico que tenía el comunismo, que eran los universitarios de la capital. Nunca más el comunismo tuvo penetración hegemónica tan fuerte. En el mundo obrero ya la había perdido. Te estoy hablando de fines de la década del sesenta. Octavio Paz define ese período, una ruptura de los jóvenes con el orden familiar y el orden social, con tres fenómenos simultáneos que son el hippismo, el Mayo francés y el guevarismo. Distintos tipos de intensidad y localización en su origen. Pero son muy parecidos, como estímulo a los jóvenes. Woodstock, 69; Mayo francés, 68; muerte del Che, 67. Bingo.

Recuerda fechas y nombres con exactitud. Cuando olvida algo dice: «Ya va a aparecer», y, cuando aparece, exclama con entusiasmo: «¡Vamos los viejos!». Sabe de filosofía, de política, de historia, habla con solvencia de la izquierda, de Woodstock, de Vietnam, del FMI y de la Unión Europea. Después de reflexionar largo rato sobre el contexto político de fines de los años sesenta –no en la Argentina: en el mundo–, comienza con su historia personal desde el exilio del padre, que partió de Génova en 1922. Se sumerge en la genealogía familiar solo para salir recargado e internarse en, por ejemplo, Marx: «El problema principal de Marx es que no indica el camino. Critica el camino capitalista. Lo hace bastante bien en lo económico y se equivoca, en mi opinión, en creer que el propio proceso del capitalismo tiende a la desigualdad absoluta y que inevitablemente va a haber una rebelión. Esa historia de que el pasivo, el débil, el explotado, llegará un momento en que la intelectualidad lo transformará en un obrero consciente. Ese es más o menos el modelo grueso». Llevamos una hora y media y hemos llegado a 1940, el año de su nacimiento. Hay algo repleto de carácter en su manera de narrar, como si lo que cuenta fuera una estructura marmórea –esto es así– y, a la vez, él estuviera dispuesto a arrojarle un misil: esto es una paparruchada. En ocasiones, construye resúmenes de palpitación espástica, aguafuertes perfectos:

–Mi familia. Capas medias pobres. Colectivero, mi viejo. Primero taxista, después colectivero. No fue feliz acá. Murió en Italia, por suerte. No llegó a ver el derrumbe del comunismo. Mi madre, vaga. Nos cuidaba. Correntina. Inmigración propia de la época, buena figurita, jovencita. Me tuvo a los veinte pirulos. Cinturita. Culito parado. Simpática. Vaguita. Nos cuidó mucho. En mi hogar no hubo violencia. Tampoco hubo amor. Faltó biblioteca y faltó riqueza de lenguaje. Más amor, hubiera sido más redondo. Más lenguaje. Y más libros. Pero yo tuve una infancia muy feliz.

Luego de contar la historia de su abuelo y de criticar con ironía a los grandes cultivadores actuales de soja, dice que en el año 1953 se afilió a la Juventud Comunista, estudió Ingeniería Industrial (breve paréntesis en el que recuerda que su padre no creía que estuviera estudiando hasta que vio en el diario una foto suya junto a otros egresados y la transformó en cuadrito; cuando lo cuenta, llora), rompió en 1968 con la Juventud Comunista y entró al Partido Comunista Revolucionario (paréntesis no tan breve en el que explica las diferencias entre ambas cosas y los riesgos y consecuencias que implicaba ese cambio).

Sigue un largo —muy largo— pasaje en el que habla de guevarismo, maoísmo, trotskismo, de la fuente —«que es Marx»— y de la práctica —«que es Lenin»—, para decir, finalmente, que rompió también con el Partido Comunista Revolucionario, dejó la militancia y se hizo muy amigo de Antonio Carrizo, uno de los locutores más importantes de la época, con quien trabajó como productor. Llegar hasta el momento en que devino profesor de matemáticas de Alberto Lennie, en cuya casa conoció a Cristina Lennie, todavía toma un rato.

—Usted fue novio de Cristina Lennie.

—Yo tengo relaciones con Cristina, que muere porque toma la pastilla. Ya no estaba conmigo. Ella se incorpora a Montoneros, yo con Montoneros no quería saber nada. Era muy guapa, muy atractiva. Pero no había paz en ella.

Habla de la Guerra Civil española, de una revista que editaba en Buenos Aires. El calor es sólido y cada pregunta dispara más afluentes. Desde el patio llegan los sonidos de una conversación entre mujeres y el melancólico olor a champú de los que se bañan a la tarde.

—... y entonces nos dicen un día a Eduardo y a mí...

—Perdón. ¿Quién es Eduardo? Me perdí.

—... váyanse porque los matan. Yo me voy de la Argentina el 17 de agosto del 76.

La salida de los Natucci se lleva media hora de relato. Hay peligro, pasaportes falsos, mucha tragedia, ómnibus, aviones y diversas tandas de Natuccis con sus esposos, esposas e hijos desembarcando en España.

—Estoy en Madrid, esperando el subte, y enfrente lo veo al Boy. «¡Boy!», «¡Negro!». A mí me decían Negro. Nos juntamos, me cuenta: muerte de la hermana, madre de su hija detenida, él había huido, estaba en pelotas.

Estaba, además, en Marbella, donde poco después Osvaldo Natucci fue a visitarlo. El día en que llegó, Alberto Lennie había salido y lo recibió una mujer joven, rubia.

—Silvia. Vera estaba abandonada. En un corralito. Pero a veces se quejaba. Y Silvia se sentó a hablar conmigo. A veces le

decía: «Atendé a la nena». Pero ella estaba en otra. Yo creo que estaba mal. Pero no soy experto.
—¿Todo quedó ahí?
—Todo quedó ahí. Pero empezó a haber almuerzos, encuentros. Y se empezó a establecer una atracción, y ahí empezamos a tener relaciones. Era dieciséis años más joven que yo. Era muy atractiva su inteligencia. Yo sentía atracción física. Y admiración. Ella sale con un prontuario de haber sido excesivamente colaboradora dentro de la ESMA. La nube esa se propaga. Lo que se sabía: relaciones sexuales con González, salidas con Astiz a recorrer lugares. Yo no le di mucha pelota a eso porque tenía mucho desprecio por la militancia guerrillera de allá. Y tenía culpa. No había matado a nadie pero había producido dos crueldades, que eran dos secuestros. Libres, las personas, pero le causé mal a esa gente. Yo creo que me acerqué a Silvia también para ayudarla. Pero hubiera querido ser más empático. Pude haberle dado más, sospecho.

El relato, que avanzaba imparable, se traba. Ahora es la pericia forense de un corazón descuartizado: arranca un sentimiento con un hacha, lo exhibe, lo examina, lo describe mientras el sentimiento, en sus manos, pulsa agónico como un pez fuera del líquido.

—Pude tener la capacidad de buscar la felicidad haciéndola feliz a ella. Estar atento a qué le gustaba. A qué no le gustaba. Y que eso no fuera por obligación, sino motivo de felicidad. Para mí. Ella también, hay que decirlo, no es una persona experta en eso. En la empatía. Tampoco era fría. Hubo encuentro.

Se desvía pronto, sale de ahí. Se seca los ojos.

—Los propietarios de un bar, El Portalón, que eran argentinos, le impidieron la entrada. Me invitaban, eran trotskistas. Yo no iba. Yo era un soldado de ella. Para mí estaba claro. Un soldado. Hablando con ella me di cuenta de que hubo un síndrome de Estocolmo ahí.

(Problemas, problemas, problemas.)
—¿En qué se basa para decir eso?
—Ella era sobrina de un general importante. Era guapa. Jo-

ven. Embarazada. Labayru. Y para la supervivencia tiene dos personas, González y Astiz. Con Astiz tengo entendido que es más platónico. Hay una atracción. Y tiene dos referencias más. El padre, antiperonista total. Y Cuqui Carazo. Cuqui la elige. Un poco de azar. Un poco de síndrome de Estocolmo. Con uno de ellos tiene relaciones sexuales, fuertes, y el otro está encantado: Astiz. Va a reuniones, Silvia ni habla. Va. Viene. Punto. Y lógico, hay que estar ahí. El síndrome de Estocolmo es: «Me identifico un poco con la moral de ellos». Es la existencia pura y dura, no el mundo de las ideas. Es el mundo del horror. Yo la defendía. Y Silvia siguió su vida normal. Entre comillas, porque normal pleno, después de pasar por eso, nunca. Pero tuvo un hijo, se casó.

—¿Por qué terminó la relación?

—Estaba muerta. El sexo era muy esporádico. Yo tenía dificultades de trabajo, lo cual creaba tensión. Tengo cierta tendencia a la marginalidad. Tuve muy pocos trabajos en mi vida. Fui periodista científico en la agencia EFE, pero no lo hacía bien. No escribía bien. No hablaba bien inglés. Periodista científico sin saber inglés. Imposible.

Mientras estuvieron juntos escribió algunas cosas para revistas del corazón y publicó en el *ABC* dos artículos que no lo avergüenzan «dentro de las pelotudeces que escribí para comer»: uno sobre el aniversario de la muerte de Humphrey Bogart («el hombre más elegante en fumar que hay en la civilización humana; cada vez que veo *Casablanca* digo: "No se puede fumar tan bien"»); el otro un reportaje inventado a Einstein, utilizando respuestas de varias entrevistas. Los firmaba con los nombres de los niños de la casa: Julián Vera.

—Supe de otros amantes de ella. Yo creo que ella tenía una libido superior a la mía. Yo ya no tenía relación sexual, casi. No hubo violencia, pero hubo una atmósfera no muy favorable para la crianza de los niños. El padre le dio guita para comprar la casa que tiene ahora en Hortaleza, yo viví ahí un tiempo. Después me fui.

Julián, su hijo, se quedó con Silvia Labayru (y con Vera y

luego con Jesús: se fue de esa casa recién a los dieciocho años), y Natucci, con la ayuda de su hermana, empezó a ganar mucho dinero: contactaba a odontólogos argentinos, les montaba clínicas en España y repartían las ganancias a la mitad.

–Casi no había odontólogos en España en ese entonces. Ahí empecé a ganar como cuatro mil dólares por mes.

Eso duró un tiempo. En 1995 regresó a la Argentina y a la política asesorando a un legislador del partido radical que había sido compañero suyo de militancia. El trabajo no prosperó, volvió con Antonio Carrizo y a una afición antigua, el tango. Investigó sus orígenes, dio clases, conferencias, seminarios, musicalizó una milonga clásica de Buenos Aires, «El Beso».

–¿Cuándo fue la última vez que vio a Silvia?

–No me acuerdo. ¿Cuántos años tiene el pibe de ella, sabés?

–Veintisiete, creo.

–Veintisiete. Faaaa.

Entonces hace una pregunta doliente y perfecta. Pregunta por ella.

–¿Cómo está? ¿Envejece bien?

–Está muy linda.

¿Envejece bien?

–¿El padre murió?

–No, está en un geriátrico.

–¿Qué edad tiene?

–Noventa y dos.

–¿Tiene Alzheimer?

–No. Tiene algo relacionado con la demencia senil, pero por momentos está lúcido.

–¿Y Silvia viaja con frecuencia para acá?

¿Envejece bien?

Soy una enorme bacteria perturbadora en la vida de un montón de gente que había dejado esta historia atrás. Alberto Lennie no sabe que Silvia Labayru está con Hugo Dvoskin. Osvaldo Natucci no tiene idea de que Silvia Labayru pasa mucho tiempo en Buenos Aires. Cuando le digo a ella que Natucci no sabe que está en la Argentina, me dice: «Si leyó los artículos de *Página/12* tendría que saberlo. Ahí lo dice claramente» (¿pero por qué todo el mundo tendría que leer los artículos de *Página/12?*). Cuando le digo que Alberto no sabe que está en pareja con Hugo, me dice: «A Alberto le he dicho que estaba en pareja, pero no hay una intimidad para dar detalles».

–Sí, viaja muy a menudo –miento, disfrazo, atempero–. Por el padre, también.

–Por el papá. Sí. ¿O por problemas de negocios, de herencia?

–No. ¿Usted al padre lo conoció?

–Sí. Decime el nombre del padre.

–Jorge.

–Eso. Nosotros le decíamos el Nonno. Yo desayunaba todas las mañanas con facturas argentinas. Él traía el paquete de facturas. Las compraba antes de salir del aeropuerto. Venía cada quince días. Venía, lavaba los platos, se quejaba.

Después habla de su hijo –doctor en Filosofía, vive en Europa–, de Vera –a quien llama «la nena»: «Vino acá una vez, me llamó y nos vimos, una señorita»–, de las milongas porteñas. Golpea la mesa con un puño, dando por terminado, y se pone de pie.

–No te quiero molestar más. Vamonós –dice acentuando, bien rufián, la palabra en la *o*.

Me acompaña hasta la puerta, dice que el tango le mejoró problemas gastrointestinales. Lo escucho apenas.

¿Envejece bien?

La calle flota en un atardecer piadoso. Todo está lleno de luz y de tiempo.

Los resúmenes abigarrados de lo que hizo y lo que debe hacer con que comienzan los encuentros –y que se llevan buena parte de sus mensajes de WhatsApp– podrían ser vistos como intentos de controlar la realidad, de repasarla hasta tener la certeza de que nada queda librado al azar. Veo diversas manifestaciones de ese afán de control –que también menciona Alba Corral: «Ya cuando éramos chicas, una vez me prestó un libro y me mandó una nota con una serie de instrucciones: que había que decirle tal cosa a menganito por si se enteraba fulanito. Es una persona completamente así»–, pero no aparece jamás en relación a las personas a las cuales entrevisto: no me pregunta con quién hablé, ni de qué hablé, ni con quién voy a hablar. Si se entera del contenido de esas conversaciones es porque algunas de esas personas son sus amigas y le cuentan, o porque tengo que cotejar datos con ella pero, terminado ese cotejo, no pregunta. Meses más adelante, el día en que le digo que estuve con Osvaldo Natucci, no quiere saber qué dijo sino:

–¿No está gordo?

–No. ¿Lo querías?

–Sí, lo quise. Lo quise mucho. No lo amé, pero lo quise mucho. Y lo respeté mucho. Yo tenía veintitrés años. Me protegió. Lo que podía. Porque en otras áreas no me ayudó ni me protegió. Tenía que protegerlo yo a él. Mi padre y yo sostuvimos económicamente gran parte de esos años. No me pesó, porque hubo una compensación de afecto, de cuidado, de sentirme amparada. Era muy cariñoso con mis padres, la amaba a Vera. Pero yo estaba más admirada que enamorada. Lo quise muchísimo, pero a la única persona a la que he amado es a Hugo. De todas maneras, Natucci fue muy importante en mi vida. Cuando empezamos a salir, me preguntaba por todo lo que había pasado en la ESMA, y yo le contaba. Me sentía cómoda. Y hablé con él como con nadie de este tema. Me ayudó a entender cómo la izquierda margina todo lo que está fuera de la norma. Un puritanismo de «te machaco y te destrozo». Unas personas del bar El Portalón lo llamaron y le dijeron: «Silvina tiene prohibida la entrada al bar, que no venga porque no la vamos a dejar entrar». Y Osvaldo les dijo: «Que sepas que lo que estás diciendo de ella lo estás diciendo de mí. Por tanto, me están prohibiendo la entrada a mí también». Estaban por todas partes. Cuando había una fiesta o una reunión, yo me ponía muy paranoica. Quién va a ir, me van a saludar, no me van a saludar. Normalmente, lo que hacían era avisar a Osvaldo que yo no era bien recibida. Si era una cosa pública o una fiesta grande, me daban vuelta la cara y me hacían el vacío. Para mí era una situación insoportable. Ponía cara de digna, seguía yendo, no me escondía, pero lo pasaba muy mal. Y en esas situaciones, Osvaldo me apoyaba mucho, contra viento y marea.

Él no aportaba dinero. Se ocupaba de sacar pánico del mundo.

Roberto Pera, ex-PC, fotógrafo, conoció a Silvia Labayru en los campamentos del Colegio. Me cita en un lugar extraño: un parador que está junto al Club de Golf, en los lagos de Palermo, una zona bastante exclusiva que no es de fácil acceso. Está sentado a una mesa ubicada debajo de un árbol y cuando llego dice:

—Pensé que ibas a venir en el jeep de *Daktari*.

Llegué en un auto normal, pero el comentario se debe a que sabe que vivo con una persona que tuvo una veterinaria, sabe que es intrépido, sabe que se lleva mejor con los animales que con las personas. Sabe todo eso y más porque, dice, lee lo que escribo.

—Sé que lo que yo no quiera que publiques no te lo tengo que decir.

Usa un barbijo bastante tecnológico que se quita solo para tomar agua. Es uno de los amigos más cercanos de Silvia Labayru, y a veces agrega un poco de épica a situaciones que no la necesitan, como, por ejemplo, cuando relata los encuentros que tuvo Diego Fernández Peteiro con Silvia Labayru en 1977, en el departamento del padre de ella.

—La fue a ver con riesgo de vida. Una vez se cruzaron con Astiz. Diego bajaba por las escaleras cuando el otro iba por el ascensor. No me quiero imaginar si lo llega a encontrar Astiz ahí adentro. Eso termina en una debacle espantosa para ella.

Tanto Silvia Labayru como Diego Fernández Peteiro dicen: «Eso jamás sucedió». Durante la dictadura, Roberto Pera se fue a Italia, y vivió allí hasta 1983. Fue una de las personas que, cuando ella llegó a Europa, no hicieron preguntas, solo dijeron «Quiero verte».

—El único que puede levantar un dedo es el que pasó por esa situación. Ninguno de los que levantaron el dedo estuvo ahí, torturado en una parrilla donde dar la dirección de cualquiera te aliviaba un rato. No a todos les tocó la desgracia de tener que participar de esa operación de las Madres. Si Silvia no hubiera estado en esa operación sería una sobreviviente más. Es uno de los hechos más odiosos de la represión. A ella se la tildó de traidora, esto fogoneado por la dirección de Montoneros, por la cual yo nunca tuve simpatía, aunque sí por los militantes, que eran una gente buenísima que quería cambiar el mundo como lo quería cambiar yo. La juzgaban como si hubiera tenido posibilidad de elección en ese hecho. Sin darse cuenta de que ella era prisionera, que tenían a su hija de rehén. Ella fue exitosa porque les enroscó la víbora. Les hizo creer que estaba trabajando con ellos. Y había que enroscar a esos bichos. Había que tener astucia para engañarlos de esa manera en una situación de indefensión total.

A grandes rasgos: a) a veces quiero hablar de otras cosas pero ella vuelve a las mismas de siempre; b) a veces necesito hablar de las cosas de siempre pero sin detalle y ella me las cuenta detalladamente desde el principio; c) a veces me cuenta cosas completamente nuevas. Hoy es una mezcla de a), b) y c) en partes iguales, así que es un buen día. El teléfono argentino, boca abajo sobre la mesa, suena varias veces y eso es raro; nunca la llaman con tanta insistencia.

—No voy a atender, es por el tema inmobiliario.

Siguen buscando departamento para mudarse y, aprovechando su experiencia en bienes raíces, se encarga.

—Me gustaría un sitio con jardín, pero es difícil.

—Buscar una casa juntos es un cambio. De alguna forma, este es el departamento de Hugo.

—Sí. Es como un... casamiento, ¿no?

Se queda callada y sonríe sin decir nada. No es habitual en ella ese gesto que significa «estoy pensando algo que no sé si te voy a decir», y las pocas veces que lo he visto me produjo alarma: sé que hay cosas que no va a contarme pero, en ocasiones como esta, se nota mucho. Sin embargo, lo que dice a continuación es bastante inocuo.

–Los amigos del barco seguimos juntos toda la vida, algunos volvieron acá, como Dani. Pero los que nos quedamos en Madrid estábamos enrocados en: «Nunca voy a volver a la Argentina, no me gusta, no me adaptaría». Yo la primera.

–Y mirá dónde estás.

–Je. Comiendo de mi propia salsa. Y claro, los amigos españoles o los argentinos que están allí no se lo pueden creer. Yo tampoco, a veces. Me siento cómoda estando aquí. Pero no tengo la sensación de que realmente vivo aquí. Es decir, vivo y no vivo. Estoy. Tengo una vida muy grata con Hugo, amigos, no tengo responsabilidad ninguna, salvo atender mis asuntos de Madrid o cosas de médicos. Pero no participo de la vida argentina en ningún sentido, ni económico ni político. Escucho, me intereso, pero es como estar en una nube. Por un lado es muy lindo, y voy por barrios que me son familiares, Palermo, Las Cañitas, Belgrano. Pero cuando tengo que ir a otros barrios...

A decir verdad, buena parte de la Argentina es, para alguien que pasó la mayor parte de su vida en otro país, «otros barrios». Las provincias, a las que ahora viaja mucho con Hugo, tienen su punto de exotismo desafiante: «Hoy dejamos Merlo, en San Luis, camino de San Francisco. Dormimos allí y mañana rumbo a lo de Lydia. Día intenso. Nos metimos a hacer trekking, escalada de una pared de setenta metros, cruzada de río a gran altura en tirolesa y rapel. Yo tengo mucho vértigo y sufrí como una madre, la escalada era jodida de verdad. Me asusté en la mitad, pero ya era tarde para arrepentirse. ¡No sé cómo lo hice! Luego estaba encantada. Pero lo mejor de todo fue estar ayer y anteayer en contacto estrecho con varios zorros. En agosto, en Galicia, todas las noches busco a los zorros y les dejo comida y vienen, pero nunca tuve uno a un metro, mirándome como un perrito. Me encantan los zorros (para más inri, a mi padre siempre lo llamaron el Zorro Labayru y a mí la Zorrita, ejem). Luego presencié cómo un gato bastante pequeño persiguió y atacó a uno de los zorros. Y el zorro huyendo acojonado. Los gatos son increíbles. Tienen esa seguridad en sí mismos». En ese viaje ella condujo un buen tramo –después supo que pudieron haber tenido un accidente grave por un problema en los neumáticos–, pero en la ciudad prefiere caminar, incluso desde su casa hasta el centro, un recorrido de cinco kilómetros.

–Conduzco hace muchísimos años. Pero aquí tienes la sensación de que cualquiera se te mete por el costado y te quiere pasar. Entonces me siento una especie de miedica. Salgo a la calle, hago lo que tengo que hacer, estoy a gusto, pero miro en cierta forma como si fuera una turista. No estoy arrepentida de haber tomado esta decisión, pero al mismo tiempo los amigos españoles me dicen: «¡Pero tú vives en Buenos Aires, tú vives en la Argentina!». Por qué tanta definición, coño. Hasta que al final digo: «Pues sí, coño, pues sí. Yo qué sé qué va a pasar en el futuro. Pero ahora ocurre esto y no me lo quiero perder». Además, mi padre está muy mayor. Soy su única hija. De paso hago una labor que está bien hacer. Ayer lo fui a ver y me decía: «Eres lo único que tengo, mi hija, mi sangre». Como está sordo no se le puede ni hablar por teléfono. Desde allá tendría cero comunicación. Ahora voy con un cuadernito y le anoto lo que quiero decirle.

Ese padre, además de llegar a Madrid acarreando todo tipo de alimentos como si su hija no viviera a diez mil kilómetros sino a cien, le enviaba dinero suficiente para que no tuviera que trabajar.

–No tuve que vender aros con una mantita en la calle, pude pagar el mejor colegio infantil de Madrid, vivía en un departamento alquilado en una zona buenísima, Prosperidad, con tres dormitorios y dos baños, teníamos coche. Cuando salí de la ESMA, mis padres se dedicaron a cuidarme y ayudarme. Fue-

ron unos abuelos divinos. Imagínate, de tener una hija muerta a encontrarse con que tenían una hija y una nieta vivas. Y me ayudaron económicamente lo que no se puede creer.
—Y pudiste estudiar.
—Y pude estudiar.
Cinco años de Psicología en la Universidad Complutense, tres en la Escuela de Psicología Social de Pichon-Rivière, un tiempo en Elipsis, una institución creada por los psicoanalistas Hugo y Emilce Bleichmar, que más tarde sería su analista.
—Para entender lo de la ESMA no me ayudó un carajo. Pero me ayudó a centrarme, a ser una chica más normal, a salir de esa especie de adicción a la adrenalina que tenía. Yo era una chica de una sexualidad muy libre, no nos privábamos de nada. Ligábamos mucho. Por una parte, éramos la revolución, la lucha armada y morir por los compañeros, y después cualquiera quería follar contigo y era el mejor amigo de tu pareja y te importaba un pepino. Y si alguien se enteraba, se armaba una... Porque no era *peace and flowers*. No éramos hippies. Era con la sexualidad del *peace and flowers* pero con la pistola aquí.

Arrastró esa sexualidad extraordinaria a España, donde en 1978, a tres años de la muerte de Franco, se aprobaba la nueva Constitución y empezaban el destape y la euforia democrática. Aunque todo lo demás había existido —la tortura, la violación, el parto sobre la mesa, las Madres y las monjas—, conservaba un centro de vitalidad que no cedía. Su padre le regaló tres mil dólares y fueron con Osvaldo Natucci a Utrecht, Holanda, a comprar un coche usado. Encontraron un BMW a buen precio, casi nuevo, color verde manzana. Se lo llevaron. Desde entonces, Vera llegaba al colegio de las Naciones, «adonde iban los hijos de los ministros socialistas», a bordo de un BMW verde fosforescente conducido por su madre, la melena larga, vincha, las ventanas bajas, «Angie» a todo volumen a las ocho de la mañana. Le hacía sándwiches de palta con tomate y pan integral «y todos los demás comían bocata de chorizo; Vera lo único que quería era una madre normal que le hiciera bocata de chorizo». Pero, a pesar de toda esa vitalidad que conservaba, era una paria. En la Escuela de Psicología Social de Pichon-Rivière había muchos argentinos. Uno de ellos le planteó al director, Hernán Kesselman: «Adentro de la escuela hay una agente de los servicios, una traidora».

–Exigía que me echaran de la escuela. Yo le dije a Kesselman: «Muy bien, usted se hace eco de lo que dice este tipo, también se va a hacer eco de lo que digo yo». Kesselman tomó la decisión de decirle al otro que si no le gustaba se fuera, pero en mi grupo quedó la interpelación: ¿por qué este chico te acusa de eso, qué pasó? Y tuve que contar la historia públicamente. A esa edad no es poco. Para cuando terminé de estudiar me di cuenta de que nadie me iba a derivar pacientes. Porque se decía: «Esta chica está loca, estuvo en la ESMA, ¿cómo va a atender pacientes?». No me iba a llegar un paciente ni disfrazado de mono.

Suena exagerado que una vocación a la que había puesto tanto empeño cayera por causa de un «se decía». ¿Era tan sencillo expandir un rumor y, una vez expandido, tenía tanto peso? ¿Solo al cabo de todos esos años de estudio entendió que ejercer la profesión iba a ser inviable? Cosas que atemperan esa inverosimilitud tienen que ver con que el psicoanálisis en España era –quizás es– sobre todo cosa de argentinos (tanto por parte de los profesionales que lo ejercían como de los pacientes), y que sus compatriotas de entonces eran un grupo endogámico, muchos de ellos hijos del exilio, de modo que cualquier rumor combustionaba rápido. De todas maneras, una y otra vez, a lo largo de meses, le pregunto lo mismo: cómo es posible que después de tanto estudiar, etcétera. Y ella, que nunca se escabulle hacia el terreno de la imprecisión, no ofrece explicaciones. O, como mucho, esta: «En esa época, en España la psicología era algo inexistente. Magia negra. La gente te decía: "¿Psicólogo? Si vas a la iglesia, te confiesas con un cura y es gratis". Ejercer era muy difícil y te derivaban pacientes si tú formabas parte de una institución psicoanalítica donde ibas, cursabas y, una vez que terminabas, los jefes de esta institución te iban derivando pacientes. Pero me di cuenta de que a mí no me iban a derivar a nadie». Se resignó porque estaba «como Teresa Batista, la novela de Jorge Amado, cansada de guerra» (es una frase a la que recurre varias veces para referirse a esos desistimientos).

Después de la separación, Alberto Lennie había formado pareja con Gloria, psicóloga y su mujer hasta hoy –llevan cuarenta y cinco años juntos–, madre de Bárbara Lennie, actriz prestigiosa y protagonista, entre otras películas, de *Magical Girl*, por la que ganó un premio Goya.

Gloria era compañera de estudios de Silvia Labayru en la Universidad Complutense.

–Con Gloria estudiábamos en casa de Lydia Vieyra. Ellas vivían juntas. Un día estábamos estudiando y sale con la bata que yo le había regalado a Alberto. Yo miraba la bata y pensaba: «La madre que los parió, podría ahorrarse esto». Según Vera se fue haciendo mayor, pasamos por épocas en que iba a casa de su padre y ellos hablaban muy mal de mí sobre esto de la colaboración. Vera una vez me contó que dijo: «Si van a hablar así de mi mamá, yo me voy». Desde luego, con lo que no podían meterse era con que yo tuve la suerte de no entregar a nadie, y cuidé a la familia Lennie cuando estuvieron todos ahí, y llamé por teléfono cuando iban a secuestrar a Cristina. Ellos lo saben. Sobre todo Alberto lo sabe: que no cayó por mí.

Estas cosas suceden a menudo: una historia en apariencia menor –Gloria y la bata– conecta con una pieza que arde como una brasa antigua y ella embiste las puertas de la ira, que se abren y la reciben golosas.

–A mí me torturaban por dos personas, por Alberto Lennie y por Cristina Lennie. Yo se lo dije: «Mira, yo habré hecho cosas muy mal, pero tú estás vivo gracias a mí, porque si tú caías en la ESMA, desde luego no ibas a sobrevivir». Pero mucha gente en el exilio tenía esa curiosa vocación por juzgar a los que habíamos salido de los campos. Ahora me ponen alfombra roja, reconocen que soy una de las testimoniantes fundamentales de la causa ESMA. Parezco muy petulante, pero es así. Testimonios que resultaron valiosísimos y judicialmente intachables. No lloraba, no me iba por las ramas. Pero todavía a algunos se les escapa eso de «vos acompañaste a Astiz», o «los marinos y algunas montoneras tuvieron relaciones». ¿Cómo que relaciones?

(Más adelante, durante una visita que haremos a la ESMA, una de las personas a cargo del recorrido dirá: «Los represores tenían relaciones con las prisioneras». No va a quedar así: ella hablará con la directora del museo, le expresará su malestar y, como contrapartida, le ofrecerán dar «un curso de capacitación» para que eso no se repita. «Relaciones. Eso no lo pueden decir. ¿Pero me voy a convertir yo en una militante del desagravio de todo eso, les voy a cambiar un chip que, como dicen en España, no lo va a cambiar ni Rita la Cantaora?» «Alucina, vecina», «terminó como el rosario de la aurora». Ni siquiera cuando usa esas expresiones castizas, a veces antiguas, olvida su doble condición, su vida anfibia, y aclara: «Como dicen en España».)

Antes de que me vaya me dice que espere, que tiene algo para mí que trajo de un viaje reciente. Va al cuarto y reaparece con una botella de vinagre de Jerez español. Hablamos de las bondades del buen vinagre, muy mal del menjunje de aceto balsámico dulzón que sirven en algunos restaurantes porteños —«Parece jalea»—, y me voy. En la calle palpo dentro del bolso el frasco —precioso: parece un perfume—, y siento pudor. O sea que pensó en mí. Que, estando lejos, pensó en mí.

¿Y Hugo?
Jamás se había esfumado.
En 1981, todavía en dictadura, Silvia Labayru regresó a la Argentina con cierta protección por parte de los amigos de su padre. Buscó un nombre en la guía de teléfonos. Lo encontró. Hizo algo que solo alguien confiado en su potencia puede hacer: fue hasta la casa de Hugo Dvoskin y tocó el timbre.
La puerta la abrió él.

Entonces, a lo largo de cierto tiempo, nos dedicamos a reconstruir las cosas que pasaron, y las cosas que tuvieron que pasar para que esas cosas pasaran, y las cosas que dejaron de pasar porque pasaron esas cosas. Al terminar, al irme, me pregunto cómo queda ella cuando el ruido de la conversación se acaba. Siempre me respondo lo mismo: «Está con el gato, pronto llegará Hugo». Cada vez que vuelvo a encontrarla no parece desolada sino repleta de determinación: «Voy a hacer esto, y lo voy a hacer contigo». Jamás le pregunto por qué.

–Ella. Ella fue a tocarme el timbre. Yo estaba con mi pareja de ese momento, Deborah, pensaba casarme. Estábamos juntos desde 1979. Pero era más bien una especie de derrota.
–¿Derrota de qué?
–Derrota amorosa. Porque Silvina no iba a volver. Y un día tocó el timbre. Eran los exámenes finales de la Facultad de Psicología. Yo estaba ahí. Vivía con esta chica. Y bueno, me separé. De Deborah. Fui y le dije: «Mirá, perdoname, encontré a Silvina». Tengo recuerdos un poco perdidos de ese día. Me fui en el mismo momento en que me tocó el timbre. Me fui a vivir con un amigo, o un amigo me prestó la casa para que estuviera con Silvina. No sé. Estuvo unos días.
Fueron a la costa, a Miramar. Ella intentó hablarle de la ESMA y él la cortó.
–Le dije que el tema de la ESMA no me interesaba, en el sentido de que no tenía nada que ver con la situación conmigo. Después se fue. Y quedó así. A mí me faltaba un año para terminar la carrera. Pero podríamos haber hecho algo, qué sé yo.
–¿Estuvieron juntos, ella se tomó el avión, se volvió a Madrid y listo?
–Sí. Sí.
–No hubo una explicación.
–Nada, nada. Después ella me dijo: «Vos nunca me dijiste algo». Como que no le propuse nada. A ver: el día en que llegó me separé de la mujer con la que estaba, ella me había dejado. ¿Y yo tenía que decir que quería estar con ella? Para mí era obvio.

Silvia Labayru no le dejó un teléfono, no le hizo promesas. Simplemente, se fue.

–Volvió una noche y a mí me seguía pasando lo mismo que cuando la había conocido en el 70. Era... era Silvia Labayru. Qué sé yo.

–Para mí la secuencia era esta: salí de la ESMA, mandé un telegrama, *no answer*. Meses más tarde escribí dos o tres cartas, *no answer*. El padre me dice que no me va a poner en contacto con él. Aun así, en el año 81, que ni sé por qué volví y no esperé hasta el 84 cuando ya estaba la democracia, con ese sambenito de «No me contestan porque me odian, me consideran una traidora, una colaboracionista», aun con ese pánico, busqué el teléfono en la guía, la dirección, fui, toqué el timbre y salió él. Estaba aterrorizada. Suponía que no me había contestado porque me consideraba una traidora. Pero me jugué y lo hice. No me hizo pasar porque estaba con su mujer de ese momento. Esa misma noche se separó. Así fue. Y estuvimos unos días juntos. Pero para mí era imposible pensar en vivir en la Argentina. Todavía era la dictadura. Todos los marinos estaban en la calle, yo había hecho declaraciones ante la ACNUR. No iba tranquila. Ahora él me dice que en aquel momento estaba dispuesto a irse conmigo. Pero él estaba estudiando Psicología. ¿Cómo le vas a pedir eso a alguien? «Deja todo y ven conmigo.» Más allá de que yo tenía una pareja en ese momento, el Negro. Y una niña de dos años.

Hugo Dvoskin asegura que, si ella hubiera dicho algo en 1981, él la hubiera seguido a España. Que hubiera abandonado la carrera. Que, de alguna forma, se hubiera arreglado.

En cambio, se recibió, empezó a ejercer como psicoanalista, intentó armar algunas relaciones afectivas que no salían bien. Se fue a Brasil con un amigo. Volvió a la Argentina. Y en 1985, ya en democracia, ella regresó a Buenos Aires.

—La pareja con el Negro se estaba terminando. Lo llamé a Hugo. Nos encontramos. Lo noté como desapegado. Estuvimos juntos. Él me preguntó: «Bueno, ¿cómo seguimos?». A lo mejor si me hubiera dicho: «Vente a la Argentina, te voy a ayudar, te voy a proteger a ti y a tu hija». Pero ninguno de los dos hizo una propuesta. Ninguno de los dos se atrevió, sobre todo yo. Para mí vivir en la Argentina era inimaginable. Él acababa de terminar la carrera, empezaba a trabajar como analista. ¿Decirle: «Deja todo, vente a España»? Ni él me lo dijo, ni yo se lo pedí. Ante la perspectiva de empezar a escribirnos, carta para aquí, carta para allí —yo todavía vivía con el Negro, las cosas estaban mal pero no para que terminaran como el rosario de la aurora—, le dije: «No me escribas». Y bueno, pasó la vida.

Ni en 1981 ni en 1985, Silvia Labayru hizo alusión al telegrama y las cartas que había enviado en 1978. Tampoco mencionó el llamado que había hecho al estudio del padre.

¿Cuántas veces se puede intentar?
Ella. Él.
¿Cuántas veces?
Antes de decir «ya está».
Existe ese poema de Idea Vilariño (dedicado a Onetti, que fue su amante, después de que se separaran).

> Ya no soy más que yo
> para siempre y tú
> ya
> no serás para mí
> más que tú. Ya no estás
> en un día futuro
> no sabré dónde vives
> con quién
> ni si te acuerdas.

¿Muy meloso? Puede ser. Cuando pienso en esas despedidas –1981, 1985–, pienso en dos personas que arrojan napalm sobre los besos, los abrazos, dos sujetos que abjuran de lo que nunca van a vivir. Dos seres que se arrancan recuerdos inventados. Marcharon, en cada continente, a no saber uno del otro nunca más. Antes de que ella se fuera, Hugo le arañó la espalda para que no quedaran dudas de que había estado con él. Ella no se quejó. Le dijo, simplemente: «Cartas no. No me escribas». Y él le hizo caso.

–Ya en ese momento había aparecido Adriana, la mamá de mis hijos –dice Hugo Dvoskin–. Cuando me encontré con Adriana, vivía en un atolladero. Por Silvina. Seguía pensando en ella. En aquella época tenía un sueño que recuerdo haberlo visto en análisis: estaba en una cama y miraba a Silvina. Le daba la mano, le soltaba la mano, le agarraba la mano, le soltaba la mano, y así. En el 85 estuvimos bastante bien. Y cuando ella se fue, en el último momento en que estuvimos, le arañé toda la espalda. Así –dice, y da un zarpazo en el aire con las dos manos, de arriba hacia abajo, con su sonrisa inquietante: ahora me ves, ahora no me ves–. Para que no quedaran dudas de que había estado conmigo. Se fue con la espalda toda arañada. Ella ya estaba mal con el famoso Negro.
—Con Osvaldo.
—¿Eh?
—Osvaldo. El Negro. ¿No se molestó cuando la arañaste?
—No, no. Estaba mal con él. Y cuando se iba me dijo...
Mira la mesa, aparta migas inexistentes con la mano.
—Me dijo: «Cartas no». Y ahí se acabó la relación con ella.
—No pediste explicaciones.
—«Cartas no.» «Yo vengo acá, estoy con vos y después vuelvo a España y sigo mi vida.» Para mí, «cartas no» era eso. Tampoco sabía que...
Hace un silencio duro.

—Acabo de enterarme de que el Negro se llama Osvaldo. Recién, cuando vos lo dijiste.

¿Cuántas cosas, nunca dichas, hay en esta historia?

¿Envejece bien?

—Luego de ese encuentro de 1985 decidió que lo nuestro no era viable, que no había posibilidad. Cuando yo me enteré de que se había casado con Adriana, y después que había tenido hijos, se cortaron las comunicaciones.

Hugo Dvoskin se pasó décadas viajando por Europa, evitando Madrid y el aeropuerto de Barajas por las dudas, para no cruzarla. Hasta que en 2007 o 2008 la realidad se impuso: Barajas era la única opción. Él y su mujer caminaban hacia el counter de la aerolínea cuando la vio. «Mirá. Esa es Silvina», le dijo a Adriana. Silvia Labayru acompañaba a un amigo, y sintió que le tocaban el hombro. Se dio vuelta. Ahí estaba él, más de veinte años después. Incómodo, atolondrado, le dijo que sentía mucho el fallecimiento de Betty, que había muerto poco antes.

—Yo me puse muy nerviosa y no atiné a nada. Él estaba ahí con su mujer. Encontrarse con el que fue tu amor y su mujer era toda una situación. Unos años antes yo había enviado un mensaje a su Facebook y me contestó ella, diciendo: «Nosotros no contestamos por este medio». Yo leí ese *nosotros* y dije: «Bueno, me voy de aquí».

Junio, julio, agosto de 2021: los meses pasan. Ella espera la sentencia del juicio por violaciones con calma. Hablamos cada tanto de lo que le preguntó el juez, de lo que dijo el fiscal, pero, si el juicio fue lo que me llevó hasta ella, no está en el centro de su relato como sí lo están otras cosas: las críticas a los montoneros, la culpa por haber arrastrado a Vera a un sitio tenebroso, los esfuerzos que hizo por la familia Lennie, el desprecio por los militares, el sexo como gozo y autodestrucción, el daño que le hizo a Hugo, Hugo.

Días antes de que se conozca el veredicto, se marcha a Vilasindre, donde pasará un mes en esa casona gallega que alquila desde hace décadas y en la que convive, con un espíritu gregario que se parece al de los campamentos del Colegio, junto a decenas de amigos que llegan desde España y la Argentina. Finalmente, el 14 de agosto de 2021, mientras está en Vilasindre, se conoce la sentencia: Alberto González es condenado a veinte años de prisión y Jorge Eduardo Acosta, jefe directo de González, a veinticuatro. La escucha a través de un ordenador en Estaca de Bares, un cabo de La Coruña, mientras come arroz con bogavante y bebe albariño rodeada de amigos en un restaurante cercano a la playa en la que, después de la comilona, se tumban al sol: «Era un día increíble. Cuando dieron la sentencia yo estaba con la copa de albariño y el bogavante viendo mi paisaje soñado del alma. Y sentí una gran extrañeza. Porque me daba cuenta de lo que esa sentencia significaba. Lo que me había costado personalmente. Mucho más que ninguna declaración en ningún juicio. El daño que me hicieron no me lo van a resolver porque estén ni un minuto más en la cárcel. Y estos tipos están más convencidos que nunca de que el único error que cometieron fue habernos dejado vivos. Pero el objetivo para mí no era tanto la condena, porque estos tipos coleccionan perpetuas, sino que se supiera que, además de secuestradores y asesinos, además de ladrones de niños y de propiedades, eran violadores. Hasta ahora no habían sido juzgados por violaciones. Y supongo que esta será la última vez, porque no parece que las demás compañeras tengan intenciones de meterse en el asunto», me dice cuando regresa a Buenos Aires.

El lunes 25 de octubre nos vemos por primera vez las caras sin barbijo durante horas.
Paso a buscarla por su casa a las dos de la tarde y baja vestida con jeans, una blusa blanca de lino, una prenda larga de *denim* liviano. Toda su ropa emana un carácter sumamente espe-

cífico en el que se conjugan la sobriedad y las buenas telas. Tiene un sentido muy desarrollado para detectar cuál es el equipo conveniente en cada circunstancia: jamás demasiado vestida, jamás demasiado informal. Esa expresión externa de una adecuación constante tiene su correlato en algo más sutil: la manera en que se dirige a las personas a las cuales, por ejemplo, debe invitar a hacer alguna cosa o, por el contrario, decirles que no puede hacer tal otra. La forma en la que explica, pide, declina, podría ser la de un cónsul: el tono educado pero firme con que se dicen bestialidades sin que nadie se sienta incómodo.

–Me gusta esa ropa –le digo, mientras caminamos hacia Rapa Nui, una cadena de heladerías con café.

–Mis hijos me hacen bromas, dicen que parece la que llevan los internos en los orfanatos, holgada como una bolsa.

Persisten los condicionamientos –pocos– por la pandemia. En el bar hay algunas mesas adentro –los bares todavía tienen un aspecto desalentador, pocas mesas y una distancia entre una y otra que produce la sensación de estar tomando un *latte* en una fortaleza rodeada por un foso–, pero de todas maneras nos sentamos en el patio. Pedimos café –y un vaso con hielo–, agua con gas. El sitio está casi vacío.

Hablamos de su habitual crítica a la organización («Otra cosa es que me digas que ciertos ideales de la juventud se mantienen, que nunca nos serán indiferentes las injusticias, que siempre pondremos la imaginación para sacar el hambre, para que haya mayor distribución social, como quieras formular esto que se llama "ser de izquierda", que ahora es una cosa medio imprecisa, pero si defiendes ideas trotskistas y en tu vida cotidiana eres un hijo de puta, cosa que ocurre, toda esta supuesta ética revolucionaria queda relegada al piripipí. Yo tengo conocidos que supuestamente son rojísimos, nadan en millones de dólares, se dedican a tratar de no pagar impuestos, y luego están hablando de la revolución»), pero la tarde es blanda, es la primera vez que vamos a un bar, y la charla se torna un poco más trivial. Hablamos de los restaurantes pretenciosos de Buenos Aires –prefiere los bodegones–, y menciono algunos que están de moda.

Ya fue a ese, ese otro no vale la pena: los conoce todos. Le gusta cocinar y se jacta de hacerlo bien, aunque jamás la vi manipular comida ni hacer las compras. Cuando pone en marcha la cafetera, uno de los cuatro electrodomésticos que utilizó en nuestros encuentros (los otros son una pava eléctrica, un aparato para inyectar gas al agua y un horno donde calentó empanadas), hace un gesto gracioso: aprieta el botón correspondiente y después se aleja un poquito, como dudando de que la cosa vaya a funcionar o como si tuviera miedo de que explote.

–Ahora cocino para Hugo. Es tan agradecido de que alguien le cocine. Me dice: «Nunca nadie me trató así, nunca nadie cocinó para mí, nadie en la vida». A la gente le dice: «Ella me da de comer, me cocina». Le digo: «Bueno, Hugo, la gente va a pensar que soy una persona gorda, que lo único que hago es cocinar».

Entonces se quita el barbijo. El rostro queda desnudo, ángulos firmes, ojos azul alta velocidad, una zona de partículas resplandecientes. La miro sin pudor, tratando de recordarla para después. Es desconcertante, como si tuviera que empezar todo de nuevo, conocerla como si no la hubiera conocido. Llevamos meses medio tapadas y ahora la veo así, el rostro a la intemperie por mucho rato. Una metáfora torpe podría ser que al fin nos sacamos las máscaras, pero no hay revelaciones. La charla circula por meandros tranquilos, por cosas que la asombran de un país que fue suyo, del que se marchó, al que ha regresado y que no conoce: siente perplejidad ante el hecho de que en la Argentina se beba menos que en España («¡Son todos abstemios! Yo digo: "¿Seré alcohólica?". Vas a comer con amigos y dicen: "Agua con gas"»), o que buena parte de la clase media tenga empleadas domésticas.

–Mis amigas de aquí son todas muy de izquierdas, pero luego llaman a «la chica» y dicen: «Naaancy, un cafecito, por favor». Levántate y hazte el café, coño. Yo con mucha mala leche les digo: «Ah, muy bien, están muy acostumbrados al trabajo esclavo, ¿no?». En general, mis amigas son muy inútiles, tienen una desafección total a ciertas cosas de la vida doméstica. No me refiero a limpiar, porque yo odio limpiar. Pero estas cosas de cierto cariñín, preparar una comida, cuidar una planta. Te invitan a comer y tienes que poner tú la mesa y hasta cocinar. Yo ya estoy acostumbrada, entro y digo: «A ver, dame esto, dame lo otro, déjame a mí». Porque están dos horas pelando una patata. Son muy desencariñadas hacia ciertas cosas que tienen que ver con ciertos tipos de cuidados. No sé si es una suerte de feminismo, probablemente lo sea. ¿Seré muy poco feminista? Lo que ocurre es que no sé si porque uno llevaba la pistola, y eso te da otra disposición mental en relación a hombres y mujeres, pero he convivido con tres hombres y nunca se planteó que no hicieran lo mismo o más que yo en la casa. Cocinar, barrer, poner la lavadora.

Seguimos así, sin esfuerzo, en esa clase de conversación sin rumbo que arroja cosas impensadas.

—Hace tiempo desocupamos la casa familiar de Hugo, en Aráoz y Beruti. Había cosas muy valiosas, pinturas de Berni, Spilimbergo. Se hizo una feria familiar. Todos se llevaron lo que quisieron. Fue muy enternecedor volver a echar un polvo en esa casa. En su cuarto. Estaba idéntico. Me encantaba esa casa. Creo que te dije, me enamoraba más de las familias que de los novios. Y los Dvoskin eran de esas familias que me encantaban. Los padres eran de izquierdas. No como los míos. Pero Hugo era muy celoso cuando éramos jovencitos. De algún modo lo sigue siendo. El tema de los celos... Él tiene un universo femenino impresionante y a veces me dan algunos ramalazos.

Los celos, retrospectivos y actuales, eran patrimonio de Hugo, pero eso ha cambiado y cambiará aún más. En unos meses, Hugo le propondrá ir de viaje a la región de la Mesopotamia, las provincias de Entre Ríos, Corrientes, Misiones. Pero ella va a declinar: «No vamos a ir, porque ahí tuvo una novia». Estoy por preguntarle algo sobre los celos pero dice:

—Hoy fue un día durísimo porque Susana García se está muriendo. Se está muriendo. Casi se muere ayer. No satura el oxígeno, y el que le dan en la casa es poco potente para sus necesidades. La única opción es estar enganchada al oxígeno en el hospital. Pobrecita. Queda muy poco. Fue una persona importantísima para mí. Tan buena amiga. Me dijo su hijo que ayer, cuando la vieron, estaba temblando de miedo. Creía que se moría.

Hablé hace más de un mes con esa mujer que ahora está muriendo, Susana García, excuñada de Osvaldo Natucci.

–Esa entrevista que le hiciste, ahora sería imposible.

Permanecemos allí hasta que las sombras se tragan el patio.

El 7 de septiembre de 2021 Susana García estaba muy viva y hablaba por Zoom desde su casa en Madrid con un tubito de oxígeno colocado en la nariz.

–Tengo fibrosis quística.

Era una mujer rubia, de boca amplia. Trabajaba como consejera cultural de la embajada argentina en España. Cada tanto, se levantaba de la silla para buscar un libro, mostrar una foto: «Mirá, esta es Silvia, aquí estamos juntas, estos son...». El 6 de octubre de 1976, los militares, que la buscaban a ella, no la encontraron y secuestraron a sus padres, Dolores del Pilar Iglesias y Ramón García Ullora, gallegos. Saquearon la casa. Los llevaron a la ESMA. Nunca más se supo. Susana García fue parte de aquella *troupe* de Natuccis que salió del país con gran peripecia, pasaportes falsos, historias complejas. En 1979 Osvaldo Natucci, por entonces su cuñado, le preguntó si quería conocer a Silvia Labayru, por entonces su pareja.

–Le dije: «No solo quiero: necesito». Ella había estado del otro lado, en el lugar donde habían estado mis padres. Yo sentía mucho interés. Cuando la vi, era un patito mojado. Estaba golpeada por todos lados. No solamente por lo que había vivido en la ESMA sino por cómo la recibía el entorno de los argentinos en España. Fue rechazada y despreciada por haber salvado la vida. El sobreviviente tenía que pagar por no haber muerto. Yo la defendía mucho. Ella es un amor que tengo en mi vida. No me dijo todo de entrada. A lo largo de los años me fue largando cositas. Y lo que me llamó la atención fue que era hermosa, preciosa, muy guapa, muy bonita.

Repetía de manera casi literal muchas de las cosas que había dicho Silvia Labayru: «Aun teniendo sexo con un enemigo porque no tienes otra, para que no te mate, aun así puedes tener un orgasmo»; «Los pillajes que cometían los militares, los robos de propiedades, el robo de bebés, las violaciones, desnaturalizan la labor evangelizante que ellos predicaban».

—Yo creo que a esta altura soy capaz de perdonarle cualquier cosa a Silvia. Es muy desorganizada. No sé si es de toda la vida, porque antes no la conocí, pero es un despiole. Creo que lo de la ESMA es una adrenalina que le es funcional a su personalidad. Siempre se toma todo a la tremenda. No se queja, pero está siempre caminando por la cornisa. Yo ni caso le hago, porque después lo resuelve todo. Pero mientras tanto es: «Ay, no veas, todo lo que tengo que resolver». No sabés la cantidad de veces que me ha dejado plantada en esta casa, que me dice que va a venir y no viene. Porque se le cruzan cosas por el camino. Yo tengo que entender que ella quiere venir y no puede. Porque si me lo tomo como cosa personal, me enfado. Ahora, con el tema de mi enfermedad, está todo el tiempo pendiente. Me llama, me pregunta qué necesito, me da consejos. Sentís que te quiere cuidar. Yo la veo superenamorada. Lo cual me alegra, porque estuvo medio dormida durante bastante tiempo. Poder enamorarse a los sesenta tiene su mérito. La oigo hablar de Hugo y es como si él fuera Superman. Y me encanta. El encuentro con este hombre fue muy revitalizante. Nunca le pasó eso. Nunca.

—¿Con Osvaldo tampoco?

—Con Osvaldo estaba muy enamorada pero fue una relación un poco... quiero encontrar la palabra... ¿perversa? Podría ser. Con mucha pasión y poco cariño.

—¿De ambas partes?

—De ambas partes. Ella salía de la ESMA. Estaba loquita, loquita. Hay hombres que son muy feministas, pero en realidad la mujer es un objeto. En el sentido de: «Hacé tu vida, si querés salir, salí; si querés quedarte, quedate. Pero para mí sos un objeto, te voy a esperar para tener sexo y fantasear y divertirme». Yo un poco lo veo así. Pero hubo tantas idas y vueltas que, en mi memoria, no sé con cuál quedarme, si con aquella que me decía: «No puedo vivir sin el Negro» o con aquella que decía: «El Negro no me cuida, no lo quiero ver más». Fue un encuentro muy desparejo.

Entonces vamos a la ESMA.

Ha hecho arreglos con quien dirige el museo, Alejandra Naftal –en unos meses será reemplazada por Mayki Gorosito–, para que podamos recorrer el sitio en un horario en el que no haya mucha gente. Ni yo ni ella nos imaginamos entrando en el cuarto en el que nació Vera y cuchicheando su historia entre desconocidos. Estamos citadas a las tres y media de la tarde. Paso a buscarla por su casa a las dos y cuarenta y cinco. Había sugerido ir en el auto de Hugo –está intentando conducir sola, Hugo la alienta a hacerlo–, pero después lo pensó mejor: «La verdad, entrar ahí en auto me da un poco de cosita». La última vez que lo hizo –conduciendo aquel vehículo robado– fue en 1977. Así que iremos en taxi. Espera sentada en el cantero del edificio, mirando el teléfono. Usa pantalones beige, una camisola larga color rosa cansado, musculosa color arena. Me ve, se acerca. Desde nuestro encuentro anterior, en Rapa Nui, tuvo días malos.

–Susana se está muriendo. Le quedan horas.
–Entonces no vayamos a la ESMA.
Me mira, piensa. Parece aceptar el cambio de planes.
–¿Tomamos un café? –dice.
–Dale.
Damos unos pasos en cualquier dirección pero de inmediato se arrepiente, como si sintiera una llamada del deber.
–No. Después va a ser muy difícil conseguir otra cita.
–Lo que quieras. Yo puedo esperar.
Quiere ir, así que vamos. Hace mucho calor. Caminamos

varias cuadras hasta plaza Italia y parece decidida a seguir hasta la ESMA, que queda a seis kilómetros y medio. Son las tres.

—¿Tomamos un café? —pregunta.

Le digo que si tomamos un café no vamos a llegar a las tres y media.

—Sí, es verdad. Nunca sé cuánto tiempo toma el viaje.

Subimos a un taxi desastroso, a punto de desarmarse. El hombre que conduce es enorme y está como encallado detrás del volante. Le decimos que vamos a la Escuela de Mecánica de la Armada. Si le hubiéramos dicho «al Museo de la Memoria» no habría sabido dónde llevarnos. Al pasar por Libertador 4776, ella señala:

—Esa es la casa de mi padre.

De regreso, después de la visita, dirá lo mismo:

—Esa es la casa de mi padre.

Cuando llegamos a la ESMA, lo que hace me impresiona más que todo lo que la he visto hacer, y todo lo que la he escuchado decir, hasta ahora.

El taxi se detiene en la puerta. Pagamos. Bajamos. Ella entra por el estacionamiento, aunque el ingreso no es por ahí, pero lo hace con tal ímpetu que la persona de la garita de vigilancia no atina a nada. En la recepción, se planta ante el mostrador.

—¿A qué parte van? —pregunta una chica.

—Al Casino de Oficiales —dice ella.

—¿Al Museo? —rectifica la chica.

—Sí, ahí —dice ella—. Nos espera Elena.

Hay varios adolescentes con uniforme de colegio que leen paneles colocados en la pared.

—¿Qué hacen?

—Son visitas que organizan los colegios con el ministerio —dice la chica.

Entonces se sienta —se sienta— sobre el mostrador y saca su teléfono. Marca un número, supongo que el de Elena.

—No contesta.

—Mejor llamala —dice la chica—, porque como te podrás imaginar esto es gigante y, si las dejo solas, se pierden.

Me mira con una sonrisa de diablo. No dice nada. Yo digo que, si nos deja entrar, nos ubicamos solas, que ya conocemos. No le miento.

—Bueno, pasen. Cualquier cosa vuelven.

Empezamos a caminar hacia el Casino de Oficiales por un sendero pavimentado que bordea las construcciones.

—Qué barbaridad, todo esto está tan deteriorado —dice, mirando los edificios a los que les falta pintura o tienen rastros de humedad, lanzada a una tarea de reconocimiento.

A lo lejos, desde el Casino de Oficiales, una mujer joven hace señas con el brazo en alto.

—Es Elena.

Cuando llegamos donde está, Elena dice:

—Te vine a buscar porque no quería que te perdieras.

Ella se ríe como si le hubieran hecho un gran chiste. Elena no parece haber tenido la intención de hacer chiste alguno. La fachada del museo está cubierta por una piel de vidrio en la que se ven fotos de personas desaparecidas. Señala a un hombre que debe haber sido muy joven pero que, como casi todos los que aparecen allí y en las fotos de Dani Yako, luce mayor. Una persona de veinte que parece de cuarenta y cinco.

—Ese es Pablo Lepíscopo. Ese chico fue novio mío en el Colegio. Y un gran novio de Alba.

—Pasen que adentro está lindo, más fresquito —dice Elena.

Nos colocamos los barbijos. En un panel del hall que describe el concepto del museo, en torno a la palabra *detenidos* hay un círculo del que se desprende una flecha y una palabra manuscrita adicionada: *detenidas*. Ella no le presta mucha atención. Pregunta por dónde se va al sótano. Elena indica:

—Por ese pasillo. ¿Las dejo solas, prefieren...?

—Sí, sí, vamos solas —dice ella.

Así que vamos solas.

Dirige ella, la dueña de casa.

—La primera vez que vine con David, hace unos años, había una chiquita que nos explicaba qué era esto y cómo era aquello. Ella sabía que yo había estado acá. Y era incapaz de cambiar su discurso. Tenía su chip puesto. Hacía su trabajo.

Por una puerta lateral salimos a un planchón de cemento que divide dos alas del edificio. Ella va adelante, yo detrás, siguiendo su estela.

—Este era el lugar donde venían con los coches. Estacionaban, te sacaban aquí y te metían en el sótano, por esas escaleras.

Las puertas del sótano están abiertas. Desde adentro, llega el sonido de una voz grabada, impersonal, frases indistinguibles.

—Entraste por acá.

—Sí. Pusieron el coche aquí, me bajaron, me encapucharon, me pusieron los grilletes. Ven, entremos.

Bajamos unos escalones. El sitio es bastante luminoso. No quedan rastros de los cubículos de trabajo y encierro. Solo hay columnas que le dan al lugar una cualidad desnuda y esbelta. En uno de los extremos, donde estaban las salas de tortura, hay un panel con fotos de desaparecidos y un banco. Una voz neutra narra la historia de lo que pasaba aquí.

—Todos los cuartitos eran de madera aglomerada y tenían un... cómo se llama eso...

—¿Aislante?

—Sí, un poquito, y eran dos parecitas de aglomerado, unos cuchitriles. Hicieron varios. Yo creo que desde aquí hasta allí. Y aquí estábamos tres, cuatro personas, traduciendo, leyendo. Y toda la pared del fondo eran las salas de tortura. Ahí había camastros metálicos, la máquina, bueno, la picana. Pero sin los cuartitos... «Qué lugar tan pequeño.» Eso pensé la primera vez que vine: «Qué lugar tan pequeño para un infierno tan grande».

Habla en voz baja, como si alguien pudiera oírnos, pero aun si hubiera alguien no podría: el sonido de la grabación hace que los sonidos queden agazapados. Camina hacia donde estaban las salas de tortura. Señala el espacio moviendo los brazos, una arquitecta que intenta dar idea de algo inexistente.

—Aquí estaban las salas 12, 13, 14 y 15, los cuartos para la tortura. Y ahí había un tocadiscos donde ponían música a todo volumen, sobre todo Nat King Cole cantando «Si Adelita se fuera con otro», entonces se escuchaban los alaridos y la música, todo junto. Y después de torturar venían Pernías o Acosta y se nos ponían a hablar del que habían agarrado, que no quería cantar o que había dado tal información. Nosotros teníamos que mantener la conversación: «Ah, claro, claro».

—Apenas entraste, te llevaron a la sala de tortura.

—Sí, sí, directamente. Porque sabían que tenían que sacar los datos rápido. Después me dejaron en ese cuartito, al lado. Pasé Año Nuevo ahí. Entraron a desearme feliz Año Nuevo con una copa de sidra.

Se sienta en el banco que está frente al panel con los rostros de los desaparecidos. Si no me equivoco, en esa misma ubicación deben haber estado ella, Santiago y Berta Lennie, los tres encapuchados, escuchando cómo torturaban a Sandra. Me dice, señalando las fotos, ese es tal, esa chica es tal, esa señora formaba parte del grupo tal. Ahí está, nuevamente, Pablo Lepíscopo.

—Estuve dos meses con ese chico. Pablo era muy amigo de Hugo, y uno de los dramas amorosos que he tenido es que lo dejé por este chico. En fin, pequeños desastres que yo hacía de adolescente. Era un poco torpe.

—Es guapo.

—Sí. Unos ojos azules increíbles.

Caminamos hacia el otro extremo. Un plano con referencias indica dónde estaban la sala de los guardias, los sitios de trabajo. Leemos: número 12, tal cosa; número 13, tal otra.

—¿Viniste muchas veces?

—No. Con David, después con Vera, cuando vino Pedro Sánchez y cuando vino el presidente de Cuba. Me pidieron que estuviera durante esas visitas. Esta es la quinta vez.

Busca infructuosamente una escalera por la que subían a las celdas, al sitio que llamaban Capucha.

—Pero si estaba acá... Mira, nos hacían subir por esa escalera con los grilletes puestos. Ibas agarrado del hombro del de adelante, con la capucha puesta, y decían: «Vamos, que se va el trencito». Pasábamos por el Casino de Oficiales, y ellos nos veían pasar mientras comían o tomaban algo. En esta parte había un cartel que decía «Avenida de la felicidad».

Salimos del sótano y volvemos al hall. No hay nadie.

—Vamos por allá –dice, señalando unas escaleras.

Subimos un piso. Cordeles como los que se colocan en los museos delante de las obras de arte indican que no se puede acceder a los pasillos. Ella los aparta y pasa. Entramos a un cuarto derruido.

—Acá vivía el almirante Chamorro, que era el responsable máximo de la ESMA. El tipo traía acá a la familia. Se quedaba los fines de semana.

Una puerta no abre y la empuja con el hombro. Adentro hay sillas apiladas, un escritorio cubierto de polvo.

—Cómo está todo esto, madre mía. Mira, esa era la oficina de Acosta. Ven.

Cruza el pasillo, abre una puerta. La oficina no es distinta a las otras. Pequeña, desmantelada, con humedad. Está vacía.

—Ahí estaba el escritorio, el teléfono. Desde aquí hizo la llamada.

Cierra la puerta. En el pasillo hay un panel con fotos de los represores. Buscamos caras conocidas.

—Este es Pernías. A ver si está Berrone. Mira, este es González, el Gato. Y también debería estar Francis Whamond, que es el que me torturó a mí, pero no sé por qué no aparece.

Recorre el panel con un dedo. O no está o no lo encuentra. Seguimos abriendo puertas. En uno de esos cuartos, idéntico a los demás, le pregunto:

—¿En uno de estos cuartos te violó?

—Sí, uno de estos.

Alguien dejó ropa de trabajo salpicada de cemento, zapatones, una caja de herramientas.

—¿Y esto qué es? –dice indignada.

—Alguien que está trabajando.
—Sí. O alguien que viene a dormir la siesta.
Nos reímos como si fuéramos dos intrusas en una casa inocente.

Se acerca a una puerta que no se abre, vuelve sobre sus pasos. Un lepidóptero que choca contra un cristal. No está tensa sino concentrada, intentando que la realidad encaje en el mapa de su recuerdo. Llegamos al tercer piso, donde estaban las celdas.
—Esto es Capucha.
Un techo a dos aguas, bastante bajo. Si antes las ventanas permanecían tapiadas, ahora están abiertas y entra sol; si antes todo estaba separado en cubículos, ahora no queda ninguna separación. No hay colchones raídos, ni baldes, ni grilletes. Hay paneles en los que se leen datos históricos, y televisores que emiten imágenes de sobrevivientes declarando en el Juicio a las Juntas de 1985. Caminamos sobre un piso pulido de madera, una pista reluciente y cálida colocada sobre el cemento.
—Me da una cierta impresión, porque lo reconozco, pero no era así. Está todo un poco desinfectado.
Le pregunto detalles: si hacía frío (no se acuerda), si el agua de la ducha era caliente (no se acuerda), cómo se arreglaban con la menstruación (supone que les daban toallitas, dice que muchas mujeres dejaron de menstruar pero ella no). El sitio donde nació Vera está junto a un baño. En el piso hay una leyenda en letras mayúsculas entrecomilladas: «¿CÓMO ERA POSIBLE QUE EN ESTE LUGAR NACIERAN CHICOS?».
—Era más grande.
Es chico.
Se vuelve hacia la puerta. Sale. Avanza como una barricada.
—Este era el baño de las chicas. Yo pedía poco para ir al baño porque cuando venías te manoseaban, y nos hacían hacer pis y caca en un balde. Yo embarazada, con los grilletes puestos, agacharte y hacer tus necesidades... Para mí eso era una de las cosas más horripilantes. Y por eso mismo no hacía pis en

todo el día. Ahora mismo puedo aguantar muchísimo. Yo creo que tengo la vejiga agrandada.

Doblamos por el pasillo, que hace una ele. En la celda final, junto a la suya, estaba Norma Arrostito.

–Ella y Chamorro tenían unas conversaciones de horas sobre el catolicismo, madre mía. Era tan católica. Y ese ventanuco, si no me equivoco, era el de mi celda. Yo estaba al lado de la celda de ella. Antes de que naciera Vera estaba justo enfrente de Cuqui Carazo, venían Acosta, Pernías, a discutir con ella, y gritaban ellos y gritaba ella. Era las tres, las cuatro de la mañana, a los gritos pelados.

Da un paso y se coloca en el centro de ese espacio donde la encerraban. Mira hacia arriba.

–Había unas ratas de este tamaño que se paseaban por las vigas. Acá teníamos un colchón, acá una especie de mesita.

No parece haber sitio suficiente ni siquiera para un colchón. Menos para dos, aunque fueran camas marineras, y una mesita.

–¿Acá el guardia puso una cama de bronce?
–Sí. Vamos.

Bajamos las escaleras. En los rellanos, el edificio tiene el aspecto de un hospital o de una dependencia pública donde podrían tramitarse cosas anodinas: una licencia de conducir, un certificado de buena conducta. Cuando llegamos al segundo piso suena su teléfono.

–Es de España. Voy a atender. Hola, Lucía. Ya sé, ya sé. ¿Pasó algo? Cuéntame. ¿Ya se fue? Está sedada, lo sé. ¿Está inconsciente? Porque me decía Mariano que a lo mejor vuelve. Pero no se va a despertar. Ya le dieron morfina, ¿no? Entonces faltan cuarenta y ocho horas.

No sé quién es Lucía, pero entiendo de qué se trata el llamado. No me sorprende la forma casi impaciente en que asegura que Susana García no se va a despertar, que faltan cuarenta y ocho horas para el desenlace: es el mismo mecanismo con el cual repasa las peripecias que la esperan para hacerlas más livianas. Hablar así de su amiga agonizante –decir «sé que se va a morir, y sé que eso va a ser ahora o a más tardar mañana»–

hace que, de alguna manera, la muerte se transforme en algo sin sorpresas, decretado. (Sin embargo, muchos meses después envía un mensaje de audio desde Madrid en el que el peso de la muerte de Susana García se desploma sobre su voz, llena de gravedad. Está en el auto, detenida sobre la calle Velázquez, «bajo este cielo velazqueño que ha sido todos estos días de un azul intenso brutal», y acaba de hacer un trámite de fe de vida en el consulado argentino: «Ha sido otro palazo, porque Susana trabajaba en la embajada y después de la fe de vida siempre nos encontrábamos y nos tomábamos un café, y acabo de pasar por el café donde íbamos y... Cómo se la extraña. Madrid me mata. Sí. Madrid me mata. Parece que hay como un efecto inverso. Cuanto más tiempo paso en Buenos Aires, más me está dando lo de Madrid, y este ir y venir que te deja la cabeza, al menos a mí, bastante dada vuelta. Es un asunto que no tiene solución y es lo que hay. Esto es así y hay que tomárselo con todo lo que tiene de bonito, que lo tiene, lo sé, pero, uf, es un flash. *Deep in the heart, deep in the heart*».)

–¿Pero ella sabía lo que estaba pasando? –pregunta.

Se hace un silencio.

–Hola... Lucía... Lucía.

Mira el teléfono. Cuelga.

–Llamo después –dice, y se encamina hacia la escalera.

–¿No querés que busquemos un sitio con señal?

–No.

–¿Qué te dijeron?

–Nada. Que la falta de oxígeno llegó al hígado, que tuvo un fallo multiorgánico.

–Pero está ahí todavía.

–Sí, sí.

El teléfono suena de nuevo. Atiende. No se escucha. Cuelga.

–La llamo en media hora. No pasa nada.

Bajamos. Volvemos al hall, entramos en El Dorado, un salón en el que ahora se realizan diversos actos y donde en los setenta se diseñaban los operativos, los planes de allanamiento y de secuestro.

—Le ha dado un fallo al hígado —dice, mientras recorremos—. Estaba amarilla. Y luego entró en un fallo multiorgánico. Hace un día que no hace pis. Cuando ocurre eso, quedan cuarenta y ocho horas. Cuando el riñón deja de funcionar, cuarenta y ocho horas. Lo sé por Jesús. La que me llamó es la sobrina de Susana.

Le digo que voy a buscar un baño. Seguimos las indicaciones pero no lo encontramos. Da media vuelta, camina decidida hacia el pasillo que lleva a las oficinas del museo. No hay nadie a quien preguntarle. Prueba con una puerta, con otra. La tercera es un baño.

—Acá está. Dale, te espero.

Después nos vamos.

Caminamos un rato en dirección al centro, por Libertador. Los autos pasan a toda velocidad por esa avenida que recorría para ir a casa de su padre desde el lugar de cautiverio.

—Anoche conecté con la imagen de mí misma en la colchoneta, embarazada. Intenté conectar con esos sentimientos de soledad más absoluta. Y la verdad es que no puedo. Es tal la intensidad que no puedo estar mucho tiempo reviviendo eso. Los momentos más angustiosos no son, curiosamente, los de la tortura, sino los de estar tirada ahí pensando que eras un pedazo de carne, sola como un perro. Miedo, angustia, soledad, desamparo, no sabes qué va a ser de ti, cuánto va a durar aquello. Si alguna vez vas a tener una vida.

Cuando hago una aseveración —por ejemplo: «Entonces con Hugo no pudiste hablar de eso»—, dice «mmm», apretando la boca, y se queda callada. Es un gesto que encierra impotencia: algo que no se puede ni decir.

—Fue más angustioso estar ahí después del nacimiento de Vera —le digo.

—Y sí. Porque las cartas estaban echadas.

—Ya no eras necesaria.

—Mmm.

Tomamos un taxi. Vamos hasta plaza Italia y ahí nos separamos.

La visita a ese sitio, la amiga casi muerta. ¿Cómo sigue el día para ella? Nunca sabré.

Vera tenía cuarenta y un años cuando fue a la ESMA por primera vez. La directora hizo arreglos para que ella y su madre pudieran estar solas.

—Es curioso —dice Vera—, porque yo siempre digo que de la ESMA no tengo recuerdos, que yo solo nací allí. Pero, siendo ya tan mayor, llegué y me puse a llorar. Todavía no había visto nada, la directora, Alejandra Naftal, me dijo: «Hola, Vera, ¿cómo estás?», y yo: «¡¡¡Buaaa!!!». Quiero decir con esto que yo lo he gestionado un poco a cuentagotas, con rechazo, con conocimiento y sin querer saber.

—¿Viste el espacio donde habías nacido?

—Sí, vi el espacio. Siempre me acordaba lo que ella decía de una mesa. Yo miraba ese espacio, siendo médico, y qué barbaridad. Yo nací sana, de una mujer joven, siendo un bebé muy gordo, pero cualquier complicación... Qué jodido. En un lugar tan sucio y tan infame y tan riesgoso.

El viernes 29 de octubre de 2021, a la mañana, llega un mensaje suyo: «Murió Susana en Madrid». Le digo que lo siento y le pregunto si no es mejor suspender lo que tenemos esa tarde, un encuentro con Lydia Vieyra, que está en Buenos Aires. Dice que no.

Así que un día después de visitar la ESMA, y el día en que su amiga ha muerto en Madrid, nos encontramos otra vez en Rapa Nui. El patio está repleto de niños —lo que la hace despotricar acerca de lo insoportables que son algunos niños y la manera en que contribuyen a eso sus padres, dejándolos hacer sin poner límites—, y nos sentamos al aire libre en un entrepiso, alejadas del bochinche infantil. Hace un calor espeso y, como si eso pudiera aliviarnos, nos quitamos los zapatos. El piso está cubierto de césped artificial. Ella insiste en buscar los cafés, las aguas.

—Rubia, traeme algo dulce —dice Lydia.
—¿Qué te traigo?
—Cualquier cosa. Elegí vos.

Lydia usa una musculosa tejida, de un color que Silvia Labayru, sospecho, jamás se pondría —amarillo yema, amarillo total—, que acentúa la piel bronceada y, de alguna manera, su ánimo chispeante.

—¿Te dije que la vez pasada le estuve ordenando a la rubia las toallas en la casa de Madrid?
—Sí. ¿Es muy desordenada?
—Es un caos. Tengo varias amigas así —dice, mirando cómo ella regresa subiendo la escalera en perfecto equilibrio con una bandeja en la que hay agua, café, alfajorcitos, una porción de algo cubierta por chocolate lustroso—. Las debo necesitar para mi propio crecimiento, es karmático. Van juntando cosas y juntan y juntan, viven en el desorden. La rubia es inimputable. No es que lo hace y no le importa. No lo ve. Gracias, rubia.

Silvia Labayru dispone todo en la mesa sobre la que da el sol, lo que nos hace temer por el futuro inmediato de lo que sea que haya traído cubierto de chocolate.

—Vera y David me decían que para un cumpleaños me iban a regalar un carrito de la compra para ir por la calle juntando cartones, que tengo síndrome de Diógenes. No, no tengo, pero algunas cosas me cuesta soltar. Montañas de cartas de mi padre, de mi madre, de fotos. Ollas y cosas de cocinar de Vera, que cuando se fue a Inglaterra me dejó toda su vajilla. ¿Qué hago, tiro todo?

—Tu casa de acá es ordenada —le digo.
—Es Hugo, que limpia como un poseído.

El sol da de pleno sobre el café, las aguas, los dulces. Ella sugiere cambiar de sitio. Lydia es más práctica: sugiere correr la mesa. De modo que entre las tres, descalzas, medio agachadas y dando pasitos cortos para que nada se vaya al piso, la desplazamos hasta dejarla bajo la sombra de un árbol (después nos vamos a cambiar a otra, que queda libre). La gente nos mira como si estuviéramos cometiendo un delito.

—¿Esto puede hacerse? —pregunta ella.

—Ya lo hicimos —dice Lydia.

—¿Sabes que ayer llevaba a Leila por la ESMA y me perdí varias veces? No sabía muy bien dónde estaba. No encontraba las escaleras. El sótano estaba casi igual, pero el resto de las cosas las modificaron.

—Yo fui antes de la pandemia, hace dos años —dice Lydia—. Estaba tal cual pero no encontramos la entrada al sótano. Habían puesto una estructura donde era la bajada y no la podíamos encontrar. Nos agarró una cosa... Subíamos, bajábamos. ¿Vos te acordás de las escaleras?

—Sí. Por las que subíamos en el trencito.

—No, otras. Esas están. Son las que subiste con Leila. Las que faltan eran las que estaban cuando te agarraban y te bajaban al sótano. Donde estaba el ascensor.

—¿Qué ascensor? A mí me bajaron por la escalera.

—Sí, pero había un ascensor. Todo eso es lo que sacaron. Sacaron la entrada al sótano, que era el portón que se abría. Y ahí ibas a internacionales. Estaban vos, Cuqui.

—Sí, abajo, en el sótano.

—Bueno, ese portón tenía una escalerita. Y después subías por otras escaleras...

Portones que ya no existen. Escaleras que ya no están. Mira a Lydia con extrañeza, intentando reconstruir algo que fue importante y que la memoria, descuidada, perdió.

—Bueno, vamos de nuevo a ver —dice Lydia, riéndose.

—¡No! No, no, ya fuimos ayer.

—¿Pero vos viste lo que han hecho en El Dorado? —dice Lydia—. El Dorado, Leila, era donde se determinaba a quiénes secuestraban, a quiénes trasladaban, y ahora es una sala donde se encuentran todos y hacen actuaciones y eventos. Yo estuve en El Dorado trabajando durante dos o tres meses, cuando estaba secuestrada, y le han quitado la historia a ese lugar. Decís:

«Mierda, pensar que en este lugar, donde están todos ahora libremente haciendo sus eventos, era...». Avisaban del operativo, pasaban todos con las armas, y clan, clan, clan, las cadenas. El ruido te indicaba si iba a haber actividad o no. En el campo estás muy pendiente de los ruidos, de los cambios de actitud.

–De si te miraron, de si no te miraron. Todas eran pautas de «tengo alguna posibilidad, hoy me miraron, a lo mejor...».

–Yo lo primero que reconocí en la ESMA fue el olor. El olor ácido, un olor muy particular.

–A humanidad.

–Y mirá que había pasado tiempo, porque eso fue en 2004. Sentía una enorme tristeza y pensaba: «Yo estuve acá». Y, a la vez, estaba en un lugar que me costaba reconocer.

–Ay, no sabes lo que me alegra escucharte hablar así.

–¿Por?

–Porque yo tampoco me reconozco. Y al mismo tiempo es superfamiliar. Yo le contaba ayer a Leila que me propongo a veces revivir el momento: «Bueno, voy a tratar de acordarme de las sensaciones». De estar en Capucha, embarazada, solita mi alma, y cuando lo consigo me produce tal... cosa... que...

–A mí me da la sensación de que Silvia puede hablar de todo esto y no darle ni más ni menos dimensión. Porque podría haber sido una tragedia, la podrían haber matado, a la nena la hubieran podido...

–Sí. Que hubiera nacido sin oxigenación y hubiera quedado hecha una planta, o que nos hubiéramos muerto las dos en el parto.

–Pero además todos sabíamos que cuando alguien paría le quitaban al pibe y a la madre la mataban o se la llevaban. A mí me parece que Silvia es... pero no, no quiero ser...

–Dilo, dilo.

–No quiero ser irrespetuosa con otras personas, pero hay muchas mujeres que pasaron por eso y ha sido su bandera en un montón de cosas. No digo que se especule con eso, porque nadie especula con el dolor. Pero ella tuvo suerte y siguió adelante y tenía veinte años, parió arriba de una mesa, tenían a su hija de rehén, se tuvo que comer las violaciones que se tuvo que comer, en Madrid la estaban esperando con artillería pesada, y siguió y siguió. Eran tantas las cosas. El laburo, que no te alcanzaba la guita para nada, tenías quilombo con tu pareja, niños, abortos. No es que nos sentamos a decir: «Che, ¿qué sentiste en la ESMA?». La vida nos atropellaba, y encima en un ambiente muy hostil. Jamás hablábamos de la ESMA.

—Pero acuérdate que en una época nos pusimos a escribir y nos tronchábamos de risa. No sé de qué nos reíamos. Nos reiríamos por no llorar.

—Mucho humor negro, rubia. Yo entiendo a los familiares, que el humor negro no les caiga en gracia. Al que tiene dos hijos desaparecidos el humor negro no le va a caer bien.

—Pero cuando estábamos en calzones, entre nosotras... Si no te ríes, te tiras por la ventana.

—Era una disociación tan fuerte. Cuando estuve en Inglaterra no le dije a nadie de dónde venía. Yo decía que era una estudiante. Qué iba a contar. Y además quién te iba a creer.

—Yo al principio tenía tal necesidad de hablar que tanto a Diego Fernández Peteiro como a Mopi o a Dani Yako les contaba todo esto y ellos me miraban y no sabían qué decirme. Yo creo que no sabían si yo había enloquecido, si creerme, si no creerme. En esas épocas, toda esa historia de colaborar nadie la tenía tan clara. Nadie tenía tan claro que eso fuera trabajo esclavo. Eso era haber colaborado. Y nosotras mismas tampoco teníamos tan claro que lo que ocurrió había sido una violación. Porque ahí se empiezan a cruzar cosas, piensas: «Hasta qué punto no me he prostituido».

—Bueno, quedamos un poco mal —dice Lydia.

—Quedamos jodidas.

—Quedamos jodidas.

—Pero ahora estamos divinas de la muerte, que se dice.

—Mirá, si la ESMA no hubiera estado, no nos hubiéramos conocido, rubia —dice Lydia.

—¿Y qué hubieran preferido? —pregunto.

Silvia Labayru sonríe y no responde. Lydia dice:

—Es importante que de aquella historia hayan quedado lazos inalterables. Yo creo que otros no tuvieron la suerte de construir después una vida de todos los colores como la que tuvimos nosotras.

—Pero hay que decir que teníamos toda la vida por delante, éramos muy jóvenes.

—Sí, pero podríamos no habernos elegido entre nosotras, como ha pasado entre muchos otros. Entre casi todos, te diría.

—Sí, porque hay como mala vibra.

—No hay mucha relación entre sobrevivientes, digamos. Para nosotras eso fue un infierno, pero esta relación, en términos militantes, te diría que es una victoria.

—Pírrica —dice ella, y se levanta a buscar más agua y más café, quizás incómoda porque la conversación está tomando cierta temperatura sentimental o porque la pareja de la mesa de al lado parece estar atenta a lo que hablamos (minutos atrás los miró de soslayo y susurró: «Están escuchando»; Lydia se encogió de hombros: «Qué importa, rubia, si estamos dando una entrevista es para que nos escuchen», y ella respondió con sonrisa ácida: «No hay nada más importante que la intimidad»). Cuando Silvia Labayru se levanta, Lydia Vieyra dice que está harta del tema.

—Ay, mirá, estoy hasta los ovarios con todo esto. Quiero terminar con esta película. La verdad es que esto de la ESMA ya quiero sacármelo de la cabeza. El otro día hubo un Zoom con cinco sobrevivientes, por esa muestra que se va a hacer en la ESMA, «Ser mujeres en la ESMA II».

La muestra de la que habla se inaugurará en marzo de 2022. Está centrada en la especificidad de la violencia que se ejerció sobre las mujeres en los centros clandestinos. Reúne fragmentos de testimonios de las secuestradas, tomados de diversos juicios contra los represores, y un video para el cual se entrevistó a muchas de quienes estuvieron detenidas en la ESMA, entre ellas Silvia Labayru, que ahora vuelve con una bandeja recargada.

—Gracias, rubia. Yo me quedé dura, porque uno de los ejes a conversar era la palabra *consentimiento*.

—¿De qué hablan?

—De la reunión esa para la muestra. Yo dije: «No, esa palabra no, es inadmisible, consentimiento depende de la voluntad, el que pone eso es porque no entiende qué pasó con las mujeres. No puede haber debate sobre esto». Después habían recogido, de distintos juicios, los fragmentos de nuestros testimonios en los que hablábamos de violencia sexual. Un laburo buenísimo. Y al pie ponían las siglas de nuestros nombres: S. L., L. V. Les dije: «Lo que yo quiero es que mi testimonio lleve mi nombre y apellido, no L. V.». Y ellas: «No, es que son temas delicados». ¡Una vez más! ¡Como si uno tuviera que tener vergüenza!

—Son más feministas que nadie, pero luego van y ponen «consentimiento», y «S. L.» —dice ella.

—¿No las consultan antes de tomar esas decisiones?

—Estamos acostumbradas, Leila —dice Lydia.

—Estamos muy acostumbradas —dice ella, y se ríen—. Nos tratan como a los monos del circo. Con las mejores intenciones y la mejor onda, pero te llaman cuando todo está cocinado, sin consultar a las que estuvimos secuestradas. La mayoría de la gente que estuvo allí va encantada, porque son sus quince minutos de gloria. Y hay muchas personas para las cuales no hay vida después de la ESMA. Es un topicazo. La persona que salió de un campo tiene que estar hundida para siempre. Una vez víctima, *for ever* víctima. ¿Cómo hicieron para no estar arrastradas por los rincones? Bueno, mira, pasaron cuarenta años, chaval. Salimos adelante. La vida ayudó, pero esto de pensar que necesariamente tengas que estar signado... Voy a decir algo que es una brutalidad: muchos militantes no tuvieron luego una vida muy rutilante. Para esta gente ser un sobreviviente es como que les ha dado un motivo en la vida. ¿Yo qué soy? Sobreviviente. ¿De qué voy a trabajar? De sobreviviente. Dando conferencias, yendo a todos los actos de derechos humanos, de las Madres, todas las militancias, todas las baldosas en la calle. Que a mí me parece muy bien, no es que me parezca mal. Pero si dedicas tu vida a eso estás frito.

—A nosotras nos ayudó ser jóvenes —dice Lydia—. Y estar

juntas en el exilio. Creo que fue como decir: «Si aquellos no pudieron, estos no van a poder». Pero esta rubia se tuvo que poner una armadura. A mí me dio un ataque de pánico cuando volví a la Argentina en el 88. Pero a esta le cuesta dejar pasar el miedo. No lo deja pasar.

–¿Dejar que el miedo entre, dices? –pregunta ella.

–Eso. Y entonces da la sensación de que lo tiene todo superarmado.

–Sí, tengo superarmada la defensa –dice, sonriendo con pudor.

–Esta cosa de no ser víctima, de que a mí no me van a lastimar. Y sí que la lastimaron.

–Sí. Me lastimaron un montón –dice, mirándose las manos.

–Yo estaba convencida de que me iban a matar. No había un mañana. Cuando me dijeron que me iban a sacar del país dije: «Soné, soy boleta, me liquidan». No me acuerdo en absoluto del día en que salí. Estaba aterrada.

–Yo me acuerdo perfecto.

La miro sorprendida: me dijo, muchas veces, que no recordaba nada.

–Volví a la celda y me llevé de recuerdo la mantita que tenía en la cama.

–Ah, un souvenir –le dice Lydia–. Vos estás loca.

–Esa manta después la usó Panchito mucho tiempo. Mi madre decía que le encantaba.

–¡Pero si era un asco, gris, áspera!

–No, era como esas mantas peruanas o bolivianas.

–Ah, la mía era áspera, cortísima.

–Era maravillosa la mantita. Tampoco era de esas grises que tú dices.

El patio está rodeado por terrazas vecinas en las que se ven plantas de salud ostentosa.

–Yo creo que podría vivir aquí –dice–. Esta terracita es lindísima.

–Lástima el césped artificial –digo, refregando el césped con los pies descalzos.

—Pero esto es una maravilla. Mi madre puso césped artificial en el balcón y era una cosa que te pinchabas toda. Venían mis amigos y se maravillaban con ese césped asqueroso. Había una ballesta y, cuando ya estábamos hartos de estudiar, estos locos iban al balcón y les tiraban bombitas de crema a los vecinos, con la ballesta.

Hace una pausa y remata:

—Empezamos con las bombitas de crema y fuimos derivando.

Nos reímos. Tres mujeres descalzas, una mesa llena de cafés y cosas dulces. Apariencias que engañan.

Alberto Lennie empieza tomando el toro por las astas. Había prometido enviar, escaneadas, la carta del pañal, cartas de sus padres, de Silvia Labayru, fotos. No lo hizo. Yo las esperaba aunque no las reclamé: me pareció mejor hablar de eso cuando nos viéramos. Ahora, un par de semanas después de nuestro último encuentro y antes de que yo diga nada, advierte que quiere explicarme algo.

—No te mandé nada, Leilita. Mover las cartas del 77 me dio vuelta la cabeza. Lamento no habértelas mandado, pero son cartas que tengo guardadas como un tesoro personal. Profundamente íntimas. Nunca se las di a leer a nadie. Porque mal usadas son una carnicería para Silvia. En algún momento se las voy a dar a Bárbara, para que haga lo que quiera. No las mandé porque es como si mandándotelas perdiera… la sensación que tengo sobre el material y lo que significa. Pero todo lo que necesites, Leilita, me decís y yo busco y te leo. Contá con eso, cielo.

Cuento, entonces, con que puedo hacerle leer en voz alta, a través de la pantalla de una computadora, a diez mil kilómetros de distancia y tantas veces como necesite, cartas que lo hacen llorar.

Bien.

Es sábado, dos y media de la tarde. Morchella, su gata, ya está en Buenos Aires y duerme dentro de una maleta pequeña junto al balcón. Tiene dieciocho años «pero está como una rosa». Es grandota, el pelo largo, patas enormes. Al parecer, Monkey le despierta indiferencia.

–Ella es demasiado fina para darle bolilla.

Como a veces pasa con los sucesos importantes, la finalización del juicio, si bien tuvo un enorme peso simbólico, no modificó demasiadas cosas en su vida práctica. Los meses pasan a toda prisa, ella sigue buscando departamento y solucionando inconvenientes al otro lado del océano: el riego automático de la finca de Toledo quedó cerrado y los árboles sufrieron mucho, un local del que es propietaria tiene problemas de humedad. Siempre presenta un panorama complicadísimo e insalvable que en el encuentro siguiente se ha resuelto y ha dejado lugar a una nueva oleada de inconvenientes complicadísimos e insalvables.

Estuvieron con Hugo en Polonia, enfrentando una peripecia fuerte: el auto con que llegaron a ese país, un Audi con motor diésel que habían alquilado en Alemania, tuvo una falla. Lo cambiaron por otro en la agencia, donde les aseguraron que era idéntico al anterior. Pero no era idéntico: este funcionaba con nafta. Ellos, confiados, llenaron el tanque con diésel. El auto se estropeó a pocos kilómetros del campo de concentración de Auschwitz, que se disponían a visitar. Hubo llamadas infructuosas solicitando auxilio, esperas, indicaciones incomprensibles escritas en polaco, un hotel ínfimo en el que pasaron la noche, un viaje en grúa –con un chofer antivacunas–, un trayecto en tren a Berlín con todas las maletas, una caminata hasta el hotel porque Hugo se negó a tomar un taxi. Lo cuenta todo con humor. No sé cómo será haberlo vivido.

En 1987 la pareja con Osvaldo Natucci ya estaba casi derrumbada, y ella quería tener un hijo. Parido en una clínica, asistida por médicos y no por dos compañeras de celda y un torturador. Parece una prescripción, una estrategia de salvataje, y la cuenta tal cual:

—Yo quería tener un hijo, lo quería tener con un español y alejarme del entorno argentino. Supe que me tenía que separar porque se me pasaba la hora del reloj biológico. Osvaldo sabía desde el principio que la lógica de la vida era que yo lo iba a dejar. Si lo hubiera forzado, hubiera tenido un hijo conmigo. Pero desde luego hice bien en no hacerlo. Lo hubiera tenido que criar solísima.

Abandonada toda esperanza de ejercer como psicoanalista, empezó a hacer estudios de mercado y de opinión para diversas empresas (entre otras, Gallup). Se preparó cursando algunas asignaturas de Sociología en la Complutense. Para explicar la naturaleza de ese trabajo dice:

—Se forma un grupo de discusión con ocho, diez personas, y se habla de un tema. De política, de un auto o de un detergente. Se trata de hacer que la gente diga lo que no quiere decir sobre un producto o sobre lo que sea. Generar una conversación fuera del discurso controlado.

La explicación, viniendo de ella, no deja de ser impresionante: hacer que la gente diga lo que no quiere decir. Su padre le había prestado dinero para pagar parte del departamento de Hortaleza, pero la hipoteca se disparó y buscó sumar otro empleo. Lo consiguió en la editorial Hermann Blume. Se ocupaba de los folletos y los catálogos de venta por correo. Jesús Miranda, casi de su misma edad, casado, sin hijos, con seis hermanos, trabajaba en el departamento de exportación. Se conocieron allí en abril de 1987. Se flecharon. Él se divorció, ella se separó definitivamente.

—Yo necesitaba un poco de paz. Uso muchas veces el título del libro de Jorge Amado: *Teresa Batista cansada de guerra*. Y esa frase, *cansada de guerra*, la hice mía. Quería una vida normal. Y sobre todo tener un hijo, y que ese hijo fuera criado en condiciones normales, cosa que no le pasó a Vera.

¿Era amor o una operación de rescate? Ambos se fueron de la editorial, Jesús Miranda a montar su propia compañía —Celeste Ediciones, en sociedad con Miguel Ángel San José, que también había formado parte de Hermann Blume—, ella a trabajar en un estudio que contrataba publicidad para revistas de arquitectura y diseño donde ganó muchísimo dinero: Olga Ortega y Asociados, de las hermanas Ana y Olga Ortega. Lo hacía, dice, muy bien.

—Los clientes eran gente de muy alto nivel, las publicidades que pagaban eran carísimas, una página costaba cuatro mil euros. Yo contrataba de a diez, de a quince anuncios, campañas anuales en revistas como *El Croquis*, *Arquitectura Viva*, *TC Cuadernos*, revistas buenísimas de los colegios de arquitectos.

Jesús se mudó al departamento de Hortaleza. Silvia Labayru tenía treinta y dos años, criaba a dos niños chicos –Vera y Julián, el hijo de Natucci–, y no quiso quedar embarazada de inmediato. Se casaron en noviembre de 1994. Ella, entonces sí, embarazadísima. Cuando entraban en el Registro Civil –«habíamos llevado hasta a la perra, Neska»– escuchó: «¡Tía, tía!». Era la familia de Osvaldo Natucci sin Osvaldo Natucci (que ya había regresado a la Argentina).

—El hermano de Osvaldo se casaba en ese mismo momento. Los sobrinos, los primos, todos nos querían mucho y decían: «¡Ah, qué lindo, ahora vamos todos a tu boda!», y yo decía: «¡No, por favor, no!». Era una pesadilla. Quería salir de todo lo argentino y llegaba esa *troupe*.

David nació en enero de 1995 y fue la experiencia completa.

—Yo no quería cesárea, no quería que me hicieran episiotomía, no quería la epidural.

El parto estaba empezando y el médico le preguntó: «¿El parto de tu hija dónde fue?».

—Le dije: «En un campo de concentración». El tipo dijo: «¡¿Cómo?!». Le dije que yo era una estudiante muy aguerrida, que me había metido en política, que me habían secuestrado y que fui a parar a un lugar que se llama Escuela de Mecánica de la Armada y que Vera nació allí dentro. Y él empezó, como empieza todo el mundo: «Yo, de estudiante, una vez me persiguieron, no sé qué». Pero se comprometió mucho con el parto, y tuve el parto que yo quería, que me dolió como la madre que los parió.

Si resultaba mujer, iban a ponerle Lea –«Me parecía un buen nombre para la hija de un editor»–, pero fue varón y fue David. Tres días después de haber nacido, el niño estaba en Valsaín con varios grados bajo cero, estrenando la vida en ese lugar que su madre quería tanto. Le daba el pecho, o lo intentaba. Aunque las secuelas de la electricidad la habían dañado y los pechos empezaron a dolerle como aquella vez, creyó que el alimento era suficiente. Pero David perdía peso. Betty estaba de visita y percibió que el niño tenía los ojos saltones típicos de las personas desnutridas. Sugirió que se estaba muriendo de hambre.

–Así que tuve que empezar a darle leche de fórmula, y mi esperanza de poder amamantarlo se perdió.

En ese tiempo, durante un viaje que hizo a la Argentina, le compró a Jesús una estrella de David.

–Porque su hijo era su estrella.

David fue el niño más feliz del mundo, David tuvo la mejor infancia posible, David hizo viajes fabulosos. Jesús fue un padre ejemplar, Jesús fue el mejor padre del mundo, Jesús era devoto de David. Después del nacimiento de su hijo, Jesús entró en depresión profunda: no quería salir de la cama.

–Yo no había visto nada igual. Una persona que de la noche a la mañana es otra. Jesús era un tipo activo, deportista, y de golpe se metió en la cama y no quería salir ni a la puerta, tomado de mi mano en un estado de indefensión radical. David era chiquito. Tenía dos años.

Ese período coincidió con que la editorial, Celeste, estaba en problemas. Habían publicado un libro del cocinero Karlos Arguiñano, que vendió carradas. Luego, otros que no fueron exitosos y los enterraron en deudas.

–Lo llevé a ver psicoanalistas, psiquiatras, empezaron a medicarlo, engordó muchísimo porque dejó de fumar, era un fumador compulsivo. Así estuvo como dos o tres meses. El psiquiatra le dio antidepresivos y luego, muy modelo español, Jesús decidió cortarlos y salir a pelo. Y de esas cosas no se sale muy bien a pelo. Y salió pero ya no volvió a ser el mismo. Ni la relación nuestra volvió a ser la misma. Se volcó a David completamente y fue una muy buena relación familiar, pero la pareja se dañó.

Lo convenció de retirar los avales bancarios de Celeste, él lo hizo y fundó Panoplia, una distribuidora y exportadora con gran cantidad de sellos: Anagrama, Acantilado, Siglo XXI, Tusquets, Visor, editoriales independientes.

Tengo dos fotos de Jesús Miranda. En una es un hombre enorme, fornido, sin barba ni bigote. En la otra, anterior, es muy delgado, casi frágil, y lleva un bigote frondoso. Resulta imposible conciliar las dos imágenes: parecen dos personas distintas. Por lo que cuenta ella, quizás esa duplicidad se extendía a otras cosas.

–Pero salió muy bien elegido el padre de ese niño. Fue un padre extraordinario. En eso nos entendimos muy bien, en cómo criarlo. A mí se me ocurrió que fuera al Liceo Francés, que en cuanto a ideario educativo era lo más parecido al Nacional Buenos Aires, y como Jesús era un tipo con una gran sociabilidad empecé a entrar en otro mundo que me resultó muy afín, el mundo de los expatriados. Muchos extranjeros vivían en Madrid y llevaban a sus hijos al Liceo Francés.

Eso fue a partir de 1998. De modo que, veinte años después de salir de la ESMA, podría decirse que empezó a salir de ahí.

Las hermanas Ortega –expertas en jugar a las máquinas tragaperras y en bajar el almuerzo con dos vasos grandes de chinchón, una bebida anisada con mucho decibel alcohólico– le exigieron que bajara su porcentaje de ganancias –el acuerdo era por el quince por ciento y querían que lo redujera al cinco– cuando la construcción perdió impulso y la publicidad también. Fueron a almorzar, ella negoció duro –quería parte de las acciones del estudio–, bebió al ritmo de las hermanas, no logró nada salvo intoxicarse, volvió a su casa, se tumbó en la cama, pasó tres días temblando de fiebre y, al final, buscó «el mejor abogado laboralista de Madrid» y les puso una demanda por despido improcedente. La ganó. Montó su propia empresa –Labayru y Anciones, en sociedad con el exsocio de su marido, Miguel Ángel San José, con quien Jesús ya no tenía trato pero ella sí– y empezó a vender publicidad para revistas de ingeniería como *Técnica Industrial*, para la revista del Museo Lázaro Galdiano, «todas revistas buenísimas, muy profesionales». Usa mucho esa palabra, *buenísima* o *buenísimo*. La chica montonera que arrojaba bombas molotov contra las concesionarias e imaginaba el mundo ideal bajo la forma de un kibutz, ahora habla de barrios «buenísimos», de revistas «buenísimas», de las fiestas «buenísimas» que daban en Valsaín para ciento ochenta personas, padres y alumnos del Liceo Francés, y de los viajes «buenísimos» que hacían con ellos.

Las oficinas de Panoplia quedaban frente al Liceo Francés, de modo que David y sus compañeros solían cruzar la calle para ir a comer allí. Ella disfrutaba de esos adolescentes que generaban una escena muy parecida a la del departamento de la calle Jorge Newbery. Jesús viajaba mucho por América Latina visitando librerías, ferias. Toda esa etapa, que fue larguísima –treinta años–, parece centrarse solo en una cosa: en lo feliz que era David. Lo demás es una niebla opaca, a pesar de Valsaín, y las fiestas buenísimas, y los viajes estupendos.

–No sé si Jesús fue muy feliz conmigo. Yo sentía que no me conocía.

Si es difícil unir las diversas imágenes de Jesús –muy delgado y muy enorme; padre amoroso y hombre deprimido–, lo es también unir los treinta años de ese matrimonio con la historia que lo precedió: la vida tumultuosa dejó paso a una existencia de viajes familiares, cenas con editores, el trabajo en unas oficinas plácidas, la venta de publicidad, la compra y administración de propiedades. Iban a menudo a Valsaín. Lo pasaban bien ahí. Ella se ocupaba de las plantas, él de tareas más rudas y no hablaban mucho entre ellos.

Miguel Ángel San José, exsocio de Jesús en Celeste y de Silvia Labayru en Labayru y Anciones, atiende la llamada desde su casa de Segovia. En la pantalla se ve a un hombre con una camisa oscura que habla sin que se escuche lo que dice. Toca varias teclas hasta que su hijo menor, de trece años, se acerca, presiona algo y se hace el sonido.

—Ya podría yo haber tocado esto una hora, que igual no funcionaba. Mira, parece que soy padrino de David y siempre se me olvida, qué vergüenza, pero Silvia no pierde oportunidad de recordármelo y me pone al día de los éxitos y progresos de David. Fotos, vídeos cantando con un grupo y tal. Y yo siempre le pregunto por Vera, porque yo tenía mucha debilidad por Vera. Me parecía una niña encantadora.

Aunque Celeste, la empresa que tenían en sociedad con Jesús, no terminó bien —«Estábamos bastante endeudados con los bancos. En un momento los bancos se anticiparon a una de las crisis grandes de América Latina y nos cortaron los créditos. Tuvimos que presentar un expediente de suspensión de pagos. Jesús salió un poquito antes y montó su propia distribuidora de exportación, Panoplia»—, no plantea el fin de la relación con encono.

—Aunque no tuvimos nunca una bronca o un enfrentamiento, nos distanciamos. Yo monté luego una pequeña editorial orientada al diseño gráfico, Calamar. Pero, a pesar de este distanciamiento con Jesús, hemos mantenido con Silvia una cierta relación. Siempre la he considerado muy entrañable, muy tímida. Siempre sonriendo, pero una risa muy contenida. Yo tengo la impresión de que se llevaba mejor con los hombres que con las mujeres. Joven, rubia, guapa, ojos azules, supongo que entre las compañeras españolas suscitaba alguna envidia, pero he tenido siempre esa sensación de que incluso tenía algo de masculino, en el sentido de que uno se encontraba con ella como si estuviera con un amigo. Con el tema este de la publicidad, yo diría que aunque no le iba mal tampoco tenía un gran éxito. Creo que no le pegaba nada, ni creo que le gustara. Sí le gustaban las revistas, como *Arquitectura Viva* o *El Croquis*, porque tenía mucha admiración por algunas personas que entraban en esta órbita de lo que serían los intelectuales, pero no creo que le gustara su vida como vendedora. Era demasiado prudente, demasiado exquisita en el trato. No respondía al patrón agresivo del vendedor de publicidad, que llama e insiste.

–¿Y Jesús?

–Era un hombre supercariñoso con las mujeres. Yo le decía: «Pero, Jesús, tú no rematas, tú solamente dejas ahí, las seduces, te dejas querer, pero al final no rematas». Era encantador. Las tenía a todas en el bote. Editoras, libreras. Tenía muchísimo éxito. Era excepcionalmente atento y muy cariñoso. Pero, efectivamente, no remataba, lo cual para Silvia estaba muy bien porque debía ser consciente de que Jesús les gustaba a todas las chicas, pero también de que no remataba. En la empresa nos reíamos mucho de él porque venía siempre muy desastrado, con los pantalones y las camisas sin planchar, las botas sucias. Le decíamos: «Oye, macho, ¿Silvia no te plancha las camisas?». Y él decía: «Por supuesto que no las plancha, si es que Silvia se quita las cosas y las deja tiradas en cualquier lado. Soy yo el que tiene que andar recogiendo cosas por la casa». Me da la sensación de que el fuerte de Silvia no es la casa, el orden, la limpieza. Creo que vive intensamente, que le gusta mucho leer, que coloca en un segundo plano sus obligaciones domésticas. El mayor o menor éxito que pudo tener con los hombres siempre lo llevó con mucha más discreción que Jesús. Jesús era una cosa muy aparatosa. A todas las plantaba a besos y abrazos. Era cariñoso, cuidador, detallista. Silvia era más masculina, iba a lo que deseaba, subordinando lo que hubiera que subordinar para hacer lo que quería. Pero, por su parte, Jesús era uno de los mejores padres que conocí. Recuerdo un viaje que hicimos desde Valsaín a Madrid, en coche. David debía de tener tres o cuatro años, y Jesús iba hablando con él como si fuera un adulto. Desde el primer kilómetro hasta el último. Me quedó esa imagen de lo que es un padre entregado a su hijo.

David Miranda atiende la llamada desde Segovia, donde está con amigos que llegaron a visitarlo desde Estados Unidos.

Pelo oscuro, barba, los ojos azul peligro, mide casi dos metros. Se conecta desde la calle, así que, mientras habla y camina, se ve pasar, a sus espaldas, una versión recortada de la ciudad: cielo, bares, cielo, pórticos, más bares, otra vez cielo. Su madre lo inscribió en el conservatorio de música a los cinco años. Él se destacó en el coro del Liceo Francés y empezó a tomar clases de lírica. En 2017 o 2018, ella le sugirió hacer un curso de verano en la sede de Valencia de la Universidad de Berklee. Un miembro de Berklee Boston —una suerte de cazatalentos— lo escuchó y le ofreció una beca. David la tomó y se marchó a estudiar a Estados Unidos. «En toda la carrera tiene promedio de 9,5 sobre 10. Es *cum laude* en todo», suele decir ella con esa sonrisa que intenta pasar por modesta pero que significa: «Salió genio, qué voy a hacer». Como su madre y como su hermana, David no da por sentado que la persona con la cual habla sepa algo de su vida:

—Estoy estudiando composición de bandas sonoras para cine y composición de música contemporánea en una universidad muy famosa de música en Boston, que se llama Berklee, que es como la mejor universidad de música contemporánea del mundo. Mi madre, cuando yo era muy pequeño, quería que estudiase música porque más o menos lo consideraba un idioma más. Me inscribió en una escuela de música a los cinco años. Empecé tocando la guitarra. Estudié canto, piano, canto lírico con una profesora del Teatro Real, luego estuve en un grupo de música dando conciertos en España, y luego me dieron una beca para esta universidad. Dejé aquí en España la carrera de arquitectura para dedicarme a la música.

El pasado guerrillero de su madre y su posterior cautiverio nunca fueron un secreto para él: se hablaba de eso en la casa de manera natural.

—Nací cuando mi madre tenía, creo, treinta y nueve años, por lo tanto había salido diecisiete años antes de la ESMA. Entonces para mí era algo que quedaba más lejano, no era una herida tan abierta. Pero que ella estuvo en la ESMA es algo que siempre he sabido. No fue una revelación, no recuerdo un momento en el que dijese: «Dios mío, lo que ha vivido mi madre», sino que siempre lo he sabido. Para mí, mi madre es una heroína. Es llamativo que después de haber vivido lo que ha vivido sea tan entera. Tú la ves por la calle o estás con ella y no te pasa por la cabeza que haya vivido eso.

En muchos aspectos, David parece haber tenido una madre muy distinta a la que tuvo Vera: no recuerda que se haya referido con angustia al repudio por parte del exilio argentino ni a la forma en que se hablaba de ella, pero sí la vio angustiada durante el juicio por violaciones.

—Se le removía todo lo que había pasado por excavar tanto en su memoria. Y hubo un episodio, justo antes o después de su declaración en el juicio. Le robaron el reloj por la calle. Ella me lo contó muy angustiada, más que por el robo en sí porque creo que le volvió el sentimiento de que la iban a secuestrar. La agarraron por detrás y la tiraron al suelo, y creo que le trajo directamente el recuerdo de cuando la secuestraron. Ahí yo vi claramente que estaba muy angustiada y estuvo dos o tres días muy metida en sí misma.

A sus diecisiete o dieciocho años, mucho antes de que lo hiciera su hermana Vera, David fue a la ESMA con su madre.

—Fue un momento bastante duro. Estaba muy desmantelado, me decía: «Esto no era así, por aquí tenías que agachar la cabeza». Entonces, más que por el hecho en sí del lugar, porque queda poco de lo que fue, fue duro por las reacciones de mi madre al entrar a las diferentes habitaciones. La cara de dolor o de espanto que ponía, eso sí que me produjo más impacto que el propio lugar en sí.

—¿Cómo era tu padre?

—Pues mi padre, como padre, fue ejemplar, yo creo. Como pareja, como te habrá hablado mi madre, no era lo mejor del mundo. Cuando yo era pequeño, mi padre era como un héroe. Mi madre fue más dura en cuanto a exigencia. Por ejemplo, yo siempre he sido cantante, desde pequeño, y no tengo ningún recuerdo de mi madre diciéndome que cantaba bien. Hasta que a los dieciocho años tuve un solo en el Auditorio Nacional de

España cantando Vivaldi. Fue la primera vez que me dijo: «Creo que cantas bien». Confía mucho en mí, y siempre me ha apoyado mucho, pero con un grado de exigencia mayor que el que tenía mi padre, que se le caía la baba cuando me escuchaba cantar.

Hablamos un rato y cuando me despido le digo:
—Muchas gracias, David.
—Muchas gracias a ti, y muchas gracias por lo que estás haciendo con mi madre.
¿Qué estoy haciendo con su madre?

—¿Viste a tu padre?

Está abriendo una botella de vino que, una vez más, quedará prácticamente intacta. Si las charlas sobre su militancia están teñidas de cierta iracundia y las conversaciones sobre su relación con Hugo de cierto fervor, cuando habla de su matrimonio con Jesús Miranda se llenan de una sustancia desvaída, como si esas tres décadas hubieran tenido lugar dentro de una habitación asfixiante, con paredes color ocre y poca ventilación. Al referirse a su padre, en cambio, aunque el relato sea el repaso de un derrumbe —un hombre de más de noventa años que no puede caminar, que está sordo y tiene problemas de memoria—, en su voz se yergue un respeto soberano.

—Sí, el otro día fui a comer con él. El pobre está cada vez peor. Me contó por enésima vez lo importante que fue para él la Escuela de Mecánica de la Armada. Ha borrado lo mío. Y entonces cuenta que su padre y los hermanos de su padre se formaron en la Escuela de Mecánica de la Armada, y que están sus fotos en el Casino de Oficiales, y cómo les cambió la vida haber sido suboficiales de la ESMA. Yo lo oigo y digo: «Madre mía, lo que es la cabeza». He pensado mucho en cómo murió mi madre, genio y figura. Con un par de cojones. Riéndose hasta el momento de morir en su casa, con una claridad, tranquilizándome, despidiéndose de sus amigos. Ese día llamó a todo el mundo y les dijo: «Hoy me voy a morir». Era una mujer muy valiente. Yo dormía con ella, la tocaba y me decía: «¿Qué? Tienes miedo de que me muera ahora, ¿no?». Y nos reíamos.

Betty murió de cáncer de pulmón en agosto de 2007, aferrada a la mano de su exmarido, Jorge Labayru. En el instante en que ella murió, él miró a su mujer, Alicia, y le dijo: «Me he quedado viudo».

–Yo tengo una idea de cómo me gustaría morir. Como a todo el mundo, me gustaría no sufrir. Pero querría dejar mis cosas ordenadas. Tirar lo que no quisiera que nadie viera. Dejar los libros que me importaron, los de Marguerite Yourcenar, *El cuarteto de Alejandría*, decir: «Estos libros me hicieron». Decirle a alguien: «Esto me importó». Poder escribirles algo a Vera, a David. Poder despedirme en condiciones. Esa es la herencia de mi madre, haberla visto morir así. Que es lo opuesto a mi padre. Debería morirse ya. Debería morirse ya mismo. Hay veces en que estoy con él, lo miro y me digo: «Papá, ya no tiene sentido esto, papá. Suelta, suelta». Pero está aferrado a la vida como un clavo ardiendo.

Yo pienso: como si vos no.

–Además, me dice: «No, si estoy muy sano y no me duele nada». La verdad es que verlo no me hace bien. Me dice: «Me das la vida, lo único que tengo eres tú, el único milagro es que estés aquí». Y me da un poquito de culpa, porque dice que a Hugo le tiene que agradecer que yo esté aquí. Es duro, porque por otra parte es verdad. Yo no me iba a instalar en la Argentina por papá. No tiene conciencia de que está sordo. Dice: «Yo estoy sano, Alicia no me quiere llevar a casa porque camino mal». ¿Camina mal? ¡Hace ocho años que no camina, que está paralítico de la cintura para abajo! Después de la ESMA fue un padre tan protector como potente, y verlo así me mata. No quiere morirse ni por error. Cómo quiere vivir. Cómo quiere vivir.

Yo pienso: como vos quisiste.

–¿No te da miedo pensar en la muerte de tu padre?

–¿Si me da miedo? No. Porque mi papá, ese padre protector, se murió hace tiempo.

Salgo a la calle y ya es casi de noche. Camino un rato pensando en cosas que no voy a escribir pero, básicamente, en que es una certeza fuerte responder «no» cuando alguien hace una pregunta así.

Meses más tarde, un día en que hablo por teléfono con mi padre, le digo que estoy escribiendo un libro, este libro. Me pregunta de qué se trata. Nunca le he contado. Le cuento. Me dice: «Pasaron cuarenta años. ¿Todavía hay gente que quiere leer estas cosas?». Él mismo se ha pasado años leyendo «estas cosas», pero le digo que no lo sé (y es verdad). Pienso: «Hay historias que no terminan nunca».

Reviso una entrevista de hace tiempo. «El otro día fuimos con Lydia a un acto en la ESMA, a ese homenaje a los sobrevivientes que habíamos testimoniado. Hay mil facciones de sobrevivientes. Están los de clase A, que son los que se atribuyen el patrimonio de determinar quién es héroe, quién es traidor, quién es sospechoso. Yo estoy entre las indultadas, porque me he portado tan bien en todo este tiempo que a ver quién me dice algo. Pero a Graciela García Romero, a Marta Álvarez, no las saludaban. En ese acto las cosas que oí decir eran para llorar a gritos. Hablaban de la culpa de estar vivos, de que todavía no tenemos claro si somos traidores. Estaba Martín Gras, a quien yo hacía cuarenta años que no veía. Me pregunté: "¿Este me va a venir a saludar o no?". No venía, entonces lo fui a saludar yo. Me abrazó mucho, mucho, muy fuerte, y me dijo: "Siempre fuiste la más linda y ahora lo eres aún más". Fue lo único que me dijo. Eso era todo lo que tenía para decirme después de cuarenta años de no vernos. Y me dijo: "Niñita". Siempre me llamaba Niñita.»
Hay historias que no terminan nunca.

«Ahora Hugo está hablando con David para ver si lo convence de venir para las Navidades a Buenos Aires en vez de ir para Escocia, porque en los periódicos salió que las cosas han recrudecido en el Reino Unido, que hay más casos, que está el delta plus de los cojones, que por el momento no van a poner la cuarentena pero que después no se sabe, entonces compras los billetes y dentro de un mes ponen otra vez la cuarentena y te los comes con patatas. Argentina salió de la lista roja, pero en el consulado británico no figura que salió de la lista roja, entonces tienes que dedicar mucho tiempo a enterarte y no es nada claro, de modo que estamos otra vez que compramos los billetes, que no los compramos, que si viene Hugo, que si no viene Hugo, que me quedo aquí, que si viene David, que si vamos a Escocia. El 13 de noviembre llega Vera a Madrid, ella ya había comprado el billete e iba a ir de todas formas. Es buena oportunidad de estar allí a solas, para que se airee. Ella se queda cinco días, pero después no sé si volverme para Madrid, para estar parte de las fiestas en Madrid con David, lo cual...»

Noviembre.
2021.
Madrid.
—Mami, mami, no, no es por ahí, déjame poner el GPS.

Vera está en el asiento del acompañante de la Range Rover color blanco que conduce su madre. Llegó a Madrid desde Aberdeen para pasar unos días sin niños ni marido, ver amigas. La dinámica entre ellas parece fluida, sin tensiones: Vera le toma el pelo, su madre la deja hacer. Vamos a almorzar en algún sitio de Chueca.

Hasta hace unos minutos estábamos en la sala del departamento de Hortaleza. Es un lugar grande colmado de cosas. Los ambientes parecen atragantados de muebles de estilos diversos —sofás que imitan un diseño de los sesenta, sillas modernas— y apariciones extrañas: un piano vertical, una cinta caminadora.

Hay bibliotecas de piso a techo. En el cuarto de David, los estantes con libros sirven también para apoyar cosas como un tubo de pelotas de tenis o una plancha. Mientras estábamos en la sala, preparándonos para salir, Vera preguntó: «Mami, ¿le contaste a Leila lo de la diarrea de David?». Ella dijo, con una risita: «No». A los once o doce años, David fue por primera vez a un médico de la sanidad pública. Su madre le advirtió que esos médicos tenían poco tiempo, de modo que convenía exagerar un poco el cuadro de diarrea leve que atravesaba para que lo atendieran con dedicación. Los recibió una médica que le preguntó qué lo aquejaba. David dijo: «Tengo diarrea». La médica preguntó: «¿Desde hace cuánto tiempo?». David, siguiendo la indicación de su madre, respondió: «Cuatro meses».

—¡Yo pensé que me iban a quitar la tenencia! Tuvimos que ir al día siguiente a hacer quince mil filas para todos los estudios que lo obligó a hacer. Yo le decía: «¡Pero David! ¡Cuatro meses!».

El día es duro, helado, transparente. Fin de semana, poco tránsito. Mientras conduce, dibuja el mapa de su vida española: el Liceo Francés, la oficina de Panoplia enfrente.

—Todo este barrio es muy caro, la zona de Arturo Soria. Mira, aquí vivía al principio mi ídolo de todos los ídolos, Zinedine Zidane. El hijo de Zidane es muy amigo de David, porque iba al Liceo Francés. Así que yo lo veía un día sí y otro también. David ha ido muchas veces a su casa y ha jugado al fútbol con Zidane.

—Guapísimo —digo.

—Iba a hacer ese comentario porque también le parece a ella —dice Vera.

—Guapo no, lo siguiente —dice su madre—. En persona no te puedes ni imaginar.

—Pero, mami, cuéntale de las madres. Tú nunca ibas, porque nunca has sido maruja, pero las madres se iban a tomar café enfrente para verlo entrar y salir del colegio.

—Yo le he pedido autógrafos a través de las amigas que eran capaces de hacer lo que yo nunca hubiera hecho, pero cuando lo veía en el Liceo decía: «Madre mía, madre mía». Han estado muchos años David y Enzo, su hijo, en la misma clase, y ha ido muchas veces a su casa.

–Ella puede ver los documentales de Treblinka pero en el fondo es futbolera –dice Vera.

–Soy del Real Madrid. Antes era del Barça. Y en eso llegó Zidane al Real Madrid, y en la final de una Champions en Glasgow hizo un gol famosísimo. Me enamoré y dije: «Desde ahora, soy del Real Madrid». Leo de fútbol, además.

–Eso no lo sabía –dice Vera–. ¿Qué lees?

–Leo el *Marca* todos los días. ¿Qué te crees, que solo miro documentales de Treblinka?

Señala edificios, colegios, palacios, hoteles de una ciudad que conozco bien –y ella lo sabe– pero que me explica como si yo nunca hubiera estado. Y, en cierto modo, nunca he estado: la ciudad que describe parece separada de todo lo que no sea caro, de diseño, famoso.

–Este hotel, Puerta de América, fue premiado. Este edificio es uno de los más famosos de Madrid, hecho por Sáenz de Oiza, un arquitecto vasco. Se llama Torres Blancas, que de blancas no tienen nada. Este es el edificio del Instituto de Empresa, que es una de las universidades privadas de negocios más caras y famosas. Todo lo que hay ahí se llama El Viso, que es un barrio maravilloso, de casas de los años cuarenta, modernistas, preciosas, que valen una fortuna.

El relato es una versión de la revista *Caras* en la que las *celebrities* esculpidas con bótox han sido reemplazadas por artistas, arquitectos, coleccionistas de arte, pero en ambas versiones todos llevan zapatitos Louboutin.

–Aquí a la izquierda hay un edificio, un palacio de fines del siglo XIX, que compró un hombre español llamado Lázaro Galdiano que se casó con una argentina, ricachona, y se vinieron a vivir aquí. La argentina se llamaba Paulita, se hicieron mecenas de arte y mira, ese es el Museo Lázaro Galdiano. Yo llevaba la publicidad de la revista del museo. Una revista buenísima. A ver, Vera, dime cómo es para ir a La Ardosa. Y al Colegio de Arquitectos, por si está abarrotada La Ardosa.

Me digo que va a estar abarrotada, porque es una taberna chica, pero dejo que la cosa siga su curso.

—A ver... recto, de momento. Once minutos.

En la radio suena «Parole, parole», interpretada por alguien que no puedo identificar. Ella maneja con solvencia bajo el cielo maníacamente azul. No usamos barbijo —tenemos muchas vacunas, y Vera además parece inmune: estuvo sumergida en covid-19 a lo largo de meses y no se contagió–, pero llevamos los vidrios de las ventanillas razonablemente bajos, a pesar del frío.

—Y este es el Hotel Villa Magna, uno de los más famosos de Madrid, pero muy hortera. Espantoso. Muy feo. Hay un restaurante que parece que está muy bien. ¿Has ido al restaurante del Hotel Palace?

Le digo que sí, menciono que comí allí varias veces, una con Martín Caparrós, otras con el escritor español Juan José Millás. Dice: «El hijo de Millás era compañero de Alejandro, el administrador de Panoplia». Después menciono al escritor mexicano Juan Villoro y dice: «Es muy amigo de Mopi».

—Leila, ¿tú te vas de aquí a París? —pregunta Vera.

—Sí, en unos días. Primero paso por Lyon.

¿Conoces Lyon, te gusta Francia, tienes ascendencia italiana, vienes seguido a Madrid, por qué no te gusta el teatro, qué piensas de Judith Butler? Y así y así.

—¿Es por aquí, Vera?

—Sí, mami, la señorita del GPS dice que es por aquí. Dobla y buscamos un estacionamiento. Mira, allí hay uno.

La rampa es retorcida, un espinazo doblado sobre sí mismo, pero ella maniobra bien. Recoge el ticket (cuando regresemos le va a tomar un rato encontrarlo). Bajamos dos o tres niveles, ubicamos un sitio en el silencio adormecedor del mundo subterráneo. Subimos. Caminamos por la calle Fuencarral. Ella me cuenta que en ese mercado de ahí —el mercado de San Antón, al que he ido tantas veces— se puede comer en la terraza, que hacia allá está la plaza de Chueca (ídem). Vera comenta: «Mira, mami, abrieron un sitio de pizza napolitana», «Mami, mira, ¿allí no había un sitio árabe?», como alguien que regresa a un pueblito en el que hace tiempo que no está.

Llegamos a La Ardosa, que, en efecto, está repleta, así que vamos al restaurante del Colegio de Arquitectos, un sitio en el centro de la manzana, un cubo de madera y vidrio con gorriones que se cuelan y se posan en las vigas, un fenómeno bastante extraño que hace pensar que el vuelo de los pájaros ha sido proyectado como elemento de la decoración. Pedimos carpaccio, pastas, ellas cerveza. Después de la muerte de Jesús, Vera y David le regalaron a su madre un viaje por «el mundo de Elena Ferrante en Italia». Yo no leí a Elena Ferrante, así que ignoro cuál es ese mundo que ahora relatan, pero cuando mencionan que pasaron por la costa amalfitana digo que hay un pueblo ahí, Ravello, que me gusta.

—Sí, nos encantó, el mejor lugar del mundo. Y luego Nápoles, que es hermosísima. ¿Tu chico es buen compañero de viaje?

—Súper. Cuando viajamos... —empiezo, pero no puedo seguir.

—Hugo es súper también. Viajando es la hostia, es el compañero de viaje ideal. Te sientes muy segura viajando con él porque está pendiente de todo. Yo busco unas cosas, él otras. Hay una sintonía y es un resolvedor de asuntos. Todos los planes que haces le parecen muy bien y es agradecido.

—Mami, pero tuvieron un incidente espantoso en Polonia.

—Ah, sí, la cuestión de Polonia. Alquilamos un coche en Alemania, un Audi. Que a él le hacía mucha ilusión.

—Porque ella es muy de izquierdas, y esto te lo tengo que decir, Leila, pero en el fondo es una clasista. ¡Tienes que asumirlo!

—Sí, lo tengo muy asumido —dice, riéndose.

—En el fondo lo que le gusta son las cosas buenas. No es una crítica, mami, es una realidad.

—¿Y a quién no le gustan? Yo no voy de izquierdista militante, tampoco.

—¿Ya no? —dice Vera.

—Todo lo que hice... ya lo hice —dice, mirando a su hija significativamente.

—Mira, Leila, creo que ya te lo dije, pero el primer trabajo que me dieron fue en Vallecas, un sitio de trabajadores, y ella estaba: «Ay, no, Vallecas no». A ver, mami, en toda la vida no te has bajado de la M30 en Madrid —dice, refiriéndose a la vía de circunvalación que rodea la ciudad.

—Cuando fui a Móstoles... —intenta ella.

—¡Móstoles! ¡Tampoco has ido nunca! Ella me decía de Vallecas: «Es un lugar muy peligroso y muy feo».

Juntas emanan una gracia que se retroalimenta y cobra velocidad. Vera se burla un poco de ella y funciona como un disparador de recuerdos —¿le contaste a Leila tal cosa o tal otra?—, y, aunque podría parecer invasivo —¿no me ha contado esas cosas porque no las recuerda o porque no quería contarlas?—, la deja hacer, encantada.

—Mami, y cuando sucedió lo del auto en Polonia, ¿estaban peleando entre ustedes?

—No, peleando no, pero la situación era complicada. Nos fuimos a un hotel y, como siempre, se puede estar cayendo el mundo y yo me duermo. Como el atentado en Estambul. Fuimos con Vera, David y Jesús, hubo un atentado muy cerca de donde estábamos. Hubo un muerto o varios muertos, era la noche del 31 de diciembre. Yo seguí durmiendo. Y encima se enfadaron conmigo, muchísimo.

—Mami, porque te fuiste a dormir. Y yo decía: «¿Pero cómo puede dormir en esta situación?».

—Yo estaba durmiendo y me despertaron. «¡Ha habido un atentado, no sé cuántos muertos!» «Ah, vale. Muy bien. Bueno, estamos en el hotel, aquí no va a pasar nada.» Me di vuelta y me dormí. Ellos estaban indignados. Jesús estaba indignado. Para mí es fundamental dormir. Hay que dormir.

—Bueno, pero eso está muy bien. No sé si te pasa a ti, Leila, pero cuando estoy muy tensa lo que más me afecta es el sueño, no puedo tener un sueño reparador.

—Por eso las torturas soviéticas eran no dejarte dormir —dice ella—. A mí me ha dado últimamente como un cansancio.
—Pero, mami, si te lo pasas viajando, viniendo a España.
—No tanto.
—Silvia, nos vimos hace unas semanas en Buenos Aires y ahora estás otra vez acá —le digo—, y volvés acá en enero.
—Sí, pero ahora, a partir de enero, he decidido que quiero estudiar cosas que me interesan. Quiero ponerme a estudiar inglés, hablar mejor inglés. Tengo pendientes muchas cosas. El otro día me desperté y no sabía dónde estaba.

Cuando terminamos el almuerzo ya es tarde, la luz empieza a ser triste. Vamos caminando hasta Pepe Botella, un bar tradicional que frecuentaba con amigos hace años. Nos sentamos en torno a una mesa de mármol pequeña y redonda, junto a una ventana. Vera me pregunta de todo —a qué edad me fui a vivir sola, si tengo hermanos—; su madre dice que «si no hubiera hecho lo que hice y estudiado lo que estudié, hubiera sido empaquetadora de El Corte Inglés, empaqueto muy bien»; hablamos un rato largo de *Madres paralelas*, la última película de Almodóvar —lo cual es bastante increíble porque ninguna de las tres la vio—, de Isabel Coixet, de Mark Ruffalo, y por algún motivo menciono algo que ya le he contado a ella antes: que hace tiempo hice una residencia literaria en Alcalá de Henares, que en ese entonces pasaba bastante tiempo en Madrid, que de aquí me fui a Zimbabue.

—¿Y por qué estuviste tanto tiempo en Alcalá de Henares? —me pregunta, como si no tuviera noticia del asunto.

Ya es de noche cuando regresamos al estacionamiento.

Después de ayudar a su madre a buscar el ticket, Vera y yo nos despedimos de ella: vamos hacia Callao, donde Vera se reunirá con amigas para ir al teatro.

—A ti no te gusta el teatro, ¿verdad, Leila?

Mientras hablamos de los innumerables motivos que encuentro para no ir al teatro, caminamos por la calle del Barquillo hacia Gran Vía. Le pregunto si ve a su hermana, Bárbara Lennie.

—Está bastante viajera. Tiene una época así como muy famosa y está muy ocupada.

—¿Son cercanas?

—Éramos mucho más cercanas cuando éramos más jóvenes. Y ahora estamos un poco más distanciadas. También creo que es un poco por las familias, las vidas. Cuando uno ya tiene su familia... Y ella tiene su pareja, ¿no?, y él tiene sus hijos. Y nos llevamos siete años.

Nos despedimos en Callao. La zona está repleta de gente avanzando apresurada hacia ese estadío pospandémico que llaman «nueva normalidad» (y que se estrellará de frente en pocos días con una nueva y muy contagiosa y no tan temible pero siempre amenazante cepa llamada ómicron: historia de nunca acabar).

Al día siguiente, Silvia Labayru pasará a buscarme por la esquina del Café Comercial. Quedamos a las doce del mediodía. Me acerco a una plazoleta donde da el sol, porque la vereda del café está en sombras y hace frío. Dos o tres minutos después de las doce llega un mensaje suyo: «Estoy a pocas cuadras. Mejor cruza». La indicación es imprecisa. La intersección de la calle Sagasta con Fuencarral ofrece varias opciones a la propuesta «cruza». ¿Querrá que cruce y la espere en la calle de Luchana? Finalmente, diviso la camioneta detenida en la mano de enfrente, un sitio en el que, sospecho, está prohibido detenerse. Me saluda con la mano. Cruzo corriendo. Cuando subo, miro hacia el asiento de atrás y lo veo.

—Este es Toitoy —me dice.

Toitoy, boyero de Berna. Hola.

Es grande y señorial. Aplomado. El pelo, menos por el pecho y una línea blanca que le recorre verticalmente el hocico y llega hasta la frente, es negro y brillante. Tiene esa clase de expresión que parece decir: «No te preocupes, yo te cuido».

Hola, Toitoy.
Hola, perro.
—Lo traje para que lo conozcas.

Conduce despacio hacia una zona de restaurantes alejada. Protesto, digo que no hacía falta que fuera a buscarme, que si no íbamos a almorzar en el centro podría haber llegado hasta allí por las mías para evitarle el viaje. Dice: «De ninguna manera, tú conmigo, estás en mi territorio», con una nota de afecto y protección que me impacta. Damos unas vueltas y encontramos sitio para estacionar. Toitoy baja del auto como un atleta del salto. Mientras caminamos, la gente se da vuelta para mirarlo. No es un galgo esbelto, ni un gracioso akita inu, ni un husky siberiano lujoso y helado, ni un peinadísimo golden retriever. Pero tiene un porte de caballero y un garbo simpático. Fuerza y ternura. Solidez, estabilidad. Nos sentamos en la vereda, Toitoy al lado. El mesero ofrece ostras francesas, gamba blanca, lubina o merluza. Pedimos tomate con ventresca. Cuando traen el pan, Toitoy me pone la pata sobre la mano y me mira.
—Quiere pan —dice ella.
—¿Pero no le hace mal?
—No. Come de todo. Jamón, pan. Imagínate tú, toda una vida comiendo alimento para perros. Un horror.
Toitoy vuelve a ponerme la pata sobre la mano. Reticente —he sido educada en la idea de que a los animales las harinas les hacen mal—, le doy un pedazo de pan.
—Te tengo que llevar conmigo a Buenos Aires, Toitoy —dice, mirándolo como si ya lo extrañara—. ¿Tú recuerdas el sabor de los tomates de tu ciudad natal?
—Sí.
—El tomate aquí es el tema del momento. La gente no habla de literatura, sino de tomates, de dónde compras tales semillas. Es como lo de la marihuana, que si la semilla y los bancos de semillas. Pero, de todas maneras, los tomates ya no saben a

nada. Hugo es una persona que come tomates y después comida. Tomate con todo. Constantemente. Me acusa, en broma, de que como yo cocino muy bien lo hago engordar. Me dice: «Ya estoy en plan Jesús». Le dice «el difunto». Jesús decía que era mi culpa que hubiera engordado treinta kilos, que como yo ponía tan buenas cenas engordaba por mi culpa. Y durante el día se comía tres bolsas de palitos. Tú imagínate. Y ahora Hugo me dice: «Estoy en plan Jesús, me estás haciendo engordar porque a ti te gustan gordos». Pero no me gustan gordos.

Llega el tomate con ventresca. Toitoy me pone, otra vez, la pata sobre la mano.

—¿Come atún?

—Sí, come de todo.

Le doy un poco. Se las ingenia para apresar la comida con delicadeza, sin tocarme.

—¿Ves qué delicado es? Mira el diseño que tiene: en su parte blanca bigotes blancos y en su parte negra bigotes negros. Es un detalle. Mira, mira. Enamora a todo el mundo.

Una mujer que pasa dice: «Qué guapo». Hablamos un rato de su nieto mayor, del distanciamiento de Vera y Alberto. Sería excesivo decir que es ecuánime —nadie lo es— pero casi siempre, ante una situación conflictiva, expone las razones de la otra parte e intenta comprender por qué suceden los alejamientos, los enconos.

—Vera y Bárbara no se ven mucho.

—No. Eran muy, muy cercanas. Pero la muerte de Jesús, el diagnóstico que hizo Alberto de la enfermedad, todo eso ha producido una especie de ruido.

—Bárbara no tiene nada que ver con eso.

—No. Supongo que con el tiempo las cosas se arreglarán.

Toitoy, ajeno a los conflictos de la humanidad, sigue levantando la pata y pidiendo tomate o pan o lo que sea. Le quedan muchos meses de vida, pero no volveré a verlo. Ella nunca logrará llevarlo a Buenos Aires.

En 1984, Alberto Lennie y Gloria regresaron a la Argentina con su hija Bárbara, que había nacido en Madrid y tenía apenas meses. Estuvieron en Buenos Aires, donde él trabajó como médico, hasta 1990. Según dice, regresaron a Madrid porque las leyes de Punto Final y de Obediencia Debida de 1986 y 1987, que impedían que se juzgara a los responsables de delitos de lesa humanidad, fueron para él «una patada en el hígado».

–¿Cómo es tu relación con Bárbara?

–Esperá, esperá –dice Alberto Lennie, y hace el gesto de levantarse de la silla.

–Dale, te espero.

–No, es que estoy buscando el babero. Tengo una relación deliciosa. Muy bonita. La adoro. Tenemos una relación muy cercana con Bárbara. Para mis sesenta años me regaló una cosa muy bella, sesenta razones por las que amo a mi papá. La emigración de regreso a España fue muy compleja para ella. Y esta historia terrible, que forma parte de su *background* familiar. Ahora tiene treinta y siete. Cuando tenía veintiuno me dijo: «Me tienes que contar algunas cosas que no me cuadran de tu historia con Silvina y con Vera».

–¿Qué era lo que no le cuadraba?

–No le cuadraba cómo había sido mi historia con Silvina, qué había pasado en la ESMA, el exilio, cuál era la relación de Silvina con Vera, qué pasaba con Vera respecto de ella porque la sentía como una hermana ausente y no entendía por qué, cuando no había ninguna historia que lo justificara. La jodía que su hermana mayor la ninguneara afectivamente.

–¿A esa distancia entre hermanas le encontrás explicación?

–Yo creo que forma parte de la misma bola. Yo lo recarajeé al marido de Vera y él me recarajeó a mí y ahí empezó la distancia. Pero no para la ruptura posterior que hubo, para la imposibilidad de seguir la relación con su hermana, con Gloria, que la crió en gran parte. De los dos a los seis años, Gloria fue fundamental en la vida de Vera. Pero yo creo que está reflejando una disputa interna de Vera. Vera es poderosa. Es una mujer sumamente inteligente, de un tesón infinito. De una fuerza de voluntad gigantesca. Y al mismo tiempo tiene una fragilidad emocional gigante.

Aunque antes de despedirnos me cuenta que navega, que hizo un curso de piloto de planeadores, que llegó a arrojarse varias veces en paracaídas, todo con final feliz (incluso una tormenta fuerte que lo sorprendió mientras navegaba por el Mediterráneo), parece apagado. Como si la historia, esta historia, le hubiera dado alcance.

–Chau, Leilita. Chau, cielo.

El 25 de abril de 2022, el periodista Manuel Jabois entrevistó en el diario *El País*, de España, a Bárbara Lennie, que se preparaba para el estreno de la obra de teatro *Los farsantes*. Jabois comenzó preguntándole por sus orígenes. Ella dijo: «Mis padres se fueron de Argentina y me tuvieron en Madrid, y en cuanto pudieron nos fuimos de nuevo a Buenos Aires. Allí viví hasta 1990. Después nos volvimos definitivamente a España». «¿Por qué se fueron sus padres?», preguntó Jabois. «Exilio. Mi padre salió de Argentina a Brasil, y de ahí a España. Luego le siguió mi madre. Tenían grados diferentes de militancia, los dos estaban en contra de la dictadura militar y fueron perseguidos.» «La política», dijo Jabois. «Es parte de mi identidad. En mi familia lo han atravesado casi todo. Mi tía es una desaparecida. Mi otra tía tuvo que exiliarse en Brasil, vive allí. Mis abuelos han estado secuestrados en la ESMA, mi otra tía también fue torturada.» «Sus abuelos», dijo Jabois. «Eran montoneros. Los secuestraron para interrogarlos por mi tía, su hija, a la que desaparecieron.» «¿Tiene hermanos?» «Mi padre tuvo una hija con una mujer que también estuvo secuestrada en la ESMA. Joder, es un horror. En algún momento tengo que hacer algo con todo esto.»

–¿Te sirvió la entrevista con Alberto?
–Sí. Es su visión.

—Sí. Incluso puede ser distinta a la mía, porque cada uno tiene su visión. A veces lo he escuchado a Alberto, o a otras personas, contar una historia y yo pienso: «Pero si eso no fue así». En fin. ¿Cómo saber cuál es la versión correcta?

Eso: ¿cómo saber?

«Ella cayó en su propia mitomanía.»

«Tú estás vivo gracias a mí, chaval.»

Historias que no terminan nunca.

Viaja, viajamos. Las estaciones se suceden, se entremezclan: vamos al verano europeo que es el invierno en el Cono Sur, permanecemos en el invierno del Cono Sur que es el verano europeo. Estamos bronceadas en momentos raros del año, pálidas cuando no corresponde. Se nos entreteje el tiempo en el cuerpo, queda atrapado en las conversaciones. Los suéters nos quedan bien con la piel oscura, la ropa de verano nos queda rara sobre la palidez. Los barbijos aparecen y desaparecen según el país, según las medidas en cada sitio. En algún momento, todas las precauciones por el covid-19 se esfuman, sus amigas empiezan a reclamar cada vez con más fuerza su ausencia, a ella comienza a pesarle un poco esa vida a dos orillas: «Se me vació un departamento. Había que pintarlo, cambiarle muebles. Fui con Lydia a Ikea antes de volver. Compré los muebles, Lydia fue a esperarlos, Ikea llevó los muebles y bajó los viejos. Un pintor fue los fines de semana a pintar la casa y a montar los muebles de Ikea. La idea era que una limpiadora fuera hoy, pero este chico todavía no montó los muebles porque necesita dos personas, con lo cual hubo que pedirle a Alejandro, el gerente de Panoplia, que es mi sobrino, que vaya a ayudarnos a montar el mueble. Fue al mediodía mi sobrina María, la que cuida a Toitoy, con la limpiadora, pero estaba todo lleno de cacharros de pintura que no se habían llevado, porque no hay nadie al frente, tendría que estar yo. Lo voy resolviendo. Pero gracias a María, a Lydia, a este, al otro. Mis amigas allá me dicen: "¿Por qué tienes que estar con Hugo todo el tiempo, qué bicho te ha picado con ese hombre, no puedes dejarlo tres o cuatro meses?". No me da la gana. Me hacen planteos como si hubiera esta cosa de "ahora le apareció un hombre y se volvió loca y ella que odiaba la Argentina se volvió a la Argentina, y deja a su hijo y a su perro". Y que quién te va a regar las plantas y qué vas a hacer con la casa. Esta cosa sutil que insinúa, más o menos, que por un macho te has ido. Bueno, ¿tú sabes cómo fue mi vida, tú me vas a cuidar cuando sea vieja, qué sabes tú?».

A veces me hace reír. Como el miércoles 16 de febrero de 2022, a las tres de la tarde, cuando llego por primera vez a su departamento de la calle Costa Rica, no demasiado lejos del anterior, que consiguieron después de mucho buscar. Está distribuido en dos niveles, el superior con cocina, baño, living; el inferior con el dormitorio principal, un pequeño cuarto y otro baño. También hay un balcón desde el que se ve lo que ella tanto quería: un jardín propio. Con palmeras a ambos lados y un muro cubierto de enredaderas, termina en una habitación vidriada donde Hugo —que le regaló una planta de limones— instaló su estudio (aunque sigue atendiendo en el consultorio de la calle Gurruchaga). Ella irá muchas veces hasta un vivero cercano del que regresará caminando e inexplicablemente cargada de plantas y macetas (¿cómo hace para acarrear todo eso?). Se levantará temprano, a las cinco o cinco y media, para trabajar en horario europeo y, mientras tome café, contemplará ese verdor. En el living están la mesa redonda y las sillas que tenían en el otro departamento, un sofá nuevo. No hay cajas de mudanza y todo luce bastante ordenado, aunque llegaron hace muy poco.

—Vlado se trepa por aquí, se sube al techo, y se pasa al jardín de la vecina. Luego vuelve —dice señalando los muros, la ausencia de límites.

—¿Quién es Vlado?

—Monkey.

Le pregunto si no tiene temor de que el gato no regrese o

de que le pase algo. Me dice que no. Morchella está tumbada sobre una de las piedras que forman un sendero en el césped.

La mudanza fue la excusa para hacer lo que quiere hacer desde hace tiempo: dejar atrás esos sillones negros que Hugo tenía en el living del departamento anterior.

–Pero Hugo quiere esos butacones. Él está con la idea de los butacones ortopédicos de los cojones. De hecho, quería dejar los viejos ¡y comprar dos nuevos! He mirado mil modelos de esos sillones y todos son igualmente horrorosos. Al final, hicimos territorio liberado: de aquí para allá, todo suyo. Lleva allí lo que te dé la gana. ¿Ves esa cosa que tiene ahí? Eso que hace clin, clin –dice, señalando un colgante que pende sobre la mesada–, esa cosa dorada esperpéntica que compró en no sé qué lugar de Europa. El tío va y lo pone ahí. Y viene el hijo, Gastón, y dice: «Esto no quedará ahí, ¿no?». *Hope not*. Yo nunca me senté en esas butacas asquerosas. Es mi acto de rebeldía, mi resistencia.

Nos sentamos en el balcón, que también es tierra de negociaciones: las mesas y las sillas que le gustan a ella no le gustan a Hugo, que preferiría poner algo que, entiendo, es un sofá.

–Pero yo digo: «¡Cómo vas a poner eso aquí!». Este hombre tiene unas ideas...

Alguien le ha dicho que la ciudad está llena de dengue y se obsesionó con los mosquitos transmisores. Cada vez que ve uno me pregunta si es «de dengue». Le digo que no sé distinguir, así que se coloca repelente cada tanto, mucha nube de Off! en espray por las dudas. El personal de mudanza dejó el televisor envuelto en una frazada gris. La manta quedó ahí, sin que ella se atreviera a tocarla, hasta que le dijo a Hugo: «Por favor, recoge esa manta». Él, extrañado, la levantó y la colocó sobre el sofá. «No, recógela y tírala ahora mismo porque no la puedo tocar. Me trae malos recuerdos.»

–Era igual a la que tenía en la ESMA.

¿No dijo, durante el encuentro con Lydia Vieyra en Rapa Nui, que se había llevado de la ESMA una manta muy suave y que Panchito la había usado con gusto? ¿Hay dos mantas distintas, la memoria falla, falla la leyenda?

Al atardecer llega Hugo con una sierra gigante, una escalera, coloca todo en el jardín y, mientras ella y yo nos despedimos, empieza a cortar las hojas secas de las palmeras.

–Este hombre va a acabar con el jardín –me dice, divertida.

Insiste en que no entiende nada de política argentina, pero su valoración de las personas públicas –cineastas, escritores, científicos, y también políticos argentinos– se ha transformado de a poco en un boceto rústico que no deja lugar a ningún matiz: pregunta si tal periodista o tal escritor o tal director de cine «es K o es macrista», refiriéndose a los partidarios de Cristina Fernández de Kirchner y de Mauricio Macri, los dos expresidentes con ideologías opuestas –peronista, liberal, para simplificar– que quedaron a un lado y otro de lo que en la Argentina se denomina «grieta» y separa dos bandos irreconciliables. Sin embargo, sus planteos –la mirada sobre las violaciones, su actitud abierta con las sobrevivientes del ministaff, su defensa incondicional de Cuqui Carazo– provienen de una zona donde las cosas no son de una manera o de otra sino de muchas a la vez. Dentro de meses, cuando se acerque la fecha de la presentación del libro de Dani Yako, empezará a preocuparse –y lo mencionará en cada uno de nuestros encuentros– porque si solo va el periodista tal parecerá una presentación macrista y si solo va tal otro parecerá una presentación K (para mí, la presentación es algo relacionado con un hecho artístico; para ella, es un hecho político: puede que las dos tengamos razón).

«Yo creo que vive entre fantasmas, vive en el mundo militante, un mundo de encuadres políticos: "Si hablo con este qué va a decir el otro, y si hablo con este otro aquel no sé qué". Tiene un berenjenal en la cabeza», dice Alba Corral.

Nunca se muestra interesada en subrayar que, aunque su vida transcurre de un modo bastante burgués, sigue siendo una mujer de izquierda. Un día mantenemos este diálogo:

–Vera siempre dice que lo que le gusta es mandar. Y sí, le gusta mucho dirigir gente y mandar.

—¿Y a vos?
—No, mucho menos que a ella. A mí me gusta influir. Influir. Mandar desde las sombras.

Ha pasado casi un año desde que la vi por primera vez en aquel balcón de un departamento en el que ya no vive. Después, con calor, con frío, a la intemperie, con barbijo, sin barbijo, en su casa, en bares, en un par de restaurantes, la he escuchado hablar durante horas y responder a todo lo que le pregunto sin perder el temple ni la paciencia. La he visto preparar café, servir té, agua y vino. Pero su vida –su vida real– solo la conozco por lo que me cuenta: ayer fuimos con Hugo hasta ese restaurante que nos gusta en la zona norte; estuvimos tomando café con Dani Yako; lo vi a Mopi; estuve con mi padre, con Paula Mahler, con Pierre y con Cristina, con Lola y con Enrique, con Alba, con Graciela, con Marta, con el hijo de Hugo, con la hija de Hugo, con la sobrina nieta de Hugo, con David, con David y con Claudia, con Roberto Pera; ayer fuimos al teatro; ayer fuimos a andar en bicicleta; ayer fui a hacerme estudios al hospital; ayer tomé una clase de inglés; ayer hicimos un asado en el jardín con Pelu y su novia. Para mí, todo eso no existe: no la veo vivir, solo la escucho narrar su vida.

El principio sobre el que se basa la teoría cuántica indica que, cuanto con más precisión se conoce una propiedad del objeto de estudio, con menos precisión se puede conocer otra. Funciona como consuelo.

Un día la invito a mi casa. Quedamos a las cuatro de la tarde. A las tres menos cuarto me manda un mensaje: «Llego diez minutos tarde, recién salgo». Me doy cuenta de que pensó que el encuentro era a las tres. No le digo nada. Solo: «Te espero». Viene caminando. No lleva consigo documentación argentina, sino española. Si la detienen, piensa, está protegida por otro país. Es un día lluvioso. Marzo. Pongo dulces, queso, pan, medialunas en la mesa de la cocina. Toca el timbre y bajo a abrirle. Al entrar echa un vistazo.

—Qué lindo departamento.

Se lo muestro. Recorre distraída, con atención flotante. Entra a mi estudio, se acerca a la puerta vidriada que da al balcón.

—Tienes cactus.

Es lo único que dice. Apenas mira ese sitio en el que dentro de meses voy a escribir sobre ella. Al regresar a la cocina, le pregunto si no quiere hacer el café. Yo no tomo y no sé si me sale bien.

—Sí, claro. Dame.

Mientras manipula con destreza la cafetera hablamos de la tibolona, un medicamento por el que siente admiración. Es un conjunto de hormonas sintéticas que se utiliza para atemperar síntomas de la menopausia —sequedad vaginal, sofocos— y que les recomendó, a ella y a Lydia Vieyra, un ginecólogo.

—Con determinada dosis diaria se puede tomar sin riesgo por cinco años, con algo más de riesgo por diez. Es un antidepresivo natural.

—Muy natural no suena. Hormonas.

—Mejora el humor, el deseo sexual.

—Eso tiene que ver con Hugo.

—Sí, pero, como dicen en latín, *non solum sed etiam*, «no solo pero también». Para mí el sexo es algo muy importante, siempre lo fue. Y hubo un tiempo en que eso había desaparecido. Creía que me había muerto sexualmente. Y así estuve años. Cosa muy rara en mí. Era una cosa que ni masturbándome. Dices: «¿Pero aquí qué pasa, se me ha muerto la sexualidad?». Como te digo, Jesús no ayudaba. Él había engordado treinta kilos, con la ropa era un drama, le daba igual ocho que ochenta. Incluso yo misma engordé y no me reconocía. Jesús hablaba de sexo y decía: «Vamos a hacer cochinadas». Imagínate. Se juntó con la menopausia, y la desaparición del deseo sexual era tremenda.

El café está listo. Lo sirvo, nos sentamos, yo de espaldas a la ventana, ella mirando hacia afuera, un poco de costado.

—Siempre quise congelar mis óvulos y mis hijos se reían. A los cincuenta y pico de años les decía: «¿Ven? Si yo hubiera metido mis óvulos en la heladera, ahora, que todavía me dan ganas, igual se me ocurría tener otro». A lo mejor hubiera tenido otro. No sé si con Jesús. Pero con Hugo me encantaría.

De pronto se queda en silencio.

—Hemos hablado tanto.

El tono contiene un aire de final o de pena. Lo primero me alarma. Lo segundo sería una novedad.

—De lo que hice, de lo que no hice, de lo que fue o no fue. Pero no de las cosas que no conseguí. Que no pudieron ser. Sobre eso creo que he hablado menos. De cuántas cosas no pude. Esta historia mía me ha posibilitado muchas cosas, he podido vivir a pesar de. Pero también se quedaron muchas cosas en el tintero y hubo muchas que no pude ser. Que quería ser y se perdieron en el camino. Hay mucha pérdida en esto.

No digo nada. Ella tampoco. Entonces empujo:

—¿Por ejemplo?

—Y, por ejemplo, no haberle podido ofrecer a Vera la misma infancia que le ofrecí a David. Es algo que ella no se merece. Yo y su padre, me pongo yo primero porque me considero incluso más responsable, yo podría haber tomado un avión embarazada y decirles a mis queridos Alberto Lennie y Cristina Lennie: «¿Saben, chicos? Que les den». Es muy grosero lo que te estoy diciendo.

Hace una pausa. Ha hecho esto muchas veces: todo hace pensar que —redoble de platillos— se va a producir una revelación, pero después dice lo mismo que ya ha dicho antes.

—Pero decirles: «Si ustedes quieren quedarse a morir, fenomenal, yo no. Yo, y lo que tengo dentro, no. Ya nos veremos, si nos vemos, pero yo me voy». Y no tuve los huevos de hacerlo. Así de claro.

Una de las gatas, que jamás sale del cuarto cuando viene gente, se acerca y la ronda. Ella la acaricia con naturalidad. La gata, en un gesto de confianza inédito, le lame la mano.

—No tuve los huevos. Y hubiera podido. Tenía los aviones,

línea regular, me sacaban los amigos de mi padre. Y lo pagué. Vamos, lo pagué carísimo. Y muchas otras cosas se perdieron. Como buena chica del Colegio Nacional Buenos Aires, tenía muchas expectativas respecto de mí misma a nivel profesional. Y esto me partió al medio. Era vital para mí hacer una carrera, y la hice, pero no pude ser brillante. En un momento dije: «No puedo más, no aguanto más». Y ahí decidí que no iba a ser psicoanalista. Que renunciaba, que tiraba la toalla.

Se queda mirando la taza, en silencio. Empujo un poco más.

–¿Qué otras cosas perdiste?

–Muchas. Confianza en mí misma. De niña me encantaba escribir. Quería escribir. Y al final todo este marasmo de vida...

Entonces llegamos al punto.

–Y haberme perdido la relación con Hugo durante tantos años.

Ahí está. Veo, claramente, que podría ponerse a llorar.

–Las cosas que quedaron en el camino por incomprensiones, por falta de madurez. Hay cosas que no tienen vuelta atrás. Cometí todos los errores que alguien puede imaginar en un período de tres años. Qué curioso, ¿no? ¿Cómo pude haber hecho tantas cagadas en tan poco tiempo? Y cómo esas cagadas condicionaron toda la vida. Conseguí dar manotazos y no dejar que me arrastrara. Previo a la ESMA me gustaba mucho vivir. Pero hay mucho que no se consiguió. Esta sensación de inquietud permanente. De si voy a ser entendida. Esta sensación de que alguna gente me ha perdonado la vida porque declaré en los juicios. A mí eso me parece una porquería. Y me tengo que callar. «No, tú, claro, has hecho declaraciones importantes.» ¿Y antes qué, y si no hubiese declarado entonces hubiese ido por la vida sospechosa para siempre? Me angustia que...

Yo podría ofrecer una frase de consuelo, una salida de emergencia, una llave: ayudarla a salir de esa zona. Pero no voy a hacerlo. No estoy aquí para eso. Así que la miro en silencio y espero. Y ella viene. No al principio, cuando enumera una serie de cosas que parecen frases prototípicas de reinas de la belleza que desean la paz en el mundo.

—Me angustia pensar que mis hijos tengan una vida difícil con todo esto que está sucediendo en Europa, la guerra.

Después empieza la angustia real.

—Me angustia la situación de mi nieto mayor. Me angustia pensar en el futuro del niño. Me angustia pensar en cuando Vera no esté, porque yo tampoco voy a estar.

Mira hacia el techo. Se muerde el labio inferior. Yo espero más. Mucho más.

—Me angustia pensar que la historia con Hugo se vaya al garete y que eso suponga un nuevo reordenamiento en mi vida. ¿En dónde sería eso? Porque yo tengo la sensación de que, si esta relación no funciona, no va a haber otra relación. No tengo cuarenta años, y empiezas a tener conciencia de que lo único que quieres es tiempo. Yo lo único que quiero es tiempo. Tiempo. No necesito más que eso. Pero no queda mucho. ¿Qué quedan? Diez años útiles, con buena salud. A partir de eso es un albur. Me asusta que algo pueda pasar y que esos diez años, que veo como algo muy bonito y con expectativas de tener una vida nueva, no ocurran. O que ocurra algo que lo joda todo. He tenido demasiada suerte hasta ahora.

Dentro de su bolso, que dejó en la silla, comienza a sonar un teléfono.

—Y pienso: «A ver qué me va a caer ahora».

No quiero que atienda, así que digo:

—Un pensamiento un poco supersticioso. Preventivo.

—Sí, eso, eso. Preventivo.

Me mira sonriente y dice:

—Oye, parece una sesión de análisis. Mira, si fueras mi analista: yo tengo una manía anticipatoria. Siempre busco anticiparme a lo que pueda pasar. Me anticipo y sufro por anticipado. Pero tiene una función protectora, en el sentido de que me preparo para lo peor y, si no es tan peor, mejor.

El teléfono cesa. Le pregunto si habló con Hugo de ese temor a que la cosa no funcione.

—Sí. Y bastante desembozadamente. Hugo quedaría en una posición muchísimo mejor que la mía. Él está en su casa, su mundo, con sus colegas, se rearmaría mucho más fácil. Yo quedaría mucho más tocada. Contenta de que la vida me hubiera regalado tres, cuatro años de esto. De este grado de amor y de intensidad. Un grado de apasionamiento que está fuera de mis registros. Hay una atracción física y de todo tipo de grandes dimensiones. Y decir: «Imagínate que de golpe todo esto se acaba». Es la primera vez que siento al lado a una persona que me cuida, que me protege, que está queriendo saber qué tengo en la cabeza. Cuando estaba en la ESMA pensaba mucho en él. Hugo fue el único amor que yo tuve. Sin embargo, lo dejé cuarenta veces. Supongo que me daba miedo. Yo era una chica muy díscola. Teníamos veinte años, pero en mi cabeza yo tenía clara la idea de que quedaban dos telediarios: no mucho tiempo. Era como decir: «Qué más da». Estaba enferma de adrenalina, y eso me duró años. Madre mía del amor hermoso, cómo pude ser tan bestia, pero tan bestia. Él se quedó muy lastimado y hasta enfermo físicamente con la ruptura. Cuando decidí casarme con Alberto tuve a bien mandarles la invitación a los papás, invitándolos a mi boda. Hay que ser cruel. Hay que ser cruel. Hugo se desmayaba por la calle, tuvo síncopes. Yo lo dejaba y le presentaba chicas, le quería presentar chicas para... colocarlo.

—Aquel telegrama que le mandaste, que decía «Salí del infierno, ayudame», ¿qué quería decir *ayudame*, qué esperabas que hiciera?

—Que alguien se hiciera cargo de mí porque yo estaba hecha jirones.

Para reparar esos jirones no pensó en su marido sino en Hugo Dvoskin.

Después me cuenta lo del perro.

Ella y Osvaldo Natucci habían ido a Marbella, a casa de Alberto Mondine, un abogado que había sido cuñado de Osvaldo. El hombre tenía un caserón y un mastín napolitano cuyo nombre era Frabag, por Fraga Iribarne.

—El mastín napolitano es uno de los perros más fieros que existen, superfuerte, unas mandíbulas así. Y este era un perro asesino. Nadie podía bajarse del coche estando el perro suelto porque te comía. Entramos, la gente del servicio guardó al perro en una jaula externa, grande como la mitad de esta habitación. Se fueron adentro. Yo me senté al lado de la jaula y empecé a hablarle al perro. Fui a la cocina, traje jamón de Jabugo, me senté al lado de él y le empecé a dar trocitos de jamón. Le tocaba la nariz a través de la reja, y el perro se empezó a poner simpático. Y, en un momento dado, abrí la jaula y me metí dentro. Con el perro. Y terminé rascándole la panza. Cuando Alberto Mondine salió y me vio ahí no lo podía creer. Le dijo a Osvaldo: «¡Pero cómo esta mujer se ha metido ahí, está loca!». Bueno, más allá de la gracia del jamón de Jabugo, ¡cómo voy a hacer eso! Me podría haber matado, me podría haber destrozado la cara. Yo a eso lo llamo estar enfermo de adrenalina. «Miren qué valiente que soy. Ustedes son todos unos cagones, yo me meto en la jaula con el perro. El perro, conmigo.» Locura, ¿no? El perro me atacaba y quién se iba a meter en la jaula a defenderme. Me estaba jugando la vida. Una cosa ridícula. Si hubiera estado con Hugo, me interna, me lleva a un manicomio.

Me pregunto si no soy su mastín napolitano. En todos los sentidos. Incluso en el de estar comiendo jamón de Jabugo a través de las rejas.

Hay algo en ella hoy, algo abierto, algo posible.
—Tu padre era piloto civil pero tenía familia en el Ejército.
—Sí.
—¿No pensabas que algo de lo que aportaras en inteligencia de Montoneros podía terminar con la vida de...?
—Hay un mosquito.
—¿Dónde?
—Aquí. ¿Es de dengue?
—No sé.
—¿Tiene rayas blancas?

–No se ve, Silvia. Es chiquito.

–Sabes que... Te interrumpo con algo completamente frívolo... Yo tengo un mantel en Madrid que tiene el mismo patrón de diseño que tus lámparas. Lo compré en El Cairo. ¿Sabes si hay un patrón en esto?

–No lo sé. Son italianas.

–Te juro que el mantel es igual. En fin, ¿qué me preguntabas?

–Si no pensabas que algo de lo que aportaras...

Me mira desafiante, los ojos repletos de una autoridad azul, potencia y poderío.

–Si lo que me estás preguntando es si yo podría haber entregado a mi propia familia, pues sí. Claro que hubiera podido.

Maniobras de distracción que no son tales. Al final, antes o después, siempre responde.

El teléfono vuelve a sonar. Ya es de noche.

–Ahí está Dvoskin –dice, pero no lo atiende–. Me voy, nena.

Busca sus cosas y se va.

La segunda vez vamos en el auto de Hugo. Apenas entramos al predio, por el ingreso que está sobre la avenida del Libertador, y mientras conduce por el camino que nos lleva al Casino de Oficiales, dice: «Qué impresión entrar acá en auto, es la primera vez que entro manejando desde 1977». Cuando nos vayamos va a decir: «Me parece mucho más conmocionante salir conduciendo que todo lo que vi en la muestra».

«El Museo Sitio de Memoria ESMA se inauguró en mayo de 2015 con un guión museográfico basado exclusivamente en los testimonios brindados por los sobrevivientes y las sobrevivientes en los juicios de lesa humanidad. Pero la dimensión de género estuvo ausente. Esa omisión recién comenzó a entenderse cuando el Museo ya estaba abierto. Fue señalada en varias oportunidades, durante las visitas, por grupos de mujeres que impulsaban ese análisis específico en el campo de la Justicia. En ese sentido, la muestra viene a corregir esa ausencia. O completar aquel guión. El panel de apertura lleva por título "Cuando un Museo no habla", explicita ese olvido y lo pone en contexto para explicar qué fue pasando con esas sensibilidades de género en la historia del movimiento de derechos humanos. Qué sucedió con las voces de las mujeres en el espacio judicial. Qué y cómo se dijo. Y cuándo la Justicia comenzó a escucharlas.» Con ese texto se presenta, en el sitio web del Museo Sitio de Memoria ESMA, la muestra «Ser mujeres en la ESMA II», que se inaugura hoy, 18 de marzo de 2022.

Ella estaciona el auto en una explanada de cemento, bajo los árboles, a un lado del Casino de Oficiales, y nos apuramos a entrar. La pequeña oficina del museo está llena: exdetenidas, funcionarios, el embajador de Alemania (la embajada ha apoyado la muestra). Nos ofrecen café en vasitos de plástico. Ella quiere, yo declino. Me susurra por lo bajo: «No conozco a nadie». Permanecemos juntas como dos invitadas que se solidarizan entre sí en un cumpleaños repleto de desconocidos.

En El Dorado, donde se lleva a cabo el acto inaugural, se han dispuesto dos o tres filas de sillas reservadas para invitados. Detrás, bancos largos de madera para el público. Ella se ubica en uno de esos bancos, conmigo, no sé si para que yo no me sienta desubicada o porque ella se siente desubicada. Hay mucha gente, incluso de pie. El salón está rodeado de ventanas. Los paneles de vidrio comienzan a cubrirse con sigilosos *blackout*, párpados cíborg que descienden con un siseo insensible. Se escucha una voz que lee la sentencia del Juicio a las Juntas de 1985 sobre una música dramática: «Condenar a Jorge Rafael Videla a 188 años...». Después, palabras sueltas, superpuestas: *Escuela de Mecánica de la Armada, pentotal, vuelos de la muerte, víctimas*. En las paredes se proyectan rostros de los represores, que quedan un poco deformados por las irregularidades del terreno (las ventanas): Videla, Massera, Astiz. Busco a González, lo encuentro, pero ella no está mirando. La proyección termina. Hablan funcionarias, el embajador de Alemania. Entre una alocución y otra, una mujer lee mensajes de apoyo, por ejemplo, el de Ana Testa, que estuvo detenida aquí y no pudo venir: «Les deseo una hermosa jornada de reencuentros. Las abrazo a ustedes y a todas mis compañeras sobrevivientes, caminantes de este nuevo momento histórico, momento de recuperación de aquellos amorosos tiempos que cada una vivió en sus militancias, y las entrañas de dolor nos transformaron en hermanas». Me pregunto cómo le sientan esas palabras –*amorosos*, *entrañas*, *dolor*, *hermanas*–, que están en las antípodas de su contención, de su rechazo por lo exaltado. Le miro las manos: se las restriega, se hurga la cutícula del pulgar con el índice de la misma mano. Tiene las uñas demasiado cortas, como si se las comiera, pero jamás la vi comerse las uñas. La mujer que dirige el acto propone recorrer la muestra.

–Una vez finalizado el recorrido nos reencontramos acá para hacer un intercambio entre las sobrevivientes y el público.

Ella me dice, por lo bajo:

–Yo no voy a hablar.

Le pregunto si alguien le avisó que iban a hablar. Dice que no, pero le resta importancia.

Recorremos la muestra, que no es muy extensa –consiste en un video con entrevistas a las mujeres que estuvieron detenidas en este sitio, un panel con testimonios agrupados temáticamente («Vínculos de sororidad y solidaridad»; «Embarazos y maternidad»; «Parir y maternar»; «Violencia de género y violencia sexual»), y una instalación artística–, y volvemos a El Dorado. Nos sentamos, otra vez, en uno de los bancos. Un fotógrafo se arrodilla junto a ella y le toma muchas fotos. La mujer que conduce el acto invita a las sobrevivientes a decir algunas palabras. Ella baja la cabeza hasta que el pelo le tapa la cara. Una de las mujeres que estuvo detenida se pone de pie y dice: «Todo mi amor para mi hermana, mi compañera de celda, Andrea Bello». Andrea Bello es una militante montonera que estuvo detenida en la ESMA, sobrevivió y falleció por una enfermedad en 2019. La conductora del acto grita: «¡Compañeros desaparecidos y desaparecidas!». La sala entera ruge: «¡Presentes». La mujer grita: «¡Ahora!». Y la sala ruge: «¡Y siempre!». «¡Ahora!» «¡Y siempre!» «¡Ahora!» «¡Y siempre!» Tres veces, tres veces, tres veces. Ella permanece callada. Nadie que no la conozca puede saber qué está pensando. Yo creo saberlo. Luego, otras sobrevivientes hablan de la dificultad que tuvieron para contar lo que les había sucedido, de la culpa que les produjo el hecho de sobrevivir. Les cuesta hablar, dos de ellas lloran. La gente las escucha en silencio respetuoso. Apenas termina el acto, ella dice:

–Vamos.

Alguien se acerca para pedirle que se sume a una foto grupal. Me mira, azul rabiosa. Susurra:

–¿Te puedo dejar el bolso?

–Claro.

Se adelanta, se une a las demás, que están tomadas por los hombros, se coloca en un extremo y, apenas la foto está lista, se va. Nos vamos.

–¿Será mejor que vaya para adelante o que dé la vueltita? –pregunta, mientras maniobra para salir del sitio en el que estacionó.

Hay unas vallas que cortan la calle interna.

–Andá por ahí. Si el auto no pasa, corro las vallas.

–O damos una vuelta por este lugar –dice, en tono burlón.

Avanza unos metros. Se inclina hacia adelante, tratando de ver mejor. Parecía haber espacio suficiente, pero no.

–¿Paso por ahí?

–No, esperá que me bajo y te corro la valla.

Bajo, corro la valla, dejo pasar el auto, coloco la valla como estaba, vuelvo a subir.

–Me parece muy impresionante estar conduciendo acá adentro. Me parece mucho más conmocionante salir conduciendo que todo lo que vi en la muestra.

–¿Qué sentís?

–Como si no hubiera pasado el tiempo.

Está sorprendida por las cosas que escuchó decir a las demás: la culpa de haber sobrevivido, el no poder hablar durante años.

—¿Cómo que no pudieron hablar durante años? Yo lo único que hacía era hablar. ¿Culpa? ¿Pero por qué culpa, coño? Y luego también eso de que todos te están mirando y sacándote fotos para ver si se te cae la lagrimita. Y no, no se me cae la lagrimita.

Cuando pasamos por Libertador 4776 señala:
—Ese es el departamento de mi padre.
Un poco más adelante:
—Mira, aquí atiende mi analista. ¿Te llevo a tu casa?
—No, vamos a tu casa y de ahí me voy.

Al llegar, estaciona en la calle. Me llama la atención, porque sé que el alquiler del departamento incluye, en el subsuelo, una plaza de garage.

—Nunca pudimos estacionar el auto allí. Hubo quinientas mil maniobras y cada vez que lo intentamos no pudimos. Es una locura, una hora y media sudando para meter el coche. Mira, ese es un lugar de copas que tiene muchísima fama, se llama Club Velvet.

—Club Verne. Sí, lo conozco. Hace años que no vengo.

—Yo fui a ver cómo era por dentro y había un ruido que no se podía hablar. Pero a ti te gusta mucho la música roquera, ¿verdad? Un día me tienes que contar.

—Sí, pero depende. No me gusta la música a todo volumen si quiero conversar con alguien.

—Me tienes que pasar esa música. Me da mucha curiosidad.

Tiene que apurarse porque una persona irá al departamento para hacer una reparación. Hugo quiso cambiar un vidrio, la cosa no funcionó y, por algún motivo, es necesario cambiar la ventana entera.

—Estamos sin ventana.

Eso no es grave, pienso: estuvo sin ventana durante un año y medio.

Avisa por WhatsApp: «Encontré dos cuadernos con recopilaciones de poesías copiadas en la ESMA e inmediatamente después. Estaría bien que los vieras. A mí me da una mezcla de ternura, pudor y cierta vergüenza (uno de adolescente es bastante cursi por más pistolas que lleve en la cintura o en la cabeza)». Nos citamos a las seis de la tarde en un bar llamado Miguel, muy cerca de su casa, para un intercambio rápido (las dos nos vamos de viaje): va a prestarme esos cuadernos en los que transcribía poemas de los libros que los militares robaban de las casas de las personas secuestradas. El día es gris, la ciudad tiene el aspecto desasosegado de una embarcación sin rumbo. Desde donde estoy, se ve la última luz de la tarde pendiendo, umbría, sobre la copa de un árbol. Debajo, en la ochava, hay un comercio en cuyas vidrieras se reflejan las luces del alumbrado callejero como chispas tristes. El Bar Miguel está repleto. Pido un té y a las seis menos un minuto recibo un mensaje suyo: está retrasada. Fue a visitar a su padre al geriátrico y no consigue taxi. «¡Estoy buscando uno desde hace veinticinco minutos!» Desde el comienzo de la pandemia, los taxis están diezmados en Buenos Aires: de los más de treinta mil que había quedan quince mil, el resto convertidos en Uber o en Cabify. «Si te tienes que ir, vete, querida.» Le digo que no se preocupe, que la espero, y me quedo mirando la calle, los autos, el comercio de enfrente, toda esa vida que vuelve a tener la apariencia que tenía antes de la peste, y me pregunto en qué momento empezarán a ser evidentes los daños colaterales, todo lo que no se ve pero que existe.

Llega, muerta de vergüenza, media hora más tarde. Cierro la libreta en la que he estado tomando notas, le repito que no se preocupe, que esas cosas pasan, pero está mortificada. Me pasa los cuadernos. Son dos. Uno contiene los poemas transcriptos dentro de la ESMA; el otro, apuntes de un curso que hizo con Oscar Masotta, un sociólogo y psicoanalista argentino que introdujo la enseñanza de Lacan en el país.

–Recién salida de la ESMA caí ahí, en las clases de Masotta, que iba al hospital psiquiátrico de Málaga una vez por mes y daba clases de Lacan.

—¿Y?

—No entendía nada, Leila. No entendía ni una sola palabra. Era un delirio. Yo pensaba: «Salí de donde salí, no puedo contar de dónde salí, estoy en un hospital psiquiátrico y no sé de qué coño están hablando». Todavía me ocurre: cuando la gente habla de algo y no entiendo nada, me pongo doblemente loca. Es que yo al único lacaniano que le pregunto qué quiere decir esto, me lo explica y lo entiendo es a Hugo. A Freud lo lees y lo entiendes. A Marx lo entiendes. A Engels lo entiendes. ¿Pero Lacan? Piensas: «¿Soy idiota?».

—¿Los poemas qué son?

—Había muchos libros de poesía, que robaban de las bibliotecas de los secuestrados, y yo por las noches me llevaba algunos y los transcribía. Repetía mucho esta frase: «En caso de vida o muerte, pensar siempre en el más prójimo», de Machado. Se ve que estaba obsesionada con esa idea. Y las poesías dicen cosas que yo sentía en ese momento. Una especie de despedida de la vida. Muchas las conocía de antes, e incluso de memoria. Decían las cosas que me hubiera gustado escribir. Pero no sabía escribir. Y también era un peligro escribir cosas ahí. Entonces copiar una poesía era algo descontaminado.

Pienso que la selección de los poemas constituía, en sí misma, una pista, pero quizás los marinos no eran tan refinados. Miro los cuadernos. La letra es clara, amplia, prolija.

—Qué letra.

—Letra de niña, ¿no?

—O de maestra. Muy organizada.

Antes de irse del bar dice, acerca de los cuadernos:

—No sé si te servirán.

Al llegar a mi casa, reviso. El cuaderno de poemas, espiralado, marca Monitor, tiene la imagen de un barco con velas desplegadas en la tapa. Es una imagen impresa, así que no hay metáfora: le deben haber dado lo que había. La selección es ecléctica. El primer poema, copiado con letra redonda y legible, es «El amor», de Pablo Neruda: «Nadie conoce como los dos solos, / los destinados, los penúltimos, los que se hallaron / sin otro parecido que ellos mismos, / nadie puede pensar, lejos de los orígenes, / que una mujer y un hombre reconstruyan la tierra». El segundo es «Soneto de fidelidad». No tiene firma, pero es de Vinícius de Moraes: «A mi amor estaré atento / antes y con tal celo y siempre y tanto». El tercero, también sin firma, dice: «Vendrá un día más puro que los otros: / estallará la paz sobre la tierra / como un sol de cristal». Es de Jorge Carrera Andrade. Siguen poemas de Evgueni Evtushenko (uno llamado «No hay hombres que no interesen»), de Juan Gelman («Estoy sentado como un inválido en el desierto de mi deseo de ti. Me he acostumbrado a beber la noche lentamente, / porque sé que la habitas, no importa dónde, / poblándola de sueños»), de Mario Benedetti («Tengo una soledad tan concurrida / tan llena de nostalgias y de rostros de vos»). Más adelante, «La carta en el camino», de Pablo Neruda. Donde Neruda escribió «Ese hombre no te quiere», ella cambió por «Esa mujer no te quiere»: «Cuando te digan "Esa mujer / no te quiere", recuerda / que mis pies están solos en esa noche, y buscan / los dulces y pequeños pies que adoro. / Amor, cuando te digan / que te olvidé, y aun cuando / sea yo quien lo dice, / cuando yo te lo diga, / no me creas». El cuaderno termina con tres frases de Borges: «Porque la traición requiere un tercero y sólo existen ellos dos en el mundo»; «Sé que los únicos paraísos no vedados al hombre son los paraísos perdidos»; «Yo sé (todos lo saben) que la derrota tiene una dignidad que la ruidosa victoria no merece».

En la portada del otro cuaderno se lee «Silvia/78», y debajo la frase de Machado: «En caso de vida o muerte se debe estar siempre con el más prójimo». En la primera página hay una palabra subrayada, *Sociología*. La letra ha perdido prolijidad, posiblemente porque son notas tomadas a la rápida: «Sociología: estudio de la soc. humana de las colectividades, asociaciones, grupos e instituciones sociales que los hombres forman». Hay títulos de libros de Georges Bataille, de Hegel, de Althusser, de Laplanche y Pontalis, de Freud. Imagino que alguna bibliografía, obligatoria o sugerida. Siguen varios apuntes, presumo que tomados durante las clases de Masotta: «trauma infantil de seducción, neurosis obsesiva, histeria, fantasía de seducción, escena primaria (del coito parental)». Más adelante, un nombre: FELDMAN. Tito Feldman, aquel analista que la dejó plantada, cuya mujer contaba su historia en la fila del ayuntamiento. Debajo: «Vuelo 00.10 miércoles, jueves 19: 9 hs.-11 hs.: análisis. 11.30 hs. Barajas (13 hs. AA). Lunes 23: AA. Sale 22.20 hs. París, llega Barajas 00.00 hs. Mayo: jueves 3: 9 hs.-11 hs.: análisis (¿Barcelona?). Jueves 17: 9 hs.-11 hs.: análisis. Jueves 31: 9 hs.-11 hs.: análisis». Al pie: «Llamar Alba y Dany. Llamar Mopi: lunes 9.30 hs. Llamar Diego: sábado o domingo». Alba es Alba Corral. Dany es Dani Yako. Mopi es Martín Caparrós. Diego quizás sea Diego Fernández Peteiro (aunque ella le dice Pete). ¿Agendaba llamar a sus amigos? En Buenos Aires la he visto atender a Alba o a Dani Yako y quedar para un almuerzo, un café o una cena «cuando a ti te venga bien», con la disposición de alguien que no amarra esas cosas a un calendario rígido. Más adelante, la letra se descompone. Hay poemas. Uno, de Líber Falco: «Yo mismo temo a veces / que nada haya existido / que mi memoria mienta / que cada vez y siempre / –puesto que yo he cambiado– / cambie lo que he perdido». Debajo, dos frases de procedencia bien distinta: «Me parezco al que llevaba / el ladrillo consigo / para mostrar al mundo / cómo era su casa», Bertolt Brecht; y «El olvido solo se llevó la mitad / y tu sombra aún se acuesta en mi cama / entre mi almohada y mi soledad», Joan Manuel Serrat. Luego, una serie de frases sin firma, cuyos autores resultan difíciles de identificar: «Como si no supieran que la carne golpeada no se vuelve insensible sino triste»; «Puede ser que se niegue a sí misma como otra manera de vencer a la muerte»; «Y tu cuerpo era el único país donde me derrotaban» (esta última, de Juan Gelman). En la antepenúltima página hay otra vez dos frases de Borges, y la de Machado que figura en la tapa: «Sólo una cosa no hay. Es el olvido» (Borges); «En caso de vida o muerte se debe estar siempre con el más prójimo» (Machado); «Sé que los únicos paraísos no vedados al hombre son los paraísos perdidos» (Borges). En la anteúltima, más agenda: «Viernes: verlo a Pete. Martes 3: 9 hs.: Cristina. 11 hs.: Feldman. Llamar [un nombre ininteligible]. Verlo a Dany». En la última página hay diez firmas suyas, con distintas grafías, como si hubiera estado practicando, y se repite la frase de Machado: «En caso de vida o muerte se debe estar siempre con el más prójimo». Debajo: «La vida es bella / ya verás / como a pesar de los pesares / tendrás amigos, tendrás amor / tendrás amigos», del poema «Palabras para Julia», de José Agustín Goytisolo. Finalmente, esta frase, sin firma: «No hay una muerte sola. El amigo que se ha ido de este mundo o la ilusión perdida son muertes potenciales de las que tampoco se vuelve».

No sé si te servirán.

Viajamos, viajamos, viajamos.

—¿Quieres un té?
—Dale.

Siempre se muestra dispuesta a recibirme, una, dos, tres, cuatro, cinco veces por mes, día por medio, dos días seguidos, feriados, fines de semana. Pero en ocasiones, por sus viajes, por los míos, transcurre un lapso mucho más largo entre una entrevista y la siguiente. Cuando después de esas ausencias llego a su casa y escucho la voz en el portero eléctrico que dice «voy», el tiempo se compacta hasta desaparecer. Hoy fue así: llegué a su casa de la calle Costa Rica después de un período extenso sin verla, y empezamos a conversar como si lo hubiéramos dejado de hacer la tarde anterior. Las cosas que marcan el paso del tiempo son otras. Ya plantó el limonero, hay especies nuevas en el jardín. El cielo, en contacto pleno con el verde del césped y las hojas ampulosas de las palmeras, produce una tonalidad superior, un aire de otra calidad. El patio es un estanque de luz fluvial, húmeda, virtuosa. El estudio de Hugo, al fondo, proyecta una imagen calma, vidrio y madera cruda. Es como una maqueta o un sitio que podría estar en Noruega. Me asomo al balcón para buscar a Monkey y Morchella y veo, sobre una mesa plegable, una foto de ella en blanco y negro tomada por Dani Yako. En el retrato debe tener poco más de veinte años. Ya le ha sucedido todo: el secuestro, la tortura, el parto, la entrega de Vera, las violaciones. Es un plano apretado, peligroso. La cabeza apenas inclinada hacia abajo, mira de frente, puro pómulo, pura boca, puros ojos puros, pura *madonna* santa: nadie puede salir bien así. Sin embargo: *voilà*. No hay debilidad, no hay ternura. Es un rostro como un arma, la fusión fría. Junto al portarretrato, un recipiente con flores. Mejor sacarlas, me digo, ponerlas a resguardo porque podrían entrar en combustión.

–¿Tomas con azúcar o edulcorante?
Esa cara inverosímil. Yo misma me hubiera vuelto loca.
–Me da igual, Silvia. Lo que tengas.
Después hablamos de Jesús.

–Jesús no entendía mi historia. También tengo que hacerme cargo de que no siempre supe explicar bien. No le puedes pedir que, si tú has tardado treinta años en entender algo, el otro lo entienda a la primera, ¿no? Se sumó que yo estaba triste. La menopausia me puso triste. Estaba como baja de libido. Nos llevábamos bien en la vida cotidiana, pero empezó a haber una falta de encuentro amoroso, sexual. Éramos buenos socios, nos concentramos en la vida familiar. Teníamos una rutina agradable. Pero este tema de lo que me había pasado no lo acabó de entender, no entendía que me dejaran salir a ver a mi padre, a ver a mi marido. Decía: «Bueno, hasta qué punto eso se puede considerar un secuestro, eso de que tú estuviste en un campo de concentración habría que verlo». Sin embargo, cuando viajaba por América decía con cierto orgullo que su mujer había estado secuestrada por la dictadura argentina. Era muy envidioso. Me decía: «Yo de mayor quiero ser como tú». Y se refería a muchas cosas. A que mis padres me habían ayudado económicamente, a que yo tenía billetes gratis en Aerolíneas Argentinas para viajar por el mundo, a que con Olga Ortega gané un montón de dinero, a que recibí tres indemnizaciones del Estado argentino por estar secuestrada y en el exilio. Decía: «¿Y a mí cuándo me toca, cuándo hay indemnizaciones para mí?». La relación entre nosotros estaba muy mal, pero era una vida familiar tranquila. Aunque siempre tenía una especie de rabia contra mí. Bueno, hay historias ahí, descubrimientos tardíos que hice, dolorosísimos. Sobre todo por la dimensión. Es una pregunta que me hago. Por qué no me separé, por qué no se separó él de mí.

En 2017 Jesús empezó a sentir un aumento de ciertos malestares que arrastraba. Ella estaba en la Argentina y la llamó. Dijo que había ido al médico y que las cosas no estaban bien.

–Alberto, mi exmarido, fue médico de Jesús durante veintitantos años, cosa que a mí me parecía... Pero Jesús les tenía pánico a los médicos, y el único al que aceptaba ver era a Alberto. Alberto es ecografista y, sin embargo, se convirtió en su médico de cabecera. Hace veinticinco años le dijo: «Tienes unas piedritas en la vesícula, no pasa nada, más adelante vemos». Jesús viajando por América dos meses al año, recorriendo países, ferias, y se empezó a sentir cada vez peor. Iba a verlo a Alberto: «Bueno, la vesícula está hecha un asco, pero puede quedar así o te la puedes sacar, si en algún momento hay una crisis te la sacamos». Le dijo lo que Jesús quería escuchar, es decir, «no hagas nada». Y no hizo nada. Hasta que se sintió muy mal, lo fue a ver a Alberto, lo internaron, y tenía un cáncer de vías biliares por esas piedras que durante veinticinco años habían estado jodiendo hasta que desarrolló un cáncer irreparable.

–¿Jesús sabía el desenlace?

–Sí. Él sabía. En un momento le dijeron que quedaban once meses. Y dijo: «Vamos a hacer que estos once meses sean los mejores del mundo». Pero fueron meses terroríficos porque no pudo disfrutar nada. Tenía metástasis en el hígado, no podía comer.

Ya estaba internado cuando ella le dio un libro: *El silencio*, escrito por Ana Iliovich, una autora que cuenta su experiencia en el campo de concentración de La Perla, ubicado en la provincia de Córdoba.

—Me lo habían regalado. Le dije: «Mira, si quieres lee esto». Lo leyó y me dijo: «Lo que cuenta esta mujer es muy parecido a lo que me contaste tú. Era verdad lo que me decías, era verdad». Pero murió de un modo, Leila... Una dureza. En ocho meses, que fue lo que estuvo internado, no pudo hablar de lo que le pasaba. No quería hablar de que se iba a morir, ni de qué iba a pasar después. No dijo: «Cuando no esté me gustaría que David no sé qué», o «¿Cómo piensas organizar lo de la empresa?». Lo tuve que forzar a que viniera un amigo común experto en finanzas para que explicara. No lo tomó muy bien. Hablaba y contaba medio verdad y medio mentira. Y las deudas se llevaron los beneficios de quince años. Él sabía perfectamente que se iba a morir, y pasaban los días y yo decía: «En algún momento hablará con su hijo». Y no. Con las hermanas. No. No dejó nada por escrito. No dejó una carta. Fueron ocho meses de calvario. Alberto vino al hospital, nos pidió perdón porque los médicos, dijo, son unos narcisistas. No sé bien qué quiso decir.

Hacia el final de esa agonía ella descubrió cosas. ¿Qué se hace con los secretos que se revelan por azar en un cuarto donde ya reina la muerte? ¿Cómo se le recrimina a un moribundo? Le preguntó: «¿Tú me has querido alguna vez?». Él respondió: «Con toda mi alma, con todo mi corazón».

—Cerró los ojos y no los abrió más.

Era 30 de enero de 2018. Ella le quitó la estrella de David y se la puso al cuello.

Antes de irme le pregunto si puedo tomar una foto de la foto que está en el balcón. Puedo. Llego a mi casa y la miro mucho. Mucho.

«Jesús era un cielo», dijo Alberto Lennie cuando hablamos sobre Jesús y su muerte, «me llevaba mucho mejor con Jesús que con Silvina. Un sol de hombre. Su muerte me provocó un dolor enorme. Sobre todo, por no haber tenido la capacidad de diagnosticarle el cáncer de vías biliares que tenía. Llegamos tarde.» Le pregunté por qué no se había podido diagnosticar antes. «Porque el cáncer de vías biliares es muy jodido. Infiltra el hígado. Jesús tenía pequeñas piedras en la vesícula. Hizo un cuadro obstructivo. Vino a la consulta, le hice una ecografía, le vi las vías biliares dilatadas, pedimos una resonancia magnética que confirmó la dilatación, pero no garantizaba que hubiese una causa obstructiva que fueran piedras y sospechaba la presencia de un tumor de vías biliares. Lo metieron en el quirófano, pero lo tuvieron que abrir y cerrar, sin poder hacer nada. La resonancia se había quedado muy corta en la valoración del estadío del tumor. Y no hubo nada que hacer. Cuando Jesús despertó de la operación me dijo: "¿Qué coño hago acá, que no estoy en la UCI?". Y le dije: "Jesús, te abrieron y te cerraron". Y entró Silvina, entró David, entraron las hermanas de Jesús. Yo me fui y a partir de ahí ya no estuve más.» Le pregunté si sentía que la familia lo responsabilizaba por no haberlo diagnosticado antes. «No, para nada. Eso no me preocupa ni siquiera un poquito.»

Nunca, en la relación de treinta años que tuvo con Jesús, se refirió a él como «mi marido», ni habló de ese pequeño grupo –Jesús, Vera, David– como de «mi familia». «Cuando yo me refería a mi familia me refería a mi mamá y mi papá. A Hugo lo presento como "mi pareja". Él me llama "mi mujer". Antes me llamaba "mi novia".»

Después de la muerte de Jesús engordó muchísimo. No me muestra fotos de su período gordo. Tampoco se las pido.

A las cuatro y media de la tarde, la sala del departamento de la calle Maldonado, de Madrid, donde viven Lola Múñez y Enrique Seseña, permanece con las ventanas cerradas para evitar que se cuele el calor tormentoso del verano. Es junio de 2022. El barbijo y los ambientes aireados empezaron a ser, en algún momento impreciso, cosa pasada, igual que las pruebas de PCR, igual que el conteo diario de muertos, igual que los restaurantes y los bares con aforo limitado.

Lola y Enrique trabajaron durante años en Televisión Española, ella en el Servicio Iberoamericano de Noticias, él como director de personal. Se conocieron allí y llevan treinta y dos años juntos.

—Treinta y dos años —dice Lola.

—Hemos dado tumbos pero son treinta y dos años. Hemos perdido la esperanza de dar tumbos ya —dice Enrique, riéndose.

Él es heredero de Capas Seseña, una tienda ubicada en la calle de la Cruz del barrio de las Letras con escaparates amplios y vitrales antiguos que, cada tanto, algún borracho rompe por apoyarse en ellos. Allí, desde hace ciento veinte años, se fabrican capas ilustres que compraron personas como Marcello Mastroianni, Federico Fellini, Pablo Picasso, Gary Cooper, Ramón María del Valle-Inclán, Catherine Deneuve, Michael Jackson, Hillary Clinton.

—¿Quiénes son los clientes hoy? No se ve mucha gente con capa.

—Hoy en día se vende muy poquito —dice Enrique—. Picasso tenía como seis. Debe ser una obsesión que tienen: «Me voy a comprar una capa». Y luego no se la ponen. Porque no hay nadie con una capa.

—En las bodas y las ceremonias —dice Lola—. Igual no se la han puesto o se la han puesto en una juerga.

Ambos jubilados, son mayores que Silvia Labayru. La conocieron hace una década, cuando iban a tomar clases de bachata, salsa y tango que daba los viernes un profesor en las instalaciones de un colegio. Podría pensarse que las clases funcionaron como remanso de la pareja de Silvia y Jesús, pero no: discutían. Que no te dejas llevar, que sí me dejo, que no te dejas.

Lo primero que mencionan es que la extrañan mucho: tan

cercana, tan querida, ahora tan lejos. Lo segundo es una ignorancia: supieron con cierto detalle la historia de su amiga solo después de leer un artículo que el diario *El País* publicó en 2021, cuando se conoció la sentencia del juicio por violación, del que no tenían noticia.

–Ella nos lo envió para que lo leyéramos –dice Enrique–. Nosotros no sabíamos tanto. Y tampoco es que sepamos mucho ahora.

–Tampoco es que sepamos mucho ahora –dice Lola, que siempre termina las frases de él o repite la última parte.

–Al morir Jesús es cuando ha empezado realmente a aflorar esto –dice Enrique–. Es decir que mientras estuvo casada con Jesús esto, quizás por un pacto entre ellos personal, mejor que no se...

–... que no se supiera.

–A mí me extraña tanto silencio y de repente... Algo le ha ocurrido a Silvia para que de repente diera este paso tan...

–... tan importante.

Lola, de todas maneras, tenía algunas pistas.

–Yo me enteré de algunas cosas por ella, dando un paseo por el campo luego de la muerte de Jesús. Sabía que había un pasado, pero como era muy dolorosa su expresión cada vez que hablaba de ello, pues yo no preguntaba.

Yo no he visto casi nunca ese gesto de dolor. ¿Con Lola sí se dejaba vencer?

–Ella sufrió muchísimo y estuvo muy cabreada por la muerte de Jesús. Se cabreó con la muerte, se cabreó con Jesús, se cabreó con el mundo. Y entonces empezamos a hablar de la posibilidad de una pareja. Me dijo: «Bueno, pensarán de mí...». Le dije: «Pensamos que estás viva y te mereces tener muchas oportunidades, eres una mujer joven». Y ella: «Sí, pero ya sabes, mi pasado». Y entonces empezó un poco a narrar. Que fue detenida, que estaba embarazada. Cuando vi lo doloroso que podía ser me quedé muy impactada. Dije: «Madre mía, llevo cinco años conociendo a Silvia y no sabía nada». Y eso que compartíamos viajes, risas. Entonces, cuando leí el artículo en *El País*, que saliera una foto de ella, y además hablando de que había sido secuestrada y abusada y maltratada, fue realmente el *streaptease* emocional de Silvia. Todo eso, la esclavitud sexual.

—Y el abuso y el uso —dice Enrique—. ¿También la sacaba de paseo, hacía de hermana de ese militar?

Le digo que hay dos cosas distintas, la persona que la violaba y la obligación de hacerse pasar por la hermana de un militar, que a su vez se hacía pasar por hermano de un desaparecido para infiltrarse en las Madres de Plaza de Mayo.

—Eso no lo recuerdo —dice Enrique.

Entonces empiezan a preguntar. Cuento, con cautela. El cautiverio. El trabajo forzado. El parto. Cuento —sin detalles— las violaciones. Cuento lo de Astiz. Cuento los viajes a Uruguay, a Brasil. Cuento el repudio en el exilio. Ellos escuchan en silencio.

—¿Y con qué edad recuperó a la niña? —pregunta Lola.

—¿Y entonces la niña estaba todo el tiempo bajo amenaza de que se la quitaran a los abuelos si ella hacía algo? —pregunta Enrique.

—¿Y por qué la trataron así los argentinos en España?

—¿Pero cómo que viajaban a Uruguay y la dejaban ver al marido? Claro, si se iba aniquilaban a la familia entera.

—¿Y Lennie, el padre de la niña, qué actitud tenía desde España?

Nada de lo que digo los escandaliza, pero les hace daño. Enrique dice, cada vez más azorado: «Pero qué barbaridad». Lola se limpia el rostro, llora.

—El terror, el terror. Somos tan incondicionales que jamás la juzgaríamos ni pondríamos en cuestión nada. Pero también debe de tener temores a no ser entendida. Esos siete u ocho meses que pasó Jesús enfermo, esa convivencia y esos meses de no esperanza, de dolor y de muerte, fueron terribles para Silvia. Quedó devastada. Se lo hizo pasar muy mal Jesús. Muy mal. Y debieron de tener ajustes de cuentas. Imagina el resentimiento de una persona muy enfadada y muy cabreada con su situación, con el hecho de que la otra persona se vaya a quedar viva.

—Si había problemas en la convivencia antes, nosotros los ignorábamos —dice Enrique—. Jesús era como un ser seráfico.

—Y callado —dice Lola.

—Era un ser misterioso.

—Pero tuvieron una gorda, acuérdate. Ya estaban crispaos, crispaos. Y todo lo achacábamos a su enfermedad.

—Ahí hubo una actitud de Jesús muy violenta —dice Enrique—. Verbalmente, con uno de sus amigos, Pierre, que nos llamó a todos muchísimo la atención.

—Sí, una discusión política absurda. Estábamos haciendo un pequeño viaje. Y al otro día hubo una discusión, que dijimos de ir a un sitio y ya Jesús fue muy duro, cabreado con Silvia, y dijo: «Venga, nos vamos a Madrid». Ya era todo muy rasposo.

—Tenía doble... dos facetas —dice Enrique, riéndose un poco—. Jesús era un ser muy afable, escuchaba mucho, hablaba poco, y parecía un ser absolutamente... no digo anodino, pero benéfico. Como incapaz de mal alguno. Y precisamente por eso pienso que, de tener un costado distinto, tiene que ser algo maléfico. Porque la imagen pública era la de un ser seráfico. Y resulta que la otra faceta era... bueno, yo no doy crédito.

—Y la forma en que amaba a su hijo, era el padre ideal —dice Lola.

—Mira, podría ser un torturador de la... de la... —dice Enrique, buscando la palabra, y Lola lo adivina y lo corta de inmediato:

—No.

—De la ESMA —dice Enrique, divertido.

—No —dice Lola—. Pero mira, yo creo que ella se habrá psicoanalizado y eso le da un conocimiento de sus capacidades para ir soltando la información que quiera soltar. Y a quién. Es muy autocontrolada.

—Si no fuera así, no podríamos estar hablando de lo que estamos hablando —dice Enrique—. La hubieran matado. Pero

mira, cuando nos dijiste que querías hablar con nosotros le dije a Lola: «¿Qué le vamos a contar? Si conocemos muy poco de Silvia». La conocemos poco.
 —La conocemos poco. Lo que ella ha querido que conozcamos de ella —dice Lola.
 Una mujer que es un misterio para dos amigos que la conocen desde hace diez años. ¿Cómo no va a serlo para mí?

Diálogo breve: le cuento que estuve con Enrique y Lola, que no sabían nada de su historia. Desestima:
 —En varios viajes les fui contando. Pero no lo registran.
 —Dicen que te extrañan.
 —Sí. Hay un reclamo. Esto de: «Pero entonces tú vives en la Argentina». Y sí, estoy viviendo aquí. Todavía lo digo un poco por lo bajini. Pero sí, estoy viviendo aquí.
 Es la única vez que dice eso. Su respuesta habitual es más o menos así: «Vivo en Buenos Aires pero a la vez no vivo. Vivo en el limbo». Estremece un poco, porque se parece demasiado a la frase que usa para describir lo que le pasaba cuando estaba en la ESMA y la llevaban a algún sitio en auto: «Iba mirando la calle a través de la ventanilla y sentía que no estaba ni viva ni muerta, ni en un lado ni en el otro. En el limbo».

—La relación que tenía con Jesús era: «¿Qué hago yo en el mundo sin Jesús?» —dice Alba Corral—. Tenían una relación que era: «Yo te controlo, yo te miro». Uno encima del otro. Controlándose. Lo que hacía uno, lo que hacía el otro, el mensaje que había recibido, el que no había recibido. «No, esto que no se entere Jesús, no hay que decírselo porque puede interpretar otra cosa.» Y celos totales. Ella opera en todo, manipula. En lo social, en la pareja. Con Jesús se peleaban, no se soportaban, se volvían a alejar. David era como un apósito de los dos. Era una cosa muy simbiótica. Todos pensábamos qué iba a ser de David cuando muriera el padre, pero fue muy bien. Creo que David necesitaba un poco de oxígeno, porque Silvia era la secretaria privada de David. Por un lado era sobreprotectora, pero por el otro era superexigente: que triunfe, que aspire, que sea ambicioso, que tenga buenos currículums. Vera es quien es porque la madre la empujó en esa dirección. Tenía que ser alguien en la medicina y ocupar un lugar. Lo que pasa es que Vera se sacó de encima a la madre, dijo: «Tú aquí, yo allí. Porque juntas no vamos a ninguna parte». Y se fue a Aberdeen. Pero la parte ambiciosa se la puso Silvia: había que aspirar a lo mejor.

Yo aún estaba en España cuando, en Buenos Aires, a Silvia Labayru le robaron los dos teléfonos, el español y el argentino. Su hijo David me alcanzó el chip del teléfono español al hotel donde me hospedaba, en el barrio de las Letras, para que se lo llevara a su madre. Le dije, porque él había tenido que acercarse desde Hortaleza: «Qué lástima que hayas tenido que venir hasta acá». «No te preocupes, es mi madre, estoy habituado», dijo con una sonrisa de hombretón de dos metros y paciencia infinita. Unos días después, ya en Buenos Aires, ella y Hugo pasaron rápidamente por mi casa en auto a buscar el chip y quedamos en vernos poco después.

Hoy en la casa de Costa Rica no hay rastros de mudanza: parece un sitio habitado desde hace mucho tiempo y de hecho lo es: están aquí desde comienzos de 2022 y se acerca el mes de julio. En el balcón han colocado una mesa oval, dos sillas.

–Cada cosa es una batalla, porque yo soy más de la estética y Hugo es más de la funcionalidad.

No sé quién ganó, porque los muebles son lindos y cómodos. Sobre la mesa del comedor hay un libro de Camus y, junto a él, un teléfono nuevo.

–Ah. Compraste uno.

Compró uno barato, pero hoy regresó a la compañía porque empezó a bajar la información de la nube, era necesario que diera un número telefónico para recibir la clave y, sin darse cuenta, dio el teléfono español, pero el teléfono español todavía no está activado porque compró un solo aparato y le puso el chip argentino, «entonces entró todo en una especie de colapso, porque todavía no tengo otro teléfono, y no compré otro teléfono porque Andrés Rubinstein me dijo que mejor comprara un teléfono con dos chips, pero aquí no hay teléfonos con dos chips, y *by the way*, voy a la casa de Andrés Rubinstein para que me ayude a bajar las fotos, llevo el ordenador, nos sentamos, me baja las fotos, yo hasta ahora estaba tranquila porque podía ver el WhatsApp Web, y entre eso y el mail podía seguir trabajando, pero lo abro esta mañana para empezar a trabajar y se desconfiguró el WhatsApp Web y me pide el teléfono para activarlo y el teléfono para activarlo es el español, y no tengo. Entonces esta mañana fui otra vez a la compañía, con un iPhone antiquísimo que era de Jesús, y metieron el chip que trajiste tú, el español, al teléfono ese para ver si se conecta, pero pongo el código para desbloquear y no es correcto, pongo la segunda vez, no es correcto. Y me dice: es el último intento. No sé qué pasó».

Cuando habla así tengo que respirar más rápido porque siento que, si no lo hago, se va a ahogar. Creo que me perdí en la explicación, pero de todos modos intento:

—¿Y si le ponés a este teléfono nuevo el chip español por un rato?

—¿Sabes qué pasa? Que tengo pánico. Esto es lo único que tengo ahora, el teléfono argentino con WhatsApp argentino. Ahora estoy en un *loop*.

—Tenés que comprar un teléfono que esté liberado.

—¡Por Dios! ¿Pero liberado de qué? Hoy me dijeron lo mismo: tiene que estar liberado. Yo ni sabía qué era eso. No tengo idea. Cada día me voy desayunando con cosas nuevas. Como esto del teléfono liberado. Y ahora hay cuatro días feriados. ¿Tú sabes por qué?

—Por dos próceres.

—Pero cómo puede ser que haya tantos feriados en este país. Hugo me dice: «Lo hacen por el turismo». En fin.

Como siempre tiene datos actualizados —qué libros se están leyendo, cuáles son los mejores sitios para tomar un café en ciertos barrios (no muchos, su circuito es acotado: Palermo, Las Cañitas, Belgrano), quiénes son las figuras públicas a las que todo el mundo mira, dónde se consiguen buenos productos para cocinar–, la evidencia de que es una extranjera, una mujer que pasó más de cuarenta años fuera de la Argentina, queda desdibujada. Pero entonces pasan estas cosas (no logra entender lo de los días festivos o qué es un teléfono liberado), y el esfuerzo que implica el cambio de ciudad, de país, de vida, se alza como la aleta dorsal de un dinosaurio marino y se puede ver el tamaño de todo lo que hubo que mapear desde cero: si en España se manejaba perfectamente con el sistema de salud, si sabía a quién acudir cuando necesitaba reparar el aire acondicionado o la computadora y cuál era la mejor veterinaria para sus animales, en Buenos Aires todo eso debió rearmarse. Un día, cuando yo estaba en Madrid, me envió un mensaje preguntándome, con todo cuidado, si podía llevarle un frasquito de chicles Orbit de menta. Le dije que por supuesto, y al instante sentí que esos chicles eran la representación más clara de lo que significa migrar: es la clase de cosa totalmente banal pero irremplazable –son esos, no otros; es ese sabor, no otro; es esa marca, no otra– que le da sentido y significado a la palabra *casa*. ¿Dónde queda mi casa? En un frasquito de chicles Orbit de menta. Así que bajé a la calle y compré seis u ocho, los metí en la valija y cada tanto los miraba con alivio, como si le estuviera llevando un remedio que la iba a sanar de todo (aunque no parecía necesitar que nadie la sanara de nada).

–Mira, cumplimos un aniversario con Hugo. Primera vez en mi vida que festejo un aniversario.

–¿Cuándo fue?

–El 7 de junio. La noche que llegué a encerrarme ocho días en su casa con la maletita. Tres años cumplimos. Y fuimos a cenar a Roux. Que por cierto, comí rico. Y carísimo. Sinceramente, la comida estaba bien, irreprochable, pero un local que no amerita. Mesitas así, la señora que pasa y te golpea. Para tener esos precios, yo aspiro a otro local. Pero te decía: a Hugo se le ocurrió algo divertido. Bueno, divertido no. Emocionante. Ir a celebrar los tres años y una especie de casamiento entre nosotros yendo al lugar donde nos encontramos por última vez en el año 74, que fue en la cola del velatorio de Perón frente al Congreso. Vamos a ir ahí un momentito a celebrarlo. Él me encontró en la fila. Eran unas colas de noche y día. Y me fui con él. Fue la última vez que estuvimos juntos. Nos fuimos a... nos fuimos a coger. Nos fuimos a mi casa.

–Ya no eran pareja.

–No. Habíamos cortado, vuelto, no sé qué. La idea es encontrarnos ahí y decir: «Como decíamos ayer».

El 1 de julio llueve fuerte y cuando la veo nuevamente le pregunto si fueron al Congreso. Me dice, coqueta, intencionada: «No, pero celebramos igual».

Después, a lo largo de cierto tiempo, nos dedicamos a reconstruir las cosas que pasaron, y las cosas que tuvieron que pasar para que esas cosas pasaran, y las cosas que dejaron de pasar porque pasaron esas cosas. Al terminar, al irme, me pregunto cómo queda ella cuando el ruido de la conversación se acaba. Siempre me respondo lo mismo: «Está con los gatos, pronto llegará Hugo». Cada vez que vuelvo a encontrarla no parece desolada sino repleta de determinación: «Voy a hacer esto, y lo voy a hacer contigo». Jamás le pregunto por qué.

En 2012, cinco años antes de que muriera Jesús, Adriana, la mujer de Hugo, lo dejó. «También me dejó. Como Silvina. Es parte del folclore.» Entonces él le escribió un correo electrónico a Silvia Labayru poniéndola al tanto –«me separé»–, y diciendo que estaba dispuesto a «abrir la caja del pasado». Ella no le contestó.

—Le escribí. Le dije: «Estoy separado». Había un olor ahí, a pasado. No me contestó. En ese año ella me mandó un mensaje creo que por Facebook, una cosa horrible, del tipo: «Me acordé de tu cumpleaños hace cuatro días, te mando un saludo». Un espanto. En 2014 le escribí de nuevo. Y esa es la que no le perdono. Le escribí diciendo: «Estuve releyendo los mails del año, vi que no me contestaste, por ahí no te llegó». Yo le escribía con cualquier excusa, para hablar. Pero ella no estaba interesada en verme. No me contestó. Estaba mal con el... cómo se llama... el difunto.

—Jesús.

—Sí, el difunto, así lo llamo yo. Se llevaban mal. Yo estaba para verla. Al principio de mi separación no, pero ya en ese momento había un espacio para verla y no contestó. En 2018 yo había sacado un libro sobre la Shoá. Y un amigo me regaló el libro *El infiltrado*, de Goki... Guki...

—Uki Goñi.

—Eso. Él aprovecha a Astiz para hablar de Silvina. La describe, yo diría, bien. Vos no la conociste, pero en esos años era una mujer... fascinaba. Tenía una presencia impactante. Era todo. Y él la describió así. Ella pasaba y se armaba un lío. De hecho, para bien y para mal, lo que pasó en la vida es que yo no soportaba, cuando éramos jovencitos, los efectos que ella producía. Ella no es responsable por eso, y yo entendí que no es fácil manejarse con eso. Se le venían un montón de sujetos, tenía mucha oferta. Tenía un tumulto. Era el club. Así le decían en la secundaria, el Club Labayru.

—Acólitos.

—Sí, yo los conozco a todos. Los amigos de ella. Todos los amigos de ella son amigos que «si puedo, se la doy». Todos han intentado de un modo u otro... No es fácil para mí la relación con sus amigos, porque no es fácil estar con un tipo que se quiere coger a tu mujer. No es que tengan actitudes así, pero se sabe. Cuando me separé de Adriana la pasé bastante mal. Y le dije a mi amigo, el que me había regalado *El infiltrado*: «Mirá, lo mejor que me puede pasar en los próximos quince años es estar con Silvina. Porque yo nunca estuve con Silvina». Para mí, durante muchísimo tiempo, sexualmente no había nadie como ella. Y hoy podría decir lo mismo. Que yo haya estado en la cama con alguien como ella... qué sé yo, no sé, no me pasó. Me pasó eso. Y ahí le volví a escribir para mandarle un libro que yo había escrito.

El libro se titula *La Shoa en tiempos de cine*, y analiza películas que abordan el tema de los campos de concentración. El correo que le escribió empezaba diciendo: «Mi Silvina». Fue enviado en 2018. Él no sabía que Jesús había muerto.

—En 2012 él me escribió, diciendo que estaba dispuesto a abrir la caja del pasado. Pero yo en ese momento no estaba en condiciones de nada, así que no le contesté. Cuando murió Jesús, lógicamente, volví a pensar en Hugo. Pero me daba mucha vergüenza decir: «Ahora que me quedé viuda, llamo por teléfono». Cuando él me escribió, ese «mi», «mi Silvina», me dio la idea de que todavía había algo. Me preguntó cómo me podía mandar el libro que había escrito. Fue justo cuando Jesús acababa de morir. Y le dije que en vez de mandármelo me lo diera personalmente, que ya había pasado mucho tiempo y que nos merecíamos un abrazo. A partir de ahí empezamos a hablar. Él no sabía que Jesús había muerto, a mí me daba cosita decírselo. Hasta que en un momento le dije: «Mi vida ha cambiado mucho, ahora estoy mejor pero ha cambiado mucho». Él me preguntó: «¿Qué quiere decir que tu vida ha cambiado mucho? Yo no sé nada». Y empezó a averiguar. Y después me escribió. Ahí se empezó a fraguar el encuentro.

Se escribían por correo, por WhatsApp, nada de voz, puro texto. Él hizo una apuesta codiciosa: la invitó a viajar a Buenos Aires en mayo de 2019 y quedarse ocho días encerrada con él, en su departamento.

—Ocho días aquí. Encerrada con él. Después de treinta años o más. Podría haber dicho: «Nos encontramos a tomar un café,

vamos a pasar un fin de semana a la costa y vemos qué pasa».
Pero no. Jugó fuerte.

Llamadas: hubo tantas. La de la militancia. La de su padre.
La de –¿muy cursi?– este amor.

–Ella se mostró muy interesada en venir. Pero se atrasó el viaje, dijo que por un problema de salud. Después me enteré de que en realidad había estado un poco gorda y no quería presentarse gorda. Nosotros empezamos a hablar en octubre de 2018 hasta mayo de 2019, todo WhatsApp. En mayo yo sabía que venía, pero postergó el viaje para junio. Entonces la llamé. Tenía que ir a dar una clase en el Hospital Borda y por el camino la llamé. Hablé con ella. Le escuchaba la voz por primera vez después de diez años, cuando habíamos hablado en el aeropuerto de Barajas. Le dije: «Mirá, si te voy a ver cada tres meses, no. Para una vida así, yo ya tengo. Yo tengo organizada mi vida amorosa así. Pero no puedo hacer eso con vos. No podés ser alguien más en mi vida, eso es imposible para mí».
Ella seguía siendo ella: esquiva, temblando de miedo al rechazo.
Él seguía siendo él: o mía entera, o sin mí.
–Así que vino. En junio de 2019. Y acá se generó un tendal. Porque me dijo lo de las cartas.

Silvia Labayru llegó a Buenos Aires el 7 de junio de 2019. Primero pasó por casa de una amiga a ducharse y después tomó su maleta y fue a tocar el timbre en el piso 15 de un edificio de la calle Gurruchaga. Donde estaba él. Treinta y cuatro años más tarde.

«No puedes volver atrás y cambiar el principio, pero puedes comenzar donde estás y cambiar el final.» C. S. Lewis. (Frase posteada por Silvia Labayru en su Facebook el 16 de noviembre de 2022.)

«Lo que sea que estés destinado a hacer, hazlo ahora. Las condiciones son siempre imposibles.» Doris Lessing. (Frase posteada por Silvia Labayru en su Facebook el 18 de noviembre de 2022.)

–Silvina sigue siendo bella. Los años le han golpeado la cara. Eso a mí me duele. Me duele no porque la hayan golpeado, sino porque no estuve en los años en los que no tenía la cara golpeada. No estuvo conmigo. Cosa que a mí me hubiera gustado. Y cosa que tampoco me hubiera gustado, porque tengo dos hijos a los cuales no renunciaría por ningún motivo. Pero ella llegó con un discurso para mí insospechado: las cartas del 78.

El día del reencuentro ella le dijo: «Tú no contestaste ni mi telegrama ni mis cartas».

Él, azorado, preguntó: «¿Qué telegrama, qué cartas?».

Por un momento, hubo abismo.

–Ella había querido estar conmigo. Había querido.

Él: ¿entonces ella me buscó?

Ella: ¿entonces él no sabía nada?

¿Cartas? ¿En 1978? ¿Un telegrama? ¿De esa mujer que lo había destrozado, la que con un chasquido lo podía tener –a él, al gallito, al petulante– a sus pies? El día en que Silvia Labayru llegó a Buenos Aires coincidió con el del cumpleaños de la madre de Hugo Dvoskin, también llamada Silvia, una mujer con quien él nunca se había llevado bien, de modo que le pidió a su hermano menor que le preguntara por el asunto. Pero su hermano ya sabía: tenía quince años cuando su madre había recibido el telegrama y lo había destruido, ordenándole que no dijera nada.

—Lo había roto. Había roto el telegrama. Y no me habían dado las cartas. Lo primero que le dijo mi madre a mi hermano fue que no me dijera nada, que para qué me iban a contar ahora. Pero mi hermano me contó. Hablé con ella, con mi madre. Le dije que estaba muy molesto con eso, y que no iba a ir al cumpleaños porque no me sentía para ir a festejar nada, que lo que había hecho me parecía una cosa horrible. Y ella entró en una especie de...

En un colapso completo. Terminó en un hospital. Desde entonces, como no pudo volver a su casa y valerse sola, vive en el Geriátrico Gardenia: el mismo en el que vive el padre de Silvia Labayru.

—¿La volviste a ver?

—Muy poco. Yo ya tenía una relación distante. En aquel momento, en el 78, me habrán visto muy mal. Entre comillas, me habrán «protegido». Pero mi mamá no es una persona con la que uno pueda contar. En algunas cuestiones se pudo contar y en otras, como esta, se toma derechos gravosos, como el que se tomó de secuestrar las cartas y tirarlas. Pero yo de todo eso me enteré ahora. Así que todo eso no fue mi vida.

—¿Le preguntaste por lo que hizo tu padre, recibir el llamado y no poner a Silvia en contacto con vos?

—Bueno, llaman al estudio, piden por el hijo, él considera que es una persona inadecuada. Moralmente no está bien, éticamente está en su derecho. Pero lo otro, si hubo cartas que llegaron a manos de mi mamá o mi papá y no me las dieron, eso no. Eso es secuestro de correspondencia. En el caso de mi mamá, el telegrama decía: «Vengo del infierno, necesito que me ayudes». Tiene un agravante, que no es menor. En mi familia, aunque yo no soy el más cercano a la cultura judía, tenemos alguna solidaridad o responsabilidad con los campos de concentración. ¿Entonces viene alguien de un campo de concentración y no le vas a dar ayuda? ¿Abrir la correspondencia? Eso es delito. Un delito punible y no excarcelable. De un año a un año y medio. Un año si lo hacés solo. Un año y medio si es en colaboración. Ella lo hizo en colaboración, así que durante un año y medio para mí estuvo presa. La policía no la va a condenar. Pero yo decidí la condena.

La condena fue no ir a verla durante dieciocho meses.

–¿Que nuestra vida pudo haber sido distinta? Tal vez sí. Tal vez no. Quién sabe. Si esas cartas hubieran llegado a destino... Son suposiciones. Pero fue una posibilidad que esta mujer truncó. Yo nunca los odié. Hicieron lo que pudieron. Ella creía que yo podía poner en peligro a su hijo. Pasaron cincuenta años. Por suerte, la mujer ratificó el contenido del telegrama, confirmó lo que decía. Me tomé el trabajo de ir a hablar con esta señora al geriátrico y decirle que no la iba a perdonar, pero que como madre podía llegar a entenderla. Tiene noventa y pico de años. Ya está. Yo no sabía que él no había recibido esas cartas. Y no sabía qué pensar. Que no me contestara después de haberle escrito esas cartas que fueron las cartas más bellas que he escrito nunca a nadie... Pensé que no me quería responder porque me consideraba una traidora, una colaboracionista.

–¿La madre de Hugo conservó las cartas?

–No. Teníamos esperanzas, porque Hugo me dijo que su madre guardaba todo. Pero las destruyeron. Destruyeron todo. El telegrama y las cartas.

Siempre le pido que intente recordar el contenido, pero no recuerda nada. Repite: eran cartas de amor.

–Las más bellas que he escrito nunca.

–Mi madre no se recuperó de eso. De eso que hizo. Ellas son muy amigas ahora, con Silvina. La va a ver cuando va a ver a su padre, que está en el mismo geriátrico. Por motivos que desconozco, la ve bastante. Yo no estoy muy de acuerdo con que vaya a verla. Tampoco estoy de acuerdo con este trabajo que está haciendo con vos. No estoy de acuerdo.

–Sí, ya sé. Silvia me dijo.
–Ella puede escribir. Que lo escriba ella, o que lo escriban juntas, qué sé yo. A Silvina la veo con muchas dificultades para jugar para ella. Inclusive el juicio a González fue bastante peleado acá. Ella buscaba protagonismo donde no lo tiene.
–¿Cómo es eso?
–Hay una escena crucial, la de Berrone. Ella dice que Berrone la intentó violar, y que ella estaba con Vera en la quinta y se lo sacó de encima. Le dije: «Si es así, González es inocente. Porque si tenías posibilidades de repeler, empujar y decir que no... Mejor pensá en otra cosa. En todo caso, si Berrone no te violó fue porque le caíste mal o de golpe le pareciste fea, no sé. Pero nunca escuché: "Me iba a violar, y le dije que no". ¿Qué era, un violador piadoso?». Eso es ser más protagonista de lo que debe.

Después de ese encierro de ocho días, después de la revelación del telegrama y la llamada y las cartas, después del colapso de la señora Dvoskin, Silvia Labayru volvió a España. Pero esta vez no hubo «no me escribas». Más bien hubo «¿cuándo nos vemos?». Él viajó a España en julio de ese año. Ella volvió en septiembre al departamento de la calle Gurruchaga. Y así, y así, hasta que, en marzo de 2020, con la pandemia de covid-19 avanzando sobre el planeta, ella estaba en Buenos Aires. Era evidente que se iba a decretar el confinamiento obligatorio en cualquier momento. En la Argentina tenía algo de ropa, nada más. En España estaban su casa, sus libros, la empresa, Morchella y Toitoy, las amigas y los amigos: su vida. El 17 o 18 de marzo el cierre de fronteras era inminente y Hugo le dijo: «No te vayas».
–Yo me iba a ir, pero Hugo me dijo que me quedara con él. «No, Silvia, no regresés a España, quedate aquí, quedémonos juntos, esto se va a cerrar, el mejor lugar es aquí.» Y le hice caso.
El 20 de marzo de 2020, las fronteras y los aeropuertos de la Argentina ya estaban cerrados. Y ella ahí, con él.

—Si me hubiera ido, hubiera cambiado todo. Pasamos toda la pandemia en ese piso. Tuvimos internas gordas, aparecieron muchas cosas. Del pasado, no tan del pasado. Todas las ex que estaban pululando y que no se resignaron a que de pronto apareciera una y se llevara el gato al agua. Pero a pesar de eso fue maravilloso. Él decía: «Imagínate, tener a Silvina encerrada en mi casa. Qué maravilla». Y fue genial. Un grado de pasión, follando y follando y follando. Encerrados, viendo pelis, haciendo yoga. Los dos pegados ahí.

—Me llamó mucho la atención lo que hizo Silvia, volver a la Argentina —dice Irene Scheimberg, desde Londres—. Pero no puede vivir sin una pareja. Nunca estuvo sin pareja, desde los catorce años. Necesita un hombre cerca. Ahora, cuando empezó a salir con Hugo, me dijo: «Tengo una noticia pero no sé si te va a gustar. Estoy saliendo con Hugo Dvoskin». Y le dije: «Mirá, Silvia, si te hace bien y estás feliz, hacelo». Porque yo a Hugo nunca lo tragué. Cuando estábamos en el Colegio me parecía un machito de estos que se creen que lo saben todo. Ahora no lo volví a ver, creo que sigue siendo un pedante. Pero es el novio de Silvia. Así que yo, las veces que lo vea, voy a ser una duquesa. Igual, la veo mucho mejor que cuando se murió Jesús. Es el bastón que necesita: una pareja. Ella puede caminar sin el bastón. Pero prefiere el bastón. Y en Hugo encuentra una personalidad fuerte, protectora. Necesita que la protejan. Mirá qué ridículo, porque al final se tuvo que proteger ella misma en el peor trance de su vida.

—Hugo es muy intenso —dice Alba Corral—. Manda, dirige, saca, pone. Yo entiendo que el contexto importante ahora es la desesperación de Silvia por una pareja. Hugo está solo y Silvia está necesitada de una pareja, y eso tiene que ser ya. No se banca estar sola. Pero, además, la historia con Hugo la dejó tocada. Igual, ella siempre estuvo en pareja. No solo en pareja: vive veinticuatro horas en pareja. Con Jesús era alucinante. Cuando los del grupo, ocho o diez personas, nos íbamos de viaje y decíamos: «Bueno, las chicas dormimos en un lugar, los chicos en otro», porque era más fácil para contratar habitaciones, ella decía: «No, yo duermo con Jesús y se acabó». De hecho, parecía prisionera de Jesús. Se comía el coco de una manera, como si Jesús le impidiese salir. Se levantaban, se acostaban, comían, todo juntos. Una cosa paranoica. Pero era ella la que se lo imponía, ella sola. Y cuando él viajaba, se controlaban: con quién estás, dónde vas. Con Hugo también tiene una relación así. No igual, es más sana, pero una relación de estar muchas horas juntos. Hugo la presenta como «la que me cocina, la que me hace esto, lo otro». Dice: «Encontré a alguien que me cuida». Si tu marido te define como alguien que lo cuida es porque estás todo el tiempo cuidándolo. Ahí es donde me desencuentro tanto con Silvia.

—Cuando zafás de una tan brutal y tan gorda —dice su amigo Roberto Pera—, a lo mejor te dan ganas de tener un horario de ocho horas, una oficina, un jefe, un marido que te ordene un poco la vida: Jesús. Y, de alguna manera, la historia con Hugo es volver a apostar todo a color en la ruleta.

—En enero de 2020 estuve con mi madre en Madrid —dice Vera—. Ella lo llamaba a Hugo por teléfono y hablaban como si fueran novios. Le tomábamos el pelo. Yo no me lo podía creer. Decía: «Dios mío, son como dos adolescentes». Pero nunca pensé que ella iba a ser feliz en Buenos Aires, y fíjate que creo que no lo está pasando mal.

En enero de 2023, Silvia Labayru y Hugo Dvoskin estuvieron en Occitania, Francia, con Vera y Duncan, el nieto menor. Durante ese viaje me envió una foto tomada en un café. Hugo, sonrisa exultante y remera blanca de mangas cortas. Vera, rulos sueltos, chaqueta abrigada, bufanda al cuello. A Hugo le ha crecido algo de barba, lo que le da un aspecto relajado y sólido. «Lo que me encanta de esta foto es verles a los dos juntos así de alegres. Apenas se conocían personalmente. ¡Se gustaron mucho!»

—Empezaron a aparecer cosas que para mí al principio eran difíciles de digerir —dice Hugo Dvoskin—. Que estuvo con este o con aquel en el pasado. Todos conocidos. Hoy no tengo ni un poco de celos, pero en aquel momento... Me dijo que los motivos por los cuales no habíamos estado juntos eran que... yo no le creo, pero... que la relación era demasiado seria. Yo entiendo que era más por razones de la militancia. Porque en la militancia pasaba de todo. Todo lo que se decía que no debía pasar, pasaba. Había mucha deslealtad. Pero a mí nadie me trató como ella.

—¿En qué sentido?

—En el buen sentido. Nadie. Tratarme así. Lo que yo quiera, ella entra siempre. Que yo quiera algo es un dato fuerte. Los hombres se quejan de sus relaciones, entre comillas, estereotipadas, diciendo: «Si yo quiero algo, hay quilombo: si yo quiero ir a la cancha, quilombo, si yo quiero otra cosa en la cama, quilombo». Con Silvina nunca. Nunca. Siempre está a mi lado. Siempre está muy dispuesta. Pero ella no está del todo bien. Yo le digo: «Yo nunca preferí estar con nadie, yo quise estar con vos siempre». Desde que la conozco, siempre quise estar con ella. Nunca estuvo en mi menú no estar con ella. Y en el menú de ella sí está no estar conmigo. Irse. El miedo mío no es que esté con otro. Tenemos una conversación y de pronto dice: «Bueno, ¿entonces cómo seguimos?». «¿Cómo seguimos en qué cosa? No entiendo qué me preguntás.» Y ella: «Ah, bueno, si vos no querés estar conmigo...». Y le digo: «Mirá, no, no proyectes, yo eso no lo tengo en la mente, eso no está en el menú».

—La vida es con ella.

—Pse.

—Y vos decís que para ella existe otra posibilidad.

—Ella dice que no. Pero yo veo que todavía tiene que armarse. La veo con mucha dificultad para trabajar para ella. Ella se tiene que venir a vivir acá. Yo creo que ella quiere hacer eso. Ella me dice: «Yo no soy la muchacha de aquella época». Yo al principio quería un listado. De todos. Es que el primer tipo por el que ella me dejó era mi compañero de militancia, y además era el novio de su amiga. Un desastre.

—¿Por qué decís que no la ves trabajando para ella?

—Ella participa de actividades de la ESMA y no está de acuerdo con nada de lo que se piensa ahí. No lo dice. Tiene toda la autoridad para decir que los abandonaron, que la organización Montoneros sancionaba a las mujeres que abortaban y por tanto es imprudente que en un lugar donde se va a hablar de políticas de género se reivindique la política de Montoneros, que fue muy dura con las mujeres. Podría decir lo que se le cante.

—¿Y por qué creés que participa?

—Qué sé yo. Por eso te digo: por lo mismo que está participando en el libro tuyo. Ella tiene que participar del libro de ella, no del libro de otro. Es un error en la vida. Que lo escriba ella, que lo escriban juntas, ¿pero por qué va a colaborar con el libro de otro, por qué?

—Mucha gente no puede escribir su propia historia.

—Ella escribe mejor que nosotros dos.

—¿Entonces por qué creés que no lo hace?

—No sé. No sé. Es lo que estamos tratando de dilucidar. Le dije un día: «Todos te piden cosas a vos, cosas que no tienen nada que ver». Jesús, el difunto, le decía que él tenía derechos sobre el departamento de Madrid. Es un departamento que ella tenía desde antes. Las amigas le piden cosas insólitas. El hijo le pide cosas. Y así.

Antes de irme le pregunto si puedo pasar al baño. Cuando salgo, está hablando por teléfono. Le hago señas para no molestarlo —creo que es un paciente—, y me hace «chau, chau» con la mano, sin dejar de hablar.

Siempre me aseguraba que sí, que lo íbamos a hacer, pero nunca sucedía. Los motivos eran atendibles: el covid, que dificultaba las reuniones, su deseo de estar con él en soledad, el hecho de que no tenía un momento fijo en la semana para ir a verlo, sus viajes, los míos.

Hasta que un día de julio de 2022 me dijo que la esperara en el bar de la esquina del Geriátrico Gardenia –que queda a tres cuadras del departamento de la calle Jorge Newbery en el que pasó buena parte de su infancia y de su adolescencia– a las cuatro y media de la tarde.

Llego un poco antes. Estoy cruzando la calle, a metros del bar, cuando escucho:

–¡Leila! ¡Acá estamos!

El pelo recogido en una coleta que cae sobre el hombro, el flequillo tapándole la cara, como jamás la vi, avanza empujando una silla de ruedas en la que va él. Jorge Labayru.

No tengo idea de qué voy a encontrar. Su memoria fluctúa entre la niebla y la conexión pero todo está ahí, guardado. El terror creciente ante la evidencia de que algo horrible había sucedido, la reacción explosiva cuando recibió la llamada de Acosta y, por puro azar, dijo exactamente lo que había que decir: «¡Montoneros de mierda!». ¿Cómo fue ese lado de la historia? ¿Qué sucedió entre la primera llamada del marino y la segunda, cuando escuchó la voz de su hija –«Hola, papá, soy yo»–, después de tres meses durante los que había creído que estaba muerta?

El bar está repleto de gente mayor y gente de mediana edad. Supongo que los principales clientes son personas internadas en el geriátrico y sus familiares. Ella maniobra con pericia la silla de ruedas y la coloca frente a una mesa.

—Hola, buenas.

El mesero parece conocerlos, pregunta qué tal están, qué van a tomar. Ella pide un café —con hielo en un vaso aparte—, y un café con leche para su padre.

—Papá, ¿querés la torta de siempre? —pregunta gritando.

No le ha dicho «quieres», sino «querés», en argentino profundo, algo que pocas veces hace. Él asiente con la cabeza, los ojos transparentes rebosantes de ironía o de burla, como si algo le provocara mucha gracia. Es la misma expresión que tiene en algunas fotos que ella me envía después, en las que se lo ve sosteniendo un ejemplar de *Sarmiento*, un libro de Martín Caparrós (Jorge Labayru lee mucho y se queja de que sus compañeros de geriátrico no leen nada, que se pasan el día mirando televisión), o junto a su nieto David: alguien tremendamente divertido a quien las cosas que lo rodean le parecen un poco ridículas.

—La torta de chocolate, por favor —le dice ella al mesero.

Como él está sordo, ella lleva un cuaderno en el que escribe frases simples —«Pregunta Leila si te acuerdas de los viajes que hacíamos», o «Dice Leila que es de Junín»—, pero lo usa poco. Se quita y se coloca la banda elástica que le sostiene el pelo una y otra vez, en un gesto que denota cierta tensión. El flequillo le tapa los ojos y le da un aspecto rebelde y juvenil, pero un poco tímido. Mira a su padre con el mismo arrobo paciente con que mira a sus animales —Monkey, Morchella, Toitoy— y le limpia una lastimadura que tiene en la cabeza, escaras de la edad.

—A ver, papá, qué tienes aquí —susurra, pasando suavemente sobre la herida una servilleta de papel.

—Ella no sabía inglés antes de ir a San Antonio, Texas —dice Jorge Labayru, mirándome.

Me quedo congelada. No es la voz del hombre que atendió al Tigre Acosta por teléfono, ni la del padre que llegaba a la casa de su hija en Madrid cargado de medialunas, ni la del abuelo que jugaba con Vera. Es una voz aguda, casi un graznido, estremecedora, que tracciona desde el fondo de la memoria restos del naufragio.

—Era un lugar muy especial de Estados Unidos —dice levantando el dedo índice—. Nosotros teníamos una familia mexicana que fue tan amiga nuestra que la trajimos a la Argentina.

—Los De la Garza —dice ella, con una dulzura que utiliza poco.

—Leí en los diarios que salió un estudio sobre el libro *Santa Evita* —dice él.

Hace unos días se estrenó la serie *Santa Evita*, basada en la novela de Tomás Eloy Martínez, y todo el mundo habla de eso.

—Se calcula que se han escrito un millón de volúmenes. Evita era una mujer, una buena mujer.

Ella me mira y dice:

—Ahí empieza.

—Además, lo ayudó a Perón. ¡Que Perón se haya casado con Evita! Tenía que tener mucha fuerza, por no decir otra cosa, para haberse casado con Evita. Era una mujer poco conocida, era una actriz de radioteatro.

—¿Usted es peronista? —pregunto, en voz muy alta.

—No. Soy antiperonista. Pero he cambiado. He cambiado lo que yo pensaba de Perón. Fue muy inteligente. ¡Casarse con Evita en aquella época! Una vez en un vuelo a España la llevé a la segunda mujer de Perón, que se llamaba Isabel.

—¿Se acuerda de los viajes que hacía con Silvia?

Pregunto por preguntar. No espero obtener datos de una memoria astillada. Me basta con lo que arroje a la superficie.

—¡Leila te pregunta si te acordás de los viajes que hacíamos juntos! —grita ella y manotea el cuaderno, pero antes de que pueda escribir Jorge Labayru dice:

—Fuimos de las islas Filipinas... ¡a Londres! Porque yo volaba de Filipinas a Hawái y de Hawái a Los Ángeles. Mejor dicho, volvía a Madrid, porque en Madrid estaba ella.

—En esa época, papá, no se sabía cuándo dormías. Vera decía: «El Nonno está loco, porque vive de noche y duerme de día».

—Además, ¡nunca he estado enfermo! Nunca he estado enfermo.

Habla de Uruguay como país ejemplar, de la ciudad natal de Eva Perón, de los escandinavos (creemos que de ciertas excursiones vikingas, pero no estamos seguras), de su propia madre, del fallecimiento de su propia madre, de un gasoducto cuya construcción está retrasada, de una decisión reciente del Congreso. Aunque los nexos entre un tema y otro —la madre, el gasoducto, Perón— son arbitrarios, lo que dice sobre cada uno de esos temas es, aunque escueto, bastante sólido.

—¿Mira las noticias?

—Miro porque estoy preso —dice riéndose—. En el hospital. Un hospital que está al lado del Hospital Militar.

—Pero no está preso, Jorge.

—No estoy en mi casa —dice, socarrón—. Mi mujer me ha echado de mi casa. Estoy casado con ella y ella cobra la pensión que me pagan. O sea, yo mismo me pago la cárcel. Pero lo que más tengo que apreciar es lo sano que soy. ¡Nunca he estado enfermo de nada!

—¿Y de la cabeza? —pregunta ella y le pasa la mano por la frente.

—¡No! —dice él, taxativamente.

Después volviéndose hacia mí:

—Yo no la hice a ella. Ella tuvo políticamente su independencia. Fue una mujer independiente, y el padre que tenía era militar. Yo la llevé a Nueva York en Aerolíneas Argentinas, y de ahí a San Antonio, Texas.

—¿Por qué hizo eso?

—Porque ella estaba presa en la Policía Federal y yo fui a hablar con el comisario y dije que yo a mi hija la sacaba del país. Y de Nueva York viajó a San Antonio, Texas. En aquella época de los militares, los compañeros míos me querían mucho. Hablé con ellos para que no la detuvieran y entonces la salvé. Hablé con un comisario de la Policía Federal, para sacarla.

—La ayudó mucho.

—Era mi hija —dice, encogiéndose de hombros, como diciendo: «¿Qué otra cosa iba a hacer?».

—¿Te acordás cuando decías que si hubieses tenido cuatro o

cinco hijas como yo estaría muerto? Por suerte tuviste una sola.

—No hubo otra hija por la madre —dice, como si su hija no estuviera—. Yo hubiera tenido otra hija, pero la madre no.

—Papá, yo le conté a Leila que cuando venías a casa a Madrid te ponías a lavar la pila de platos y decías que hacías submarinismo. Te dejábamos todos los platos sucios de semanas porque te gustaba lavar los platos.

—Yo era muy amigo del marido de ella.

—¿Cuál de todos ellos, papá?

—Del primero.

—¿Cuál es el primero, papá?

—De Jesús.

—Ese no es el primero, papá. El primero es Alberto Lennie, el papá de Vera. A ese no lo querías.

—No, no, no. Al otro.

—Osvaldo Natucci.

—Sí. Ese. Lo encontré en una milonga de Buenos Aires. Yo he sido muy buen jugador de futbol y muy bailarín.

—¿Iba con Betty a bailar?

—Sí, sí. Preciosa, sí. Nos separamos por un choque que tuve, un choque tremendo.

Ella me mira y él se cierra en bloque, contemplando la vereda a través del vidrio.

—¡Perón fue muy inteligente! ¡En aquella época, casarse con Evita! —grita.

Su hija se ríe, le dice que baje la voz.

—Yo volaba a Cape Town.

—Y yo no quise ir porque cuando me invitaste había *apartheid*. Por cuestiones éticas. Qué boluda, ¿eh, papá? Yo era un poco boluda.

—¿Se peleaban por política? —pregunto.

—Discutíamos. No peleábamos —dice ella.

—Ella era montonera y yo militar. Ya está todo dicho —dice él.

Ella me hace un guiño: «Ahí tienes, ese es mi padre».

A la hora del regreso, caminamos hasta la puerta del geriátrico. Toca el timbre, abre una chica con uniforme de personal de salud, ella empuja la silla por la rampa con la habilidad de quien está entrenado, aunque no parece una carga liviana. Le da a su padre un beso en la cabeza.

—Chau, papá, te quiero mucho; cuidado con las mujeres, ¿eh?

Antes de irnos le dice a la chica:

—¿Puedes decirle a Silvia que mañana vengo a verla, que no me olvidé, que se me hizo tarde?

Silvia es la madre de Hugo.

—Ha dicho que no quiere subir con mi padre al ascensor porque él le toca el trasero —me dice cuando nos vamos.

Necesita caminar un poco, estas visitas la dejan aniquilada. Así que caminamos.

Solo un año y medio después de haberla visto por primera vez me siento cómoda haciendo algunas bromas. Un día comenta que le pidieron que revisara materiales vinculados con la ESMA. Lo hace, pero dice que a la vez piensa: «Dios mío, esto no se va a acabar nunca, ¿hace falta escribir tanto, investigar tanto sobre lo mismo?». Le digo que no soy quién para opinar, puesto que voy a escribir sobre «al menos un material vinculado con la ESMA», y le sugiero que, si se siente harta, cuando le pidan ayuda en relación al tema empiece a sollozar y diga: «¡No, por favor, no puedo hablar de eso, me hace muy mal!». Responde con un audio que empieza con una carcajada cristalina: «¡Me has hecho reír!».

En las entrevistas, en los mensajes que me deja, la escucho desgranar, entre escandalizada y orgullosa, la cantidad de cosas que ha hecho en un día: ha ido en auto hasta el Centro Cultural Kirchner, en la otra punta de la ciudad, luego a un restaurante, luego ayudó a Hugo a diseñar unos flyers para un curso, antes de eso se reunió con una abogada, después estuvo desentrañando cuestiones de un departamento que tiene en Reus. Nunca me habla de su trabajo en las revistas de ingeniería (solo una vez da un dato concreto: «Ahora estoy metida con la ingeniería médica y los tacs, y cómo intervienen los ingenieros en la tecnología de los aparatos en la cuestión hospitalaria»). Hacia fines de 2022, tengo la sensación de que el movimiento constante la tiene cansada y que las cosas que hace Hugo –el congreso de Brasil, las nuevas clases que está dando en inglés– cobran un protagonismo peculiar. «Han sido unos días trepidantes de cosas de todo tipo. Visitas, cenas, teatros, partidos de fútbol, problemas, abogados. Y la verdad es que estoy ya un poco cansada, con ganas de aflojar, pero nunca llega. Bueno, lo que siempre te estoy contando, pero son unos días de no parar. Hubo algunos momentos en los que me dieron estos ataques de dormir, y he dormido en las tardes cuatro horas seguidas, me despierto totalmente embotada. Me da culpa la procrastinación. Tengo problemas con los pisos de España, en fin. Pero todo se andará [...]. Aquí Hugo empezó a dar clase en inglés, esta vez con un grupo en Escocia y Estados Unidos.» Sigue una larga lista de actividades varias. «Está a tope. A tope a tope.»

Paso varias semanas en Ciudad de México, invitada por la Casa Estudio Cien Años de Soledad para hacer una residencia literaria. Me hospedo en un Airbnb de Coyoacán. Es un departamento bonito, acogedor, que está en la casa donde funcionó hasta 1998 la revista *Vuelta*, fundada por Octavio Paz. Supongo que muchos podrían escribir cosas rimbombantes acerca del hecho de estar pendulando entre un sitio frecuentado por Octavio Paz y la casa donde García Márquez escribió *Cien años de soledad*, en San Ángel, pero yo dedico el tiempo a un trabajo bastante mecánico –transcribir las entrevistas que hice para este libro–, lo que no deja lugar a muchas fantasías (deja, en cambio, mucho dolor de cuello). Mientras estoy allí, me llega un mail desde el Museo de la Memoria invitándome a participar, con otras periodistas, de una visita a la muestra «Ser mujeres en la ESMA II». No pregunto cuál es el objetivo y, aunque ya la vi, acepto y me digo que, si debo cancelar, hay tiempo.

Cuando llego a Buenos Aires, casi un mes después, recibo un mensaje suyo: «Nos veremos en lo de la ESMA, ¿verdad? ¿Quieres que vayamos juntas?». Me sorprende –no sabía que estuviera invitada– y me produce esa clase de alegría que surge al descubrir que una coincidirá con alguien en un sitio en el que no esperaba encontrarlo. Le digo que sí, que vayamos.

Unos días más tarde, a la una y cuarto –nos esperan a las dos–, voy a su casa. Toco timbre y escucho: «¡Voy!». Baja. Apenas nos saludamos –de abrazo fuerte– se instala la comodidad de una conversación sin interrupciones. Lleva una camisola blanca, anteojos de sol redondos enganchados en el escote, un pantalón color tierra. Tiene el pelo más largo. Sobre ese conjunto, que parece salido de un escaparate, el abrigo color tiza. Es una mezcla de chica Lennon y alguien que podría dirigir una galería de arte. El auto de Hugo está en la puerta. Ya se atreve a conducir sola y sin GPS. De todas maneras, al apretar el botón de arranque o poner los cambios, sigue haciéndolo con los cuidados extremos que pone alguien al utilizar algo que no le es propio. Por el camino me cuenta una situación delicada que se generó con un piso en España y con un terreno que Jesús compró en Panamá, plantaciones de teca a medias con otros socios.

–Yo siempre tiendo a pensar que todo puede solucionarse haciendo algo. Y a veces, realmente, no puedes hacer nada. Pero aceptar eso es muy difícil. Estoy exhausta. Y sigue y sigue.

Y seguirá y seguirá.

Al llegar a la ESMA, intentamos ingresar por la entrada de Libertador, pero nos dicen que debemos rodear el predio y acceder por un costado. Volvemos a la avenida, buscamos un giro a la izquierda. Un tipo que va en un auto con la ventanilla baja, en dirección contraria, le arroja un beso. Ella no lo ve. Ese es el efecto que produce: rubia alto impacto, un tono de pantone extremadamente llamativo. Rodeamos el área, entramos por donde nos indicaron. Son calles internas por las que nunca anduvo.

–Es como si estuviera en otro lugar. ¿Será por acá?

El sitio es bastante cuadrado, así que nos guiamos por lógica, avanzando despacio entre edificios vacíos.

—Qué deteriorado está todo —dice, como quien lamenta ver una casa en la que vivió venirse abajo—. Mira si no pueden pintar un poco.

Estacionamos donde siempre, la zona arbolada, la plataforma de cemento. Ya son las dos, la hora de la cita, y me dispongo a bajar cuando ella trae a colación un tema sobre el que ha vuelto una y otra vez en el último tiempo: *El fin de la historia*, la novela de Liliana Heker en la cual, aunque con otro nombre, aparece la historia de Cuqui Carazo y Antonio Pernías. En el segundo semestre de 2022 habla mucho de esa novela y de sus procedimientos, que no deja de cuestionar cada vez que hay ocasión (si no la hay, la busca). «¿Cómo es eso de que presentas algo como ficción pero estás hablando de alguien absolutamente identificable y dices de esa persona cualquier cosa? La pone a Cuqui más o menos como una agente de los servicios.» Siempre pregunta si se puede mezclar ficción y realidad de esa manera, si es lícito, si es moral. Yo resbalo en las respuestas, le digo que es una discusión compleja (lo es). Cuqui Carazo y Liliana Heker eran muy amigas. Carazo le contó a Heker, al salir de la ESMA, todo lo que había pasado. Le pregunté a Carazo sobre el asunto y respondió con serenidad: «Yo me resentí con Liliana porque no quieres eso de quien fue tu mejor amiga de infancia, a quien tú le vomitaste todo por necesidad. Pero también entiendo que sea difícil de entender. Yo la juzgo relativamente a Liliana, porque debe resultar muy difícil que se entienda». Ese aplomo está lejos de la ira que el asunto despierta en Silvia Labayru, y siento que podríamos quedarnos hablando de eso hasta el atardecer, pero son las dos y cuarto: llevamos quince minutos de retraso.

—Se hace tarde. Mejor vamos —le digo.

Mientras caminamos hacia el edificio me pregunta:

—Bueno, ¿y tú de qué vas a hablar aquí?

—¿Yo? De nada. ¿Por?

—¿No vas a participar de un panel en el que se va a hablar de los relatos en la literatura acerca de la ESMA?

¿Panel, literatura acerca de la ESMA? ¿En qué parte de la invitación decía eso? Estoy segura de que en ninguna.
—No. Nadie me dijo nada.
—Yo pensé que era eso —dice, indignada.
—¿Pero alguien te dijo que iba a ser *eso*?
—No. Pero pensé que, al venir tú...
—Pero yo no soy alguien que haya escrito sobre la ESMA. Todavía.

Cuando entramos, ya están todas las periodistas junto a la nueva directora del Museo, Mayki Gorosito, esperándonos. Somos las últimas. Pedimos disculpas por el retraso. Ella hace un saludo general, educado, esa clase de gesto que le sale tan bien. Yo, en cambio, me empeño en saludar a todas las colegas y equivoco el nombre de la que más conozco. En vez de decirle Hinde —Pomeraniec, periodista de *Infobae*—, la abrazo al grito de «¡Miriam!». No sé por qué (o sí, y es una explicación tenebrosa: Hinde es rubia y tiene el pelo corto, como Miriam Lewin, la periodista que estuvo detenida aquí y que está en mi cabeza desde el principio). Hay un solo hombre, muy joven, encargado de dirigir la visita.

—Bueno, podemos empezar —dice Mayki Gorosito.

Aunque hay al menos una exdetenida a la que conoce —Bettina Ehrenhaus—, no se despega de mí. Ni yo de ella. Pienso que soy el cajón de doble fondo donde guarda muchas de las cosas que piensa acerca de estar aquí y que, cuando está aquí, prefiere pasar desapercibida. Después me doy cuenta de que, en esa última parte al menos, estoy equivocada.

De pie ante el panel de entrada, aquel que originalmente mencionaba solo a «prisioneros» y «desaparecidos», ahora modificado de manera inclusiva —«prisioneras», «desaparecidas»—, el hombre joven explica el concepto de la muestra pero dice «prisioneros» y «torturados», cuando debería decir «prisioneros y prisioneras», «torturados y torturadas». Las periodistas se lo reclaman:

—Te agradeceríamos que...
—Por favor, justamente en esta muestra...

El reclamo suena un poco hostil. Hinde Pomeraniec se apiada:

—Tengo hijos varones, sé lo que significa, estamos acostumbradas a reponer nosotras, pero es un esfuerzo que tenemos que hacer —dice, amigable.

Me lo imagino reconfigurando el discurso a toda velocidad, poniendo asteriscos a pie de página en palabras como *trasladados* —y *trasladadas*—, *ejecutados* —y *ejecutadas*—. Curiosamente, la palabra *violadas* solo acepta, por ahora, el femenino (algo que el paso del tiempo, seguramente, reparará). Nos invita, estoico, a otro salón donde se proyecta un video que resume el accionar de la dictadura. Todas se sientan menos ella, que se queda de pie cerca de la puerta.

—Yo nunca estuve acá —susurra, mirando un mueble, parte de una barra de bar, ubicado en una esquina.

El hombre joven explica en tono pedagógico qué era la ESMA, cómo funcionaba en sus inicios.

—La Escuela de Mecánica de la Armada, hasta el inicio de la dictadura y durante la dictadura, significaba para un montón de familias trabajadoras, a lo largo y ancho del país, la posibilidad de enviar a sus hijos a un lugar donde les iban a dar una formación técnica, donde les iban a dar de comer. La lista de espera era larga, había examen de ingreso. Y durante el funcionamiento del centro clandestino la Escuela siguió funcionando, entre comillas, con normalidad. Los alrededores de este edificio se transformaron en un área restringida. Los profesores siguieron viviendo en el primero y segundo piso, como si fuera una especie de hotel, mientras en el sótano de este lugar se llevaban adelante los interrogatorios, la tortura, el trabajo esclavo. Cuando empezó la causa ESMA en la justicia, este lugar se consideró y se considera prueba crucial. Es por eso que a este edificio lo único que se le hizo fue lo que se conoce como «detenimiento del deterioro», y la muestra no interviene el edificio, de manera que la evidencia quede tal cual.

La evidencia, después de cuarenta años. Fanego, el abogado defensor de Alberto González, pidió en el juicio que se le hiciera una pericia física a Silvia Labayru para detectar los daños ocasionados por las violaciones ocurridas en 1977 y 1978.

–Por supuesto, si tienen alguna pregunta... –dice, pero nadie pregunta nada.

Ella susurra algo gracioso y yo me río –lo sé porque está grabado–, pero no recuerdo el comentario. Siempre dice cosas ácidas en momentos solemnes. Es raro que la presentación sea tan didáctica, puesto que en el grupo hay exdetenidas –tres: Silvia Labayru, Bettina Ehrenhaus y Laura Reboratti– que conocen la historia por motivos obvios, y periodistas, que deberíamos conocerla (también por motivos obvios).

La proyección del video empieza con una banda de sonido que resulta tétrica: los comunicados de la Junta Militar anunciando el golpe: «Se comunica a la población que a partir de la fecha el país se encuentra bajo el control de la Junta Militar». Se escuchan los nombres de los integrantes: Videla, Massera, Agosti. «Se recuerda la vigencia del estado de sitio.» «Se comunica a la población.» Yo era pequeña cuando empezó la dictadura, tenía nueve años, pero los audios me eyectan a ese invierno interminable, a las charlas entre adultos que los niños no podíamos escuchar, a las opresiones cotidianas –no se puede ir al colegio con jeans, ni con las uñas pintadas, ni con el pelo suelto–, a las películas y los libros censurados: la minucia del horror. Me sucede siempre cuando escucho «se comunica a la población»: la uña lisérgica del pasado penetrando el hipotálamo. No es grave, apenas una conmoción, pero esta tarde hay tres mujeres que estuvieron detenidas y me pregunto si, cuando las invitan a formar parte de situaciones que implican ver y escuchar estas cosas, alguien tiene en cuenta eso: lo que pasa en esas memorias. A lo mejor no pasa nada, ¿pero alguien tiene en cuenta lo que podría pasar?

La proyección termina. El hombre joven anuncia que podemos seguir. Subimos por escalera los tres pisos que llevan al sector de Capucha, donde explica que este era el baño, que allí funcionaba Pecera, el sitio donde se obligaba a los detenidos a generar notas de prensa como propaganda del régimen. Ella señala uno de los televisores.

–Mira, ese es Martín Gras.

Veo en la pantalla a un hombre de medio perfil testimoniando en el Juicio a las Juntas de 1985, pero se esfuma rápido y en su lugar aparece otra persona. Permanecemos alejadas del grupo, que se detiene más adelante. El hombre joven se sitúa dentro del espacio que ocupaba un camarote. Señala la distribución del mobiliario –aquí había unas cuchetas, aquí una mesita– y anuncia que va a leer poemas de una mujer secuestrada en 1977, Ana María Ponce, que continúa desaparecida.

–«Un verso que apriete el dolor, las palabras contra la boca.»

Esos poemas se leen a menudo en diversos actos o en momentos como este. No tienen necesariamente gran calidad, pero sí una carga simbólica fuerte. El hombre joven se emociona. Alguien le alcanza un pañuelo de papel.

–«Detrás de mí está el recuerdo. La simple alegría de vivir. Detrás de mí queda un mundo que ya no me pertenece. Me miro los pies. Están atados. Me miro las manos. Están atadas.»

Su voz se pierde entre los testimonios que irradian los televisores. Si en aquel entonces el ruido era permanente –la música para tapar los alaridos, los gritos de los militares, las cadenas, los baldes, las botas de los guardias–, el de hoy parece un reflejo aséptico del ruido de ayer. No hay manera de imaginar la luz artificial, las ventanas tapiadas, el olor a orín, los baldes llenos de mierda, entre las voces que provienen de los televisores y generan un muro de sonidos confusos.

–No sé si alguna de las sobrevivientes quiere decir algo –dice el hombre joven.

Una de las exdetenidas, Laura Reboratti, da un paso al frente.

–Todavía en esa época, cuando yo estuve, no se habían implementado muchas cosas. A mí me tocó un colchoncito. Estirando la mano podíamos tocar al compañero que estaba en el colchón de al lado. Eso después lo modificaron. Pero teníamos grilletes y esposas.

—¿Alguna pregunta? ¿Ninguna? Entonces vamos hacia el sótano.

Todas vuelven sobre sus pasos, pero ella camina hasta el sitio que ocupaba su celda, mira hacia el techo.

—Creo que era acá. Las ratas pasaban todo el tiempo por esas vigas.

Desandamos el pasillo, bajamos tres pisos, salimos a la explanada de cemento donde están las demás, junto a la puerta del sótano. El hombre joven explica cómo llegaban los detenidos (y las detenidas) y cómo eran obligados (y obligadas) a trabajar, cómo eran torturados (y torturadas).

—Yo reconozco pisos —dice Laura Reboratti, sonriendo—. Como estaba todo el tiempo tabicada, con los ojos vendados, veía por debajo de la venda y lo único que veía eran los pisos.

Ella se ríe y a mí me hace gracia, pero nadie más se ríe. Entonces el hombre joven dice:

—La sala de partos en el tercer piso funcionó a partir de diciembre de 1977.

Ella y yo nos miramos abriendo los ojos para fingir espanto —porque ahí hubo partos desde mucho antes—, y sé lo que va a venir porque conozco esa expresión: la boca sonríe con afabilidad, pero los ojos zarcos se espesan sin contener la borrasca que se avecina.

—No —dice tajante, para que se la escuche.

El hombre joven pregunta:

—¿No?

—No. Yo di a luz en abril del 77. Ahí arriba.

Todas las miradas se le van encima. Esta mujer elegantísima, recostada en el marco de una puerta, que pasaba por ser quién sabe qué: una periodista, personal del museo. Imagino los intentos para corregir el error de paralaje y hacer que esa imagen coincida con la que se espera de una sobreviviente.

—En el sector de embarazadas —dice el hombre joven.

—Sí —dice ella.

—Claro —dice él.

—Pero en abril —dice ella.

—Sí, a partir del 77 —insiste él, dispuesto a que nadie le enmiende el error (en realidad, el error es extensivo al sitio web del museo, que habla de Emiliano Hueravilo, nacido el 11 de agosto de 1977, fundador de la agrupación HIJOS, que nuclea a hijos de personas desaparecidas, como del primer bebé nacido en la ESMA).

—Te entendí mal, entonces —dice ella, y da por cerrado el tema.

Pero ya es tarde. Todas la miran. No estoy segura de que la situación le resulte desagradable. Una periodista le pregunta:

—¿Vos diste a luz acá?

—Sí. Y antes que yo hubo un parto en marzo, el de Marta Álvarez.

—¿Vos decís que en marzo ya había partos? —pregunta la periodista.

—No tengo conocimiento de que haya habido partos antes del de Marta Álvarez y el mío. Y, a partir de ahí, se inauguró la idea de convertir esto en una especie de, entre comillas, maternidad. Traían a chicas de otros campos a parir aquí. Y luego robaban a los niños y trasladaban a las madres, o las devolvían a los campos de donde procedían originalmente.

—Te hago una pregunta —dice otra periodista—. ¿Quién te asistió en el parto?

—Me asistió nada menos que el jefe de ginecología del Hospital Naval, Magnacco, que está condenado ahora como a veinte años de prisión —dice, sin que parezca molestarle que le pregunten así, en seco—. Es importante esto porque da cuenta de la complicidad institucional que había. Mi parto fue un parto de diez meses. Nunca me vio un médico.

—¿Y te dejaron estar con una amiga o una compañera? —pregunta la periodista.

Yo pienso en esa trilogía que la acompañó: Antonio Pernías y Cuqui Carazo, que se iban a internar en un territorio difícil; Norma Susana Burgos, cuyo lugar ocuparía ella cuando la obligaran a hacerse pasar por la hermana de Astiz. Pienso en esa mujer pujando como un animal ante la palabra *fórceps*, concentrada en su misión: hacer nacer sabiendo que, una vez cumplida la tarea, no tendrían obstáculos para matarla. ¿Se puede explicar todo eso en un patio de cemento ante personas desconocidas? Y, si no se explica todo eso, ¿se puede entender alguna cosa? Pero ella sonríe casi complaciente.

–Sí. Estaba Inés Carazo, que pedí que me acompañara. Estaba Norma Burgos. Había un enfermero. Estaba el doctor Magnacco y estaba el oficial Antonio Pernías. Me quitaron los grilletes para la ocasión, digamos. Después me dejaron a Vera, mi hija, una semana, y la entregaron a mi familia.

Cuenta los hechos: eso que nunca explica nada, que nunca permite entender.

–Yo quería preguntar qué les pasa cuando vienen a estos lugares. ¿Les hace bien venir y hablar? –pregunta Hinde Pomeraniec.

–A mí me conmueve cada vez que vengo –dice Laura Reboratti–. Pero por alguna razón me hace bien.

–Nunca es agradable venir –dice Bettina Ehrenhaus–. Pero creo que en nuestra condición de víctimas sobrevivientes es lo que tenemos que hacer. Cada vez que nos convoquen a hablar lo vamos a hacer y vamos a ir donde sea. La vida nos ubicó ahí y es lo que tenemos que hacer.

Se hace un silencio. Ella no parece dispuesta a hablar pero, una vez más, todas la contemplan como si dijeran: «Es tu turno».

–Bueno, siempre me produce extrañeza estar aquí –dice, dulce y tranquila–. Pero es un espacio para mí subjetivamente muy descontextualizado. La impresión más clara que tuve la primera vez fue: «Qué lugar tan pequeño para un infierno tan grande».

La frase ya es un eslogan. Me imagino los títulos, parafraseándola.

–La sensación que tengo es que todo esto es muy pequeño, muy chiquitito. Yo lo recordaba muchísimo más grande. Ahora mismo vi la celda donde yo estaba, y es una cosa pequeñísima.

Había mucho ruido, mucha gente, muchos olores, música incesante. Verlo así, con esos pisos y con las ventanas abiertas... Entiendo que tiene que ser así, pero cuesta situarse. Entonces hay una sensación de familiaridad, y no. No se produce inmediatamente la evocación. Probablemente por cuestiones defensivas. Pero me resulta extraño estar aquí, con ustedes, haciendo estas visitas. Sí. Me resulta extraño.

–¿Cuándo se dieron cuenta de que había que agregarle algo femenino a la historia? –pregunta otra periodista.

–Hablo por mí –dice Bettina Ehrenhaus–, no sé las demás, pero no nos veíamos como feministas. Éramos militantes, iguales a nuestros compañeros. Ellos también nos consideraban iguales. Que te manosearan, que te abusaran, esas cosas pasaban porque eras mujer, pero para mí era más grave que tiraran a mi marido al río. Decíamos: «Bueno, esto es una contingencia más, lo que tenemos que hacer es salvar la vida». Y si me pasara en la calle, lo mismo. No arriesgaría mi vida porque me hayan violado. Sobrevivís. Que me desnudaran era un tema menor. Ahora no lo veo como un tema menor, pero en ese momento sí.

Entre las periodistas, una chica muy joven que permaneció todo el tiempo callada dice:

–Yo vi algo del Juicio a las Juntas y, no me acuerdo del nombre, pero una mujer contaba que la picaneaban especialmente en los pezones. A ella después le quitaron el hijo en cautiverio y cuando tuvo otro hijo no lo pudo amamantar.

Ella no dice: «Esa mujer soy yo» (quizás porque no era ella). Dice:

–Me pasó exactamente lo mismo.

Y después, resumiendo el asunto y llevando el tema al territorio que le interesa:

–Respecto de lo que dice Bettina sobre las violaciones, efectivamente, las propias mujeres que pasamos por eso tardamos en poder decirlo. Yo lo declaré en dos juicios, pero se tardaron muchos años hasta que declararon las violaciones y los abusos como delitos autónomos. Hasta ese momento eran declarados como tormentos. Hizo falta que pasara tiempo y que la sociedad aceptara con otros ojos los testimonios de las víctimas. Que dejaran de acusarnos de traidores, de colaboradores, de agentes de los servicios, de putas. Yo fui la primera en llevar adelante un juicio por violación a mi violador y hacia el señor Acosta. Y por primera vez declaré haber sido violada por una mujer, que era la esposa de mi violador. Ese hecho, que declaré en el juicio, no fue recogido por ningún medio de comunicación. Entonces somos todas muy feministas, pero cuando hay juicios de este peso la prensa no los recoge.

El 15 de agosto de 2021, después de la sentencia, el diario *El País*, de España, publicó una nota muy extensa en la que la periodista Mar Centenera reproducía el testimonio de Silvia Labayru: «González no solo se satisfizo con violarme. Quiso que fuera su esclava sexual también para su esposa. No solo me llevó a hoteles alojamiento por horas sino también a su casa, donde fui sometida para satisfacer las fantasías sexuales de la parejita. Esta señora sabía que yo era una secuestrada. La hija de la pareja tenía uno o dos años y esto ocurrió cinco o seis veces. Era esclava de sus deseos y caprichos y fue tan traumático que no llegué a contarlo a mis personas más cercanas. Tardé mucho en darme cuenta de que había sido violada también por ella». La prensa recogió el dato. Pero quizás nunca nada sea suficiente.

—Perdonen, ¿les parece si entramos? Pensaba bajar al sótano pero podemos ir directo a la muestra —dice el hombre joven.

Mientras caminamos hacia el interior, una periodista se acerca a Silvia Labayru y le pide el teléfono.

En la sala donde están los paneles con los testimonios de las mujeres agrupados por rubros, me susurra:

—Yo no estoy, mi testimonio no está en la pared.

—Sí, estás, lo vimos la vez pasada.

Lo busco, lo encuentro, se lo muestro. Comienza con esta frase: «A Mercedes Carazo le debo la mitad de mi vida porque gracias a ella dejé de ser un número».

—Pero en la parte de «Crímenes sexuales» no estoy. Yo, que soy la única mujer que ha puesto un juicio.

—No. Vos estás en «Vínculos de solidaridad y sororidad», porque sos una muy buena persona.

—Ya sé —me dice, y nos reímos por lo bajo.

Después se queda largo rato en la sala contigua, mirando el video con los testimonios de las demás mujeres, de ella misma, hasta que Mayki Gorosito se acerca y dice: «Disculpen, hay que cerrar, ¿nos podemos sacar una foto?».

Esa tarde, alguien del museo me pregunta si puedo enviar un testimonio breve sobre lo que sentí en la muestra. Declino con la verdad: son situaciones complejas, no puedo reducirlas en diez líneas. Además, ¿a quién le importa lo que me pasó a mí? Horas después todavía sigo pensando en lo que le pasó —o en lo que no le pasó— a ella.

Salimos del Casino de Oficiales, caminamos hacia la camioneta. Le pregunto, para chequear, el apellido del chico que salía con ella y que está desaparecido.

—¿El apellido es Lepíscopo?

—Sí. Pablo Lepíscopo. Antes de que fuera novio de Bettina. Y antes era novio de Alba. La historia es complicada, porque yo dejé a Hugo por este chico, y él era su compañero de militancia más cercano. Y yo era una adolescente loquísima. A este chico, Pablo, y a mí nos detuvieron juntos en el 73, con esa panfletera que no estalló. Él era mayor de edad y terminó en Devoto. Fue una historia dura para Hugo y una perrería de mi parte. Porque fue un pequeño affaire. Él volvió con Alba, que era su amor.

Si se trazara un mapa de relaciones uniendo rostros con hilos rojos al mejor estilo escena del crimen, los rostros quedarían completamente tapados por los cruces. Heterosexualidad al palo. Sube a la camioneta y aprieta el botón de encendido. No arranca.

—¿Por qué no arranca esto?

Intenta de nuevo. Nada. Se encienden carteles en el panel: «Cambiar a estacionamiento». Mira el volante, mira el cartel.

—¿Por qué no enciende? Qué desastre —dice sin alarma, extrañada—. Me estoy poniendo nerviosa.

—Ya va a arrancar.

Prueba de nuevo. Aprieta el botón de arranque con ese gesto reticente con que aprieta el botón de la cafetera. Empieza a sonar una alarma.

—Probá con la puerta abierta —digo.

—Con las puertas abiertas nunca arranca.

La alarma suena más fuerte.

—El cartel dice: «Cambiar a estacionamiento». ¿Hay algo que aprietes cada vez que estacionás? —pregunto.

—No.

Aprieta.

Nada.

El auto tiene cambios automáticos.

—¿Está en neutral? —pregunto.

—Sí. N es neutral. M no sé qué es. Algo se bloquea.

—Mirá, salió otro cartel: «Passenger airbag».

—Mmm. Es algo del... del...

—¿Del *airbag*?

Entonces abre la puerta, aprieta el botón y el auto arranca.

—Bueno. Qué era, desconozco. Solo toqué aquí. Toqué aquí y arrancó, pero no tengo gafas, así que no sé qué apreté. No pienso volver a tocar.

—Ya sabés que tocando todo se arregla.

—Yo pensaba: «Bueno, si el coche se queda a dormir en la ESMA, problema suyo».

Da marcha atrás. Por innovar, se nos ocurre seguir otro camino y terminamos delante de un cactus gigante y un pastizal.

—Yo nunca estuve aquí. Voy para atrás, ¿no?

—Sí. Ojo el cactus.

—Es muy raro. Pero, si te tengo que decir la verdad, no me produce el horror que debería producirme. Ahora, lo que dijo Bettina me mató.

—¿Cuál de todas las partes?

—Que no tenemos otro camino más que seguir testimoniando y que esta es nuestra función en la vida. ¡Pero cómo va a ser tu función en la vida! Una cosa es testimoniar, pero que toda tu vida tenga que estar dedicada a esto, como un destino, puesto que has sobrevivido... Madre mía. ¿Tendré que doblar acá?

—No. ¿No te hace mal que te pregunten esas cosas personas que no te conocen? Si pariste ahí, si te acompañó alguien.

—Si se produjera un debate, pero estas preguntas así... Y luego hay otra cosa, como reverencial, que vienen a darte un beso...

—No dobles acá. Seguí una calle más. ¿Como un exceso de respeto, decís?

—Sí, como: «Ay, no sé si te puedo preguntar, ¿te molesta? Ay, ay». Si uno está ahí, se supone que cuarenta y pico de años más tarde podrá responder una pregunta. Y si no puedes responderla, no estarías aquí. Digo.

—¿Alguien te avisó que te iban a hacer preguntas?

—No.

—¿No debería ser más delicado? Avisarte: «¿Te molestaría conversar con diez periodistas que te van a preguntar por tu secuestro y tu parto?». ¿Cómo pueden saber cómo sos ni de qué manera te afectaría?

No sé por qué insisto. Si ya sé la respuesta.

—No. No me dijeron nada. Hacer estas visitas tienen que hacerlas, porque es un trabajo. Y siempre está bueno tener unos cuantos monos del zoo. Haces de fanfarria de los eventos. Hugo me dice: «Te vas a convertir en una militante de esto. Ningún problema, pero tenlo claro: ¿otra vez una montonerita, una montonerita de los derechos humanos?». Yo me imaginaba otra cosa, que iba a haber un debate sobre la escritura y los campos.

—Te lo imaginaste sola. Pero que a vos, que estuviste acá, nadie te pregunte: «¿Te molestaría...?».

¿Por qué insisto? Es absurdo.

—No, es que el papel ya está asignado. Vienes, te preguntan, hablas. Me produce un cierto disgusto. Pero disgusto por cómo

está hecho. No me es indiferente venir. Pero hay mucha desnaturalización de lo que era. Me doy cuenta de que me pierdo en los espacios, de que yo solo recorría determinados sitios y que otras chicas tenían otra circulación. Yo lo que sabía es que ahí al fondo hacían los asaditos, pero nunca fui. Mira, esa es mi casa. Libertador 4776. ¿Dónde te acerco?
—Dejame donde vayas, yo me arreglo.
—Voy a buscar un perchero que compré. Pero tú dime dónde.
—¿Vas por Juan B. Justo?
—Sí.
—Me bajo ahí.
Doblamos por la avenida Juan B. Justo y tenemos que hacer varias cuadras hasta encontrar un giro.
—Mañana nos vemos, ¿no?
—Sí.
—¿Tu chico cómo te recibió después de tanto tiempo en México?
—Muy bien.
—¿Doblo aquí?
—Sí. Y da la vuelta por ahí.
—¿Ustedes no tienen tema con ese tiempo que están separados y toda esa historia?
—¿Qué tema? ¿Que podamos estar con otra persona?
—Sí. De paranoias. O tienen un pacto muy... muy...
—¿Laxo?
—Sí.
—No. Ninguna de las dos cosas. Viajamos mucho, si fuéramos paranoicos sería imposible.
—No estás pensando esas cosas.
—No. Mirá, detenete acá, así me bajo. Te veo mañana.
—¿A qué hora quedamos?
—A la una. ¿Te va bien?
—Sí, perfecto.
«Detenete»: yo no hablo así —digo «pará acá»—, pero se me pegan sus modos (aunque no tanto: ella diría «detente»).
Definitivamente, el tema de los celos, que parecía circuns-

cripto a Hugo, se ha expandido. Desde hace rato aparece esta frase, con variaciones: «Antes no era celosa, pero algo se me despertó con este hombre». Está también esa pieza suelta del puzle que aportó Alba: «Con Jesús se controlaban». Todo puede ser verdad. Lo que ella percibe. Lo que ven los demás. ¿Cómo saber cuál es la versión correcta? Verdad es todo, ¿pero qué es real?

Al día siguiente nos vemos en su casa, a la una de la tarde. Toco el timbre y viene a abrirme, pero se equivocó de llave, así que tiene que regresar. La escucho a través de la puerta que separa el pasillo de la vereda:

—Ojalá pueda volver a entrar a mi casa.

Puede, regresa con la llave correcta, abre. Comentamos las virtudes del pan de centeno que hacen en la panadería que está enfrente, hablamos de un mural hermoso al otro lado de la calle, en la fachada de una casona de la que nunca he visto entrar ni salir a nadie.

—¿Tú sabes qué funciona allí?
—Ni idea. Pero vos vivís enfrente. ¿No sabés?
—Tengo que averiguar. Se me dan bien a mí las averiguaciones.

Aunque ya es primavera, hace frío. Lleva un suéter de cuello alto color marrón. Los tonos oscuros hacen que los ojos parezcan más intensos y el marrón combina con el pelo rubio de una manera que me recuerda el look de las modelos de revistas de moda de los años setenta que compraba mi madre. Yo admiraba a esas mujeres bellísimas que parecían cálidas, perfectamente cómodas y con la vida solucionada solo por el hecho de estar envueltas en lana. El departamento huele a algún panificado en el horno.

—Puse unas empanadas. ¿Te importa que tome un vino?
—No, por supuesto.
—¿Quieres un poquito?
—No, gracias.

—Cierto: cuando trabajas no bebes, ¿verdad?

Es de las pocas cosas que recuerda de mí. Siempre me dice: «Tú me interesas, pero nunca me cuentas nada». Cuando pregunta le cuento, pero escucha de una manera vaga, lejana, como si estuviera en otra parte (sin embargo, por los mensajes que me envía meses más tarde, me doy cuenta de que ha percibido, aun con lo poco que le dije, aun con lo poco que creo que escuchó, mucho).

—¿Qué te sirvo?

—Agua está bien.

Caminamos hacia el balcón llevando las empanadas, el vino, el agua. El jardín es una bestia amable y sana, aunque las palmeras están un poco raleadas porque Hugo lo guadaña todo. Menciono sus despistes, a raíz de lo que acaba de pasar con la llave, y dice que Hugo, en ese punto, es bastante parecido.

—Mira lo que pasó hace tiempo, cuando fuimos a Córdoba. Estábamos por volver, miro el neumático de adelante y le digo: «Este neumático está completamente plano». Es un coche nuevo, no tiene ni un año. Miro el otro y estaba igual. Le dije: «Me parece que esto no está para salir a la ruta». Le restó importancia, pero al final dijo: «Bueno, vamos a una gomería». Mientras buscábamos la gomería, explota la rueda. Nos quedamos ahí, vinieron los del Automóvil Club, cambiaron la rueda. Se dieron cuenta de que la otra estaba igual y nos dijeron: «No pueden seguir con la otra así». Pero seguimos. Y, efectivamente, a los quince minutos explotó la otra. Lo peor del asunto es que yo, a la ida, fui a ciento treinta por hora, tan tranquila porque era una recta y estábamos solos. En fin, vino la grúa y nos tuvimos que volver en grúa. Pero él jamás hubiera mirado los neumáticos. Pierde las llaves, deja las luces del coche encendidas. Una vez en Brasil se dejó el iPhone en el baño de una gasolinera. Se tiró del autobús, hizo dedo, volvió a la gasolinera y de milagro lo encontró.

En marzo de 2022, ella fue a visitar a Lydia Vieyra a Santa Fe. El pasaje lo sacó Hugo pero, en vez de sacarlo hasta Santa Fe, lo sacó hasta Rosario, a ciento setenta kilómetros del destino correcto. Ella viajó angustiada, no por el equívoco sino porque en Buenos Aires había perdido el teléfono español en el último paseo que habían hecho juntos. Hugo recorrió los sitios en los que habían estado y lo encontró –junto con las gafas, que también había olvidado– en un bar de la Recoleta. El 3 de mayo de 2022 David se recibió en Berklee y ella fue a la ceremonia, pero al llegar al aeropuerto de Ezeiza no pudo embarcar. Como es ciudadana española, debe completar un formulario llamado ESTA que se exige a quienes no necesitan visa para entrar a Estados Unidos, pero «Hugo sacó los pasajes, miró los requisitos como si fuera para un argentino, y lo del ESTA no figuraba. En fin. Es la confianza en un hombre. Delego, confío y me pasa esto. Es como la confirmación de que no debo hacerlo». Pero seguirá confiando. En noviembre de 2022 estarán en Brasil, Hugo equivocará la fila de embarque del vuelo desde Porto Alegre hacia Recife, harán la fila en otro que se dirige hacia Rio de Janeiro, perderán el avión y me volverá a decir lo mismo: «En fin, querida. Es como una lección: confiar, *ma non troppo*». En ese mismo viaje, Hugo confundirá las fechas de la reserva del hotel en Porto Alegre: en vez de hacerla para noviembre la hará para diciembre, y se quedarán sin hospedaje en una ciudad tomada por un congreso de médicos.

–¿Quieres una empanada?
–No, gracias.
–¿No te molesta que coma?
–Muchísimo.
–No es de las cosas más lindas de ver.

Pero come con talento.

Hace tiempo me envió un mensaje desde la casa de Enrique Seseña y Lola, en Madrid, diciendo: «Hazme acordar que te cuente quién fue la única persona que en cuarenta y cinco años me preguntó por la tortura». Yo siento que hemos hablado de eso muchas veces, una de ellas en aquel bar y con particular intensidad, pero igual se lo recuerdo porque nunca se sabe.

–Ah, sí, a raíz de la entrevista contigo Lola y Enrique me dijeron: «Es que ahí nos dimos cuenta de que tú nunca nos habías contado el conjunto de tu historia». Ellos tenían mucha curiosidad por saber, por ejemplo, qué pasa en la tortura, y les daba pudor preguntar porque pensaban que me iban a producir un daño. Les dije: «No, todo lo contrario, no es una cosa que uno pueda ir contando sin que te pregunten, pero no me lo tomo a mal para nada». Y les conté que en cuarenta y cinco años hubo una sola persona que me preguntó: «¿Qué te hicieron, cuánto duró, qué te tocaron, qué sentías, cuánto aguantaste?». La única persona en el mundo fue Hugo. La gente no quiere hablar. No quiere escuchar. Con las violaciones pasa lo mismo. Las mismas mujeres no quieren hablar porque están en la grilla de la moral machirula montonera. Se niegan a declarar. Fueron preguntadas y no quieren. Te puedo hablar de diez mujeres que fueron violadas en el período en que estuve, empezando por...

Dice un nombre.

–¿Fue violada?

–Sí. Y no puso juicio.

No lo voy a escribir, ¿pero por qué me dice ese nombre? Tampoco me advierte, como a veces hace, «esto no lo pongas». ¿Confía en mi criterio, quiere hacerme vehículo de revanchas tardías?

–Casos como el mío, parecidos, varios. Y juicios puestos hay el que hicimos estas dos chicas y yo. Y Graciela García Romero, que el juicio de ella está trabado.

Algunas semanas atrás, Dani Yako me propuso que presentara *Exilio*, que ya está listo. Acepté y asumí que sería una presentación al uso: él como protagonista, yo guiando la charla. Pero después me dijo que su idea era que varios de los retratados, que estarán en Buenos Aires –Martín Caparrós, Alba Corral, Silvia Luz Fernández, Graciela Fainstein, Silvia Labayru–, formaran parte del diálogo. Le dije que podía ser un poco desprolijo pero que lo hacíamos como él quisiera: «Es tu libro, vos mandás». Desde ese momento, cada vez que nos encontramos, ella se muestra inquieta por la presentación contándome una trama complicadísima con aristas vinculadas a cosas que sucedieron décadas atrás: que si va fulano no va a ir mengano porque fulano le hizo tal cosa en los setenta, que si va a hablar fulana no puede dejar de hablar mengana porque entre ellas hace años pasó tal cosa, que si va el periodista tal pero no va tal otro quedará como una presentación de ideología sesgada. Apago el grabador. Me mira suspicaz.

—El otro día pensé que es una pena que no te pueda contar cosas.

—¿Qué cosas?

—Cosas. Cosas de mis historias sexuales, amorosas, de mi militancia. Que no te pueda hablar de cosas que afectan la vida de terceras personas.

Yo pienso que hemos conversado acerca de infinidad de situaciones que afectan la vida de terceras personas pero también que, aunque hemos hablado mucho, hay cosas que nunca me va a contar.

—Pero lo esencial seguro que lo tienes.

—¿Y ahora?

—¿Y ahora qué?

—¿Qué sigue?

—Bueno, creo que este juicio es el final de un ciclo. Espero que el ciclo se cierre antes que el ciclo de la vida.

Al final de la tarde salimos juntas a la calle. Ella va a comprar fruta. Nos despedimos y ni siquiera veo eso: cómo saluda al verdulero, si pregunta los precios antes de comprar o si directamente compra.

El lunes 3 de octubre de 2022 su padre cumplió noventa y tres. Lo fue a ver al geriátrico y le llevó una torta de hojaldre y dulce de leche (él le llevaba una igual a Madrid para cada cumpleaños). Ese día, Jorge Labayru habló mucho de Betty, dijo que se había divorciado porque ella era infiel. «¿Y tú, papá?», le preguntó su hija. «Es cierto», dijo él. «Mi padre no es muy inteligente, pero ahora veo en él sabiduría, agradecimiento y, últimamente, aceptación», me escribió al contarme esa visita.

Al día siguiente, 4 de octubre, vamos a cenar con ella y Hugo a un restaurante de la Recoleta. Él, al principio, habla poco. Ella parece apocada, un poco incómoda. Veo algo de esa timidez –que muchos de quienes la conocen mencionan– cuando está con amigos pero, sobre todo, cuando está con Hugo. Permanece en segundo plano y, cuando él habla, lo mira todo el tiempo como llenándolo de atención. Después del plato principal, Hugo hace un comentario sobre política, que deriva en economía, que deriva en impuestos, que deriva en que hay que pedirle factura al psicoanalista. Pasamos un rato escuchándolo discurrir sobre el asunto. Intervenimos apenas, nos miramos con una complicidad agradable, haciendo frente común, falsamente escandalizadas. Al terminar, insisten en llevarme a casa en auto. Cuando me bajo, le doy la mano a Hugo y él me da un apretón que siento sólido, sincero.

Hay días así, más livianos, en los que hablamos de gatos y acupuntura, de libros, de películas (casi siempre recomienda cosas relacionadas con las grandes guerras o con cuestiones judías). Estamos en el balcón. Ella toma café y yo té, miramos el jardín que funciona en todo su esplendor.

–Lo tengo drogado al césped. Le pongo nitrógeno y otros componentes, porque tiene esas calvas, ¿ves? –dice señalando espacios raleados–. He resembrado otro pasto más resistente y estoy esperando a ver si crece. He puesto fertilizante, he plantado jazmines, voy a poner una glicina, he plantado clavelinas y otras plantas, pero no sé si van a crecer, porque nunca había plantado antes de semilla. Mira, mira, ahí está Vlado, el asesino de pájaros.

Monkey se ha transformado en un gato de gran porte con cola erizada, y sus instintos predadores –cada tanto mata un pájaro, lo destripa y se lo lleva como trofeo, colocando a sus pies un charco de tripas y plumas, ya van tres o cuatro– la asquean, pero no lo reprime.

—¿Te dije las cosas que hizo Lydia Vieyra para que el finado ascienda?
—¿Qué finado?
—Jesús.

Al parecer, el espíritu de Jesús vaga por la casa de Hortaleza y Lydia, que tiene dones de toda clase, conoce técnicas muy específicas para que las almas errantes dejen en paz a los que siguen en el plano terrenal. Cosas inofensivas como, por ejemplo, poner cáscaras de limón bajo la cama. «Vos dejame, rubia, hay que conseguir que el finado ascienda.»

—¿Pero de qué manera se manifiesta el finado?
—Te conté que pasaban cosas extrañas en la casa.
—No.

Cuenta: un día Lydia estaba en el departamento cuando inesperadamente se cerró la puerta del cuarto, se abrió la ventana y Toitoy se le arrojó encima; en otra ocasión, David entró con su novia y explotaron todas las luces. No me parecen cosas muy paranormales. Ella refuerza: meses después, a la una de la madrugada, el ventilador de techo cayó sobre la cama mientras estaba durmiendo.

—El aspa me pasó a esto de la cara. Me quedé traspuesta. No grité. Estas cosas de la ESMA te dejan un poco... no reaccionas con emoción. Y luego te sobreviene un bajón, dices: «Es que me podría haber muerto aquí mismo». Y te viene el pensamiento: «Haber sobrevivido a la ESMA y morir aplastada por un ventilador de techo».

Ese día la historia del ventilador está narrada dentro del marco «el finado asciende», es graciosa y nos reímos, pero en un encuentro posterior, al contar lo mismo, olvidando que me lo ha contado antes, dice: «Eso fue una evocación total de la oscuridad, el miedo. El golpe del ventilador en la cabeza, el dolor. Y, frente a eso, tranquilidad. Me senté en la cama, vi lo que había pasado. Me empecé a asustar porque se cortó la luz. Tengo un rechazo furibundo a la electricidad. Y yo ahí, descalza, mirando todos esos cositos de la luz, diciendo: "Se me va a descongelar la nevera, se me va a pudrir todo lo que tengo". Me sentí desasistida. Y decía: "¿Cómo puede estar pasando esto?". Sin embargo, frente a eso, la calma». Lo llamó a Hugo, que le indicó cómo manejar el disyuntor.

El día se esfuma y hablamos bastante, pero ya no queda mucho por decir.

En enero de 2023 me envía un mensaje de audio desde el aeropuerto de Biarritz, donde está con Hugo: «Hola, querida, estamos en el aeropuerto de Biarritz, por embarcar a París, donde vamos a pasar la noche y mañana hacia Austria, a encontrar a las otras *crianças*, David y Claudia, su novia. Y empieza la aventura austríaca. Seguro que bien. Por lo menos, sé que Hugo y David lo van a disfrutar. El loco del esquí de mi hijo y Hugo, los dos con muchas ganas de esquiar, pero Hugo ya pensando que no le va a dar el cuerpo para esquiar todo el día como el joven pretende». Inmediatamente después, indubitable y certera, responde algunas preguntas que le envié, como si estar en Biarritz rumbo a París y encastrar eso con ciertos detalles que necesito acerca del momento en que entregó a su hija y regresó a la ESMA no le implicara esfuerzo. Refiriéndose a los gastos en los que incurre por esos días dice: «No me interesa tener el mejor ataúd. Solo un epitafio, un cartelito debajo de un árbol que diga: "Aquí yace una mujer que vivió". Y dejarles a mis hijos una casa a cada uno. Como hicieron mis padres».

La presentación del libro de Dani Yako es el jueves 3 de noviembre de 2022, a las siete de la tarde. Ella me pide que hablemos por teléfono el día anterior. Supongo que quiere comentar sus preocupaciones en torno al evento y, de hecho, empieza por ahí: que si va uno no irá el otro, que cómo se va a resolver la participación de fulana. Pero después, cambiando por completo la entonación, dice: «Vamos a ir todos a cenar cuando termine, y, por supuesto, tú también vienes». Me resisto: es una cena entre ellos, soy la única que no pertenece a ese grupo de amigos, sería una intrusa. No acepta un «no»: «De ninguna manera, siempre contamos contigo», responde con gran prestancia. Pero, además, lo dice como si dijera: «A ver si entiendes: yo quiero que vengas». Comprendo, conmovida, que el motivo del llamado es esa invitación.

–Bueno, muchas gracias, Silvia. Claro, voy con ustedes.

–Nos vemos mañana, preciosa.

Cuelgo, un poco revolucionada.

El 3 de noviembre llega a la librería veinte minutos antes de las siete. Allí ya están Dani Yako, Alba Corral, Silvia Luz, Graciela Fainstein, Roberto Pera. Es la primera vez que los veo juntos y no conservo de ese momento ninguna impresión particular: amigos que se conocen desde hace décadas, que nunca dejaron de verse –salvo Graciela Fainstein y Dani Yako, que no eran amigos sino novios–, y que, cuando se encuentran, retoman el hilo como si nada hubiera sucedido.

A las siete, cuando estoy a punto de subir al pequeño escenario donde conversaré con Yako, veo que ella y Hugo –que debe haber llegado hace minutos– se han sentado muy atrás. Las demás están en la primera fila, donde quedan dos puestos vacíos junto a Graciela Fainstein. Me acerco y le digo:

–¿No querés ir adelante?

–No, no, me quedo aquí con Hugo.

–Hay dos sillas.

–No, yo me quedo acá –dice él.

No insisto, pero al subir veo que se cambió de sitio y se sentó adelante. Entre ella y Graciela Fainstein está Roberto Pera. Ha tenido entredichos con su amiga en los últimos días (el grupo es sólido y, por tanto, también disfuncional), y Roberto Pera funciona como línea divisoria: «Juntas pero no tanto». La librería está repleta, Dani Yako parece muy animado, pasan un video con un saludo de Martín Caparrós (no pudo venir porque, por un cambio de planes, la entrega del Premio Clarín de Novela, del que fue jurado, se lleva a cabo a esta misma hora en el Teatro Colón). Al terminar, muchos aplausos, se sirve un vino, la gente se acerca a Yako para saludar. La pierdo de vista. La cena es en un restaurante cercano, a las ocho y media. Ella y Hugo consiguieron una mesa para quince con dificultad. Los restaurantes no hacen reservas para tanta gente, pero ellos son habitués de esa parrilla, La Choza, a tres cuadras de su casa. A las nueve menos cuarto la librería todavía está llena de gente y nadie parece dispuesto a marcharse, así que decido ir al restaurante para no poner en riesgo la reserva. Salgo. En la vereda está Alba Corral. Le pregunto si quiere venir. Dice que sí. Va fumando, en silencio. Mientras caminamos, Silvia Labayru me llama por teléfono.

—Estamos con Hugo en el restaurante, nos están por echar, diles que vengan para acá porque nos van a echar.

Suena contrariada. Cuelgo y le digo a Alba que nos apuremos e intentemos llamar a los que aún están en la librería para que hagan lo mismo. Llamamos a varios, infructuosamente, pero llegamos rápido. En el restaurante están ella, Hugo y el hijo de Hugo con su novia —los convocaron para hacer número en la espera—, sentados en uno de los extremos de la mesa. Poco después llegan los demás. Martín Caparrós aparece al final y la cena se reaviva. En el transcurso de la noche todos se levantan, cambian de silla, charlan unos con otros, pero ella no y Hugo tampoco. Mañana, temprano, partirán hacia Brasil, al congreso lacaniano.

Días más tarde, envía una foto suya buceando con tanque: «¡Hola, querida! Estamos desde el sábado *à la nuit* en este increíble lugar que se llama Maragogi. Una hora al sur de Porto de Galhinas. Este señor que me acompaña me estimula estas cosas que deseaba mucho y me daban mucho miedo (puñetera claustrofobia). Pues a su lado me he atrevido y fue increíble. Qué puñetero es el miedo. Ay, una obviedad como pocas. En una próxima vida, si la hubiera, seré submarinista, ja. Y abogada, arquitecta, escritora, investigadora. Cuántas vidas me hacen falta. Lo único que sé es que no me aburriría en ninguna. Hoy a las cinco de la madrugada, leyendo en la playa el libro de la

Princesa Montonera, me cayó una ficha tremenda. De esto te tengo que hablar. Recuérdamelo, porfa. ¡Que tengas un buen día! Un beso grandote».

El 12 de noviembre llegan varios mensajes suyos: «Sigo en la piscina con la Princesa Montonera y la caipirinha. El libro –¿será la caipi?– me saca muchas sonrisas». Menciona el comentario de Martín Kohan, acerca de la posibilidad de reírse de la cuenta de luz de la ESMA que figura en la contratapa. «El comentario de la cuenta de luz me hizo reír mucho. Después pensé: ¿reírse de eso será como el fin del análisis? [...]. De todas formas, este verano en Vilasindre tuve por primera vez una evocación directa y muy brutal del momento "máquina". Todo por acariciar a una burra amiga. Lo pasé mal y no pude decirlo. Estaba Hugo cerca y lo abracé, pero no dije nada. La descarga fue fuerte, fue la única vez que reviví en el cuerpo ese "momento"». Respondo (porque han pasado tres meses desde que ella estuvo en Vilasindre): «¿Cómo no hemos hablado de eso? ¿Qué fue lo que pasó?». Ella: «Alambre electrificado para que los animales no se escapen, común en el campo. No lo vi. No pude contarle a Hugo siquiera. ¿Ves cómo funciona el pudor? También con esto [...]. Da pudor hablar de la tortura. Es así. No lo termino de comprender del todo, supongo que no hay otro momento en la vida en el que uno se sienta más frágil. No lo he hablado ni con él ni con nadie. Tienes la exclusiva, ja. Me llaman a almorzar. Abrazo, querida, ese sin pudor».

Nunca deja que los mensajes terminen en la tonalidad de la tristeza.

A fines de 2022, durante una cena, un amigo me pregunta qué estoy escribiendo. Le digo que un libro. Me pregunta de qué va. Le cuento por encima, sin detalles. Me dice: «Al fin, era hora de que te metieras con los setenta». ¿Yo? Yo no me estoy metiendo con los setenta. Yo tengo bruto metejón con la historia de esta mujer.

Después pasa el tiempo. Nos vemos un par de veces más. Todo eso ya está contado.

Esto no: el 24 de noviembre de 2022 envía un mensaje de audio por WhatsApp. Lo recibo en el aeropuerto, mientras regreso a Buenos Aires desde Uruguay. Nunca la escuché así. La voz es apenas. Apagada, lóbrega. No puede ni hablar. «Hola, querida, qué bueno retomar el contacto contigo. Entre las cosas que pasaron estos días, eh... que me tiene muy mal... de una forma que no... que sí me imaginaba pero que no me imaginaba... es que... Toitoy se está muriendo. Le quedan unos días. Un fallo renal irreversible.» ¿Qué siento allí, en el aeropuerto de Montevideo, mientras las chicas que organizan el proceso de embarque llaman por altavoces a un fulano para chequear su documentación? Me conmociona su frontalidad. «Toitoy se está muriendo» es la clase de cosa que nadie quiere oírse decir en voz alta y, también, encaja de manera perfecta en el cuadro general de lo que ella es, ese carácter sin remilgos, ole y al toro. A diez mil kilómetros de distancia, esa parte de ella se está muriendo y hay algo de la pena aplastante plasmada en ese mensaje que hace pensar en la finitud. «Tiempo. Todo lo que pido es tiempo.» Lo que pedimos todos. María, su sobrina, le manda fotos de Toitoy. «Ese perro es mucho más que un perro para mí. Es un perro que me ha llenado de felicidad. Él ha sido muy feliz, a pesar de los avatares de cambios de casas, y no ha estado ni un día de su vida solo, y nos ha llenado de dicha. Pero no sé. Es algo muy fuerte. Para mí es mucho más que un perro. Mucho más que un perro. Hace un rato hablaba con María, y bueno, una cosita así, un poco triste, por no decirte muy triste. Tiene que ver con un fin de ciclo de muchas cosas. Ay, esta relación que uno tiene con los bichos. Con algunos bichos. Pero este era algo muy especial. Nunca habrá ningún perro en mi vida, si es que lo hay, como este ser increíble. Increíble. Todo ha sido felicidad con él, todo ha sido disfrute, todo ha sido fácil, no ha habido que enseñarle a nada, en fin, algo de otro mundo, de otro mundo. Y me tocó a mí. Bueno, preciosa, te decía esto para confirmarte que sí, que el domingo por la noche en casa de Dani. Nos vemos allí, desde luego, pero el sábado, si quieres, a lo mejor por la tarde, podemos charlar un ratito y organizar la semana que viene. Te mando un beso y que hayas vuelto bien de tus carreras matutinas, que me dan mucha sana envidia. Eso me parece que es más difícil para mí que el buceo.» En la parte final del mensaje su voz cambia, se recompone, habla de la foto suya haciendo buceo: «Me ha sorprendido, porque yo nunca cuelgo fotos mías en Facebook, y de la emoción colgué una foto mía buceando y he tenido como setenta y pico de likes. Alucina vecina, como dicen en España. Curioso. Bueno. Pues eso. Que tengas un buen día».

Adiós, Toitoy. Adiós, perro.

Nuestra última entrevista es el 1 de diciembre de 2022, por la mañana. Nos veremos todavía una vez, solo para poner punto final, saludarnos, partir: «Hasta aquí hemos llegado».

Llevo masas secas. Abre la puerta. No diré «parece» sino «está»: está triste. Pienso en Toitoy, en su agonía. Quizás sea eso.

Apenas escuché su mensaje en el aeropuerto de Montevideo le respondí. Ella me envió otro, hablando de Toitoy en pasado: «Pudiste conocerlo, ver de qué se trataba. Da un poco de cosa confesar que uno ame a estos bichos —a algunos más que a otros— con una ternura que a veces, no pocas, escatimas para con muchos humanos. ¿Es el amor incondicional? ¿Es su grado enorme de dependencia de uno? ¿Es esa capacidad de serte fiel sin quebrantos que a uno le conmueve tanto? Él era un ser que desconocía la hostilidad, se extrañaba cuando otro perro le ladraba. Me encantaba la actitud, la bonhomía, la delicadeza con la que se comportaba a pesar de su tamaño. No necesitábamos más que mirarnos. Era un bicho que te miraba fijamente a los ojos durante largo rato. ¡Uf! ¡Parezco una chalada! Un besazo».

Le respondí diciendo: «Mostrar vulnerabilidad no es lo tuyo. Pero hay que saber ante quién. Conmigo podés. Besos». Respondió: «No es tanto pudor ante los sentimientos tristes, sino ante cierto tipo de sentimientos desmesurados hacia un ser no humano. Hablar de él como si no fuese "un perro". Llorarle más que a muchas personas. Saber que lo recordaré mucho más que a muchos humanos. Es eso más bien. Vulnerable soy. Muy. He tenido que pelear (incluso conmigo misma) el derecho a serlo. Me han puesto el sambenito dichoso: "Ah, tú que has pasado por aquello, bla, bla, y eres tan fuerte, bla, bla, para ti esto no es nada, bla, bla». Y es todo lo contrario. Sabes que no eres fuerte, si acaso resistente, y quieres borrar esa etiqueta del deber ser, quieres soltarte el pelo de esa imagen y no es fácil. Sé que contigo puedo. ¡Y eso me da igual si lo escribes o no! Ja, ja».

–Traje masas secas. Un poco vintage, pero era lo único decente en la panadería.

–Me encantan. Son mis preferidas.

Se mueve lenta, poniendo en marcha la cafetera, preparando una taza, un plato, una cucharita. Estuvo con Alba Corral.

–Qué gracioso, me dijo: «Le conté a Leila cómo eras antes, porque no creo que tu vida tenga mucho interés después de la ESMA». Como diciendo: «Tampoco es que después hayas hecho algo». No sacaste el Premio Nobel, no escribiste veinte libros.

Un soutien azul asoma por debajo de una prenda verde seco con manga a mitad de brazo y cuello volcado que deja al descubierto parte de los hombros. Siempre está tan cómoda que la ropa parece brotar de ella, no algo colocado sobre el cuerpo.

–¿Nos vamos al balcón o nos quedamos aquí?

–Me parece mejor adentro. Está ventoso.

–¿Agua con gas o sin gas?

–Si tenés con gas, mejor.

Toma un recipiente con agua, lo coloca en una máquina gasificadora, vierte el agua en un vaso y camina hacia el balcón.

–Me parece mejor adentro, Silvia.

–Ah, cierto.

El café está listo, lo sirve, toma la bandeja con masas, camina con ambas cosas hacia el balcón. Retrocede desorientada.
—Ah, no, cierto.
Nos sentamos a la mesa.
—Alba me dijo que pasaron nueve años sin hablarse.
—Sí. No me acordaba que eran nueve años.
—No quiso decirme por qué.
—Tiene que ver con una relación un poco complicada entre Alba y yo. En relación a los novios que tuvimos, yo primero, ella después, al revés. Una *mélange* de hombres, heridas, malos manejos. Al principio ella me recibió muy bien en Madrid, y en un momento dado, pum, se cortó. Yo pensé que era por lo de la ESMA. Y luego me contó que ella tenía la percepción de que yo le robaba sus amores. Había una historia con el que había sido su marido, del cual se había separado hacía años. Yo tuve un pequeño affaire con ese hombre. Más que estar enojada conmigo era que me quería tener lejos. Establecer un cortafuegos: la quiero lejos porque es una amenaza. Era mi mejor amiga, pero no tenía los huevos de ir y decirle: «¿Por qué no quieres hablarme?». Éramos muy íntimas. Cuando íbamos al Colegio nos intercambiábamos ropa, nos enseñábamos a ponernos el diafragma la una a la otra.
—¿Se te ocurre por qué Martín Gras no quiere hablar de vos?
—Yo qué sé, Leila. Entre otras cosas porque sabe que yo sé muchas cosas que no le gusta que yo sepa, y tiene miedo de que yo pueda no guardar el silencio revolucionario correspondiente. Esa es una razón, seguro. Luego, si hay otra, no lo sé. Yo me porté muy bien con él.

Las dos lo sabemos, pero ninguna lo dice: no habrá más entrevistas. Tengo un listado mental, muy corto, de cosas que quiero preguntarle —el distanciamiento con Alba Corral, el silencio de Martín Gras, los episodios que mencionó desde Brasil— y, consecuencia de eso, la conversación es un poco zigzagueante pero, a estas alturas, podemos permitirnos el desorden. A medida que avanzamos en la charla, y no porque el contenido sea más liviano, la tristeza que vi al llegar se disipa, quizás porque ya están en acción, funcionando a toda máquina, sus estrategias para recomponerse.

—¿Qué fue lo que te pasó leyendo *Diario de una princesa montonera* en Brasil?

—Ah, eso. Me remitió a una cosa completamente obvia, pero es qué le podía pasar a una mujer embarazada, sola, pariendo en un campo de concentración, sin el menor control médico. La sensación de soledad. Esta chica, la autora, rememora lo que pasó con su madre, pero yo dije: «¿Y yo? Pasé exactamente por esto». A veces pienso que ha sido tal el dolor, el miedo, la angustia, la necesidad de supervivencia, que me cuesta registrar la evocación emocional del momento.

Lo que aparentaba ser nuevo es algo que ha dicho muchas veces. ¿Cómo es que, cada tanto, descubre que quiere decirme algo revelador que ya me dijo? Quizás porque siente que, a pesar de todos estos meses, a pesar de todas estas conversaciones, no ha podido transmitir de manera cabal cuál es el color verdadero del pliegue en el que —todavía— vive el espanto.

—Cuando le conté a Hugo, me contestó: «¿Por qué no dejas de leer el libro?». Es un tema difícil para él.

—¿Qué pasó con la burra?

—Estaba en el campo, pasé la mano al otro lado de un alambre para tocar una burra, el alambre estaba electrificado y fue la primera vez que tuve una descarga eléctrica fuerte. Me fui directamente a la evocación de ese momento. Quedé muy afectada. Conseguí despegarme del alambre y me abracé a Hugo. Él se dio cuenta de que había recibido una descarga pero no se dio cuenta de lo que me había pasado. Y no pude decírselo. Se lo dije luego, en Brasil. Fue la percepción física de lo que ocurre con la electricidad. E imagínate que la descarga de la burra es mínima. Volvió todo eso, que yo tenía la sensación de que iba a abortar, que el cuerpo se te arquea, que te haces pis, todo eso que es una especie de viaje al fin de la noche... Mira, mira, Morchella te va a llenar de pelos el bolso.

La gata pasea por encima de mi bolso, que dejé sobre un mueble.

—No te preocupes.
—No es buena idea, ¿eh? Puede marcar su territorio.
—¿Puede hacer pis?
—Mmm. ¿Con qué te quitas los pelos del gato de la ropa?
—Con esos rollos adhesivos.
—¿Y sirven?
—A mí sí.
—Si te pasas la esponja de los platos un poquito mojada también sirve. Arrastra.

Discurrimos acerca de los beneficios de la esponja húmeda *versus* los beneficios del rollo adhesivo, le digo que los mejores son unos que venden en H&M, en España, dice que no los conoce. Y de pronto:

—A Toitoy le quedan horas. Es increíble cómo está aguantando. La fortaleza de ese perro que ya está en los huesos. Mi sobrina me manda fotos todos los días. El riñón casi no funciona y no hay solución. Ha superado la esperanza de vida. Viven ocho años y él tiene nueve y medio. Pero, como fue un perro tan sano y tan potente, pensé que a lo mejor, como hay algunos que viven doce años... Me gusta mucho que lo hayas conocido. Esa presencia de señor que está contigo ahí en la mesa, sentadito. La idea de no volver a ver a ese perro me carcome. No, no. Es algo que no puedo entender. Escapa completamente a mi entendimiento.

—¿No pensaste en ir?
—No. Es que vamos a ir para fin de año, entonces ir ahora, luego volver...

Quizás porque son demasiados finales juntos —Toitoy, las entrevistas—, hacemos un viraje brusco hacia el sexo. A muchas de sus amigas ya no les interesa el asunto y eso la solivianta. Sobre todo, dice, habiendo tantas cosas que pueden hacerse, como, por ejemplo, tomar tibolona o hacer un tratamiento de láser en la vagina.

—Yo nunca necesité, pero quedas con la vagina como una muchacha de treinta.
—¿Pero eso es seguro, no terminás toda quemada?

–Completamente seguro. Las cosas que se pueden arreglar hay que arreglarlas. El sexo es muy importante. Para mí es muy importante. Siempre lo fue, aunque como te contaba pasé una larga temporada irreconocible para mí misma.

–El sexo también te metió en problemas.

–Sí. En muchos. Todo lo que yo veía en mi casa, todas las cosas que mi madre me contaba sobre su propio sufrimiento, sobre cómo su vida se destrozó por culpa de los hombres, en particular de mi padre, cómo ella se autodestruyó por efecto de su sufrimiento amoroso con mi padre, el alcohol, las pastillas, todas esas cosas me llevaron a tener una idea del amor como que «ojo con el amor, si te enamoras te van a destrozar, así que más vale que destroces tú». Una lógica de ese tipo. Entonces tuve muchas dificultades para involucrarme en una relación en serio. Había una especie de «aquí vale todo». Hoy me encaprichaba con uno, mañana me encaprichaba con otro. Hice mucho daño. Y tardé mucho en tener relaciones más o menos normales. Tal vez todo esto de la ESMA fue un elemento contributivo, no lo sé. El exilio era un cruce de gente. Uno se iba con el marido de la amiga, la otra... ¿Por qué tenía yo que meter las narices justo ahí? La enfermedad de la adrenalina, a vivir que son dos días. También, cuando tienes una oferta tan interesante, y al mismo tiempo te sientes censurada por traidora, que ciertos hombres se acerquen, aunque sea por puro interés sexual... Qué dramático lo que te estoy diciendo, pero para mí era: «Alguien se me acerca, alguien no me rechaza». Lo digo y me parece patético. Yo primero me metía en el lío y después veía cómo salir. En pocos años cometí todos los errores de mi vida. El resto ha sido ver cómo lo arreglo. Hice unas cuantas cagadas. De las cuales uno hace la limpieza y dice: «Vamos a ver, cuánta morralla, cuánto podría no haber estado».

–¿Los tenés contados?

–Sí, yo una cierta cuenta tengo. Pero ahora es la primera vez en mi vida que me siento enganchada, que amo a una persona. Ese modo de amar a una persona no me había ocurrido nunca.

—¿Cómo es ese nuevo modo?

—Bueno, cuando tienes la sensación de que no podrías dejarlo ni aunque quisieras.

—Suena peligroso.

—Es peligroso. También muy interesante. Entonces no me lo voy a perder.

Todo lo anterior no fue dicho en un tono trágico sino casi gracioso: la tibolona, el láser vaginal, el sexo como forma de tormento y diversión, como ejercicio de poder, como posibilidad de desastre. A las dos de la tarde debo irme –tengo turno con un traumatólogo: problemas en una pierna derivados de correr–, así que hago unas cuantas preguntas sobre el psicoanálisis.

—¿Nunca pensaste en tratar de ejercer?

Abre los ojos y finge espanto.

—¡¿Yo, atender?! Madre mía. Muchos colegas de Hugo le dicen: «¿Y por qué Silvina no atiende? Tiene muy buena escucha». Y pienso: «Con la cantidad de pacientes aburridísimos que debe haber». Una vez Jesús me contó que fue a unas sesiones, se dio la vuelta y el tipo estaba durmiendo.

—Eso es un tópico. Cuando estabas en España, ya asentada económicamente, trabajando con las Ortega, ¿no pensaste que a lo mejor era el momento de intentar?

—No. Aquello de «esta mujer tiene que estar loca, no puede atender pacientes» duró años. Yo renuncié a pedir disculpas por ser quien soy. Renuncié a tener que demostrar si podía ser una buena psicoanalista o no por el pasado que tengo. Y luego, qué quieres que te diga, no me acuerdo de nada. Tendría que ponerme a estudiar.

—¿Te sentís en cierta paridad con Hugo? Al menos como interlocutora. Estudiaste mucho.

—¡Nooo! Este hombre tiene cuarenta años de experiencia clínica y una oreja así, y cincuenta años estudiando psicoanálisis. Lacan es inabordable. Cuando Hugo me lo explica entiendo y me parece que tiene sentido. Pero leo algunos textos de Lacan, o los escucho hablar entre colegas, y me digo: «Es una conversación de sicóticos». Porque escuchas «que si el "objeto a" no sé qué» y dices: «¿De qué coño están hablando?». Pero no. Cómo voy a competir con eso. Además, no me siento en condiciones de atender a nadie, ni creo que tuviera...

Con los ojos relucientes, con la expresión de una chica educada que va a decir algo subido de tono y se reprime para no decirlo, con los ojos azules zarcos fondo de lago puro misterio a pesar de la luz, dice:

–... ningún interés.

Son las dos de la tarde. No hay una forma perfecta de ejecutar los finales. Ella se irá de viaje a Europa. Yo empezaré a escribir. Eso es todo. Así que digo:

–Silvia, tengo que irme. Si no, no llego al turno con el médico.

–Vete, vete, a ver si llegas tarde.

Bajo rengueando las escaleras hasta la planta baja.

Y la historia termina.

Cuando llego al consultorio, a las 15.21, recibo este mensaje: «¡Ay! Toitoy se nos ha ido. Sin sufrir y sabiendo que fue feliz su vida entera. En este instante, saber eso no me sirve de nada». Le pregunto si está sola, si quiere que vaya cuando salga de la consulta. «Gracias. No estoy ni me siento sola. Solo muy triste.» Me pregunta de inmediato qué me dijo el médico. Le digo que todavía estoy en la sala de espera, que le cuento cuando salga. Le escribo al llegar a casa, a las 17.54. Resumo el diagnóstico –sobrecarga muscular, exceso de uso, el músculo presiona los nervios– y pregunto cómo está. «Gracias querida. He estado hasta ahora con Silvia Luz. Una tristeza honda y dulce como será siempre su recuerdo. Un lujo haberlo tenido casi diez años. Hoy me iré a dormir prontito. Descansa tú también. Un abrazo grande.» Le digo que, aunque lo vi solo una vez, Toitoy me pareció una persona estupenda. Me agradece, dice: «Y gracias por las pastitas secas, di cuenta de ellas toda la tarde, me encantaron y casi nunca como dulces. La tarde lo pedía y allí estaban». *Gracias, pastitas secas, me encantaron.* Nunca deja que los mensajes terminen en la tonalidad de la tristeza.

Unos días antes, el martes 25 de noviembre de 2022, cuando Toitoy aún no ha muerto y la presentación de *Exilio* todavía no ha sucedido, quedamos en encontrarnos a las cuatro de la tarde en casa de Dani Yako. Llego a horario y ella manda un mensaje: «Llego diez minutos tarde». A los diez minutos, puntual, entra. Jeans negros, botas, una camisa blanca amplia, una musculosa azul debajo, los ojos pintados de marrón. Luminosa como un vaso de agua. Las ventanas están abiertas, ya no por el virus sino porque es casi verano. Hace rato que los barbijos quedaron atrás, que hemos decidido olvidarnos de todo como si nunca hubiera sucedido. Dani Yako le alcanza un ejemplar del libro. La portada es blanca, solo se lee el título: *Exilio 1976-1983*. No hay autor. Está orgulloso de esa parquedad, del blanco adusto. Ella mira las fotos.

—Qué pobres éramos. Mira ese empapelado, qué horror. Los rombos de las paredes se me venían encima.

Se detiene en la imagen en la que se la ve con Alberto y Vera delante del Renault 4, su facha de india rubia, vincha cruzando la frente.

—Esa vincha, qué desastre. La usé durante años. ¿Por qué? Ni idea.

—Laura les está regalando el libro a todas sus amigas y amigos —dice Yako, refiriéndose a su mujer.

—Una lady —dice ella—. Hay que sostener un libro sobre un pasado en el que ella no estaba. Los celos del pasado, los celos retrospectivos. Son muy malos pero existen. Doy fe. Celos de donde tú no estabas. ¿Nunca les pasó eso?

—No —dice Dani—. ¿Nostalgia de...?

—Celos —insiste ella.

—¿Hugo vio el libro? —pregunto.

—No.

–¿No vio tampoco el PDF? –pregunta Yako.

–No. Es que están dos parejas mías, Alberto y el Negro.

–¿También le molesta eso? –dice Yako, con una entonación aguda que significa: «No puede ser, no me lo creo», y yo tomo nota del *también* porque quiere decir que hay otras cosas.

–Sí, todo vuelve. Si supieran ustedes cuánto. No estoy autorizada a hablar –dice, pícara–. Pero sí, el pasado vuelve.

–Bueno. Silvia Luz fue mi primera novia. Era todo muy monogámico. En la FEDE, al menos. No sé en Montoneros. Estabas con alguien y eso podía durar un mes, dos meses, pero estabas con esa persona, no con varios.

–Era mucho peor que eso –dice ella–. En la FEDE podías tener relaciones pero tenían que ser parejas duraderas. Como que cambiaras de novio cada tres meses, ya eras un putón verbenero.

–¿Un qué? –pregunta Yako.

–Un putón verbenero.

–¿Y por qué Hugo te hace rollo con esas cosas? –pregunta Yako.

–Porque estas personas tienen que ver con el tiempo en donde yo lo dejé. Entonces esos otros son los que de algún modo ocuparon su lugar.

–Nunca sabés. Por ahí la relación en ese momento duraba un mes. Nunca sabés quién es el hombre de tu vida. O la mujer de tu vida. Bueno, Hugo cree, y quizás tiene razón, que siempre fuiste la mujer de su vida. Por eso para él es diferente.

–Sí, no sé. Pero es ver fotos de un tiempo en que tú no estuviste y hubieras querido estar.

–Y hubieras querido estar. Claro –dice Yako.

–Él dice, muchas veces: «Vera debió ser mía. Vera debió ser mía».

Yako no dice nada. La conversación deriva hacia un proyecto con el que algunas personas del grupo de amigos fantasearon: vivir todos en una urbanización solo apta para gente de más de cincuenta años en la que cada quien tenga su casa, con lugares comunes para yoga, gimnasia, pistas de tenis.

—Estuve averiguando —dice ella—. En España hay varios sitios así.

—Yo ni en pedo —dice Yako.

—¿Por qué no? Es armarte tu propio geriátrico. Gente amiga lo ha hecho y funciona.

—¿Hay lugares así? —pregunta Yako, como si le hubieran dicho que a la vuelta de la esquina funciona el bar de *La guerra de las galaxias*.

—Como cincuenta en España —dice ella, solvente.

—Conmigo no cuenten. Ya es difícil convivir con una persona como para convivir con muchos. Yo suponía que era para cuando ya no pudieras estar solo. En el momento en que todo va bien, ¿quién necesita eso?

—Justamente. Cuando ya estás mal, no puedes decidir ni construir nada. Tienes que ponerlo en marcha antes.

—¿Y yo voy a tener que cambiarle los pañales a...? No, dejame. Yo espero llegar como mi suegra, que tiene noventa y siete y vive sola, sin ayuda.

—Yo no sé si voy a tener ganas de llegar a los noventa y siete. Mi madre murió antes de los ochenta. Mi padre hasta los ochenta estaba bien, pero ahora no.

Sigue a eso una larga y sumamente graciosa conversación acerca de esos carros eléctricos que se colocan en los pasamanos de las escaleras, para sentarse y subir apretando un botón, que Yako —medio en broma y medio en serio— evalúa colocar en la que lleva a su terraza. Es un tramo plagado de chanzas feroces, la clase de diálogo que funciona muy bien en la intimidad pero que, despojado de su irreverencia cariñosa, se transforma en un artefacto de enorme agresividad. Silvia Labayru y yo seguimos pasando las páginas del libro.

—Eso era el departamento de Colombia —dice Yako—. No era muy grande, dos habitaciones, pero ya era un lujo. Esa es mi hermana, Silvia. Era linda. La madre de Silvia era tan bonita que una vez la elegimos miss campamento. Elegíamos a la más linda del campamento y un año la elegimos a Betty.

—Con los años descubrí que, bueno, no te voy a meter en el

saco, Dani, pero yo sabía que a ustedes... que a mis amigos les gustaba mi madre, y muchos venían a mi casa para verla. Era muy imponente.

–Era seductora. Era sexy. Una chica sexy, y lo sabía y lo utilizaba. Ahora eso tiene un nombre, medio porno. MILF, «Mother I'd Like to Fuck», o algo así.

–Una pregunta, que nunca hice. ¿Tú tenías la impresión de que mi madre los seducía a ustedes?

–Y, un poquito sí. Se vestía sexy, era algo que no estábamos acostumbrados a ver. Las demás madres no eran así. Era una presencia que emanaba cierta sensualidad. Era joven.

–Sí. Ella dejó de fumar y engordó muchísimo. Sufría mucho porque mi abuelo le decía: «Hay que ver en lo que te convertiste, con lo linda que eras».

–Es que haber sido linda es un karma en la vejez, cuando perdés esa belleza. ¿Cuando falleció estaba gorda?

–Sí, por eso cuando me dieron una cajita así chiquita con las cenizas de mi madre yo dije: «Me robaron la mitad de la gorda» –dice, haciendo un gesto para describir el tamaño de la caja–. La cajita era igual que la cajita con las cenizas de Neska, mi perra. Y encima se me abrió en la maleta. Me la llevé a Madrid en la maleta, pensando que la caja estaba sellada.

–No se pueden transportar cenizas, creo –digo.

–Yo pensé eso, pero dije: «Si declaro que llevo a mi madre muerta, me van a armar un follón. Bah, me la llevo, y si me paran digo: "Pruébenla, es mi mamá"».

–Es más parecido al cemento que a la cocaína –dice Yako.

–¿Vos probaste? –pregunta ella.

–No, digo la textura.

–Nadie me dijo nada. Pero cuando abrí la maleta la caja no estaba sellada y se había salido todo. Gran parte la conservé y la enterré en la finca de Toledo. Inauguré la tradición de enterrar en la finca. Primero enterré a mi madre, después a Neska, la perra. Después a Demonio, mi gato. Después al padre de Jesús. Después enterramos a Jesús. Un día fui con mi padre y le dije: «Bueno, papá, a ver qué lugar quieres elegir». Y mi padre me dijo: «Cerca de tu madre, pero no tanto. Mejor entre tu madre y la perra».

—La perra de tu madre —dice Yako.

—A la finca la llamamos El Camposanto. Se puso de moda y hasta los amigos me dicen: «Oye, me gusta este lugar».

—A lo mejor, en vez de lo de vivir juntos, podemos pensar en morir juntos —dice Yako.

—¿Cómo va a ser el asunto de la presentación? —pregunta ella.

Comienza, entonces, el capítulo «La presentación». Yako insiste en que es una obra colectiva y por tanto tienen que hablar todos, pero ella no quiere participar.

—¿Todo el mundo asume que es un libro mío? Eso no me queda claro. ¿A vos te parece que es un libro mío?

—Sí —dice ella—. Es un libro tuyo, Dani.

Sin embargo, agrega que le gustaría que fueran tal y tal periodista; que sería bueno que saliera una reseña en el diario equis; que hay que dejar en claro que eso fue lo que les pasó a ellos porque eran jóvenes, estaban juntos, tenían un oficio para ganarse la vida, padres que los sostenían, pero que no fue lo que le pasó a todo el mundo.

—Hubo gente que lo pasó muy mal en el exilio. Parecería que nosotros estamos diciendo qué felices éramos, qué bonito fue. Y hubo muchos exiliados, incluso jóvenes, que no tenían las oportunidades que tuvimos nosotros.

—No me parece mal si se puede abrir un debate —dice Yako—. Además, en el libro decimos que esto es lo que nos pasó a nosotros. ¿Vos no lo podés charlar con los demás, ver qué piensan las chicas, si les molesta no estar en el escenario?

—Yo les pregunto —dice, decidida.

—Yo no quiero que se sientan heridos, heridas, herides.

—No vas a empezar a hablar así, ¿no? Te pego y te canto «La Internacional».

La cuestión queda zanjada: ella hablará con el resto para ver qué piensan de que Yako y yo conversemos solos.

—A veces miro el libro y digo cómo no hice más fotos de

nosotros —dice Yako—. De cosas puntuales. Por qué no le hice ninguna foto a Graciela cuando fuimos a Londres a abortar. No sabíamos si era mío o de las violaciones.

—Bueno —dice ella—, el momento no era para hacer fotos. Yo también, cuando llegué, fui a abortar a Londres. En España no se podía.

—Pero viste que la cámara ampara. Atrás de la cámara, todo es impunidad. Me pregunto por qué no hice más fotos del departamento de la calle Barbieri.

—Del mismo modo, yo te podría decir por qué nunca hablamos entre nosotros de lo que nos pasó. Ni tú, ni Graciela, ni yo, que somos los más implicados en la historia represiva. Nunca hablamos. En cuarenta y cinco años. Tú dices: «¿Por qué no hice fotos?». Bueno, porque estábamos capturados por esa situación, entre la aventura y lo que traíamos en las espaldas. Unos más que otros. Teníamos veinte años. ¿Qué querías? ¿Encima ser periodista y hacer el reportaje de tu vida con nuestra propia experiencia en el exilio?

—Y sí. Tendría que haberlo sido.

Un instante después de haberle preguntado muy directamente: «¿Por qué nunca hablamos entre nosotros de lo que nos pasó?», se levanta, como eyectada, y va hacia el baño.

—Lo que yo digo es —dice Yako, como si ella no se hubiera ido— que entre los que estuvimos no hay que contar nada. No le voy a contar a ella. Menos a ella. Lo mío es un paseo al lado de lo que sufrió. Y si alguien no me cuenta, yo no pregunto. Graciela nunca me preguntó qué me pasó ahí, todavía piensa que no me pasó nada, que no me torturaron.

Ella regresa —demasiado rápido— y se sienta, muda.

—Lo mío yo lo comparo con tu historia —dice Yako, mirándola—, y estuve de paseo un fin de semana. Pero me parece que, cuando contás esas cosas, a la gente le quedan siempre esas imágenes. Y eso no es tu vida todos los días. No es lo que quiero que vean de mí. No quiero ser una víctima. Yo hice mi vida, soy feliz, hice cosas.

Silvia Labayru lo mira con una sonrisa que puede significar

«te entiendo», o «estás esquivando el bulto», o «pasemos a otro tema que este me tiene cansada».

–En *Clarín* nadie sabía mi historia. También es verdad que nadie pregunta. ¿Cómo es eso de la *Odisea*? «Nadie me mira...»

–¿Cuando Ulises se escapa de la cueva del cíclope? –pregunto.

–Sí. Eso. Eso me lo enseñó la Royo. Va a venir la Royo a la presentación.

–Va a venir –dice Silvia Labayru, con un dejo cansino.

–Sí.

Entonces Yako me explica:

–Era nuestra profesora de latín. Todos la adorábamos. Es la que nos enseñó a leer en sentido metafórico.

Les enseñó en ese sitio. En el Colegio. Que fue, a su vez, metáfora de todas las cosas.

Termina así: una cena en una terraza, un canto en latín. *Ut queant laxis / resonare fibris / mira gestorum / famuli tuorum / solve polluti, / labii reatum / sancte Ioannes.*

Y una mujer que baja de un taxi con un cuenco vacío en el que hubo ensalada de papas. Que camina rápido en la noche, pensando en su perro que muere a lo lejos. En la vida que se apaga. Como todas.